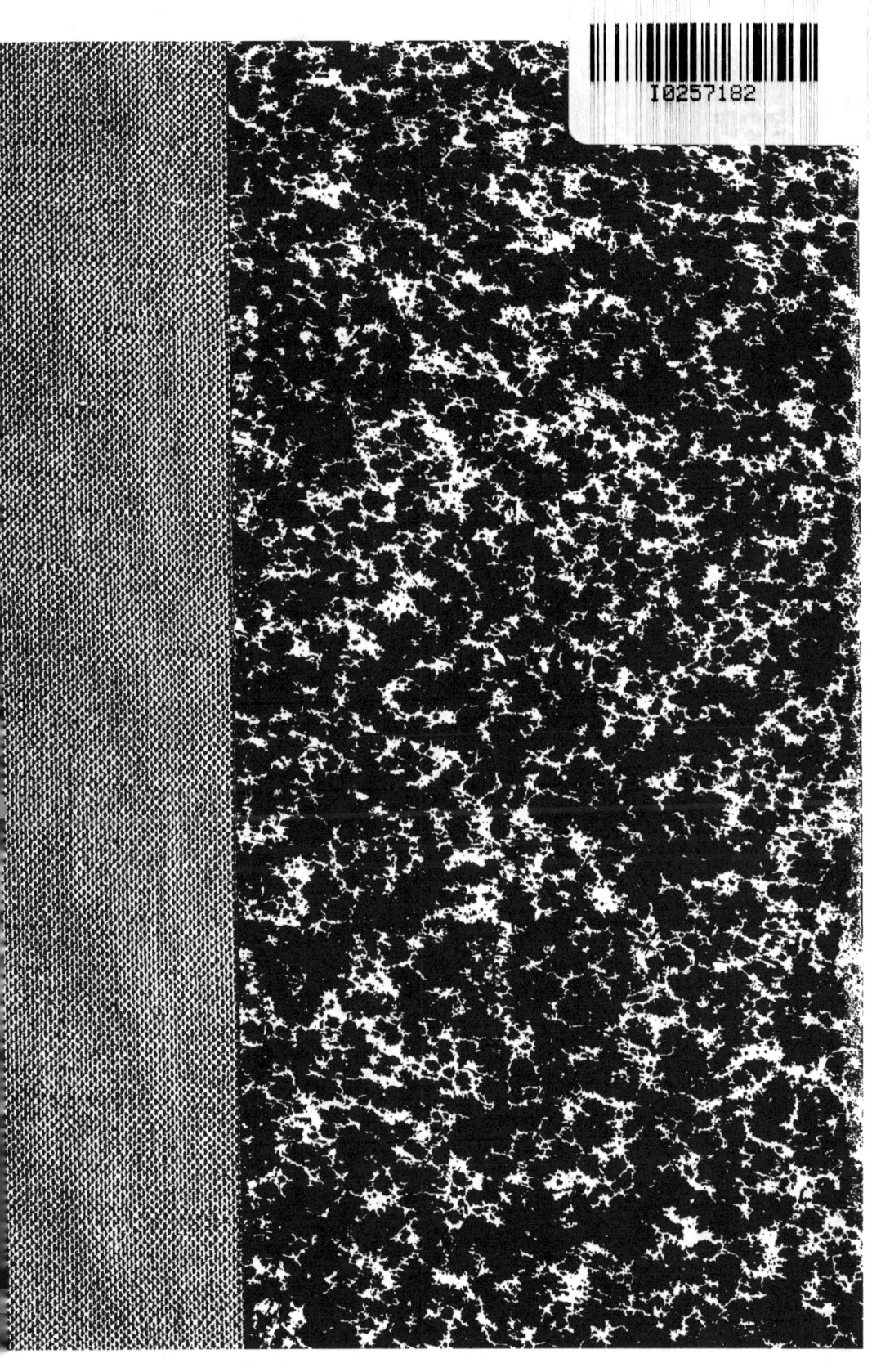

ŒUVRES

DE

CHATEAUBRIAND

Analyse raisonnée de l'Histoire de France.

PARIS

DUFOUR, MULAT et BOULANGER, LIBRAIRES-ÉDITEURS

QUAI MALAQUAIS, 21

1853

ŒUVRES

DE

CHATEAUBRIAND

IX

LAGNY. — TYPOGRAPHIE DE VIALAT ET Cie.

DÉPART DE RÉNÉ.

ŒUVRES

DE

CHATEAUBRIAND

Analyse raisonnée de l'histoire de France

PARIS

DUFOUR, MULAT ET BOULANGER, ÉDITEURS

21, QUAI MALAQUAIS

1856

ANALYSE RAISONNÉE

DE

L'HISTOIRE DE FRANCE

PREMIÈRE RACE.

Qu'étaient devenues les trois vérités de l'ordre social quand l'empire d'Occident s'écroula ?

La vérité religieuse avait fait un pas immense : le polythéisme était détruit, et avec le dogme d'un Dieu s'établissaient les vérités corollaires de ce dogme.

La vérité philosophique était rentrée dans la vérité religieuse comme au berceau de la civilisation.

La vérité politique avait suivi les progrès de la vérité religieuse. Les destructeurs du monde romain étaient libres ; ils trouvèrent sur leur chemin une société organisée dans la servitude : la jeune liberté sauvage s'assit d'abord sur cette société, comme le vieux despotisme romain l'avait fait : des républiques militaires, frankes, burgondes, visigothes, saxonnes, gouvernèrent des esclaves à l'instar des anciennes républiques civiles, grecques et latines.

Voilà le point où avaient abouti les faits nés du choc des générations païennes, chrétiennes et barbares, à partir du règne d'Auguste pour arriver à celui d'Augustule.

Maintenant les trois vérités fondamentales, combinées d'une autre façon, vont produire aussi les faits du moyen âge ; la vérité religieuse, dominant tout, ordonnera la guerre et commandera la paix, favorisera la vérité politique (la liberté) dans les rangs inférieurs de la société, ou soutiendra partiellement le pouvoir dans des intérêts privés ; elle poursuivra avec le fer et le feu la vérité philosophique échappée de nouveau du sanctuaire sous l'habit de quelque moine savant ou hérétique. Ainsi continuera la lutte jusqu'au jour où les trois vérités, se pondérant, produiront la société perfectionnée des temps actuels.

J'ai dit que l'empire romain-latin était devenu l'empire romain-barbare un siècle et demi avant la chute d'Augustule. Cet empire mixte subsista plus de quatre siècles encore après la déposition de ce prince. Les Franks, les Bourguignons et les Visigoths en Gaule, les Ostrogoths et les Lombards en Italie, furent des possesseurs que les populations connaissaient, qu'elles avaient vus dans les légions, et qui, soumis à leurs lois nationales, laissaient au monde assujetti ses mœurs, ses habitudes, souvent même ses propriétés : une religion commune était le lien commun entre les vaincus et les vainqueurs. Ce n'est qu'après l'invasion des Normands, sous les derniers rois franks de la race karlovingienne, que la transformation sociale commence à frapper les yeux.

Il n'y eut jamais de complète barbarie, comme on se l'est persuadé. On ne peut pas dire qu'un peuple soit entièrement barbare, quand il a conservé la culture de l'intelligence et la connaissance de l'administration. Or l'étude des lettres, de la philosophie et de la théologie continua parmi le clergé; l'administration municipale, fiscale, publique et domestique demeura longtemps ce qu'elle avait été sous l'empire. La science militaire périt dans la discipline, mais l'art de la fortification ne se détériora point, et même les machines de guerre se perfectionnèrent. Il n'y a donc rien de nouveau à remarquer sous les deux premières races, si ce n'est les mœurs particulières des familles investies du pouvoir, l'achèvement de la monarchie de l'Église, et les hautes sources qui, comme des écluses, lâchèrent sur l'Europe le torrent des siècles féodaux.

Toutefois, deux observations doivent être faites. Le chef du gouvernement était électif sous la race mérovingienne et sous la race karlovingienne, de même qu'il l'avait été au temps des Césars; mais auprès du gouvernement des Franks se trouvait une institution qui le faisait différer de l'antiquité romaine : des conseils, composés d'évêques et de chefs militaires, décidaient les affaires avec le roi; des assemblées générales, ou plutôt les grandes revues des mois de mars et de mai, recevaient une communication assez légère de la besogne traitée dans ces assemblées particulières : celles-ci étaient nées de la tradition des états des Gaules rétablis un moment par Arcade et Honorius; mais elles s'étaient surtout modelées sur l'organisation des conciles. Si l'on veut avoir une idée juste de ces temps, sans y chercher des nouveautés qui n'y sont pas, il faut reconnaître que la société entière prit la forme ecclésiastique : tout se gouverna pour l'Église et par l'Église, depuis les nations jusqu'aux rois, dont le sacre était purement le sacre d'un évêque. Que les laïques fussent admis à siéger avec le clergé, ce n'était pas coutume insolite : dans plusieurs conventions religieuses, les empereurs romains présidaient, et les grands officiers de la couronne délibéraient. Nous avons vu des philosophes et des païens même assister au concile de Nicée.

La seconde observation sur cette époque historique est relative aux maires du palais. Le premier maire dont il soit fait mention est Goggon, qui fut envoyé à Athanaghilde de la part de Sighebert, pour lui demander la main de Brunchilde.

Deux origines doivent être assignées à la *mairie*, l'une romaine, l'autre franke ou germanique. Le *maire* représentait le *magister officiorum;* celui-ci acquit dans le palais des empereurs la puissance que le *maire* obtint dans la maison du roi frank. Considérée dans son origine romaine, la charge de maire du palais fut temporaire sous Sighebert et ses devanciers, viagère sous Khlother, héréditaire sous Khlovigh II : elle était incompatible avec la qualité de prêtre et d'évêque. Elle porte dans les auteurs le nom de *magister palatii, præfectus aulæ, rector aulæ, gubernator palatii, major domus, rector palatii, moderator palatii, præpositus palatii, provisor aulæ regiæ, provisor palatii.*

Pris dans son origine franke ou germanique, le maire du palais était ce *duc* ou chef de guerre, dont l'élection appartenait à la nation tout aussi bien que l'élection du roi : *Reges ex nobilitate, duces ex virtute sumunt.* J'ai déjà indiqué ce qu'il y avait d'extraordinaire dans cette institution, qui créait chez un même peuple deux pouvoirs suprêmes indépendants. Il devait arriver, et il arriva, que l'un de ces deux pouvoirs prévalut. Les maires, s'étant trouvés de plus grands hommes que les souverains, les supplantèrent. Après avoir commencé par abolir les assemblées générales, ils confisquèrent la royauté à leur profit, s'emparant à la fois du pouvoir et de la liberté. Les maires n'étaient point des rebelles ; ils avaient le droit de conquérir, parce que leur autorité émanait du peuple ou de ce qui était censé le représenter, et non du monarque : leur élection nationale, comme chefs de l'armée, leur donnait une puissance légitime. Il faut donc réformer ces vieilles idées de sujets oppresseurs de leurs maîtres et détenteurs de leur couronne. Un roi, un général d'armée, également souverains par une élection séparée (*reges et duces sumunt*) s'attaquent ; l'un triomphe de l'autre, voilà tout. Une des dignités périt, et la mairie se confondit avec la royauté par une seule et même élection. On n'aurait pas perdu tant de lecture et de recherches à blâmer ou à justifier l'usurpation des maires du palais ; on se serait épargné de profondes considérations sur les dangers d'une charge trop prépondérante, si l'on eût fait attention à la double origine de cette charge, si l'on n'eût pas toujours voulu voir un *grand maître de la maison du roi*, là où il fallait aussi reconnaître un chef militaire librement choisi par ses compagnons : « *Omnes Austrasii, cum oligerent Chrodinum majorem domus.* »

J'ai déjà fait observer qu'il ne serait pas rigoureusement exact de comparer les nations germaniques et slaves aux hordes sauvages de l'Amérique. Dans le tableau général que j'ai tracé des mœurs des Barbares, celles des Franks occupent une place considérable ; j'ai donc peu de chose à ajouter ici. Cependant je dois remarquer que les Franks passaient encore pour le peuple le moins grossier de tous ces peuples ; le témoignage d'Agathias est formel : « Les Franks, « dit-il, ne ressemblent point aux autres Barbares, qui ne veulent vivre qu'aux « champs et ont horreur du séjour des villes. . . . . « Ils sont très-soumis aux lois, très-polis ; ils ne diffèrent guère de nous que « par le langage et le vêtement : *nihiloque a nobis differre quam solum modo « barbarico vestitu et linguæ proprietate.* » Longtemps avant le sixième siècle, leurs relations avec les Romains avaient urbanisé leurs coutumes, sinon humanisé leur caractère. Salvien dit qu'ils étaient *hospitaliers*, ce qui signifie ici *sociables*. Dans le tombeau de Khildéric Ier, découvert en 1653 à Tournai, se trouve une pierre gravée : l'empreinte représentait un homme fort beau, portant les cheveux longs, séparés sur le front et rejetés en arrière, tenant un javelot de la main droite ; autour de la figure était écrit le nom de Khildéric en lettres romaines ; un globe de cristal, signe de la puissance, un style avec des tablettes, des anneaux, des médailles de plusieurs empereurs, des lambeaux d'une étoffe de pourpre, étaient mêlés à des ossements : il n'y a rien dans tout cela de trop barbare. On lit aux histoires que les Germains adoucissaient leur rudesse au delà du Rhin par le voisinage des Franks. Selon Constantin Porphyrogénète, Constantin le Grand fut l'auteur d'une loi qui permettait aux empereurs de s'allier au sang des Franks, tant ce sang paraissait noble.

Mais, quel que fût le degré de sociabilité des Franks, il me semble qu'il n'en faut faire ni un peuple civilisé ni un peuple sauvage, et qu'il faut lui laisser surtout sa perfidie, sa légèreté, sa cruauté, sa fureur militaire, attestées par les auteurs contemporains. Vopiscus, et après lui Procope, accusent les Franks de se faire un jeu de violer leur foi, et Salvien leur reproche le peu d'importance qu'ils attachent au parjure. « Les Franks, dit Nazaire, surpassent toutes les na-« tions barbares en férocité. » Un panégyriste anonyme prétend qu'ils se nourrissaient de la chair des bêtes féroces, et Libanius assure que la paix était pour eux une horrible calamité.

L'opinion dominante fait des Franks une ligue de quelques tribus germaniques associées pour la défense de leur liberté : c'est encore une de ces opinions sans preuve, qu'aucun document historique n'appuie. Les Franks étaient tout simplement des Germains, comme le témoignent saint Jérôme, Procope et Agathias. Que nos ancêtres aient reçu leur nom de la liberté, ou qu'ils le lui aient communiqué, notre orgueil national n'a rien à souffrir de l'une ou de l'autre hypothèse. Libanius, altérant le nom de *Frank* pour lui trouver une étymologie grecque, le fait dériver de φράττοι, *habiles à se fortifier;* d'autres veulent qu'il signifie **indomptable** dans une langue nommée **lingua attica** ou **hattica**, sans nous dire ce que c'est que cette langue. Le savant et judicieux greffier du Tillet, frère du savant évêque de Meaux, avance que le nom de *Frank* vient de deux mots teutons *Freien ansen*, libres jeunes hommes, ou libres compagnies, prononcés par synérèse *Fransen;* il remarque qu'un privilège de marchands octroyé par Louis le Gros a retenu le mot *anse, société*. Une grande autorité (M. Thierry) suppose au mot tudesque *Frank* ou *Frak*, la puissance du mot latin *ferox:* nous en restons toujours à la chanson des soldats de Probus pour autorité première. *Francus* était-il un sobriquet militaire donné par les soldats de Probus à cette poignée de Germains qu'ils vainquirent dans les environs de Mayence ? Que voulait dire ce sobriquet ! Un savant (1) l'explique du mot *Fram* ou *Framée*, comme si les soldats de Probus avaient entendu les Barbares crier : à la lance ! à la lance ! aux armes ! aux armes ! Mais alors les Germains se seraient tous appelés Franks, puisqu'ils portaient tous la framée : *Frameas gerunt angusto et brevi ferro*, dit Tacite.

Quoi qu'il en soit, les Franks habitaient de l'autre côté du Rhin, à peu près au lieu où les place la carte de Peutinger, dans ce pays qui comprend aujour-

---

(1) GILBERT.

d'hui la Franconie, la Thuringe, la Hesse et la Westphalie. Ils ravagèrent les Gaules sous Gallien, et pénétrèrent jusqu'en Espagne; ils reparurent sous Probus, sous Constance et sous Constantin. Constance transplanta une de leurs colonies dans le pays d'Amiens, de Beauvais, de Langres, de Troyes, et conclut un traité avec le reste. Après cette époque, des Franks entrèrent au service des empereurs. On voit successivement Sylvanus, Mellobald, Mérobald, Balton, Rikhomer, Carietton, Arbogaste, revêtus des grandes charges militaires de l'empire. Mais d'autres Franks indépendants, Genobalde, Markhomer et Sunnon, restèrent ennemis, et firent, du temps de Maxime, une irruption dans les Gaules; ils paraissaient s'y être fixés pendant le règne d'Honorius, vers l'an 420, et on leur donne pour conducteur le roi Pharamond. Comprenons toujours bien que ce nom de roi ne signifie que *chef* militaire (*koning*) de différents degrés : sur-roi, sous-roi, demi-roi : *ober, under, halfkoning.* (THIERRY.)

Il n'est pas du tout sûr qu'il ait existé un Pharamond, et que ce Pharamond fût le père de Khlodion; mais il est certain que Khlodion, ou plutôt Khlogion le Chevelu, était roi des Franks occidentaux en 427, et qu'il s'empara de Tournai et de Cambrai en 445. Aëtius le chassa de ses conquêtes en deçà du Rhin. Khlodion mourut en 447 ou 448.

Les uns lui donnent deux fils, les autres trois, parmi lesquels se trouverait Auberon, dont on ferait descendre Ansbert, tige de la famille de la seconde race.

On ignore quel fut le père de Mérovée ou Mérovigh, successeur de Khlodion : était-il son fils? avait-il un frère aîné, lequel implora le secours d'Attila, tandis que Mérovigh se jeta sous la protection des Romains? Il est prouvé que Mérovigh n'était pas ce beau jeune Frank qui portait une longue chevelure blonde, qu'Aëtius adopta pour fils, et que Priscus avait vu à Rome. Les savants ont fort disserté sur tout cela, sans réfléchir que la royauté, ou plutôt la *chef-tainerie* étant élective chez les Franks, il n'y avait rien de plus naturel que de trouver des chefs successifs qui n'étaient pas fils les uns des autres. Ricoron dit qu'après la mort de Khlodion, Mérovigh fut élu roi des Franks. Frédégher raconte que la femme de Khlodion, se baignant un jour dans la mer, fut surprise par un monstre dont elle eut Mérovigh : fable mêlée de mythologie grecque et scandinave.

« Selon un certain poëte, appelé *Virgile*, dit le même auteur, Priam fut le
« premier roi des Franks, et Friga fut le successeur de Priam. Troie étant prise,
« les Franks se séparèrent en deux bandes; l'une commandée par le roi Francio, s'avança en Europe, et s'établit sur les bords du Rhin. » L'auteur des *Gestes des rois franks*, Paul Diacre, Roricon, Aimoin, Sighebert de Ghemblours, font le même récit. Annius de Viterbe, enchérissant sur ces chroniques, compose une généalogie des rois gaulois et des rois franks; il donne vingt-deux rois aux Gaulois avant la guerre de Troie. Sous Rémus, le dernier de ces rois, arriva la prise de Troie; et Francus, fils d'Hector, vint épouser dans les Gaules, la fille de Rémus. On veut que les Franks qui combattirent dans l'armée romaine, aux champs catalauniques, fussent commandés par Mérovigh.

Mérovigh eut pour successeur, l'an 456, Khildérik 1er, son fils. Khildérik, enlevé encore enfant par un parti de l'armée des Huns, fut délivré par un Frank nommé Viomade. Khildérik était un chef dissolu que les Franks chassèrent. Il se retira en Thuringe, auprès d'un roi nommé Bisingh. Les Franks se donnèrent pour chef Egidius, commandant les armées romaines. Au bout de huit ans, Khildérik fut rappelé; Viomade lui renvoya la moitié d'une pièce d'or qu'ils avaient rompue et qui devait être le signe d'une réconciliation avec son pays. Le vrai de tout cela, c'est que Khildérik était allé à Constantinople, d'où l'empereur le dépêcha en Gaule pour contrebalancer l'autorité suspecte d'Égidius.

Bazine, femme du roi de Thuringe, accourut auprès de son hôte Khildérik, et lui dit : « Je viens habiter avec toi; si je savais qu'il y eût outre-mer quel-
« qu'un qui me fût plus utile que toi, je l'eusse été chercher pour dormir avec
« lui. » Khildérik se réjouit et la prit à femme. La première nuit de leur mariage, Bazine dit à Khildérik : « Abstenons-nous; lève-toi et ce que tu verras
« dans la cour du logis, tu le viendras dire à ta servante. » Khildérik se leva, et vit passer des bêtes qui ressemblaient à des lions, à des licornes et à des léopards. Il revint vers sa femme, et lui dit ce qu'il avait vu, et sa femme lui dit :
« Maître, va derechef, et ce que tu verras, tu le raconteras à ta servante. »
Khildérik sortit de nouveau et vit passer des bêtes semblables à des ours et à des loups. Ayant raconté cela à sa femme, elle le fit sortir une troisième fois, et il vit des bêtes d'une race inférieure. Là-dessus Bazine explique à Khildérik toute sa postérité, et elle engendra un fils nommé Khlovigh : celui-ci fut grand, guerrier illustre, et semblable à un lion parmi les rois. Voici déjà poindre l'imagination du moyen âge; elle se retrouve dans l'histoire du mariage de Khlothilde, ou Khrotechilde, fille de Khilpérik et nièce de Gondebald, roi de Bourgogne.

Le Gaulois Aurélien, déguisé en mendiant, portant sur son dos une besace au bout d'un bâton, est chargé du message : il devait remettre à Khlothilde un anneau que lui envoyait Khlovigh, afin qu'elle eût foi dans les paroles du messager. Aurélien, arrivé à la porte de la ville (Genève), y trouva Khlothilde assise avec sa sœur Sœdehleuba : les deux sœurs exerçaient l'hospitalité envers les voyageurs, car elles étaient chrétiennes. Khlothilde s'empresse de laver les pieds d'Aurélien. Celui-ci se penche vers elle et lui dit tout bas : « Maîtresse, j'ai
« une grande nouvelle à t'annoncer, si tu me veux conduire dans un lieu où
« je te puisse parler en secret. — Parle, » lui répond Khlothilde. Aurélien dit :
« Khlovigh, roi des Franks, m'envoie vers toi; si c'est la volonté de Dieu, il
« désire vivement t'épouser, et pour que tu me croies, voilà son anneau. » Khlothilde l'accepte, et une grande joie reluit sur son visage; elle dit au voyageur :
« Prends ces cent sous d'or pour récompense de ta peine avec mon anneau.
« Retourne vers ton maître; dis-lui que s'il me veut épouser, il envoie promp-
« tement des ambassadeurs à mon oncle Gondebald. » C'est une scène de l'*Odyssée*.

Aurélien part; il s'endort sur le chemin; un mendiant lui vole sa besace dans laquelle était l'anneau de Khlothilde; le mendiant est pris, battu de verges, et l'anneau retrouvé. Khlovigh dépêche des ambassadeurs à Gondebald, qui n'ose refuser Khlothilde. Les ambassadeurs présentent un sou et un denier, selon l'usage, fiancent Khlothide au nom de Khlovigh, et l'emmènent dans une basterne. Khlothilde, trouve qu'on ne va pas assez vite; elle craint d'être poursuivie par Aridius, son ennemi, qui peut faire changer Gondebald de résolution. Elle saute sur un cheval, et la troupe franchit les collines et les vallées.

Aridius, sur ces entrefaites, étant revenu de Marseille à Genève, remontre à Gondebald qu'il a égorgé son frère Khilpérik, père de Khlothilde; qu'il a fait attacher une pierre au cou de la mère de sa nièce, et l'a précipitée dans un puits; qu'il a fait jeter dans le même puits les têtes des deux frères de Khlothilde; que Khlothilde ne manquera pas d'accourir se venger, secondée de toute la puissance des Franks. Gondebald, effrayé, envoie à la poursuite de Khlothilde; mais celle-ci, prévoyant ce qui devait arriver, avait ordonné d'incendier et de ravager douze lieues de pays derrière elle. Khlothilde sauvée s'écrie : « Je te rends grâces, Dieu tout-puissant, de voir le commencement de la vengeance que je devais à mes parents et à mes frères (1) ! » Véritables mœurs barbares, qui n'excluent pas la mansuétude des mœurs chrétiennes mêlées dans Khlothilde aux passions de sa nature sauvage.

Avant son mariage, Khlovigh, âgé de vingt ans, avait attaqué la Gaule. Les monuments historiques prouvent que son invasion fut favorisée, surtout dans le midi de la France, par les évêques catholiques, en haine des Visigoths ariens. Khlovigh battit les Romains à Soissons, et les Allemands à Tolbiak. Il se fit ensuite chrétien : saint Remi lui conféra le baptême le jour de Noël, l'an 496.

Les Bourguignons et les Visigoths subirent tour à tour les armes de Khlovigh. Les Armoriques (la Bretagne), depuis longtemps soustraites à l'autorité des Romains, consentirent à reconnaître celle du fils de Mérovigh. Anastase, empereur d'Orient, envoya à Khlovigh le titre et les insignes de patrice, de consul et d'auguste.

Ce fut à peu près à cette époque que Khlovigh vint à Paris : Khildérik, son père, avait occupé cette ville quand il pénétra dans les Gaules.

Khlovigh tua ou fit tuer tous ses parents, petits rois de Cologne, de Saint-Omer, de Cambrai et du Mans.

Le premier concile de l'Église gallicane se tint sous Khlovigh à Orléans, l'an 511. On y trouve les principes du droit de régale, droit qui faisait rentrer au fisc les revenus d'un bénéfice laissé sans maître pendant la vacance du bénéfice. Khlovigh ne comprit sans doute ce droit que comme un impôt que les prêtres lui accordaient sur leurs biens : quelques legs testamentaires du chef des Franks me font présumer qu'il ne parlait pas latin. Il suffit de mentionner ce droit de régale pour entrevoir les abîmes qui nous séparent du passé : étrangers à notre propre histoire, ne nous semble-t-il pas qu'il s'agisse de quelque coutume de la Perse ou des Indes? On fixe à cette même année 511 la rédaction de la loi salique, la mort de sainte Genovefe (Geneviève) et celle de Khlovigh. La bergère gauloise et le roi frank furent inhumés dans l'église de Saint-Pierre et de Saint-Paul, qui prit dans la suite le nom de la patronne de Paris; on célébrait encore au commencement de la révolution une messe pour le repos de l'âme du Sicambre, dans l'église même où il avait été enterré. La vérité religieuse a une vie que la vérité philosophique et la vérité politique

---

(1) *Hist. Franc.*, epit.

n'ont pas : combien de fois les générations s'étaient-elles renouvelées! combien de fois la société avait-elle changé de mœurs, d'opinions et de lois, dans l'espace de douze cent quatre-vingts ans! Qui s'était souvenu de Khlovigh à travers tant de ruines et de siècles? un prêtre sur un tombeau.

Khlovigh laissa quatre fils : Thierry, fils d'une concubine; Khlodomir, Khildebert, Khlother, fils de Khlothilde. Le royaume fut partagé selon la loi salique comme un bien de famille; on en fit quatre lots qui furent tirés au sort : il n'y avait point de droit d'aînesse ; nous avons vu que les lois des Barbares favorisaient le cadet. La France s'étendait alors du Rhin aux Pyrénées et de l'Océan aux Alpes; elle possédait de plus la terre natale des Franks, au delà du Rhin, jusqu'à la Westphalie : mais ces limites changeaient à tout moment. Une section géographique plus fixe avait lieu; le royaume de ce côté-ci de la Loire se divisait en oriental et occidental, Oster-Rike et Neoster-Rike : l'Austrasie comprenait le pays entre le Rhin, la Meuse et la Moselle; la Neustrie embrassait le territoire entre la Meuse, la Loire et l'Océan. Au delà de la Saône et de la Loire était la Gaule conquise sur les Burgondes ou Bourguignons et les Visigoths. Les chroniqueurs et les hagiographes disent souvent la *France* et la *Gaule*, distinguant l'une de l'autre.

Les quatre rois, pour succéder à la couronne, obtinrent le consentement des Franks. Les quatre royaumes étaient fédératifs sous une même loi politique; il y avait une assemblée commune qui délibérait sur les affaires communes aux quatre États.

Les fils de Khlovigh eurent à soutenir la guerre contre Théodoric, roi d'Italie; contre Amalaric, roi des Visigoths d'Espagne; contre Balric, roi de Thuringe; contre Sighismond et Gondemar, rois de Bourgogne. La Bourgogne fut subjuguée et réunie à la France. Ce royaume des Burgondes avait subsisté cent vingt ans. Khlodomir, roi d'Orléans, fut tué à la bataille de Véseronce, près de Vienne.

Il laissa trois fils : Théodebert, Gonther et Khlodoald, élevés par Khlothilde, veuve de Klovigh. Khildebert et Khlother, pour s'emparer de ces jeunes enfants, députent Arcade à Khlothilde : c'était un sénateur de la ville de Clermont, homme choisi parmi ces vaincus qui ne refusent aucune condition de l'esclave, et qu'on attache au crime comme à la glèbe. Il portait à Khlothilde des ciseaux et une épée nue, et il lui dit : « O glorieuse reine, tes fils, nos seigneurs, dé-
« sirent connaître ta volonté concernant tes petits-enfants : ordonnes-tu qu'on
« leur coupe les cheveux, ou qu'on les égorge?» A ce message, Khlothilde, saisie de terreur, regardant tour à tour l'épée nue et les ciseaux, répondit :
« Si mes petits-enfants ne doivent pas régner, je les aime mieux voir morts
« que tondus. » Arcade, ne laissant pas à l'aïeule le temps de s'expliquer plus clairement, revint trouver les deux rois, et leur dit : « Accomplissez votre des-
« sein; la reine étant favorable se veut bien rendre à votre conseil. » Paroles ambiguës qu'on pouvait expliquer dans un sens divers, selon l'événement. Khlother saisit le plus âgé des enfants, le jette contre terre, et lui enfonce son couteau sous l'aisselle. A ses cris son frère se prosterne aux pieds de Khildebert, embrasse ses genoux, et lui dit tout en larmes : « Secours-moi,

« mon très-cher père, afin qu'il ne soit pas fait à moi comme à mon frère. »
Alors Khildebert se prit à pleurer, et dit : « Je t'en prie, mon très-doux frère,
« que ta générosité m'accorde la vie de celui-ci. Ce que tu me demanderas, je
« te l'accorderai, pourvu qu'il ne meure point. » Khlother obstiné au meurtre
dit : « Rejette l'enfant loin de toi, ou meurs pour lui : tu as été l'instigateur
« de la chose, et maintenant tu me veux fausser la foi ! » Khildebert entendant
ceci repoussa l'enfant, et Khlother lui perça le côté avec son couteau, comme
il avait fait à son frère ; ensuite Khlother et Khildebert tuèrent les nourriciers
et les enfants compagnons de leurs neveux : l'un était âgé de dix ans, l'autre,
de sept. Khlodoald, le troisième fils de Khlodomir, fut sauvé par le secours
d'hommes puissants (1). Khlodoald, devenu grand, abandonna le royaume de
la terre, passa à Dieu, coupa ses cheveux, et, persistant dans les bonnes œuvres,
sortit prêtre de cette vie (7 septembre 560). Il bâtit un monastère au bourg
de Noventium, qui changea son nom pour prendre celui du petit-fils de Khlovigh. Et Saint-Cloud vient de voir partir pour un dernier exil le dernier successeur du premier de nos rois !

Dans ces crimes de Khlother et de Khildebert, distinguez ce qui appartient
à la civilisation de ce qui tient à la barbarie. Le massacre par les propres mains
de Khlother est du Sauvage ; le désir d'envahir un trône et d'accroître un État
est de l'homme civilisé. Tous les frères de Khlother étant morts, il hérite d'eux :
il livre bataille à son fils Khramn, qui s'était déjà révolté ; il le défait, et le brûle
avec toute sa famille dans une chaumière. Khlother meurt à Compiègne (562).

Ses quatre fils partagèrent de nouveau ses États, toujours avec l'assentiment
des Franks ; mais les quatre royaumes n'eurent pas les mêmes limites.

Sighebert épousa Brunehilde, fille puînée d'Athanaghilde, roi des Visigoths :
elle était arienne et se fit catholique. Khilpérick Ier eut pour maîtresse Frédé-
gonde, qu'il épousa lorsque Galswinte, sa femme, sœur aînée de Brunehilde,
fut morte.

Les démêlés et les fureurs de ces deux belles femmes amènent des guerres
civiles, des empoisonnements, des meurtres, et occupent les règnes confus de
Karibert, de Gontran, de Sighebert Ier, de Khilpérik Ier, de Khildebert II, de
Khlother II, de Thierry Ier, de Théodebert II. Khlother II se trouve enfin seul
maître du royaume des Franks en 613.

Les Lombards s'étaient établis en Italie (563) seize ans après l'extinction du
royaume des Ostrogoths. L'exarchat de Ravenne avait commencé sous le patrice Longin, envoyé de l'empereur Justin. Les maires du palais firent sentir
leur autorité croissante dans l'Austrasie et la Bourgogne.

Les Gascons ou Wascons, vers l'an 593, descendirent des Pyrénées et s'établirent dans la Novempopulanie, à laquelle ils donnèrent leur nom ; ils s'étendirent peu à peu jusqu'à la Garonne. Il y eut guerre avec ces peuples : Théodebert Ier, après les avoir défaits, leur donna pour chef Genialis, qui fut le
pemier duc de Gascogne.

Il ne faut croire ni tout le bien que Fortunat, Grégoire de Tours et saint

(1) Viros fortes. . . . . . qui postea vulgo barones appellati sunt.

Grégoire, pape, ont dit de Brunehilde, ni tout le mal qu'en ont raconté Frédégher, Aimoin et Adon, qui d'ailleurs n'étaient pas contemporains de cette princesse : c'était à tout prendre une femme de génie, et dont les monuments sont restés. Si elle fut mise à la torture pendant trois jours, promenée sur un chameau au milieu d'un camp, attachée à la queue d'un cheval, déchirée et mise en pièces par la course de cet animal fougueux, ce ne fut pas pour la punir de ses adultères, puisqu'elle avait près de quatre-vingts ans. Si elle avait fait mourir dix rois (ce qui est prouvé faux), il eût été plus juste de lui faire un crime des princes qu'elle avait mis au monde que de ceux dont elle avait délivré la France.

Khlother décéda l'an 628. Il eut deux fils : Dagobert et Karibert. Karibert mourut vite, et Dagobert donna du poison à Khildérik, fils aîné de Karibert. Un autre fils de ce prince, Boggis, se contenta de l'Aquitaine à titre de duché héréditaire.

Le roi Dagobert menoit tousjours avec lui grande tourbe de concubines, c'est-à-dire des meschines qui pas n'estoient ses épouses, sans aultres qu'il avoit aultre part, qui avoient et nom et aornement de roynes. (Mer des Hist. et chron.) Grégoire de Tours cite trois reines : Nanthilde Vulfgunde et Berthilde; il se dispense de nommer les concubines, parce qu'elles sont, dit-il, en trop grand nombre. Les trésors de Dagobert et de saint Éloi sont demeurés fameux. *En chasses le roi se desportoit acoustumément.* (Mer des Hist.) Il y a une belle et poétique histoire d'un cerf qui se réfugia dans une petite chapelle bâtie à *Catulliac* par sainte Genovefe, sur les corps de saint Denis et de ses compagnons. Ce fut là que Dagobert jeta les fondements de ce Capitole des Français où se conservaient leurs chroniques avec les cendres royales, comme les pièces à l'appui des faits. Buonaparte fit reconstruire les souterrains dévastés, et leur promit sa poussière en indemnité des vieilles gloires spoliées : il a déçu sa tombe. Louis XVIII occupe à peine un coin obscur des caveaux vides, avec les restes plus ou moins retrouvés de Marie-Antoinette, de Louis XVI, et quelques ossements rapportés de l'exil. Puis s'est venu cacher auprès de son père, le dernier des Condé, devant le cercueil duquel Bossuet fût demeuré muet. Enfin le duc de Berry attend inutilement son père, son frère et son fils dans ces sépulcres d'espérance. Que sert-il de préparer d'avance un asile au néant, quand l'homme est chose si vaine qu'il n'est pas même sûr de naître?

Les deux fils de Dagobert, Sighebert II ou III, roi d'Austrasie; Khlovigh II, roi de Bourgogne et de Neustrie, gouvernèrent l'empire des Franks. Peppin le Vieux avait été maire du palais sous Dagobert : il continua de l'être sous Sighebert.

Suit l'histoire confuse de Dagobert II et III, de Khlother III, de Khildérik II, de Thierry III. La puissance royale avait passé aux maires du palais après les sanglants démêlés de Grimoald, d'Arkembald, de l'évêque Léger et d'Ébroïn.

Ebroïn est assassiné; plusieurs maires du palais sont élus : Berther est le dernier. Peppin de Héristal, duc d'Austrasie, petit-fils de Peppin le Vieux, père de Karle le Martel, aïeul de Peppin le Bref, et trisaïeul de Charlemagne, fait la guerre à Thierry, auquel il donnait toujours le nom de roi. Thierry est battu, et Peppin, au lieu de le détrôner, règne à côté de lui sous le nom de maire du palais. Peppin fait rentrer dans l'obéissance les peuples qui s'étaient soustraits à l'autorité des Franks.

A Thierry III commence la série des rois surnommés *fainéants*. L'âpre sève de la première race s'affadit promptement, et les fils de Khlovigh tombèrent vite du pavois dans un fourgon traîné par des bœufs.

Peppin continua de régner sous Khlovigh III, Khildebert III, fils de Thierry, et sous une partie du règne de Dagobert III, fils de Khildebert III (de 692 à 714). Peppin meurt et paraît, avant de mourir, ou méconnaître les grandes qualités de son fils Karle (Martel), ou n'oser le faire élire à sa place, parce que Karle n'était que le fils d'une concubine, Alpaïde : il lui substitua son petit-fils Theudoald. Un enfant devint maire du palais sous la tutelle de Plectrude, son aïeule, comme s'il eût été un roi héréditaire. Karle qui ne portait pas encore son surnom, est emprisonné au désir de Plectrude. Les Franks se soulèvent : Theudoald fuit ; Karle se sauve de sa prison ; les Austrasiens le reconnaissent pour leur roi.

Les Sarrasins, appelés par le comte Julien, chassaient alors les Visigoths et envahissaient l'Espagne. Les peuples du Nord se ruaient sur la France.

Dagobert meurt et laisse un fils nommé Thierry ; mais les Franks choisirent Daniel, fils de Khildérik II, qui régna sous le nom de Khilpérik II.

Il combattit Karle, duc d'Austrasie, qui le vainquit. Celui-ci fit nommer roi Khlother IV. Ce Khlother mourut tôt, et Khilpérik II, retiré en Aquitaine, fut rappelé par Karle, qui se contenta d'être son maire du palais.

Thierry IV, dit de Chelles, fils de Dagobert III, succède à Khilpérik II (720). C'est sous ce règne que Karle le Martel déploya ces talents de victoire qui lui valurent son surnom. Les Sarrasins avaient déjà traversé l'Espagne, passé les Pyrénées, et inondé la France jusqu'à la Loire. Karle le Martel les écrasa entre Tours et Poitiers, et leur tua plus de trois cent mille hommes (732). C'est un des plus grands événements de l'histoire : les Sarrasins victorieux, le monde était mahométan. Karle abattit encore les Frisons, les fit catholiques, bon gré mal gré, et réunit leur pays à la France.

Karle vainquit Eudes, duc d'Aquitaine, et força Hérald, fils d'Eudes, à lui faire hommage des domaines de son père.

Thierry étant décédé, Karle régna seul sur toute la France comme duc des Franks, depuis 737 jusqu'à 741. Il contint les Saxons soulevés de nouveau, chassa les Sarrasins de la Provence. Grégoire III lui proposa de se soustraire, lui pape, à la domination de l'empereur Léon, et de le proclamer, lui Karle, consul de Rome : commencement de l'autorité temporelle des papes.

Karle meurt (741). Karloman et Peppin, ses fils, se partagent l'autorité royale. Peppin, élu chef de la Neustrie, de la Bourgogne et de la Provence, proclame roi Khildérik III, fils de Khildérik II, dans cette partie du royaume ; Karloman reste gouverneur de l'Austrasie, puis se retire à Rome et embrasse la vie monastique.

Quand le voyageur français regarde le Soracte à l'horizon de la campagne romaine, se souvient-il qu'un Frank, fils de Karle le Martel, frère de Peppin le Bref, et oncle de Charlemagne, habitait une cellule au haut de cette montagne ?

Khildérik III est détrôné, tondu et enfermé dans le monastère de Sithin (Saint-Bertin). Il mourut en 754. Son fils Thierry passa sa vie à l'ombre des cloîtres dans le couvent de Fontenelles en Normandie. Les Mérovingiens avaient régné deux cent soixante-dix ans.

Si les *Études* sont fondées sur des faits incontestables, le lecteur ne s'est point trouvé en un pays nouveau dans le royaume des Franks ; c'est toujours l'*empire barbare-romain*, tel qu'il existait plus d'un siècle avant l'invasion de Khlovígh. Seulement le peuple vainqueur, qui s'est substitué à la souveraineté des Césars, parle sa langue maternelle, et se distingue par quelques coutumes de ses forêts ; le fond de la société est demeuré le même. Au lieu de généraux romains, on voit des chefs germaniques qui se font gloire de jeter sur leur casaque étroite et bigarrée la pourpre consulaire qu'on leur envoie de Constantinople, mais à laquelle ils n'étaient pas étrangers. Tout était romain, religion, lois, administration : les Gaules, et surtout le Lyonnais ; l'Auvergne, la Provence, le Languedoc, la Guienne, étaient couvertes de temples, d'amphithéâtres, d'aqueducs, d'arcs de triomphe, et de villes ornées de capitoles ; les voies militaires existaient partout ; Brunehilde les fit réparer. Il est vrai que les rois de la première race et les maires du palais les plus fameux, entre autres Karle le Martel, saccagèrent des cités qu'avaient épargnées les précédents Barbares. Avignon fut détruit de fond en comble ; Agde et Béziers éprouvèrent le même sort. C'est encore Karle le Martel qui renversa Nîmes (738) ; il y ensevelit ces ruines que nous essayons d'exhumer.

La nature des propriétés ne changea pas davantage sous la domination des Franks ; l'esclavage était de droit commun chez les Barbares comme chez les Romains, bien qu'il fût plus doux chez les premiers. Ainsi la servitude que l'on remarque en Gaule devenue franke n'était point le résultat de la conquête c'était tout simplement ce qui existait parmi le peuple vainqueur et parmi le peuple vaincu, l'effet de ces lois grossières nées de la rude liberté germanique et de ces lois élaborées, écloses du despotisme raffiné de la civilisation romaine. Les Gaulois, que la conquête franke trouva libres, restèrent libres ; ceux qui ne l'étaient pas portèrent le joug auquel les condamnait le Code romain, les lois salique, ripuaire, saxonne, gombette et visigothe. La propriété moyenne continuait à se perdre dans la grande propriété, par les raisons qu'en donne Salvien : (*De Gub.* Voyez l'*Étude cinquième, troisième partie.*)

Quant à l'état des personnes, le tarif des *compositions* annonce bien la dégradation morale de ces personnes, mais ne prouve pas le changement de leur état. Les noms seuls suffisent pour indiquer la position des hommes : presque tous les noms des évêques et des chefs des emplois civils sont latins de ce côté-ci de la Loire, dans les premiers siècles de la monarchie, et presque tous les noms de l'armée sont franks : mais en Provence, en Auvergne, et de l'autre côté de la Loire jusqu'aux Pyrénées, presque tous les noms sont d'origine latine ou gothique dans l'armée, l'Église et l'administration. Lorsque les chefs franks commencèrent à entrer eux-mêmes dans le clergé, et que le soldat devint moine, l'évêque et le moine se firent à leur tour soldats. On voit, dès la première race, l'évêque d'Auxerre, Haincmar, combattre avec Karle le Martel contre les Sarrasins, et contribuer puissamment à la victoire. (*Hist. eps. Autis.*)

Les sciences et les lettres furent, à cette époque, dans les Gaules, ce qu'elles étaient dans le monde romain, selon le degré d'instruction et le plus ou moins de tranquillité des diverses provinces de l'empire. Fortunat, Frédégher, Grégoire de Tours, Marculfe, saint Remi, une foule d'ecclésiastiques et quelques laïques lettrés écrivaient alors.

Sous le rapport politique, nous voyons le dernier des Mérovingiens tondu et renfermé dans un cloître : ce n'est point encore là une nouveauté : l'usage remontait plus haut; on rasait les derniers empereurs d'Occident pour en faire des prêtres et des évêques.

Mais il ne me semble pas certain que Khilpérik devint moine, bien qu'on lui coupât les cheveux et qu'on le confinât dans un monastère. Couper les cheveux à un Mérovingien, c'était tout simplement le déposer et le reléguer dans la classe populaire. On dépouillait un roi frank de sa chevelure comme un empereur de son diadème. Les Germains, dans leur simplicité, avaient attaché le signe de la puissance à la couronne naturelle de l'homme.

Il arriva que l'inégalité des rangs se glissa, par cette coutume, dans la nation. Pour que les chefs fussent distingués des soldats, il fallut bien que ceux-ci se coupassent les cheveux : le simple frank portait les cheveux courts par derrière et longs par devant (Sidoine). Khlovigh et ses premiers compagnons, en revenant de la conquête du royaume des Visigoths, offrirent quelques cheveux de leur tête à des évêques. Ces Samsons leur laissaient ce gage comme un signe de force et de protection. Un pêcheur trouva le corps d'un jeune homme dans la Marne; il le reconnut pour être le corps de Khlovigh II, à la longue chevelure dont la tête était ornée, et dont l'eau n'avait pas encore déroulé les tresses. (Greg. Tur., lib. viii.) Les Bourguignons, à la bataille de Véseronce, reconnurent au même signe qu'un chef frank, Khlodomir, avait été tué. « Ces chefs,
« dit Agathias, portent une chevelure longue ; ils la partagent sur le front et
« la laissent tomber sur leurs épaules ; ils la font friser ; ils l'entretiennent
« avec de l'huile ; elle n'est point sale, comme celle de quelques peuples, ni
« tressée en petites nattes, comme celle des Goths. Les simples Franks ont les
« cheveux coupés en rond, et il ne leur est pas permis de les laisser croître. »
On prêtait serment sur ses cheveux.

A douze ans on coupait pour la première fois la chevelure aux enfants de la classe commune : cela donnait lieu à une fête de famille appelée *capitolatoria*.

Les clercs étaient tondus comme serfs de Dieu : la tonsure a la même origine.

On condamnait les conspirateurs à s'inciser mutuellement les cheveux.

Les Visigoths paraissent avoir attaché aux cheveux la même puissance que les Franks : un canon du concile de Tolède, de l'an 628, déclare qu'on ne pourra prendre à roi celui qui se sera fait couper les cheveux.

Quand les cheveux repoussaient, le pouvoir revenait. Thierry III recouvra la dignité royale, qu'il avait perdue en perdant ses cheveux. (*Quam nuper tonsoratus amiserat, recepit dignitatem.*) Khlovigh avait fait couper les cheveux au roi Khararik et à son fils. Khararik pleurait de sa honte; son fils lui dit : « Les feuilles tondues sur le bois vert ne se sont pas séchées; elles renaissent « promptement. » (*In viridi ligno hæ frondes succisæ sunt, nec omnino arescunt; sed velociter emergunt.*)

La couronne même de Charlemagne n'usurpa point sur la chevelure du Frank l'autorité souveraine. Lother se voulait saisir de Karle, son frère, pour le tondre et le rendre incapable de la royauté; la nature avait devancé l'inimitié fraternelle, et la tête de Karle le Chauve offrait l'image de son impuissance à porter le sceptre.

Mais, vers la fin du sixième siècle, il y avait déjà des Gaulois-Romains qui laissaient croître leur barbe et leurs cheveux : les Franks toléraient cette imitation, pour cacher peut-être leur petit nombre. « Grégoire de Tours remarque « que le bienheureux Léobard n'était pas de ceux qui cherchent à plaire aux « Barbares en laissant flotter épars les anneaux de leurs cheveux. » (*Dimissis capillorum flagellis Barbarum plaudebat.* De Vit. Patrum.) Le précepteur de Dagobert, Saudreghesil, avait une longue barbe, puisque Dagobert la lui coupa. Enfin dans le douzième siècle, les rois abrogèrent la loi qui défendait aux serfs de porter les cheveux longs. Cette abrogation fut obtenue à la sollicitation de Pierre Lombard, évêque de Paris, et de plusieurs autres prélats. Les ecclésiastiques, en envoyant leurs serfs à la guerre, et les donnant pour champions, exigèrent qu'ils eussent l'extérieur des ingénus contre lesquels ils combattaient. Voilà comment la longue chevelure a marqué parmi nous une grande époque historique, comment elle a servi à marquer le passage de l'esclavage à la liberté, et la transformation du Frank en Français. Il faut toutefois remarquer qu'il y avait des Gaulois appelés *Capillati*, *Crinosi*, une Gaule chevelue, *Gallia comata;* que les Bretons portaient les cheveux longs comme les Franks (FRÉDÉGHER); que dans les vies de plusieurs saints gaulois, on voit ces saints arranger leur chevelure. Est-il probable que les Franks, en se fixant au milieu de leurs conquêtes, aient forcé tous les peuples qui reconnaissaient leur domination à quitter leurs usages? C'est donc particulièrement de la nation victorieuse qu'il faut entendre tout ce qui est dit concernant les cheveux dans notre histoire.

Je ne m'arrêterai point à l'examen de cette seconde invasion des Franks, qu'on place à l'avénement des maires de la race karlovingienne, laquelle invasion aurait donné la couronne à cette race : qu'il y eut des guerres civiles continuelles entre les Franks de l'Austrasie et les Franks de la Neustrie, rien n'est plus vrai; que ces guerres conférèrent la puissance à ceux qui avaient le génie, et qu'elles mirent les Karlovingiens à la place des Mérovingiens, rien n'est encore plus exact; mais, dans tout cela, il le faut dire, il n'y a pas trace d'invasion nouvelle. En attendant des preuves qui jusqu'ici ne se trouvent point, je ne puis penser comme des hommes habiles, dont je me plais, d'ailleurs, à reconnaître tout le mérite.

Il y eut sous la première race, et jusque sous la seconde, dans les familles souveraines barbares, un désordre qui n'exista point dans les familles souveraines romaines. Les princes franks avaient plusieurs femmes et plusieurs concubines, et les partages avaient lieu entre les enfants de ces femmes sans distinction de droit d'aînesse, sans égard à la bâtardise et à la légitimité.

En résumé, la société, dans sa décomposition et sa recomposition, lente et graduelle, fut presque immobile sous les Mérovingiens : une transformation sensible ne se manifesta que vers la fin de la seconde race. Il n'y a donc rien d'important à examiner dans les cinq cents premières années de la monarchie, si ce n'est la marche ascendante de l'Église vers le plus haut point de sa domination. Les bas siècles furent tout entiers le règne et l'ouvrage de l'Église : je montrerai bientôt sa position, quand nous serons arrivés à l'entrée même de cette autre espèce de barbarie qu'on appelle le moyen âge ; barbarie d'où sont sorties, par la fusion complète des peuples païen, chrétien et barbare, les nations modernes.

SECONDE RACE.

Traiter d'usurpation l'avènement de Peppin à la couronne, c'est un de ces vieux mensonges historiques qui deviennent des vérités à force d'être redits. Il n'y a point d'usurpation là où la monarchie est élective, on l'a déjà remarqué ; c'est l'hérédité qui dans ce cas est une usurpation. « Peppin fut élu de l'avis et du consentement de tous les Franks ; » ce sont les paroles du premier continuateur de Frédégher. (*Cap.* xii.) Le pape Zacharie, consulté par Peppin, eut raison de répondre : « Il me paraît bon et utile que celui-là soit roi qui, sans « en avoir le nom, en a la puissance, de préférence à celui qui, portant le nom « de roi, n'en garde pas l'autorité. »

Les papes, d'ailleurs, pères communs des fidèles, ne peuvent entrer dans ces questions de droit : ils ne doivent reconnaître que le fait : sinon la cour de Rome se trouverait enveloppée dans toutes les révolutions des cours chrétiennes ; la chute du plus petit trône au bout de la terre ébranlerait le Vatican. « Le prince, « dit Éghinard, se contentait d'avoir les cheveux flottants et la barbe longue ; « il était réduit à une pension alimentaire, réglée par le maire du palais ; il ne « possédait qu'une maison de campagne d'un revenu modique ; et quand il « voyageait, c'était sur un chariot traîné par des bœufs, et qu'un bouvier « conduisait à la manière des paysans. »

Les intérêts, sans doute, vinrent à l'appui des réalités politiques. Il avait existé de grandes liaisons entre les papes Grégoire II, Grégoire III et le maire du palais Karle le Martel. Peppin désirait être roi des Franks, comme Zacharie désirait se soustraire au joug des empereurs de Constantinople, protecteurs des iconoclastes, et à l'oppression des Lombards. Saint Boniface, évêque de Mayence, ayant besoin de l'entremise des Franks pour étendre ses missions en Germanie, fut le négociateur qui mena toute cette affaire entre Zacharie et Peppin. Et pourtant Peppin crut devoir demander l'absolution de son infidélité envers Khildérik III, au pape Étienne, bien aise qu'était celui-ci qu'on lui reconnût le droit de condamner ou d'absoudre.

D'un autre côté, les ducs d'Aquitaine refusèrent assez longtemps de se soumettre à Peppin; nous les voyons, jusque sous la troisième race, renier Hugues Capet et dater les actes publics : *Rege terreno deficiente, Christo regnante.* Guillaume le Grand, duc d'Aquitaine à cette époque, ne reconnut d'une manière authentique que Robert, fils de Hugues : *Regnante Roberto, rege theosopho.* On eût ignoré les causes secrètes des rudes guerres que Peppin d'Héristal, Karle le Martel, Peppin le Bref et Charlemagne firent aux Aquitains, si la charte d'Alaon, imprimée dans les conciles d'Espagne, commentée et éclaircie par dom Vaissette, ne prouvait que les ducs d'Aquitaine descendaient d'Haribert par Bogghis, famille illustre qui s'est perpétuée jusqu'à Louis d'Armagnac, duc de Nemours, tué à la bataille de Cérignoles, en 1503. Ainsi les ducs d'Aquitaine venaient en directe ligne de Khlovigh; la force seule les put réduire à n'être que les vassaux d'une couronne dont leurs pères avaient été les maîtres. Il est curieux de remarquer aujourd'hui l'ignorance ou la mauvaise foi d'Éghinard ; après avoir dit que Karle et Karloman succédèrent à Peppin leur père, il ajoute : « L'Aquitaine ne put demeurer longtemps tranquille, par suite des « guerres dont elle avait été le théâtre. *Un certain Hunold*, aspirant au pou- « voir, excita les habitants, etc. » Or, ce certain Hunold était fils d'Eudes, duc d'Aquitaine et père de Waiffer, également duc d'Aquitaine et héritier de la maison des Mérovingiens. Je me suis arrêté à ces guerres d'Aquitaine, dont aucun historien, Gaillard et La Bruère exceptés, n'a touché la vraie cause : c'était tout simplement une lutte entre un ancien fait et un fait nouveau, entre la première et la seconde race.

Peppin, élu roi à Soissons (751), défait les Saxons; il passe en Italie à la prière du pape Étienne III, pour combattre Astolphe, roi des Lombards, qui menaçait Rome après s'être emparé de l'exarchat de Ravenne. Peppin reprend l'exarchat, le donne au pape, et jette les fondements de la royauté temporelle des pontifes.

Après Peppin vient son fils, qui ressuscite l'empire d'Occident. Charlemagne continue contre les Saxons cette guerre qui dura trente-trois années ; il détruit en Italie la monarchie des Lombards, et refoule les Sarrasins en Espagne. La défaite de son arrière-garde à Roncevaux engendre pour lui une gloire romanesque qui marche de pair avec sa gloire historique.

On compte cinquante-trois expéditions militaires de Charlemagne ; un historien moderne en a donné le tableau. M. Guizot remarque judicieusement que la plupart de ces expéditions eurent pour motifs d'arrêter et de terminer les deux grandes invasions des Barbares du Nord et du Midi.

Charlemagne est couronné empereur d'Occident à Rome par le pape Léon III (800). Après un intervalle de trois cent vingt-quatre années, fut rétabli cet empire dont l'ombre et le nom restent encore après la disparition du corps et de la puissance.

Une sensibilité naturelle pour l'honneur d'un grand homme a porté presque tous les écrivains à se taire sur la destinée des cousins de Charlemagne : Peppin le Bref avait laissé deux fils, Karloman et Karle ; Karloman eut à son tour deux fils, Peppin et Siaghre. Le premier a disparu dans l'histoire ; pendant près de neuf siècles on a ignoré le sort du second. Un manuscrit de l'abbaye de Saint-

Pons de Nice, envoyé à l'évêque de Meaux, a fait retrouver Siaghre dans un moine de cette abbaye. Siaghre, devenu évêque de Nice, a été mis au rang des saints ; et il était réservé à Bossuet de laver d'un crime la mémoire de Charlemagne.

Ce prince, qui était allé chercher les Barbares jusque chez eux pour en épuiser la source, vit les premières voiles des Normands : ils s'éloignèrent en toute hâte de la côte que l'empereur protégeait de sa présence. Charlemagne se leva de table, se mit à une fenêtre qui regardait l'Orient, et y demeura longtemps immobile : des larmes coulaient le long de ses joues ; personne n'osait l'interroger. « Mes fidèles, » dit-il aux grands qui l'environnaient, « savez-vous
« pourquoi je pleure? Je ne crains pas pour moi ces pirates, mais je m'afflige
« que, moi vivant, ils aient osé insulter ce rivage. Je prévois les maux qu'ils
« feront souffrir à mes descendants et à leurs peuples. » (*Moine de Saint-Gall.*)

Ce même prince, associant son fils, Hlovigh le Débonnaire, à l'empire, lui dit : « Fils cher à Dieu ; à ton père, et à ce peuple, toi que Dieu m'a laissé pour
« ma consolation, tu le vois, mon âge se hâte ; ma vieillesse même m'échappe :
« le temps de ma mort approche. . . . .
« Le pays des Franks m'a vu naître, Christ m'a accordé cet honneur ; Christ me
« permit de posséder les royaumes paternels : je les ai gardés non moins flo-
« rissants que je ne les ai reçus. Le premier d'entre les Franks j'ai obtenu le
« nom de César, et transporté à la race des Franks l'empire de la race de Ro-
« mulus. Reçois ma couronne, ô mon fils, Christ consentant, et avec elle les
« marques de la puissance. . . . . »
« Karle embrasse tendrement son fils, et lui dit le dernier adieu. » (*Ermold. Nigel.*)

Le vieux chrétien Charlemagne pleurant à la vue de la mer, par le pressentiment des maux qu'éprouverait sa patrie quand il ne serait plus ; puis associant à l'empire, avec un cœur tout paternel, ce fils qui devait être si malheureux père ; racontant à ce fils sa propre histoire, lui disant qu'il était né dans le pays des Franks, qu'il avait transporté à la race des Franks l'empire de la race de Romulus ; Charlemagne annonçant que son temps est fini, que la vieillesse même lui échappe : ce sont de belles scènes qui attendent le peintre futur de notre histoire. Les dernières paroles d'un père de famille au milieu de ses enfants ont quelque chose de triste et de solennel : le genre humain est la famille d'un grand homme, et c'est elle qui l'entoure à son lit de mort.

Le poëte de Hlovigh fait venir son nom *Hlunovicus* du mot latin *Ludus*, ou, ce qui est beaucoup plus vrai, des deux mots teutons, *Hlut*, fameux, et *Wigh*, dieu à la guerre. Hlovigh le Débonnaire était malheureusement trop bon écolier ; il savait le grec et le latin : l'éducation littéraire donnée aux enfants de Charlemagne fut une des causes de la prompte dégénération de sa race. Hlovigh hérita du titre d'empereur et de roi des Franks ; Peppin, autre fils de Charlemagne, avait eu en partage le royaume d'Italie.

Hlovigh le Débonnaire asssocia son fils Lother à l'empire (817), créa son autre fils Peppin duc d'Aquitaine, et son autre fils Hlovigh roi de France. Son quatrième fils, Karle II, dit le Chauve, qu'il avait eu de Judith, sa seconde femme, n'eut d'abord aucun partage.

Les démêlés de Hlovigh le Débonnaire et de ses fils eurent pour résultat deux dépositions et deux restaurations de ce prince, qui expira en 840 d'inanition et de chagrin.

Karle le Chauve n'avait que dix-sept ans lorsque son père décéda : il était roi de France, de Bourgogne et d'Aquitaine. Il s'unit à Hlovigh, roi de Bavière, son frère de père, contre Lother, empereur et roi d'Italie et de Rome. La bataille de Fontenai, en Bourgogne, fut livrée le 25 juin 841. Karle le Chauve et Hlovigh de Bavière demeurèrent vainqueurs de Lother et du jeune Peppin, fils de Peppin, roi d'Aquitaine, dont la dépouille avait été donnée par Hlovigh le Débonnaire à Karle le Chauve.

On a porté jusqu'à cent mille le nombre des morts restés sur la place : exagération manifeste. (Voir *la savante Dissertation de l'abbé Lebœuf*.) Mais ces affaires entre les Franks étaient extrêmement cruelles, et l'ordre profond qu'ils affectaient dans leur infanterie amenait des résultats extraordinaires. Thierry remporta, en 612, une victoire sur son frère Théodebert à Tolbiac, lieu déjà célèbre. « Le meurtre fut tel des deux côtés, dit la Chronique de Frédégher, que « les corps des tués, n'ayant pas assez de place pour tomber, restèrent debout « serrés les uns contre les autres, comme s'ils eussent été vivants. » (*Stabant mortui inter cæterorum cadavera stricti, quasi viventes*, cap. xxxviii.)

Un des premiers historiens des temps modernes, M. Thierry, a fixé avec une rare perspicacité à la bataille de Fontenai le commencement de la transformation du peuple frank en nation française. La plus grande perte étant tombée sur les tribus qui se servaient encore de la langue germanique, les vainqueurs firent graduellement prévaloir les mœurs et la langue romanes. Cette bataille prépara encore une révolution par un autre effet : la plupart des anciens chefs franks y périrent, comme les anciens nobles français restèrent au champ de Crécy ; ce qui amena au rang supérieur de la société les chefs d'un rang secondaire, de même encore que la seconde noblesse française surgit après les déroutes de Crécy et de Poitiers. Ces seconds Franks, fixés dans leurs fiefs, devinrent, sous la troisième race, la tige de la haute noblesse française.

L'empereur Lother, retiré à Aix-la-Chapelle, leva une nouvelle armée de Saxons et de Neustriens. Advint alors le traité et le serment entre Karle et Hlovigh, écrits et prononcés dans les deux langues de l'empire, la langue romane et la langue tudesque. Je ferai néanmoins observer qu'il y avait une troisième langue, le celtique pur, que l'on distinguait de la langue *gauloise* ou *romane*, comme le prouve ce passage de Sulpice Sévère : Parlez celtique ou gaulois, si vous aimez mieux : ***In vero celtice, vel si mavis, gallice loquere.*** Au milieu de ces troubles parurent les Normands, qui devaient achever de composer, avec les Gaulois-Romains, les Burgondes ou Bourguignons, les Visigoths les Bretons, les Wascons ou Gascons, et les Franks, la nation française : Robert le Fort, bisaïeul de Hugues Capet, et qui possédait le duché de Paris, fut tué d'un coup de flèche, en combattant contre les Normands des environs du Mans.

L'empereur Lother meurt en habit de moine (855) : prince turbulent, persécuteur de son père et de ses frères.

Karle le Chauve est empoisonné par le Juif Sédécias, dans un village au pied du Mont-Cénis, en revenant en France (3 octobre 877).

Hlovigh le Bègue succède au royaume des Franks, et est couronné empereur par le pape Jean VIII. Karloman, fils de Hlovigh le Germanique, lui disputa l'empire, et fut peut-être empereur; mais, après la mort de Karloman, Karle le Gros, son frère, obtint l'empire.

Karle le Gros, empereur, devint encore roi de France à l'exclusion de Karle, fils de Hlovigh le Bègue. Il posséda presque tous les États de Charlemagne. Siége de Paris par les Normands, qui dure deux ans et que Karle le Gros fait lever à l'aide d'un traité honteux. Il avait recueilli autant de mépris que de grandeurs; on l'avait dépouillé de la dignité impériale avant sa mort, arrivée en 888.

Karle, fils de Hlovigh le Bègue, fut proposé pour empereur; on n'en voulut pas plus qu'on n'en avait voulu pour roi de France. Arnoul, bâtard de l'empereur Karloman, succède à l'empire de Karle le Gros; Eudes, comte de Paris et fils de Robert le Fort, est proclamé roi des Franks dans l'assemblée de Compiègne : Eudes avait défendu Paris contre les Normands. En 892, Karle III est enfin proclamé roi dans la ville de Laon. Il y eut partage entre Eudes et Karle : Eudes eut le pays entre la Seine et les Pyrénées, et Karle, les provinces depuis la Seine jusqu'à la Meuse.

Après la mort d'Eudes (898), Karle III, dit le Simple, recueillit la monarchie entière. Alors commençaient les guerres particulières entre les chefs devenus souverains des provinces dont ils avaient été les commandants. A Saint-Clair sur Epte fut conclu (912) le traité en vertu duquel Karle le Simple donne sa fille Ghisèle en mariage à Rollon, et cède à son gendre cette partie de la Neustrie que les conquérants appelaient déjà de leur nom. Rollon la posséda à titre de duché, sous la réserve d'en faire hommage à Karle et d'embrasser la religion chrétienne; il demanda et obtint encore la seigneurie directe et immédiate de la Bretagne : grand homme de justice et d'épée, il fut le chef de ce peuple qui renfermait en lui quelque chose de vital et de créateur propre à former d'autres peuples.

L'empereur Hlovigh IV étant mort, Karle, resserré dans un étroit domaine par les seigneuries usurpées, ne put intervenir, et l'empire sortit de la France. Conrad, duc de Franconie, et Henric Ier, tige de la maison impériale de Saxe, furent élus empereurs. Le fils d'Henric, Othon, dit le Grand, couronné à Rome (962), réunit le royaume d'Italie au royaume de Germanie.

Robert, frère du roi Eudes, est proclamé roi et sacré à Reims (922). Karle le Simple lui livre bataille, le défait et le tue. Tout épouvanté de sa victoire, il s'enfuit auprès de Henric, roi de Germanie, et lui cède une partie de la Lothingarie. De là il s'enfuit chez Herbert, comte de Vermandois, d'où il s'enfuit enfin dans sa tombe (929). Oghine, fille d'Edouard Ier, roi des Anglais, se retire à Londres, auprès d'Adelstan, son frère; elle emmène avec elle son fils Hlovigh, qui prit le surnom d'*Outre-mer*.

En 923 on veut décerner la couronne à Hugues, qui la fait donner à son beau-frère Raoul, duc et comte de Bourgogne : Raoul ne fut jamais reconnu roi dans les provinces méridionales de la France. Il meurt à Autun, en 936. Hugues, dit le Grand, dit l'Abbé, dit le Blanc, ne veut point encore de la couronne, et fait revenir Hlovigh d'Outre-mer, fils de Charles le Simple. Celui-ci, âgé de seize ans, monte au trône.

En 954, il meurt d'une chute de cheval, et laisse deux fils, Lother et Karle, duc de Lothingarie.

Lother est élu roi, sous le patronage de Hugues le Grand ; le royaume, devenu trop petit, ne se partagea point entre les deux frères. Hugues décède (956). Lother voit ses États presque réduits, par l'envahissement des grands vassaux, à la ville de Laon ; ainsi s'était rétréci le large héritage de Charlemagne. Charles VII fut aussi *roi de Bourges*, mais il sortit de cette ville pour reconquérir son royaume, et Lother ne reprit pas le sien. Il mourut à Reims, en 986, du poison que lui donna sa femme, fille de Lother, roi d'Italie. Son fils, Louis V, surnommé mal à propos le Fainéant, fut le dernier roi de la race karlovingienne. Il ne régna qu'un an, et partagea le destin de son père : sa femme, Blanche d'Aquitaine, l'empoisonna ; il ne laissa point de postérité. Karle, son oncle, avait des prétentions à la couronne ; mais l'élection se fit en faveur de Hugues Capet, duc des Français. Hugues commença la race de ces rois dont le dernier vient de descendre du trône : force est de reconnaître cette grandeur du passé par le vide et le mouvement qu'elle creuse et qu'elle cause dans le monde en se retirant.

Les soixante premières années de la seconde race n'offrent aucun changement remarquable dans les mœurs et dans le gouvernement ; c'est toujours la société romaine dominée par quelques conquérants. Le rétablissement de l'empire d'Occident donne même à cette époque un plus grand air de ressemblance avec les temps antérieurs. Sous le rapport militaire, Charlemagne ne fait que ce que beaucoup d'empereurs ont fait avant lui ; il se transporte de diverses provinces de l'Europe pour repousser les Barbares, comme Probus, Aurélien, Dioclétien, Constantin, Julien, avaient couru d'un bout du monde à l'autre dans la même nécessité. Sous le rapport de la législation et des études, Charlemagne avait encore eu des modèles ; les empereurs, même les plus ignorés et les plus faibles, s'étaient distingués par la promulgation des lois et l'établissement des écoles ; mais il faut convenir que ces nobles entreprises de Charlemagne amenèrent d'autres résultats ; elles étaient aussi plus méritoires dans le soldat teuton qui fit recueillir les chansons des anciens Germains ; « *Qui mist noms aux* « *douze mois selonc la langue toyse, et noms propres aux douze vents ; car* « *avant ce n'estoient nomé que li quatre vent cardinal ;* dans un soldat *qui se* « *vestoit à la maniere de France, vestoit en yver un garnement forré de piaus* « *de loutre ou de martre ;* dans un soldat *qui levoit un chevalier armé sur sa* « *paume, et de Joyeuse, son espée coupoit un chevalier tout armé.* » (Chron. « Saint-Denis.)

On retrouve à la cour des rois des deux premières races les charges et les dignités de la cour des Césars, ducs, comtes, chanceliers, référendaires, camériers, domestiques, connétables, grands-maîtres du palais : Charlemagne seul garda la première simplicité des Franks ; ses devanciers et ses successeurs affectèrent la magnificence romaine. On voit auprès de Hlovigh le Débonnaire, Hérold le Danois, portant une chlamyde de pourpre, ornée de pierres précieuses et d'une broderie d'or ; sa femme, par les soins de la reine Judith, revêt une tunique également brodée d'or et de pierreries ; un diadème couvre son front, et un long collier descend sur son sein. La reine danoise, il est vrai, a aussi des cuissards de mailles d'or et de perles ; un capuchon d'or retombe sur ses épaules : ce sont des Sauvages se parant à leur fantaisie dans le vestiaire d'un palais. Dans une chasse brillante l'enfant Karle (Karle le Chauve) *frappe de ses petites armes une biche que lui ont ramenée ses jeunes compagnons :* Virgile ne disait pas mieux d'Ascagne.

Les capitulaires de Charlemagne, relatifs à la civilisation civile et religieuse, reproduisent à peu près ce que l'on trouve dans les lois romaines et dans les canons des conciles ; mais ceux qui concernent la législation domestique sont curieux par le détail des mœurs.

Le capitulaire *de Villis fisci* se compose de soixante-dix articles, vraisemblablement recueillis de plusieurs autres capitulaires.

Les intendants du domaine sont tenus d'amener au palais où Charlemagne se trouvera le jour de la Saint-Martin d'hiver tous les poulains de quelque âge qu'ils soient, afin que l'empereur, après avoir entendu la messe, les passe en revue.

On doit au moins élever dans les basses-cours des principales métairies cent poules et trente oies.

Il y aura toujours dans ces métairies des moutons et des cochons gras, et au moins deux bœufs gras, pour être conduits si besoin est, au palais.

Les intendants feront saler le lard ; ils veilleront à la confection des cervelas, des andouilles, du vin, du vinaigre, du sirop de mûres, de la moutarde, du fromage, du beurre, de la bière, de l'hydromel, du miel et de la cire.

Il faut, pour la dignité des maisons royales, que les intendants y élèvent des laies, des paons, des faisans, des sarcelles, des pigeons, des perdrix, et des tourterelles.

Les colons des métairies fourniront aux manufactures de l'empereur du lin et de la laine, du pastel et de la garance, du vermillon, des instruments à carder, de l'huile et du savon.

Les intendants défendront de fouler la vendange avec les pieds : Charlemagne et la reine, qui commandent également dans tous ces détails, veulent que la vendange soit très-propre.

Il est ordonné, par les articles 39 et 65, de vendre au marché, au profit de l'empereur, les œufs surabondants des métairies et les poissons des viviers.

Les chariots destinés à l'armée doivent être tenus en bon état, les litières doivent être couvertes de bon cuir et si bien cousues, qu'on puisse s'en servir au besoin comme de bateaux pour passer une rivière.

On cultivera dans les jardins de l'empereur et de l'impératrice toutes sortes de plantes, de légumes et de fleurs : des roses, du baume, de la sauge, des concombres, des haricots, de la laitue, du cresson alénois, de la menthe romaine, ordinaire et sauvage, de l'herbe aux chats, des choux, des ognons, de l'ail et du cerfeuil.

C'était le restaurateur de l'empire d'Occident, le fondateur des nouvelles études, l'homme qui, du milieu de la France, en étendant ses deux bras, arrêtait au nord et au midi les dernières armées d'une invasion de six siècles; c'était Charlemagne enfin qui faisait vendre au marché les œufs de ses métairies, et réglait ainsi avec sa femme ses affaires de ménage.

Quand je parlerai de la chevalerie, je montrerai qu'on en doit rattacher l'origine à la seconde race, et que les romanciers du onzième siècle, en transformant Charlemagne en chevalier, ont été plus fidèles qu'on ne l'a cru à la vérité historique.

Les capitulaires des rois franks jouirent de la plus grande autorité: les papes les observaient comme des lois; les Germains s'y soumirent jusqu'au règne des Othons, époque à laquelle les peuples au delà du Rhin rejetèrent le nom de Franks qu'ils s'étaient glorifiés de porter. Karle le Chauve, dans l'édit de Pitres (chap. VI), nous apprend comment se dressait le capitulaire. « La loi, dit ce « prince, devient irréfragable par le consentement de la nation et la constitu« tion du roi. » La publication des capitulaires, rédigés du consentement des assemblées nationales, était faite dans les provinces par les évêques et par les envoyés royaux, *missi dominici.*

Les capitulaires furent obligatoires jusqu'au temps de Philippe le Bel : alors les ordonnances les remplacèrent. Rhenanus les tira de l'oubli en 1531 : ils avaient été recueillis incomplètement en deux livres par Angesise, abbé de Fontenelles (et non pas de Lobes), vers l'an 827. Benoît, de l'Église de Mayence, augmenta cette collection en 845. La première édition imprimée des Capitulaires est de Vitus ; elle parut en 1545.

Les assemblées générales où se traitaient les affaires de la nation avaient lieu deux fois l'an, partout où le roi ou l'empereur les convoquait. Le roi proposait l'objet du capitulaire : lorsque le temps était beau, la délibération avait lieu en plein air; sinon, on se retirait dans des salles préparées exprès. Les évêques, les abbés et les clercs d'un rang élevé se réunissaient à part; les comtes et les principaux chefs militaires de même. Quand les évêques et les comtes le jugeaient à propos, ils siégeaient ensemble, et le roi se rendait au milieu d'eux ; le peuple était forclos; mais, après la loi faite, on l'appelait à la sanction. (HINCMAR. *Hunold.*) La liberté individuelle du Frank se changeait peu à peu en liberté politique, de ce genre représentatif inconnu des anciens. Les assemblées du huitième et du neuvième siècle étaient de véritables états tels qu'ils reparurent sous saint Louis et Philippe le Bel ; mais les états des Karlovingiens avaient une base plus large parce qu'on était plus près de l'indépendance primitive des Barbares : le *peuple* existait encore sous les deux premières races ; il avait disparu sous la troisième pour renaître par les *serfs* et les *bourgeois.*

Cette liberté politique karlovingienne perdit bientôt ce qui lui restait de populaire : elle devint purement aristocratique, quand la division croissante du royaume priva de toute force la royauté.

La justice, dans la monarchie franke, était administrée de la manière établie par les Romains ; mais les rois chevelus, afin d'arrêter la corruption de cette justice, instituèrent les *missi dominici,* sorte de commissaires ambulants qui tenaient des assises, rendaient des arrêts au nom du souverain, et sévissaient contre les magistrats prévaricateurs. Quand il s'agira de la féodalité et des parlements, je montrerai comment la source de la justice, chez les peuples modernes, fut autre que la source de la justice chez les Grecs et les Latins.

Sous les successeurs de Charlemagne se déclare la grande révolution sociale qui changea le monde antique dans le monde féodal : second pas de la liberté générale des hommes, ou passage de *l'esclavage au servage*. J'expliquerai en son lieu cette mémorable transformation.

Charlemagne, comme tous les grands hommes, par l'attraction naturelle du génie, concentra l'administration et le gouvernement social en sa personne; à sa mort l'unité disparut : ses contemporains, qui avaient vu se former son empire, en déplorèrent la division.

Alexandre, n'ayant point de famille, livra à ses capitaines, comme à ses enfants, les débris de sa conquête : en quittant la Macédoine il ne s'était réservé que l'espérance; en quittant la vie il ne garda que la gloire. Charlemagne n'était point dans la même position : il commençait un monde; Alexandre en finissait un. Charlemagne partagea son empire entre ses trois fils; ses fils le morcelèrent entre les leurs. En 888, à la mort de Karle le Gros, il y avait déjà sept royaumes dans la monarchie du fils de Karle le Martel : le royaume de France, le royaume de Navarre, le royaume de Bourgogne cisjurane, le royaume de Bourgogne transjurane, le royaume de Lorraine, le royaume d'Allemagne, le royaume d'Italie. Karle le Chauve établit l'hérédité des bénéfices. « Si, après « notre mort, dit-il, quelqu'un de nos fidèles a un fils ou tel autre parent..... « qu'il soit libre de lui transmettre ses bénéfices et honneurs comme il lui « plaira. » Ce n'était que changer le fait en droit; car les ducs, les comtes et vicomtes, retenaient déjà les châteaux, villes et provinces dont ils avaient reçu le commandement. A la fin du neuvième siècle, vingt-neuf fiefs ou souverainetés aristocratiques se trouvaient établis. Un siècle après, à la chute de la race karlovingienne, le nombre s'en était accru jusqu'à cinquante-cinq. A mesure que ces petits États féodaux se multipliaient, les grands États monarchiques diminuaient : les sept royaumes existants du temps de Karle le Gros étaient réduits à quatre lorsque Hugues Capet reçut la couronne.

Les fiefs usurpés donnèrent naissance aux maisons aristocratiques que l'on voit s'élever à cette époque : alors les Barbares substituèrent à leurs noms germaniques, et ajoutèrent à leurs prénoms chrétiens les noms des domaines dans lesquels ils s'étaient impatronisés. Les noms propres de lieux ont précédé les noms propres d'individus. Le Sauvage donne à sa terre une dénomination tirée de ses accidents, de ses qualités, de ses produits, avant de prendre lui-même une appellation particulière dans la famille commune des hommes. Un globe pourrait avoir une géographie et n'avoir pas un seul habitant.

Le gentilhomme proprement dit, dans le sens où nous entendons ce mot aujourd'hui, commença de paraître vers la fin de la seconde race. La noblesse titrée, que Constantin mit à la place du patriciat, s'infiltra chez les Franks par leur mélange avec les générations romaines, par les emplois qu'ils occupèrent dans l'empire, par l'influence que les vaincus civilisés exercèrent dans l'intimité du foyer sur leurs vainqueurs agrestes.

Dans les autres parties de l'Europe, la même cause agit, les mêmes faits s'accomplissent : le monarque n'est plus que le chef de nom d'une aristocratie religieuse et politique dont les cercles concentriques se vont resserrant autour de la couronne. Dans chacun de ces cercles s'inscrivent d'autres cercles qui ont des centres propres à leur mouvement : la royauté est l'axe autour duquel tourne cette sphère compliquée, république de tyrannies diverses.

L'Église eut la principale part à la création de ce système; elle avait atteint le complément de ses institutions dans la période que les deux premières races mirent à s'écouler; elle avait saisi l'homme dans toutes ses facultés : aujourd'hui même on ne peut jeter les regards autour de soi sans s'apercevoir que le monde extraordinaire d'où nous sommes sortis était presque entièrement l'ouvrage de la religion et de ses ministres.

Les *Études* nous ont montré le christianisme avançant à travers les siècles, changeant non de principe, mais de moyen d'âge en âge, se modifiant pour s'adapter aux modifications successives de la société, s'accroissant par les persécutions et s'élevant quand tout s'abaissait. L'Église (qu'il faut toujours bien distinguer de la communauté chrétienne, mais qui était la forme visible de la foi et la constitution politique du christianisme), l'Église s'organisait de plus en plus : ses milices s'étaient portées d'Orient en Occident ; Benoît avait fondé au mont Cassin son ordre célèbre.

Le long usage des conciles avait rendu ceux-ci plus réguliers; on les savait mieux tenir, on connaissait mieux leur puissance. Sur les conciles se modelèrent les corps délibérants des deux premières races ; et les prélats, qui, dans la société religieuse, représentaient les grands, furent admis au même rang dans la société politique. Les évêques se trouvèrent tout naturellement le premier ordre de l'État, par la raison qu'ils étaient à la tête de la civilisation par l'intelligence. Les preuves de la considération et de l'autorité des évêques sous les races mérovingienne et karlovingienne sont partout.

La composition pour le meurtre d'un évêque dans la loi salique est de neuf cents sous d'or, tandis que celle du meurtre d'un Frank n'est que de deux cents sous ; on peut tuer un Romain convive du roi pour trois cents sous, et un antrustion pour six cents.

Un des premiers actes de Khlovigh est adressé aux *évêques et abbés*, aux hommes illustres les magnifiques ducs, etc., *omnibus episcopis, abbatibus*, etc. Khlother fait la même chose en 516.

Guntran et Khilpérik s'en remettent de leurs différends au jugement des *évêques* et des anciens du peuple : *ut quidquid sacerdotes vel seniores populi judicarent*. Guntran et Khildebert se soumettent à la médiation des *prêtres : mediantibus sacerdotibus* (588). Khlother II assemble les *évêques* de Bourgogne pour délibérer sur les affaires de l'État et le salut de la patrie : *Cum pontifices et universi proceres regni sui...... pro utilitate regia et salute patriæ conjunxissent* (627).

Les évêques sont toujours nommés les premiers dans les diplômes; aucune assemblée où l'on ne les voie paraître : ils jugent avec les rois dans les plaids, et leur nom est placé au bas de l'arrêt immédiatement après celui du roi ; ils sont souverains de leurs villes épiscopales ; ils ont la justice, ils battent monnaie ; ils lèvent des impôts et des soldats ; Savarik, évêque d'Auxerre, s'empara de l'Orléanais, du Nivernais, des territoires de Tonnerre, d'Avalon et de Troyes, et les unit à ses domaines. Le prêtre, dans le camp, s'appelait l'*Abbé des armées*.

L'unité de l'Église qui s'était établie par la doctrine, prit une nouvelle force par la création du temporel de la cour de Rome. Une fois la papauté portant couronne, son influence politique augmenta ; elle traita d'égal à égal avec les maîtres des peuples. Aussi voit-on les pontifes signer au testament des rois, approuver ou désapprouver le partage des royaumes, parvenir enfin à cet excès d'autorité, qu'ils disposaient des sceptres et forçaient les empereurs à leur venir baiser les pieds. Et cependant cette puissance sans exemple sur la terre n'était qu'une puissance d'opinion, puisque les papes qui imposaient leur tiare au monde étaient à peine obéis dans la ville de Rome.

Les successeurs de saint Pierre étant montés au rang des souverains, il en fut de même des évêques ; la plupart des prélats en Allemagne étaient des princes : par une rencontre naturelle mais singulière, lorsque l'empire devint électif, les dignités devinrent héréditaires ; l'élu fut amovible, l'électeur, inamovible.

Le grand nom de Rome, de Rome tombée aux mains des papes, ajouta l'autorité à leur suprématie en l'environnant de l'illusion des souvenirs : Rome, reconnue des Barbares eux-mêmes pour l'ancienne source de la domination, parut recommencer son existence, ou continuer la ville éternelle.

La cour théocratique donnait le mouvement à la société universelle : de même que les fidèles étaient partout, l'Église était en tous lieux. Sa hiérarchie, qui commençait à l'évêque, et remontait au souverain pontife, descendait au dernier clerc de paroisse, à travers le prêtre, le diacre, le sous-diacre, le curé et le vicaire. En dehors du clergé séculier était le clergé régulier ; milice immense qui, par ses constitutions, embrassait tous les accidents et tous les besoins de la société laïque : il y avait des ecclésiastiques et des moines pour toutes les espèces d'enseignements ou de souffrances. Le prêtre célibataire de l'unité catholique ne se refusa point, comme le ministre marié séparé de cette communion, aux calamités populaires ; il devait mourir dans un temps de peste en secourant les pestiférés ; il devait mourir dans un temps de guerre en défendant les villes et en montant à cheval, malgré l'interdiction canonique ; il devait mourir en se portant aux incendies ; il devait mourir pour le rachat des captifs : à lui étaient confiés le berceau et la tombe ; l'enfant qu'il élevait ne pouvait, lorsqu'il était devenu homme, prendre une épouse que de sa main. Des communautés de femmes remplissaient envers les femmes les mêmes devoirs ; puis venait la solitude des cloîtres pour les grandes études et les grandes passions. On conçoit qu'un système religieux ainsi lié à l'humanité devait être l'ordre social même.

Les richesses du clergé, déjà si considérables sous les empereurs romains qu'on avait été obligé d'y mettre des bornes, continuèrent de s'accroître jusqu'au douzième siècle, bien qu'elles fussent souvent attaquées, saisies et vendues dans les besoins urgents de l'État. Le monastère de Saint-Martin d'Autun possédait, sous les Mérovingiens, cent mille manses. La manse était un fonds de terre dont un colon se pouvait nourrir avec sa famille, et payer le cens au propriétaire.

L'abbaye de Saint-Riquier, plus riche encore, nous montre ce que c'était qu'une ville de France au neuvième siècle.

Hérik, en 831, présenta à Hlovigh le Débonnaire l'état des biens de la susdite abbaye. Dans la ville de Saint-Riquier, propriété des moines, il y avait deux mille cinq cents manses de séculiers ; chaque manse payait douze deniers, trois setiers de froment, d'avoine et de fèves, quatre poulets et trente œufs. Quatre moulins devaient six cents muids de grain mêlé, huit porcs et douze vaches. Le marché, chaque semaine, fournissait quarante sous d'or, et le péage, vingt sous d'or. Treize fours produisaient chacun, par an, dix sous d'or, trois cents pains et trente gâteaux dans le temps des litanies. La cure de Saint-Michel donnait un revenu de cinq cents sous d'or, distribués en aumônes par les frères de l'abbaye. Le casuel des enterrements des pauvres et des étrangers était évalué, année courante, à cent sous d'or, également distribués en aumônes. L'abbé partageait chaque jour aux mendiants cinq sous d'or ; il nourrissait trois cents pauvres, cent cinquante veuves et soixante clercs. Les mariages rapportaient annuellement vingt livres d'argent pesant, et le jugement des procès soixante-huit livres.

La rue des Marchands (dans la ville de Saint-Riquier) devait à l'abbaye, chaque année, une pièce de tapisserie de la valeur de cent sous d'or, et la rue des Ouvriers en fer, tout le ferrement nécessaire à l'abbaye. La rue des Fabricants de boucliers était chargée de fournir les couvertures de livres ; elle reliait ces livres et les cousait, ce qu'on estimait trente sous d'or. La rue des Selliers procurait des selles à l'abbé et aux frères ; la rue des Boulangers délivrait cent pains hebdomadaires ; la rue des Écuyers était exempte de toute charge (*vicus Serventium per omnia liber est*) ; la rue des Cordonniers munissait de souliers les valets et les cuisiniers de l'abbaye ; la rue des Bouchers était taxée, chaque année, à quinze setiers de graisse ; la rue des Foulons confectionnait les sommiers de laine pour les moines, et la rue des Pelletiers, les peaux qui leur étaient nécessaires ; la rue des Vignerons donnait par semaine seize setiers de vin et un d'huile ; la rue des Cabaretiers, trente setiers de cervoise (bière) par jour ; la rue des Cent dix *Milites* (Chevaliers) devait entretenir pour chacun d'eux un cheval, un bouclier, une épée, une lance, et les autres armes.

La chapelle des nobles octroyait chaque année douze livres d'encens et de parfums ; les quatre chapelles du commun peuple (*populi vulgaris*) payaient cent livres de cire et trois d'encens. Les oblations présentées au sépulcre de Saint-Riquier valaient par semaine deux marcs ou trois cents livres d'argent.

Suit le bordereau des vases d'or et d'argent des trois églises de Saint-Riquier, et le catalogue des livres de la bibliothèque. Vient la liste des villages de Saint-Riquier, au nombre de vingt : Buniac, Vallès, Drusiac, Neuville, Gaspanne, Guibrantium, Bagarde, Cruticelle, Croix, Civinocurtis, Haidulficurtis, Maris, Nialla, Langradus, Alteica, Rochonismons, Sidrunis, Concilio, Buxudis, Ingoaldicurtis. Dans ces villages se trouvaient quelques vassaux de Saint-Riquier, qui possédaient des terres à titre de bénéfices militaires. On voit de plus treize autres villages sans mélange de fief ; et ces villages, dit la notice, sont moins des villages que des villes et des cités.

Le dénombrement des églises, des villes, villages et terres dépendant de Saint-Riquier, présente les noms de cent chevaliers attachés au monastère, lesquels chevaliers composent à l'abbé, aux fêtes de Noël, de Pâques et de la Pentecôte, une cour presque royale. En résumé, le monastère possédait la ville de Saint-Riquier, treize autres villes, trente villages, un nombre infini de métairies, ce qui produisait un revenu immense. Les offrandes en argent, faites au tombeau de Saint-Riquier, s'élevaient seules par an à quinze mille six cents livres de poids, près de deux millions numériques de la monnaie d'aujourd'hui.

Khlovigh gratifia l'église de Reims de terres dans la Belgique, la Thuringe, l'Austrasie, la Septimanie et l'Aquitaine; il donna de plus à l'évêque qui l'avait baptisé tout l'espace de terre qu'il pourrait parcourir pendant que lui, Khlovigh dormirait après son dîner. L'église de Besançon était une souveraineté : l'archevêque de cette église avait pour hommes-liges le vicomte de Besançon, les seigneurs de Salins, de Montfaucon, de Montferrand, de Durnes, de Montbeliard, de Saint-Seine; le comte de Bourgogne relevait même, pour la seigneurie de Gray, de Vesoul et de Choye, de l'archevêché de Besançon.

Charlemagne ordonna, en 805, le renouvellement du testament d'Abbon en faveur du monastère de la Novalaise; cette charte contient la nomenclature des lieux donnés : M. Lancelot en a recherché la situation; on peut voir ce document curieux.

Il serait impossible de calculer la quantité d'or et d'argent, soit monnoyés, soit employés en objets d'arts, qui existait dans les bas siècles; elle devait être considérable, à en juger par l'opulence des églises, par l'abondance incroyable des aumônes et des offrandes, et par la multitude infinie des impôts. Les Barbares avaient dépouillé le monde, et leurs rapines étaient restées dans les lieux où ils s'étaient établis; on sait aujourd'hui qu'une armée féconde les champs qu'elle ravage.

La seule chose à remarquer maintenant sur les richesses du clergé, c'est comment elles servirent à la société, et de quelle autre propriété elles se composèrent.

Sous les races mérovingienne et karlovingienne le droit de conquête dominait; les terres ne furent point enlevées au propriétaire par loi positive, mais le fait se dut mettre et se mit souvent en contradiction avec le droit. Quand un Frank se voulait emparer du champ d'un Gaulois-Romain, qui l'en pouvait empêcher? Lorsque Khlovigh donne à saint Remi l'espace que le saint pourra parcourir tandis que le roi dormira (1), il est clair que le saint dut passer sur des terres déjà possédées, qui n'appartenaient plus à leur ancien propriétaire lorsque le roi se réveilla. Mais ces terres qui changèrent de possesseurs ne changèrent point de régime, et c'est sur ce point que toutes les notions historiques ont été faussées.

L'imagination s'est représenté les possessions d'un monastère comme une chose sans aucun rapport avec ce qui existait auparavant : erreur capitale.

(1) **Karle** le Martel fit une concession de la même nature : il dédommageait le clergé, aux dépens des voisins, des biens qu'il lui avait pris.

Une abbaye n'était autre chose que la demeure d'un riche patricien romain, avec les diverses classes d'esclaves et d'ouvriers attachés au service de la propriété et du propriétaire, avec les villes et les villages de leur dépendance. Le père abbé était le maître; les moines, comme les affranchis de ce maître, cultivaient les sciences, les lettres et les arts. Les yeux même n'étaient frappés d'aucune différence dans l'extérieur de l'abbaye et de ses habitants; un monastère était une maison romaine pour l'architecture : le portique ou le cloître au milieu, avec les petites chambres au pourtour du cloître. Et, comme sous les derniers Césars il avait été permis, et même ordonné aux particuliers de fortifier leurs demeures, un couvent enceint de murailles crénelées ressemblait à toutes les habitations un peu considérables. L'habillement des moines était celui de tout le monde : les Romains, depuis longtemps, avaient quitté le manteau et la toge; on avait été obligé de porter une loi pour leur défendre de se vêtir à la *gothique;* les braies des Gaulois et la robe longue des Perses étaient devenues d'un usage commun. Les religieux ne nous paraissent aujourd'hui si extraordinaires dans leur accoutrement, que parce qu'il date de l'époque de leur institution.

L'abbaye, pour le répéter, n'était donc qu'une maison romaine; mais cette maison devint bien de main-morte par la loi ecclésiastique, et acquit par la loi féodale une sorte de souveraineté : elle eut sa justice, ses chevaliers et ses soldats, petit État complet dans toutes ses parties, et en même temps ferme expérimentale, manufacture (on y faisait de la toile et des draps) et école.

On ne peut rien imaginer de plus favorable aux travaux de l'esprit et à l'indépendance individuelle, que la vie cénobitique. Une communauté religieuse représentait une famille artificielle toujours dans sa virilité, et qui n'avait pas, comme la famille naturelle, à traverser l'imbécillité de l'enfance et de la vieillesse : elle ignorait les temps de tutelle et de minorité, et tous les inconvénients attachés à l'infirmité de la femme. Cette famille, qui ne mourait point, accroissait ses biens sans les pouvoir perdre, et, dégagée des soins du monde, exerçait sur lui un prodigieux empire. Aujourd'hui que la société n'a plus à souffrir de l'accaparement d'une propriété immobile, du célibat, nuisible à la population, et de l'abus de la puissance monacale, elle juge avec impartialité des institutions qui furent, sous plusieurs rapports, utiles à l'espèce humaine à l'époque de sa formation.

Les couvents devinrent des espèces de forteresses où la civilisation se mit à l'abri sous la bannière de quelque saint : la culture de la haute intelligence s'y conserva avec la vérité philosophique qui renaquit de la vérité religieuse. La vérité politique, ou la liberté, trouva un interprète et un complice dans l'indépendance du moine qui recherchait tout, disait tout et ne craignait rien. Ces grandes découvertes dont l'Europe se vante n'auraient pu avoir lieu dans la société barbare; sans l'inviolabilité et le loisir du cloître, les livres et les langues de l'antiquité ne nous auraient point été transmis, et la chaîne qui lie le passé au présent eût été brisée. L'astronomie, l'arithmétique, la géométrie, le droit civil, la physique et la médecine, l'étude des auteurs profanes, la grammaire et les humanités, tous les arts eurent une suite de maîtres non interrompue, depuis les premiers temps de Khlovigh jusqu'au siècle où les universités, elles-mêmes religieuses, firent sortir la science des monastères. Il suffira, pour constater ce fait, de nommer Alcuin, Anghilbert, Éghinard, Téghan, Loup de Ferrières, Éric d'Auxerre, Hincmar, Odon de Cluny, Gherbert, Abbon, Fulbert; ce qui nous conduit au règne de Robert, second roi de la troisième race. Alors naissent de nouveaux ordres religieux, et celui de Cluny n'eut plus le beau privilége d'être à peu près l'unique dépôt de l'instruction.

On sait tout ce qui avait lieu relativement aux livres : tantôt les moines en multipliaient les exemplaires par zèle ou par ordre, tantôt ils en faisaient des copies par pénitence : on transcrivait Tite-Live pendant le carême par esprit de mortification. Il est malheureusement vrai qu'on gratta des manuscrits pour substituer à un texte précieux l'acte d'une donation ou quelque élucubration scolastique. On voit dans le Catalogue de la bibliothèque de l'abbaye de Saint-Riquier, an 831, des exemplaires de Cicéron, d'Homère et de Virgile. On trouve au dixième siècle, dans la bibliothèque de Reims, les œuvres de Jules César, de Tite-Live, de Virgile et de Lucain. Saint-Bénigne de Dijon possédait un Horace. A Saint-Benoît sur Loire, chaque écolier (ils étaient cinq mille) donnait à ses maîtres deux volumes pour honoraires; à Montierender, on montrait, en 990, la *Rhétorique* de Cicéron et deux Térence. Loup de Ferrières fit corriger un Pline mal transcrit; il envoya à Rome des Suétone et des Quinte-Curce. Dans l'abbaye de Fleury, on avait le traité de Cicéron *de la République,* qui n'a été retrouvé que de nos jours, encore non entier. Je ne me souviens pas d'avoir vu mentionné dans les catalogues de ces anciennes bibliothèques de France un seul Tacite.

La musique, la peinture, la gravure, et surtout l'architecture, ont des obligations infinies aux gens d'Église. Charlemagne montrait pour la musique le goût naturel que conserve encore aujourd'hui la race germanique : il avait fait venir des chantres de Rome; il indiquait lui-même dans sa chapelle, avec le doigt ou avec une baguette, le tour du clerc qui devait chanter; il marquait la fin du motet par un son guttural qui devenait le diapason de la phrase recommençante. Le moine de Saint-Gall raconte qu'un clerc, ignorant les règles établies, et obligé de figurer dans un chœur, agitait la tête circulairement, et ouvrait une énorme bouche pour imiter les chantres qui l'environnaient. Charlemagne garda son sang-froid, et fit donner à ce clerc de bonne volonté une livre d'argent pour sa peine.

Il y avait des écoles de musique : les moines connaissaient l'orgue et les instruments à cordes et à vent. Les séquences de la messe étaient fameuses au dixième siècle; on y poussait le son à toute l'étendue de la voix; elles produisaient des effets si extraordinaires qu'une femme en mourut de ravissement et de surprise. Les séquences, d'origine barbare, portaient le nom de *Frigdora*.

L'art de graver sur pierres précieuses n'était pas perdu au huitième et au neuvième siècle . deux chanoines de Sens, Bernelin et Bernuin, construisirent une table d'or ornée de pierreries et d'inscriptions; Heldric, abbé de Saint-Germain d'Auxerre, peignait; Tutilon, moine de Saint-Gall, exerçait à Metz l'art de graveur et de sculpteur. L'architecture dite *lombarde* se rattache à l'époque religieuse de Charlemagne : le moine de Gozze était un habile architecte du dixième siècle. Plus tard, l'architecture que nous appelons mal à propos *gothique* dut en majeure partie sa gloire, dans le douzième et le treizième siècle, à des clercs, des abbés, des moines et des hommes affiliés aux établissements ecclésiastiques. Hugues Libergier et Robert de Coucy, *maître de Notre-Dame et de Saint-Nicaise de Reims*, avaient fourni les plans et dirigé la construction de l'église métropole de cette ville, ainsi que de l'église de Saint-Nicaise, admirable édifice détruit par les Barbares du dix-huitième siècle. Aroun al Raschild, ami et contemporain de Charlemagne, aimait et protégeait, comme lui, les sciences et les arts ; mais les lettres ont péri dans le moyen âge du mahométisme, et elles se sont rajeunies et renouvelées dans le moyen âge du christianisme.

Le corps du clergé était constitué de manière à favoriser le mouvement progresseur : la loi romaine, qu'il opposait aux coutumes absurdes et arbitraires, les affranchissements qu'il ne cessait de commander, les immunités dont ses vassaux jouissaient, les excommunications locales dont il frappait certains usages et certains tyrans, étaient en harmonie avec les besoins de la foule. Il est vrai qu'en ce faisant, les prêtres avaient pour objet principal l'augmentation de leur puissance ; mais cette puissance était elle-même plébéienne : ces libertés, réclamées au nom des peuples, ne leur étaient pas incessamment données, mais elles répandaient dans la société des idées qui s'y devaient développer, et tourner au profit de l'espèce humaine.

Le clergé régulier était encore plus démocratique que le clergé séculier. Les ordres mendiants avaient des relations de sympathie et de famille avec les classes inférieures ; vous les trouvez partout à la tête des insurrections populaires : la croix à la main, ils menaient des bandes de *pastoureaux* dans les champs, comme les *processions* de la Ligue dans les murs de Paris. En chaire ils exaltaient les petits devant les grands, et rabaissaient les grands devant les petits ; plus les siècles étaient superstitieux, plus il y avait de cérémonies, plus le moine avait d'occasions d'expliquer ces vérités de la nature déposées dans l'Évangile : il était impossible qu'à la longue elles ne descendissent pas de l'ordre religieux dans l'ordre politique. La milice de saint François se multiplia, parce que le peuple s'y enrôla en foule ; il troqua sa chaîne contre une corde, et reçut de celle-ci l'indépendance que celle-là lui ôtait ; il put braver les puissants de la terre, aller avec un bâton, une barbe sale, des pieds crottés et nus, faire à ces terribles châtelains d'outrageantes leçons. Le maître, intérieurement indigné, était obligé de subir la réprimande de son *homme de pœste* transformé en *ingénu* par cela seul qu'il avait changé de robe. Le capuchon affranchissait plus vite encore que le heaume, et la liberté rentrait dans la société par des voies inattendues. A cette époque le peuple se fit prêtre, et c'est sous ce déguisement qu'il le faut chercher.

Enfin, on s'est élevé avec raison contre les richesses de l'Église qui possédait la moitié des propriétés de la France ; mais, pour rester dans la vérité historique, il eût été juste de remarquer que les deux tiers au moins de ces immenses richesses étaient entre les mains de la partie *plébéienne* du clergé. J'insiste sur ce mot *plébéien*, parce qu'en développant tout ce qu'il renferme, on arrive à une nouvelle vue, et une vue très-exacte, d'un sujet jusqu'ici mal compris et mal représenté.

L'esprit d'égalité et de liberté de la *république* chrétienne avait passé dans la *monarchie* de l'Église. Cette monarchie était élective et représentative; tous les chrétiens, même laïques, quel que fût leur rang, pouvaient arriver, en vertu de l'élection, à la première dignité. La papauté n'était qu'une souveraineté viagère; en certain cas même les conciles généraux pouvaient déposer le souverain et en choisir un autre ; il en était ainsi des évêques élus primitivement par la communauté diocésaine.

Il arriva donc que le suprême pontife était très-souvent un homme sorti de la dernière classe sociale; tribun dictateur que le peuple envoyait pour mettre le pied sur le cou de ces rois, et de ces nobles, oppresseurs de la liberté. Grégoire VII, qui réduisit en pratique la théorie de cette souveraineté, et qui exerça dans toute sa rigueur son mandat populaire, était un moine de néant; Boniface VIII, qui déclarait les papes compétents à ravir et à donner les couronnes, était un obscur légiste; Sixte V, qui approuvait le régicide, avait gardé les pourceaux. Aujourd'hui même, après tant de siècles, cet esprit d'égalité n'est point altéré : il est rare que le souverain pontife soit tiré des grandes familles italiennes : un prêtre parvient au cardinalat; son frère, petit marchand, illumine sa boutique, à Rome, en réjouissance de l'élévation de son frère. Le pape futur, né dans le sein de l'égalité, entrait dans le cloître, où il retrouvait une autre sorte d'égalité mêlée à la théorie et à la pratique de l'obéissance passive : il sortait de cette école avec l'amour du nivellement et la soif de la domination.

Pour expliquer la puissance temporelle du saint siége, on est allé chercher des raisons d'ignorance et de religion, qui, sans doute, contribuèrent à l'augmenter, mais qui n'en étaient pas l'unique source. Les papes la tenaient, cette puissance, de la liberté républicaine; ils représentaient, en Europe, la vérité politique détruite presque partout : ils furent, dans le monde gothique, les défenseurs des franchises populaires. La querelle du sacerdoce et de l'empire est la lutte des deux principes sociaux au moyen âge, le pouvoir et la liberté : les Guelfes étaient les démocrates du temps; les Gibelins les aristocrates. Ces trônes, déclarés vacants et livrés au premier occupant; ces empereurs qui venaient à genoux, implorer le pardon d'un pontife; ces royaumes mis en interdit; ces églises fermées, et une nation entière privée de culte par un mot magique; ces souverains frappés d'anathème, abandonnés non-seulement de leurs sujets, mais encore de leurs serviteurs et de leurs proches; ces princes, évités comme des lépreux, séparés de la race mortelle en attendant leur retranchement de l'éternelle race; les aliments dont ils avaient goûté, les objets qu'ils avaient touchés, passés à travers les flammes, ainsi que choses souillées; tout cela n'était que les effets énergiques de la souveraineté populaire déléguée à la religion, et par elle exercée.

La papauté marchait alors à la tête de la civilisation, et s'avançait vers le but de la société générale. Et comment ces monarques sans sujets, sans armées, fugitifs même, et persécutés lorsqu'ils lançaient leurs foudres; comment ces souverains, trop souvent sans mœurs, quelques-uns couverts de crimes, quelques autres ne croyant pas au Dieu qu'ils servaient ; comment auraient-ils pu détrôner les rois avec un mot, une parole, une idée, s'ils n'eussent été les chefs de l'opinion ? Comment, dans toutes les régions du globe, les hommes chrétiens auraient-ils obéi à un prêtre dont le nom leur était à peine connu, si ce prêtre n'eût été la personnification de quelque vérité fondamentale ? Aussi les papes ont-ils été maîtres de tout, tant qu'ils sont restés Guelfes ou démocrates ; leur puissance s'est affaiblie lorsqu'ils sont devenus Gibelins ou aristocrates. L'ambition des Médicis fut la cause de cette révolution : pour obtenir la tiare, ils favorisèrent, en Italie, les armes impériales, et trahirent le parti populaire ; dès ce moment l'autorité papale déclina, parce qu'elle avait menti à sa propre nature, abandonné son principe de vie. Le génie des arts masqua d'abord aux yeux de la foule cette défaillance intérieure ; mais les chefs-d'œuvre de Raphaël et de Michel-Ange, qui s'effacent sur les murs du Vatican, n'ont point remplacé le pouvoir dont les papes se dépouillèrent en déchirant leur contrat primitif. C'est la même tendance à un faux pouvoir qui perdit la royauté sous Louis XIV : cette royauté, qui, jusqu'au règne de Louis XIII, s'était mélangée des libertés publiques, crut augmenter sa puissance en les étouffant, et elle se frappa au cœur. Les arts vinrent aussi embellir l'envahissement de nos franchises nationales : le Louvre du grand roi est encore debout comme le Vatican ; mais par quels soldats a-t-il été pris et est-il gardé ?

TROISIÈME RACE.

Avec la troisième race finit l'histoire des Franks et commence l'histoire des Français.

La monarchie de Hugues Capet subit quatre transformations principales :

Elle fut purement féodale jusqu'au règne de Philippe le Bel.

A Philippe le Bel s'élève la monarchie des trois états (1) et du parlement, qui dure jusqu'à Louis XIII.

Louis XIV impose la monarchie absolue, que détruit la monarchie constitutionnelle ou représentative de Louis XVI.

Les faits de la monarchie purement féodale sont : la formation même et le caractère de ce gouvernement, le mouvement insurrectionnel et l'affranchissement des communes, la conquête de l'Angleterre par les Normands, les croisades extérieures et intérieures, et la querelle du sacerdoce et de l'empire.

La monarchie des trois états et du parlement voit naître les lois générales, civiles et politiques, l'administration et la petite propriété ; elle voit les démêlés de Philippe le Bel avec le pape, la destruction de l'ordre des templiers, l'avénement au trône de la double lignée des Valois, la longue rivalité de la France et de l'Angleterre avec tous ses événements et tous ses malheurs, la destruction

---

(1) Appelés depuis états généraux.

de la première haute noblesse, le soulèvement des paysans et des bourgeois, les troubles des trois états, l'établissement de l'impôt régulier et des troupes soldées, la séparation du parlement des conseils du roi par la création du conseil d'État, l'extinction des deux maisons de Bourgogne, la réunion successive des grands fiefs à la couronne, les guerres d'Italie, les changements dans les lois, les mœurs, la langue, les usages et les armes. Les lettres renaissent ; les grandes découvertes s'accomplissent ; Luther paraît ; les guerres de religion éclatent ; les Bourbons arrivent à la couronne : la monarchie des états et la constitution aristocratique expirent sous Louis XIII. Le parlement en garde les traditions à travers la monarchie absolue.

La courte monarchie absolue de Louis XIV se compose de la gloire de ce prince, de la honte de Louis XV, et de l'intrusion des idées dans l'ordre social comme faits.

La monarchie constitutionnelle ou représentative a pour accidents le jugement de Louis XVI, le passage de la république à l'empire, de l'empire à la restauration, et de la restauration à la monarchie républicaine, si ces deux mots se peuvent allier.

Je ne prétends pas établir ici des divisions tranchées, commençant tout juste à telle date, finissant tout juste à telle autre ; les choses sont plus mêlées dans la société : les siècles s'élèvent lentement à l'abri des siècles ; les mœurs nouvelles, au milieu des anciennes mœurs, sont comme les jeunes générations qui grandissent sous la protection des vieilles générations dont elles sont sorties. Ainsi, Louis le Gros n'a point affranchi les communes dans le sens absolu du mot ; il y avait des communes libres et des communes insurgées avant qu'il leur octroyât des chartes ; mais c'est à partir de son règne que les affranchissements se multiplient tant par la couronne que par les seigneurs : ainsi Philippe le Bel n'a pas appelé le premier le tiers état aux délibérations publiques ; avant lui plusieurs rois avaient convoqué des assemblées de notables, et particulièrement le roi saint Louis ; mais depuis Philippe le Bel, en 1303, jusqu'à Louis XIII, en 1614, on trouve une série de convocations d'états, qui n'est guère interrompue que vers la fin du quatorzième siècle.

J'en dis autant des autres divisions que je n'adopte que comme une formule historique, propre à servir de *layette* ou de case aux faits et d'aide à la mémoire. Je sais tout aussi bien que personne que la monarchie féodale ne tombe pas quand la monarchie des états et du parlement s'élève ; loin de là, elle est à son apogée ; elle descend ensuite pendant tout le quatorzième siècle, et se vient abîmer sous Charles VII.

HUGUES CAPET.

DE 987 A 996.

Il faut dire de la royauté de Hugues Capet ce que j'ai dit de celle de Peppin : il n'y eut point usurpation parce qu'il y avait élection ; la légitimité était un dogme inconnu. Charles, duc de la Basse-Lorraine, fils de Louis d'Outre-mer et oncle de Louis V, le dernier des Karlovingiens, fut un prétendant que repoussa la majorité des suffrages : voilà tout. Il prit les armes, s'empara de la ville de Laon ; mais l'évêque de cette ville la livra à Hugues Capet (2 avril 991). Charles, mort en prison, laissa deux fils qui ne régnèrent point, et auxquels on ne pensa plus.

Mais dans la personne de Hugues Capet s'opère une révolution importante ; la monarchie élective devient héréditaire ; en voici la cause immédiate qu'aucun historien, du moins que je sache, n'a encore remarquée : le sacre usurpa le droit d'élection.

Les six premiers rois de la troisième race firent sacrer leurs fils aînés de leur vivant. Cette élection religieuse remplaça l'élection politique, affermit le droit de primogéniture, et fixa la couronne dans la maison de Hugues Capet. Philippe-Auguste se crut assez puissant pour n'avoir pas besoin durant sa vie de présenter au sacre son fils Louis VIII ; mais Louis VIII, près de mourir, s'alarma, parce qu'il laissait en bas âge son fils Louis IX qui n'était pas sacré : il lui fit prêter serment par les seigneurs et les évêques ; non content de cela, il écrivit une lettre à ses sujets, les invitant à reconnaître pour roi son fils aîné. Tant de précautions font voir que deux cent trente-neuf ans n'avaient pas suffi à la confirmation de l'hérédité absolue, et de l'ordre de primogéniture dans la monarchie capétienne. Le souvenir même du droit d'élection se perpétuait dans une formule du sacre : on demandait au peuple présent s'il consentait à recevoir le nouveau souverain.

Lorsque la couronne échut en ligne collatérale aux descendants de Hugues Capet, rien ne parut moins certain que l'existence de la loi salique, laquelle loi contestée mettait pareillement en doute l'hérédité. Ces questions s'agitèrent vivement sous Philippe le Long, Charles le Bel et Philippe de Valois. Sous Charles VI une fille hérita de la couronne. En 1576 une ordonnance décida que les princes du sang précéderaient tous les pairs et qu'ils se placeraient selon leur proximité au trône. A ce propos, Christophe de Thou dit à Henri III que, depuis le règne de Philippe de Valois, il ne s'était fait chose aussi utile à la conservation de la loi salique : certes il fallait que le doute fût bien enraciné dans les esprits, pour qu'un magistrat, à la fin du seizième siècle, vît une loi politique dans un règlement de préséance. Catherine de Médicis songea à faire passer le sceptre à sa fille. Les états de la Ligue parlèrent de mettre l'infante d'Espagne sur le trône de France. Enfin, sous la régence du duc d'Orléans, pendant la minorité de Louis XV, il fut déclaré que, la famille royale venant à s'éteindre, les Français seraient libres de se choisir un chef : n'était-ce pas reconnaître leur droit primitif?

L'hérédité mâle, constituée dans la famille royale, devint à la fois le germe destructeur de la féodalité et le principe régénérateur de la monarchie absolue. L'aristocratie subsista dans l'empire d'Allemagne et se détruisit dans le royaume de France, parce que la dignité impériale demeura élective, et que la couronne française devint héréditaire.

Les assemblées nationales cessèrent sous les premiers rois de la troisième race, de même qu'elles avaient été interrompues sous les derniers rois de la seconde. Hugues Capet était un très-petit seigneur. « Le royaume, dit Mon-

… tesquieu, se trouva sans domaine, comme est aujourd'hui l'empire : on donna « la couronne à un des plus puissants vassaux. » Hugues, quand il en aurait eu l'envie, n'aurait pu réunir les états ; les autres grands vassaux ne s'y seraient pas rendus : souverains comme le duc de France, ils ne lui auraient pas obéi. La liberté politique qui se montrait dans ces assemblées ne se trouva plus ; elle se plaça ailleurs sous une autre forme.

La France alors était une république aristocratique fédérative, reconnaissant un chef impuissant. Cette aristocratie était sans peuple : tout était esclave ou serf. Le servage n'avait point encore englouti la servitude ; le bourgeois n'était point encore né ; l'ouvrier et le marchand appartenaient encore à des maîtres dans les ateliers des abbayes et des seigneuries ; la moyenne propriété n'avait point encore reparu ; de sorte que cette monarchie (aristocratie de droit et de nom) était de fait une véritable démocratie ; car tous les membres de cette société étaient égaux, ou le croyaient être.

On ne rencontrait point au-dessous de l'aristocratie cette classe distincte et plébéienne qui, par l'infériorité relative du sang, fixe la nature du pouvoir qui la domine. Voilà pourquoi les chroniques de ces temps ne parlent jamais du *peuple :* on s'enquiert de ce peuple ; on est tenté de croire que les historiens l'ont caché, qu'en fouillant des chartes on le déterrera, qu'on découvrira une nation française inconnue, laquelle agissait, administrait, gagnait les batailles, et dont on a enseveli jusqu'à la mémoire. Après bien des recherches on ne trouve rien, parce qu'il n'y a rien, et que cette aristocratie sans peuple est, à cette époque, la véritable nation française.

Marquons le commencement de l'institution de la pairie : les pairs avaient existé avant la pairie ; dans l'origine, les pairs étaient des jurés qui prononçaient sur les différends advenus entre leurs égaux. La pairie prit un caractère politique quand les fiefs se convertirent en biens patrimoniaux et héréditaires. Les pairs du roi furent des seigneurs plus puissants que les pairs d'un comte ou d'un duc. Tous les systèmes qui placent l'origine de la pairie plus haut ou plus bas que le règne de Hugues Capet ne se peuvent soutenir.

L'introduction de la dignité de la pairie favorisa l'élection des Capétiens. Il y avait sept pairs laïques ; Hugues en était un : les six autres pairs, dont les seigneuries relevaient immédiatement de la couronne, s'entendirent, comme aujourd'hui des électeurs s'entendent dans un collège électoral, pour porter leurs voix sur leur compagnon. La pairie se trouva ainsi réunie à la royauté, et il ne resta que six pairs de France. L'égalité était si complète entre les pairs, que Hugues Capet ayant demandé à Adalbert *qui l'avait fait comte,* Adalbert lui répondit : *Ceux qui t'ont fait roi.*

Outre les pairs laïques, il y avait des pairs ecclésiastiques du ressort du trône, à la différence des autres seigneuries qui n'avaient point de pairs ecclésiastiques. On peut dire de la pairie, avant ses différentes dégénérations, qu'elle était une espèce de sénat de rois, ou, plus exactement, un conseil aristocratique supérieur à la royauté même.

Élisez douze pairs qui soyent compagnons,
Qui menent vos batailles par grand' devotion.

Quand les pairs furent au nombre de douze, on les appela *les douze compagnons*, et Froissart les nomme *frères du royaume de France*. Les grands effets politiques de la pairie se virent dans le jugement de Jean sans Terre et du prince de Galles.

Hugues Capet mourut en 996. Je dirai, pour ne plus parler des successions royales, que, sous la troisième race, l'apanage remplaça le partage des biens patrimoniaux entre les enfants.

ROBERT.

DE 996 A 1031.

Robert, héritier du trône de Hugues, était un prince pieux et savant pour son siècle; il était poëte : l'Église chante encore des répons et des séquences composés par ce fils aîné de l'Église : *O constantia martyrum! Veni, Sancte Spiritus!* Il craignait beaucoup sa femme, et se laissait voler par les pauvres. Son règne fut long; c'est ce qu'il fallait alors pour un monde au berceau.

HENRI Ier.

DE 1031 A 1060.

Le règne de Henri, qui vint après celui de Robert, fut encore un règne nourricier et tout rempli de petites guerres féodales.

Robert Guiscard paraissait en Italie lorsque Guillaume le Bâtard occupait la seigneurie de son père, Robert le Diable.

Ces deux Normands devaient jouer un rôle important à l'occident et à l'orient de l'Europe; et lorsque Henri mourut, Grégoire VII n'était plus qu'à quelques années de distance.

Le petit-fils de Hugues Capet fut un homme d'une valeur héroïque : il porta le premier un nom peu répété sur le trône de France, et funeste à tous les rois marqués de ce nom.

PHILIPPE Ier.

DE 1060 A 1108.

Les quatre-vingt et une années qui s'écoulèrent de Hugues Capet à Philippe Ier furent des années de conception, de travail, d'éducation première; mais au règne de Philippe Ier, la nuit qui couvrait une enfance sociale laborieuse se dissipe : le moyen âge paraît dans l'énergie de sa jeunesse, l'âme toute religieuse, le corps tout barbare, et l'esprit aussi vigoureux que le bras.

Guillaume le Bâtard convoque les aventuriers de l'Europe pour aller subjuguer l'Angleterre; il triomphe à la bataille d'Hastings, et le roi de France se trouve avoir un vassal-roi plus puissant que lui.

Cet événement, qui fut bientôt suivi des croisades, donne un nouveau mouvement aux populations. On avait vu des invasions fortuites, des peuples marchant en avant et au hasard, sans savoir où ils s'arrêteraient, allant plutôt à des découvertes qu'à des conquêtes, comme ces navigateurs qui cherchent des terres inconnues; il en est tout autrement de Guillaume et de ses bandes. Pour la première fois un peuple est méthodiquement subjugué; le sol envahi reçoit de nouvelles formes; les anciennes propriétés sont cadastrées afin d'être imposées ou prises; la langue et les lois des vaincus sont changées par système; des espèces de moines armés bâtissent de toutes parts des châteaux moitié forteresses, moitié églises, et chaque soir le peuple conquis se couche au son d'une cloche, comme dans un couvent : grand tableau qui n'est plus à faire depuis qu'il a été peint de la main de M. Thierry. Gildas avait dit que les Angles (Anglais) n'étaient ni puissants dans la guerre, ni fidèles dans la paix : *Angli nec in bello fortes, nec in pace fideles;* les historiens des Siciliens et des Normands font observer que la Grande-Bretagne et la Sicile changèrent de face et devinrent des pays renommés aussitôt qu'ils eurent reçu la race normande : *Jam inde Anglia non minus belli gloria quam humanitatis cultu inter florentissimas orbis christiani gentes in primis floruit.* (MALMESB.) *Siculi quod in patrio solo sunt, quod liberi sunt, quod omnes hodie christiani sunt ingenio Normannis acceptum ferunt* (PROSP. FASEL., *de Reb. sic.*)

En Italie, un mauvais petit garçon de chétive mine devient d'abord moine de Cluny, ensuite cardinal, et enfin pape, sous le nom de Grégoire VII. Hildibrand dépose Boleslas, roi de Pologne, enlève le titre de royaume à la Pologne même, ordonne à l'empereur victorieux de Constantinople d'abdiquer, rend les aventuriers normands de la Pouille feudataires du saint siège, écrit à l'archevêque de Reims que le roi de France est un tyran indigne du sceptre, mande aux princes chrétiens de l'Espagne que saint Pierre est seigneur suzerain de leurs petits États, et que la Hongrie est un domaine de l'Église de Rome. Dans une lettre au roi Démétrius, Grégoire VII lui dit : « Votre fils nous a déclaré qu'il voulait « recevoir la couronne de nos mains; cette demande nous a paru juste, et nous « lui avons donné votre royaume de la part de saint Pierre. »

On sait comment l'empereur Henri IV fut déposé par Hildibrand, comment il fut obligé, pour obtenir son pardon, de se présenter au bas des murailles de la forteresse de Canosse, sans gardes, dépouillé des habits impériaux, nu-pieds et couvert d'un cilice. Après trois jours de jeûne et de larmes, il fut admis à baiser humblement la mule du pontife : un retour de fortune rendit l'empire à Henri IV. Après diverses entreprises guerrières où l'on voit paraître Godefroi de Bouillon et un saccagement de Rome, Hildibrand va mourir fugitif, non vaincu, à Salerne, laissant après lui un grand nom mêlé à ceux de la comtesse Mathilde et de l'aventurier Guiscard. Une plume habile (1) nous prépare l'histoire de ce fameux pontificat. La querelle des Investitures ne finit pas avec Henri IV et Grégoire VII; l'esprit de domination populaire et religieuse se perpétua dans les successeurs d'Hildibrand. Mathilde légua ses États au saint siège.

Philippe I*er*, peu de chose par lui-même, était un de ces hommes qui vivent seulement afin que tout s'arrange autour d'eux : il aimait les femmes, et répudia la reine Berthe sous prétexte de parenté. Il enleva Bertrade de Montfort,

---

(1) M. Villemain.

femme de Foulque le Rechien, comte d'Anjou. De là des excommunications et des guerres dont Philippe triompha par sa fermeté dans le mal. Destiné aux grands spectacles sans y prendre part Philippe vit la première croisade délibérée et résolue dans son royaume, au concile de Clermont, que présida Urbain II (1098). En ce même concile le nom de pape fut attribué exclusivement au souverain pontife.

Les flots des Barbares s'étaient calmés dans le bassin de la France où Dieu les avait versés, et où la main de Karle le Martel et celle de son fils les avaient contenus; mais, après deux siècles de stagnation, gonflés par des générations nouvelles, ils se débordèrent. Les croisades furent comme un souvenir ou comme une prolongation de cette invasion générale qui avait ravagé le monde; elles furent en outre des guerres de représailles. Les Sarrasins avaient menacé l'Europe de leur joug trois siècles avant que l'Europe eût pris les armes contre eux : leur migration, sortant de l'Arabie, conquit la Syrie et l'Égypte, s'avança le long de l'Afrique d'Orient en Occident jusqu'au détroit de Gade, passa ce détroit, inonda l'Espagne, surmonta les Pyrénées, et ne s'arrêta qu'au milieu des Gaules contre l'épée de Karle le Martel.

Trop occupées alors, les populations chrétiennes remirent à un autre temps la vengeance; mais, quand ce temps fut venu, elles s'ébranlèrent à leur tour, se portèrent d'Occident en Orient par l'Europe, traversèrent le Bosphore, allèrent attaquer les enfants du prophète aux lieux mêmes d'où ils étaient partis. Je ne sache pas de plus grand spectacle que ces invasions des peuples de l'Asie et des peuples de l'Europe marchant en sens opposé, les uns sous l'étendard de Mahomet, les autres sous l'étendard du Christ, autour de cette mer qu'avait bordée la civilisation grecque et romaine. Les Portugais et les Espagnols ont seuls reproduit ces merveilles, lorsque les premiers à travers les mers de l'Orient, les seconds à travers les mers de l'Occident retrouvaient un monde perdu et découvraient un monde nouveau.

Des mœurs pleines de splendeur et de naïveté, des crimes et des vertus, des croyances ardentes, des faits héroïques, des souvenirs merveilleux, d'immenses résultats matériels et moraux, scientifiques et politiques, voilà ce que présentent les croisades. Les rudes et simples expressions des chroniqueurs relèvent l'éclat des actions; les ermites sont les historiens des chevaliers; des moines racontent, avec l'humilité de la religion et la simplicité du langage, l'orgueil de la conquête et la grandeur des exploits guerriers, ces pèlerinages, commencés avec le bourdon et continués avec l'épée. On doit aux croisades la recomposition des armées nationales, décomposées par les petits cantonnements militaires de la féodalité : tant de chefstains éparpillés sur le sol, et étrangers les uns aux autres, apprirent à se connaître à la tête de leurs vassaux; les serfs recommencèrent le peuple français dans les camps, comme les bourgeois dans les villes. La chrétienté parut aussi pour la première fois sous la forme d'une immense nation, agissant par l'impulsion d'un seul chef. Et qu'allait-elle conquérir? un tombeau.

Les derniers croisés, embarqués dans le dessein de reprendre Jérusalem sur un soudan ismaélite, prirent Constantinople sur un empereur chrétien; fin extraordinaire d'une aventure de quatre siècles, d'une chevalerie romanesque ranimée à Rhodes devant Mahomet, évanouie à Malte devant l'homme historique qui devait lui-même aller toucher la cité sainte, pour y puiser une autre sorte de merveilleux.

LOUIS VI.

DE 1108 A 1137.

Louis VI, dit le Gros, successeur de son père Philippe, avait pour tout royaume le duché de France et une trentaine de seigneuries. Il se battait contre ses vassaux à Corbeil, à Mantes, à Montlhéry, à Montfort; au Puysaye dont le château lui coûta trois années de siége : c'était plus qu'il n'en avait fallu aux Français pour ravager l'Asie et prendre Jérusalem.

C'est ici l'occasion de remarquer que les noms les plus répétés dans notre histoire n'ont pas pour cela une origine plus ancienne que les autres noms. Les nobles dont les terres se trouvaient dans le duché de Paris, étaient par cette raison même mentionnés aux chroniques du petit domaine royal ; ces chroniques racontèrent les guerres que ces vassaux avaient eues avec la couronne, ou les honneurs qu'ils avaient obtenus du monarque. Les autres nobles, cantonnés au loin dans leurs châteaux, restèrent ignorés; on ne parla d'eux qu'à l'occasion de quelques batailles où ils avaient été appelés en vertu des services du fief. Il est arrivé de là qu'une centaine de noms ont rempli les fastes nationaux dans la monarchie féodale; au lieu des annales de France, vous ne lisez réellement que celles du duché de France, et pour ainsi dire des voisins du roi.

Sous la monarchie absolue, Versailles et la cour envahirent à leur tour notre histoire, comme le duché de France l'avait jadis usurpée : c'est toujours une centaine d'hommes de la banlieue de Paris qui, tantôt chevaliers, tantôt valets décorés, deviennent les personnages de la nation; héros domestiques dont la gloire avait le vol du chapon autour des antichambres de leur seigneur. Si l'on veut connaître enfin notre ancienne patrie, il en faut recomposer le tableau général avec les tableaux particuliers des provinces : seul moyen de rétablir le caractère aristocratique que notre histoire doit avoir, au lieu du caractère monarchique qu'on lui a mensongèrement donné.

Au temps de Louis le Gros, les quatre frères Guerlande et l'abbé Suger firent faire un pas à la puissance royale, en diminuant l'autorité des justices particulières, en affranchissant les serfs, en établissant les communes : cet établissement, dont on a fait tant de bruit, doit être entendu avec restriction.

La France, au commencement du onzième siècle, loin d'être homogène, était composée de trois ou quatre peuples différents de mœurs, de lois, de langage; il ne faut pas prendre ce qui se passait dans le duché de Paris, en Picardie, en Champagne, le long du cours de la Marne et de l'Oise, de la Seine et de l'Yonne, pour ce qui se passait au delà de la Loire et du Rhône, au delà de l'Orne, de la Sarthe et de la Vilaine. Nos rois n'ont pas pu affranchir ce qui n'était pas de leur dépendance.

Mais l'histoire, qui n'admet que les faits prouvés, en refusant à Louis le Gros l'honneur d'avoir fait naître la classe intermédiaire et libre de la **bourgeoisie,** ne peut pas non plus recevoir comme une vérité incontestable cet esprit général de liberté dont on pense que les villes furent simultanément saisies au douzième siècle : cette coïncidence n'existe pas. Presque toutes les communes du midi de la France étaient libres et demeurées libres depuis l'administration romaine et visigothe; quelques priviléges, ajoutés à leur liberté primitive, ne constituent pas des chartes communales de la date du douzième siècle.

D'une autre part, on ne peut dire que Louis le Gros, en donnant des chartes à sept ou huit communes, n'ait fait que suivre l'impulsion d'un mouvement qu'il n'aurait pu arrêter. Nous voyons les rois étouffer avec la plus grande facilité les libertés municipales renaissantes, tirer tour à tour de l'argent de la commune qui avait secoué le joug de son seigneur, et du seigneur qui, à l'aide de la force royale, avait remis sa commune sous le joug.

Je ne puis me refuser au plaisir de citer un passage de la dix-neuvième lettre sur l'*Histoire de France*. L'auteur, (M. A. Thierry), après avoir cité les noms de treize bourgeois bannis de la commune de Laon, termine son récit par ces paroles d'une gravité pathétique : « Je ne sais si vous partagerez l'impression
« que j'éprouve en transcrivant ici les noms obscurs de ces proscrits du dou-
« zième siècle. Je ne puis m'empêcher de les relire et de les prononcer plu-
« sieurs fois comme s'ils devaient me révéler le secret de ce qu'ont senti et voulu
« les hommes qui les portaient il y a sept cents ans. Une passion ardente pour
« la justice, et la conviction qu'ils valaient mieux que leur fortune avaient ar-
« raché ces hommes à leurs métiers, à leur commerce, à la vie paisible, mais
« sans dignité, que des serfs dociles pouvaient mener sous la protection de leurs
« seigneurs. Jetés, sans lumières et sans expérience, au milieu des troubles po-
« litiques, ils y portèrent cet instinct d'énergie qui est le même dans tous les
« temps, généreux dans son principe, mais irritable à l'excès, et sujet à pous-
« ser les hommes hors des voies de l'humanité. Peut-être ces treize bannis,
« exclus à jamais de leur ville natale, au moment où elle devenait libre, s'é-
« taient-ils signalés, entre tous les bourgeois de Laon, par leur opposition
« contre le pouvoir seigneurial : peut-être avaient-ils souillé par des violences
« cette opposition patriotique; peut-être enfin furent-ils pris au hasard pour
« être seuls chargés du crime de leurs concitoyens. Quoi qu'il en soit, je ne
« puis regarder avec indifférence ce peu de noms et cette courte histoire, seul
« monument d'une révolution qui est loin de nous, il est vrai, mais qui fit
« battre de nobles cœurs et excita ces grandes émotions que nous avons tous,
« depuis quarante ans, ressenties ou partagées. »

Le bourgeois du moyen âge, qui reconstruisit la moyenne propriété dans les cités, n'était pas du tout le bourgeois de la monarchie absolue : c'était un personnage important, souvent appelé à délibérer sur les plus graves affaires de la patrie. Il y avait de grands, de petits, et de francs bourgeois : le bourgeois pouvait posséder certains fiefs. Le nom de bourgeois signifiait quelquefois *homme de guerre;* il ne dérogeait point à la noblesse. *Noble homme, damoiseau et bourgeois*, sont des qualités données à une même personne dans des titres du quinzième siècle. Les nobles qui étaient *bourgeois* de certaines villes se trouvaient dispensés de l'arrière-ban. Les bourgeois de Paris s'appelaient les *bour-*

geois du roi. « Au regard des non-nobles, ils sont en deux manières : dont les « aucuns sont franches personnes, bourgeois du roi ou des seigneuries sur les- « quelles ils demeurent, et les autres sont serfs et de serve condition. » (*Coutum. gén.*)

Cette classe intermédiaire entre le noble et le serf a donné naissance à une portion du *peuple*. Charles V accorda des lettres de noblesse à tous les bourgeois de Paris; Charles VI, Louis XI, François Ier et Henri II confirmèrent ces lettres de noblesse. Paris ne fut jamais une commune, parce qu'il était franc par la seule présence du roi.

LOUIS VII.

DE 1137 A 1180.

Le règne de Louis VII, dit le Jeune, vit beaucoup de choses : le Code de Justinien retrouvé, la doctrine d'Abailard condamnée au concile de Soissons; la faction des Guelfes et des Gibelins répandue en Italie; la seconde croisade prêchée par saint Bernard. Suger et Bernard étaient deux hommes supérieurs, de nature antipathique l'un à l'autre; mais Bernard, sans être ministre, gouvernait le monde en sa double qualité de saint et de moine réformateur.

Louis le Jeune, revenu de la croisade, répudie Éléonore d'Aquitaine pour cause présumée d'adultère avec un jeune Sarrasin : il lui restitua la Guienne et le Poitou. Éléonore se remarie à Henri, comte d'Anjou et de Normandie, qui, devenu roi d'Angleterre sous le nom de Henri II, se trouva roi d'Angleterre, duc de Normandie et d'Aquitaine, comte d'Anjou et de Poitou, de Touraine et du Maine. Cette restitution probe, mais impolitique, à laquelle Suger s'était opposé, parce qu'il en prévoyait les résultats, démembra la monarchie, introduisit l'ennemi dans le cœur du pays, et favorisa les grandes guerres que l'Angleterre fit à la France avec des Français.

Le douzième siècle est mémorable par de rapides progrès vers d'autres idées. Alexandre III, dans le troisième concile de Latran, déclara que tous les chrétiens devaient être exempts de la servitude : la croix portait son fruit.

Les écoles se multiplièrent dans les cathédrales et dans les monastères; les colléges s'établirent en dehors de ces monastères; l'Université prenait de nouvelles forces; les étudiants étrangers égalaient dans Paris le nombre des habitants.

En Angleterre survint le différend fameux entre Henri III et Thomas Becket, relativement aux immunités ecclésiastiques.

PHILIPPE II.

DE 1180 A 1223.

Philippe-Auguste, parvenu au trône, réunit à la couronne, par la confiscation féodale, appuyée des armes, la Normandie, le Maine, l'Anjou, la Touraine et le Poitou; il fit l'acquisition des comtés d'Auvergne et d'Artois; il recouvra la Picardie, grand nombre de places dans le Berry et divers autres comtés, châtellenies et seigneuries. Il rétablit la subordination parmi les grands vassaux et fit sentir la monarchie; il cita Jean sans Terre devant la cour des pairs pour y être jugé sur le meurtre d'Arthur commis dans le ressort du royaume : c'est le premier important arrêt politique de cette haute cour.

Philippe fit couronner son fils roi d'Angleterre à Londres. Les Anglais conquirent à cette époque la grande Charte : entre plusieurs articles favorables aux communes et à l'indépendance des tribunaux, le trente-troisième porte que nul homme ne sera arrêté, emprisonné, dépouillé, mis à mort arbitrairement; que le roi n'agira ou ne fera agir contre qui que ce soit autrement que d'après le jugement légal des pairs de l'accusé, ou d'après la loi du pays. C'est le fondement de toutes les libertés chez tous les peuples.

La bataille de Bouvines est la première où l'on reconnaisse un esprit de nationalité; la transformation est accomplie; les Franks sont devenus Français. Philippe n'offrit point avant le combat sa couronne au plus digne, mais en remportant la victoire sur l'empereur Othon, il courut risque de la vie. Jeté à bas de son cheval, « s'il n'eût été protégé, dit Guillaume le Breton, de la main de « Dieu et d'une excellente armure, il eût été tué. »

Au règne de Philippe-Auguste se rattachent deux incidents remarquables : la croisade contre Saladin et la croisade contre les Albigeois; on avait appris en marchant contre les infidèles à marcher contre les chrétiens.

Saladin avait repris Jérusalem l'an 1187 de Jésus-Christ. Il laissa sortir tous les chrétiens au prix d'une rançon modique. Un historien arabe leur applique ce passage de l'Alcoran : « Oh! combien ils quittèrent alors de jardins et de fon- « taines, de champs ensemencés et de nobles demeures qui faisaient leurs dé- « lices, et que nous donnâmes en héritage à un autre peuple! » (*Bibl. des Crois.*, par M. MICHAUD, *chron. Arab.*)

Les princes d'Occident se croisèrent pour aller une seconde fois délivrer la ville sainte. Philippe passa en Orient; mais il y fut éclipsé par ce Richard Cœur de Lion dont l'ombre faisait tressaillir les chevaux sarrasins, et qui revenait du combat *la cuirasse hérissée de flèches comme une pelote couverte d'aiguilles* (VINISANF); de ce Richard que Blondel ne délivra pas de sa prison par une chanson, mais qui chantait lui-même dans la tour en langue romane :

> Ja nus hom pris non dira sa raison :
> Adreitament se com hom dolent non :
> Ma per connort pot il faire chanson ;
> Pro a d'amis, mas pouve son li don :
> Onta i auron se por ma reczon,
> Sois fait dos yver prison.

La troisième croisade, commencée en 1187, fut suivie de la quatrième en 1204, et se termine à la prise de Constantinople par les croisés. Baudouin, comte de Flandre, fut élu empereur, et établit cet empire des Latins, qui ne dura que cinquante-huit ans.

L'an 1206 ouvrit la croisade contre les Albigeois : Innocent III, saint Dominique, Raymond, comte de Toulouse, Simon, comte de Montfort, sont les personnages de cet abominable épisode de notre histoire.

Le progrès de l'esprit philosophique renaissant par l'hérésie est remarquable dans les opinions diverses des Albigeois. Les principaux chefs ligués contre Raymond VI, leur protecteur, furent Eudes, duc de Bourgogne ; Henri, comte de Nevers, et Simon, comte de Montfort. Simon était un homme dissimulé et ambitieux, vaillant du reste, réglé dans ses mœurs, ayant, comme tous les hommes à part, commandement sur la fortune.

Cette guerre vit naître l'inquisition, et se distingua par ses auto-da-fé. On jetait les femmes dans des puits ; on égorgeait sans merci ; et, pendant les massacres, les prêtres du comté de Montfort chantaient le *Veni, Creator.* Béziers fut emporté d'assaut : « Là se fist le plus grand massacre qui se fust jamais fait
« dans le monde entier ; car on n'espargna ni vieux, ni jeunes, pas mesme les
« enfants qui testoient ; on les tuoit et faisoit mourir. Voyant cela ceulx de la
« ville se retirerent, ceulx qui le purent, tant hommes que femmes, dans la
« grande eglise de Saint-Nazaire. Les prestres de cette eglise devoient faire
« tinter les cloches quand tout le monde seroit mort ; mais il n'y eut son de
« cloche ; car ni prestre, vestu de ses habits, ni clerc ne resta en vie. »

Toulouse, dont toutes les maisons étaient fortifiées, et dont les bourgeois se défendirent de rue en rue, est prise et reprise, inondée de sang, à moitié brûlée.

Longtemps après, les ossements du vieux Raymond qui ne furent jamais enterrés, se montraient dans un coffre, tout *profanés et à moitié mangés des rats*, chez des frères hospitaliers de Saint-Jean de Toulouse. Une simple commune de France, la petite république de Toulouse, brava, pendant vingt ans, les anathèmes des papes, les fureurs de l'inquisition, les assauts de trois rois de France, parmi lesquels on compta Philippe-Auguste et saint Louis. Simon de Montfort introduisit avec ses *Français* la langue picarde ou le *français wallon*, dans les villes du Languedoc. La belle langue romane se perdit, et ne subsista plus qu'altérée dans le patois des campagnes.

L'inquisition, née des troubles vaudois, ne se put établir en France, parce qu'elle rencontra une rivale puissante dans la justice parlementaire. « L'inquisition a été quelque temps en France en quelques endroits ; mais elle n'y a proprement fait que des apparitions. Il n'y en reste plus qu'un vestige dans un village nommé Quingey, entre Besançon et Dôle, où un dominicain, qui y vit d'un petit hospice, porte le nom de *Pape de Quingey.* Tout son pouvoir est, Dieu merci, restreint à donner permission de lire les livres prohibés. Avant la conquête de la Franche-Comté, ce petit pape de Quingey fit briller plus d'une fois par feu clair et vermeil le pouvoir de l'inquisiteur. » (*Note sur Boulainvilliers.*)

Philippe-Auguste fit enclore et paver Paris. « Le bon roi..... se mit à une
« des fenestres de laquelle il s'appuyoit aucunes fois pour regarder la Seine
« couler..... si advint que charrette vint à mouvoir si bien la boue et l'or-
« dure..... que le roi sentit cette pueur si corrompue, et s'entourna de cette
« fenestre en grande abomination de cœur. Lors fit mander li provost et bor-
« geois de Paris, et li commanda que toutes les rues fussent pavées, bien et
« soigneusement, de grès gros et forts. »

Les deux cent trente-six rues de Paris étaient pleines de gens qui criaient :

> Seigneurs, voulez-vous baigner,
> Entrez donc sans délaier ;
> Les bains sont chauds, c'est sans mentir.
> . . . .
> Le bon vin fort à trente deux,
> A seize, à douze, à dix, à huit.

LOUIS VIII.

DE 1223 A 1226.

« Louis VIII, dit du Haillant, fut bon et vertueux prince, et si peu de temps « qu'il n'a autre surnom, sinon de père du roi saint Louis. » Du Haillant se trompe : fils d'un grand roi, et père d'un roi plus grand encore, Louis fut surnommé Cœur de Lion ou Lion Pacifique, tout à la fois à cause de son courage et de sa douceur. Il *choisit* son fils aîné pour lui succéder, laissant à ses autres enfants des apanages ; l'accession du premier-né à la couronne n'était pas encore un droit indépendant de la *volonté* paternelle.

Sous le règne de Louis VIII, on remarque l'établissement du premier ordre de moines mendiants. On signale aussi une multitude de lépreux. Il fut *défendu aux femmes amoureuses, filles de joie, et paillardes,* de porter robes à *collets renversés, queue, ni ceinture dorée.*

LOUIS IX.

DE 1226 A 1270.

Chaque époque historique a un homme qui la représente : saint Louis est homme modèle du moyen âge ; c'est un législateur, un héros, et un saint. Le temps où il a vécu rehausse encore sa gloire par le contraste de la naïveté et de la simplicité de ce temps. Soit que Louis combatte sur le pont de Taillebourg ou à la Massoure ; soit que, dans une bibliothèque, il rende compte de la matière d'un livre à ceux qui le viennent demander ; soit qu'il donne des audiences publiques ou juge des différends aux *Plaids* de la Porte, ou sous le chêne de Vincennes, *sans huissiers ou gardes ;* soit qu'il résiste aux entreprises des papes ; soit que des princes étrangers le choisissent pour arbitre ; soit qu'il meure sur les ruines de Carthage, on ne sait lequel le plus admirer du chevalier, du clerc, du patriarche, du roi et de l'homme. Marc-Aurèle a montré la puissance unie à la philosophie ; Louis IX, la puissance unie à la sainteté : l'avantage reste au chrétien.

Les amours et les chansons de Thibaut, comte de Champagne, ont répandu quelque chose de romanesque sur le temps orageux de la tutelle de saint Louis.

Saint Louis résista aux usurpations de la cour de Rome, et réclama en faveur des libertés de l'Église gallicane : toutes les libertés sont sœurs.

Les *Établissements de saint Louis* sont une espèce de code où les diverses coutumes de la monarchie, les ordonnances des rois, les canons des conciles, les décisions des Décrétales, se trouvent mêlés au droit romain.

Louis avait devancé son siècle : ses *Établissements* ne furent point admis, s'ils les eût publiés au commencement de son règne, peut-être leur aurait-il pu donner quelque chose de l'autorité de sa vie ; mais les *Établissements* furent le dernier présent et comme les derniers adieux qu'un saint faisait à la terre. L'ignorance, les intérêts, les passions qui ne purent rien contre la mémoire de ce grand homme, furent tout-puissants contre ses lois.

Il s'embarqua le 1er juillet 1270 à Aigues-Mortes, ville à laquelle il donna une charte que nous avons encore. Le temps, qui change tout, a reculé la mer qui baignait la ville d'où saint Louis quitta pour jamais la France. Les remparts qu'il avait élevés, et qui devraient être sacrés, sont au moment d'être détruits par des générations nouvelles qui se retireront à leur tour comme les flots.

J'ai vu le lieu de la mort de saint Louis : les historiens futurs trouveront peut-être dans le récit que j'ai fait de cette mort (1), quelques détails que mes devanciers ont ignorés, et dont je n'ai dû la connaissance qu'aux vicissitudes de ma vie : *Vita est in fuga.*

Des pièces de monnaie qui nous restent de saint Louis sont percées ; on croyait qu'elles guérissaient de tous maux, et on les portait suspendues au cou comme des reliques : ce roi passait pour avoir conservé la puissance de soulager ses peuples, même après sa mort.

PHILIPPE III.

DE 1270 A 1285.

Philippe le Hardi se trouve placé entre saint Louis son père et Philippe le Bel son fils, de même que Louis VIII l'avait été entre Philippe-Auguste et saint Louis : comme le laboureur laisse une terre en friche entre deux moissons, la Providence laissait reposer la France entre deux grands règnes. Philippe quitta Tunis, débarqua en Sicile, passa dans les Calabres, entra dans Rome, ville des tombeaux, portant avec lui les os du roi son père, du comte de Nevers son frère, et d'Isabelle d'Aragon sa femme. Arrivé en France, il déposa les restes de sa famille à Saint-Denis, et seize années après il mourut à Perpignan, non loin du port où son père s'était embarqué pour l'Afrique.

Philippe le Hardi donna les premières lettres d'anoblissement ; attaque à la constitution aristocratique.

Au dehors de la France, la nature des événements faisait entrer dans le royaume des idées nouvelles. Le grand corps de la féodalité française était flanqué en Allemagne par un empire dont le chef était électif, ce qui produisait des troubles et élevait des doutes sur le droit divin des rois ; en Angleterre, une monarchie représentative avait des parlements votant des subsides, et allant jusqu'à juger le souverain ; en Espagne, les cortès et les lois de l'État n'octroyaient les trônes qu'avec des réserves ; en Italie, où les guerres des Guelfes

(1) *Itinéraire de Paris à Jérusalem.*

et des Gibelins continuaient, la plupart des villes s'étaient affranchies. Charles d'Anjou, qui ne mourut que sous le règne de son neveu Philippe le Hardi, roi de France, portait la couronne de Sicile, en vertu de la dotation d'un pape qui n'avait pas eu le droit de la donner : le premier en Europe, il fit décapiter un prince souverain injustement condamné. Prêt à poser la tête sur le billot, Conradin jeta son gant dans la foule : qui l'a relevé? Louis XVI, descendant de saint Louis, dont Charles d'Anjou était frère.

PHILIPPE IV.

DE 1285 A 1314.

Au règne de Philippe le Bel commence la monarchie des trois états et la monarchie du parlement.

Sous les rois des deux premières races, le peuple entier (c'est-à-dire les soldats ou les conquérants) paraissait aux assemblées de mars et de mai, donnait son suffrage pour la formation des lois et sa voix pour l'élection des souverains. Il ne faut pas confondre le *tiers état* appelé par Philippe, et avant lui par saint Louis, avec ces masses militaires. Le tiers état se composait des *bourgeois* nés dans les villes du moyen âge, des gens de métiers affranchis, et des anciens magistrats municipaux romains. Ce furent ces bourgeois qui se soulevèrent dans le douzième siècle, qui devinrent *propriétaires collectifs*, et par conséquent *seigneurs*, obtinrent de Louis le Gros quelques chartes, et prirent le nom de *communes*, nom *nouveau* et *exécrable*, dit un auteur contemporain ; ce furent ces bourgeois qui, arrivés aux *états*, commencèrent le *peuple français* dans les villes, après la disparition de la *peuplade franke* et la métamorphose de la *servitude* en *servage*.

Ce n'est pas, je l'ai déjà dit, qu'avant le règne de Philippe le Bel on ne trouve des *assemblées de notables*, des bourgeois des bonnes villes semondrés par nos rois ; mais ce n'est qu'à l'occasion des démêlés de Philippe IV avec le pape Boniface, et surtout à l'occasion d'une taxe générale de six deniers sur les denrées vendues, « qu'Enguerrand de Marigny, surintendant de ses finances, « ministre plus célèbre encore par ses malheurs que par son grand talent dans « les affaires, pour obvier à ces émeutes, pourpensa d'obtenir cela du peuple « avec plus de douceur. Dans cette vue il engagea le monarque à convoquer « à Paris les estats généraux du royaume. On fit dresser un échafaud; là, en pré- « sence du roi, le surintendant, après avoir loué hautement la capitale, l'appe- « lant la Chambre royale, où les souverains anciennement prenoient leurs « premières nourritures, exposa avec beaucoup de force les motifs qu'avoit ce « prince d'aller punir la desobeissance des Flamands, exhortant vivement les « trois estats à le secourir dans cette necessité publique, où il s'agissait du fait « de tous. » (Pasquier.)

Au moment où les trois états prennent siége, le parlement de Paris, qui devait hériter de la puissance politique de ces états, devient sédentaire; le même roi qui constitue ces deux pouvoirs établit en même temps une nouvelle sorte de pairie : trois coups mortels portés à la monarchie féodale.

Les trois états, nommés depuis *états généraux*, qui offrirent souvent de grands talents et un haut instinct politique, n'entrèrent cependant jamais bien avant dans les mœurs du pays. D'abord ils n'agissaient pas sur une monarchie homogène : il y avait des états de la langue d'Oc et de la langue d'Oyle, et des états particuliers de provinces. Les grands vassaux et les petites seigneuries indépendantes ne se soumettaient que selon leur bon plaisir aux décisions des états.

Quant aux trois ordres, la noblesse, minée graduellement par la couronne, ne sentit ni n'aima jamais cet autre pouvoir collectif qu'on lui donnait dans ces assemblées mêlées du tiers état et du clergé, en dédommagement de sa puissance aristocratique ; elle s'y montra très-indépendante quant aux opinions, mais elle ne songea point à reprendre sur la couronne, en entrant dans les intérêts communs de la patrie, l'autorité qu'elle avait perdue : cette idée abstraitement politique ne pouvait venir d'ailleurs aux gentilshommes du moyen âge.

Le clergé, qui avait ses synodes particuliers et généraux, se souciait peu de ces réunions mixtes où sa voix ne comptait que pour un tiers des suffrages. Ses intérêts, défendus dans les conciles, ne l'incitaient point à jouer un rôle important dans les états : il y porta de l'humeur, une opposition factieuse et des talents administratifs que lui seul possédait alors.

Le tiers état faisait entendre quelques doléances, mais il n'était guère occupé qu'à se tenir attaché au trône, son abri naturel contre les deux autres ordres ; il y était encore enclin par le penchant naturel qu'a la démocratie à s'unir au pouvoir absolu.

Les guerres civiles et étrangères, les invasions, le soulèvement des peuples, la défiance des rois, les résistances des seigneurs, la confusion qui régnait dans les attributions politiques, mirent des obstacles à la tenue régulière des états : il y a des temps où ces états, enchevêtrés aux assemblées de notables, aux chambres du parlement de Paris et au conseil du monarque, se peuvent à peine distinguer des pouvoirs auxquels ils étaient réunis.

Un mot à présent sur le parlement.

Lorsque le roi cessa de juger, son conseil jugea pour lui. Ce conseil, sous le nom de parlement, *parlamentum* (vers l'an 1000), succéda aux *placita* de Grégoire de Tours et de Frédégher, et au *mallum* (1) *imperatoris* des Capitulaires. Le parlement, d'abord ambulant avec le monarque, fut ensuite rendu sédentaire ; il eut des sessions fixes, et devint enfin perpétuel : des conseillers *jugeurs* tirés de la classe de la noblesse et de l'Église, des conseillers *rapporteurs* choisis parmi la classe des clercs et des bourgeois, le composaient. La noblesse d'épée se retira peu à peu du parlement ; la noblesse de robe y demeura seule : d'où il arriva que les juges inamovibles (les nobles) laissèrent le dépôt de la justice aux juges amovibles (les bourgeois). Charles VII, en créant le conseil d'État, acheva de séparer le parlement de la couronne, et chercha à le livrer aux pures fonctions judiciaires. Louis XI donna en 1467 un édit pour la perpétuité des offices de judicature ; à la vérité il ne tint compte de son édit, parce qu'il n'était fidèle qu'à son despotisme de bas aloi. La vénalité des charges, si fâcheuse dans

(1) C'est du mot *mallum* qu'est venu notre mot *mail*, lieu planté d'arbres.

son principe, ramena l'inamovibilité et enfin l'hérédité de la magistrature.

Lorsque le roi, grand justicier de son royaume, venait à mourir, toute justice cessait (1), parce que toute justice émanait du roi. Le parlement paraissait aux obsèques du prince et entourait le cercueil ; quand le cri de la perpétuité de l'empire s'était fait entendre : *Le roi est mort : vive le roi !* les tribunaux se rouvraient, et la justice renaissait avec la monarchie.

D'autres parlements furent successivement érigés à l'instar du parlement de Paris dans les différentes provinces. Celui-ci usurpa des droits politiques que n'exerçaient point les trois états dans les longs et irréguliers intervalles de leurs sessions ; les peuples s'accoutumèrent à le regarder comme le défenseur de leurs droits : « Par l'usage d'enregistrer l'impôt, il acquit, selon l'expression éner- « gique de Pasquier, le droit de vérifier les volontés de nos princes. » La mo- « narchie parlementaire survécut à celle des états, joua un rôle indépendant au temps de la Fronde, disparut dans la monarchie absolue de Louis XIV, fut brisée sous Louis XV, rétablie sous Louis XVI, et servit au rappel des états généraux de 1789.

Pour la justice civile, le parlement de Paris jugeait d'après les coutumes des pays qui ressortissaient à son tribunal ; pour la justice criminelle, il employait le droit royal (les ordonnances) mêlé au droit romain, et au droit canon lorsque la religion était incidente au délit ou au crime. Ce furent des personnages comparables à ce qu'il y a de plus grave et de plus illustre dans l'histoire que les Flotte, les Lhôpital, les de Thou, les Harlay, les Nicolaï, les Lamoignon, les d'Aguesseau, les Brisson, les Molé, les Séguier ; avec les gens d'Église, les clercs, les lettrés, les savants, les artistes et une centaine d'hommes de guerre, de terre et de mer, ils forment les grands hommes de la partie plébéienne de l'ancienne monarchie. Néanmoins plusieurs magistrats étaient de familles nobles ; quelques parlements étaient nobles, et la haute magistrature s'appela la noblesse de robe.

Une multitude de rois s'en étaient allés à la fois, quand Philippe monta sur le trône ; il commença son règne au milieu des générations renouvelées. Ses querelles avec Boniface VIII sont célèbres : il s'agissait d'abord de quelques levées de deniers faites ou à faire sur le clergé. Boniface s'emporta ; Philippe repartit qu'il ne se soumettrait jamais au pape pour les choses temporelles.

L'évêque de Pamiers, légat de Boniface, insulte le roi en pleine audience ; le roi le chasse de son conseil et le fait accuser de crime de haute trahison : une bulle de Boniface ordonne de livrer l'évêque au tribunal ecclésiastique. Autre bulle qui déclare le roi de France soumis au pape, tant au temporel qu'au spirituel. Le garde des sceaux, Pierre Flotte, adresse au pape de la part du roi une lettre commençant ainsi : « Philippe, par la grâce de Dieu, roi des Fran- « çais, à Boniface prétendu pape, peu ou point de salut. Que votre très-grande « fatuité sache que nous ne sommes soumis à personne pour le temporel, etc. »

Survint alors une bulle où sont retracés les principaux torts de Philippe : « Il « accable ses sujets d'impôts ; il altère les monnaies ; il perçoit les revenus des

---

(1) Nous verrons ci-après l'origine de la justice chez les Franks.

« bénéfices vacants. En vain il rejetterait tous ses torts sur de mauvais mi-
« nistres, il doit changer ces ministres à l'admonition du saint siége. » Si ces
reproches étaient déplacés, ils étaient justes, et ces violences mêmes étaient
utiles. La papauté avait seule alors le droit de parler, et remplaçait l'opinion publique pour les nations; les répliques que les rois étaient obligés de faire dévoilaient les abus de la cour de Rome : par les doubles passions de la couronne et
de la tiare, les peuples obtenaient une partie des lumières qui sont aujourd'hui
le résultat de la liberté de la presse.

Les trois ordres écrivirent à Rome, le clergé en latin, la noblesse, et vraisemblablement le tiers état, en français. La lettre du clergé était respectueuse,
mais ferme; celle de la noblesse violente; et celle du tiers état, qu'on n'a plus,
vraisemblablement aussi vigoureuse que celle de la noblesse, à en juger par la
réponse des cardinaux. Le pape traita l'Église gallicane de fille folle, et se plaignit de ce que la noblesse et les communes n'avaient pas même daigné lui accorder le titre de souverain pontife.

Après la tenue d'un consistoire, l'assemblée d'un concile à Rome, et la promulgation de nouvelles bulles, Guillaume de Nogaret, chevalier du roi, dans
une assemblée des prélats et des barons (1303), déclara que Boniface n'était
point un pape; qu'il était, aux termes de l'Évangile, un voleur et un brigand;
qu'il était temps d'arrêter ce misérable, de le mettre au cachot, d'assembler un
concile pour le juger; ce qu'étant fait, les cardinaux éliraient un vrai pape. Boniface lança une bulle d'excommunication contre Philippe, et mit le royaume
en interdit : il se trompait d'époque; le siècle de Grégoire VII était déjà loin.

Les deux nonces chargés de porter au roi la sentence papale furent jetés en
prison; les bulles, saisies; le temporel des ecclésiastiques français qui s'étaient
rendus à Rome, confisqué; les ordres du royaume, convoqués au Louvre, afin
d'aviser au moyen de se venger du pontife. Dans cette assemblée, un procès
public fut intenté à Boniface par Guillaume de Plasian; les principaux articles
portaient que le pape niait l'immortalité de l'âme, qu'il doutait de la réalité du
corps de Jésus-Christ dans l'Eucharistie, qu'il était souillé du péché infâme, et
qu'il appelait les Français *Patarins*. Le roi, sur les conclusions de Nogaret et
de Plasian, en appelle des bulles de Boniface aux conciles futurs et aux papes
futurs. Les trois états adhèrent à cette déclaration.

Nogaret se trouvait alors en Italie; il fut chargé de signifier au pape la résolution de l'assemblée générale de France. Le violent pontife, retiré à Agnanie,
sa ville natale, préparait de nouveaux foudres. Nogaret avait reçu l'ordre de
l'enlever, de le conduire à Lyon où il serait privé des clefs dans un concile général : c'était à leur tour les rois qui déposaient les papes.

Nogaret s'entendit avec Colonne, de cette puissante famille romaine que Boniface avait persécutée. L'entreprise fut conduite avec secret et succès : Nogaret et Colonne, à l'aide de quelques seigneurs gagnés et d'aventuriers enrôlés, s'introduisent dans Agnanie, le 7 septembre 1303, au lever du jour. Le
peuple se joint aux assaillants, et force le palais du pape. Les portes de son appartement sont brisées; on entre : le pontife était assis sur un trône, portant
sur les épaules le manteau de saint Pierre; sur sa tête, une tiare ornée de deux

couronnes, symbole des deux puissances, et tenant à la main la croix et les clefs.

Nogaret, étonné, s'approche avec respect de Boniface, accomplit sa mission, et l'invite à convoquer à Lyon le conseil général. « Je me consolerai, répondit « Boniface, d'être condamné par des Patarins. » Le grand-père de Nogaret était Patarin, c'est-à-dire Albigeois, et avait été brûlé vif comme hérétique. « Veux-tu déposer la tiare? » s'écria Colonne. — « Voilà ma tête, répliqua « Boniface; je mourrai dans la chaire où Dieu m'a assis. » Pie VI, prisonnier, à moitié expirant, dépouillé des marques de sa puissance, était arrivé à Valence; le peuple, entourant la maison où il était déposé, l'appelait à grands cris, le vicaire de Jésus-Christ se traîne à une fenêtre, et, se montrant à la foule, dit : *Ecce homo!* C'était là toute une autre grandeur et toute une autre manière de mourir.

Boniface, après sa haute réponse à Colonne, se répandit en outrages contre Philippe. Colonne donne un soufflet au pape, et lui aurait plongé son épée dans la poitrine, si Nogaret ne l'eût retenu. « Chétif pape, s'écrie Colonne, regarde « de monseigneur le roi de France la bonté, qui te garde par moi et te dé- « fend de tes ennemis. » Boniface craignant le poison, refusa tout aliment; une pauvre femme le nourrit pendant trois jours avec un peu de pain et quatre œufs. Le peuple, par une de ses inconstances accoutumées, délivra le souverain pontife, qui partit pour Rome; il mourut d'une fièvre frénétique (11 octobre 1303). Quelques auteurs ont écrit qu'il se brisa la tête contre les murs, après s'être dévoré les doigts.

Les troubles de la Flandre, à peine conquise par Philippe le Bel, recommencèrent. Il y eut de grands massacres, principalement à Bruges. Pour reconnaître les Français qu'on voulait égorger, on les forçait de répéter ces mots en bas allemand : *Scilt ende wriendt*, *bouclier et ami;* le mot *ciceri* avait ainsi servi d'arrêt de mort aux Vêpres siciliennes. Il y a des mots auxquels les Gaulois et les Français ont encore mieux dénoncé leur double race : pour s'épargner l'ennui d'apprendre les langues étrangères, ils ont enseigné la leur, les armes à la main, à toute la terre; il est probable que ce ne fut pas en latin que Brennus prononça au Capitole le *Væ victis !*

Le massacre de Bruges fut suivi de la bataille de Courtray; des paysans et des bourgeois, commandés par le tisserand Pierre le Roy, qui se fit armer chevalier à la tête du camp, remportèrent une victoire signalée sur les plus grands capitaines et la plus haute noblesse de France. Il demeura prouvé que la valeur n'était pas exclusivement du côté de la chevalerie; lumière de plus montrée aux peuples. Quatre mille paires d'éperons dorés furent enlevées à quatre mille *chevaliers* par les *bons hommes* de Flandre (1303).

Cette victoire donna lieu à une singulière aventure : quelques Flamands déguisés en mendiants se firent passer pour des seigneurs français échappés à la journée de Courtray; ayant juré de demeurer pendant sept ans sous l'habit de pauvres, sans révéler leur naissance; les veuves les prétendirent reconnaître, et les admirent à jouir de leurs droits.

Philippe prit sa revanche à la bataille de Mons en Puèle : la consécration de la statue grossière que l'on voyait encore avant la révolution dans la cathédrale de Paris attestait cette victoire.

La découverte de la boussole est du règne de Philippe le Bel, et coïncide avec celle de la poudre; inventions qui ont changé, l'une le globe, l'autre la société matérielle, en attendant la découverte de l'imprimerie, qui devait transformer le monde de l'intelligence. Il n'est pas clair néanmoins que Jean Gira, ou Goya, ou Flavio Jivia d'Amalfi, soit l'inventeur de la boussole; Marc Paul pouvait l'avoir apportée de la Chine vers l'an 1260; et un vieux poëte, François Guyot, de Provins, décrit exactement la boussole, sous le nom de *marinetta* ou *pierre marinière*, vers la fin du douzième siècle, cinquante ans et plus avant le voyage du Vénitien en Chine. La fleur de lis, qui chez tous les peuples signale le nord sur la rose des vents, semble assurer à la France l'invention ou le perfectionnement de la boussole : cette fleur a de même indiqué bien d'autres gloires, avant l'époque où elle n'a plus marqué que des malheurs.

Le mouvement général des esprits, qui fait du quatorzième siècle un siècle à jamais mémorable, amena, en 1308, l'insurrection des trois cantons de Schwitz, d'Uri et d'Undervalden; la liberté se réveilla au milieu des lacs et des rochers des Alpes : tandis que les communes de Flandre préparaient dans leurs plaines les républiques industrielles des Artavelle, la république agricole et guerrière de Guillaume Tell se formait dans les montagnes de la Suisse.

Lyon, en 1310, fut réuni à la couronne. Cette même année vit la conquête de l'île de Rhodes par les chevaliers de Saint-Jean de Jérusalem.

Le concile de Vienne (1311) termina le démêlé de la couronne de France et de la tiare : car Philippe avait poursuivi la mémoire même de Boniface. Ce concile traita aussi de l'abolition de l'ordre des templiers : elle remplit la fin du règne de Philippe.

Neufs gentilshommes français établirent, en 1118, l'ordre des templiers à Jérusalem. Cet ordre acquit d'immenses richesses, et devint suspect aux peuples et aux rois. Les templiers étaient accusés de se vouer entre eux à d'infâmes voluptés, de renier le Christ, de cracher sur le crucifix, d'adorer une idole à longue barbe, aux moustaches pendantes, aux yeux d'escarboucle, et recouverte d'une peau humaine; de tuer les enfants qui naissaient d'un templier, de les faire rôtir, de frotter de leur graisse la barbe et les moustaches de l'idole; de brûler les corps des templiers décédés, et de boire leurs cendres détrempées dans un philtre. On peut toujours deviner les siècles au genre des calomnies historiques : brutales et absurdes dans les temps de grossièreté et de foi, raffinées et presque vraisemblables dans les temps de civilisation et de doute.

L'abolition de l'ordre des templiers ne fut pas cependant une pure affaire de finances : il paraît assez prouvé que les chevaliers appartenaient à la secte des manichéens, et que Philippe se montra plus jaloux de leur autorité qu'avide de leurs trésors. Quoi qu'il en soit, l'humanité et la justice furent également violées dans ce procès : la nature des accusations fut si bien calculée pour frapper l'esprit de la foule, que l'opinion vulgaire a transformé en monstres ces moines-chevaliers qui n'étaient vraisemblablement coupables que de passions et d'erreurs. Ce n'est qu'au commencement du dix-neuvième siècle qu'un savant et un poëte a vengé leur mémoire (M. Raynouard). Il faut descendre presque jusqu'à nos jours pour trouver dans l'abolition de l'ordre des jésuites (la différence des époques admise) quelque chose de l'appareil et du fracas qu'excita dans le monde catholique l'abolition de l'ordre des templiers.

Le ministre de Philippe le Bel, Enguerrand de Marigny, fut, dans le règne suivant, victime de cette même iniquité des hommes qu'il avait soulevée contre les templiers; il expia par une injuste mort le supplice injuste de Jacques de Molay : Dieu patient et vengeur suspend quelquefois son bras, mais ne détourne jamais les yeux.

Si l'on en croit une vieille chronique, les chevaliers du Temple, sur le bûcher, citèrent Philippe le Bel et Clément V à comparaître dans l'an et jour au tribunal suprême, et le prince et le pontife se présentèrent dans le délai légal à la barre de l'éternité.

Ferdinand IV, roi de Castille, mandé de même à l'audience de Dieu par deux gentilshommes qu'il avait fait mourir, expira juste au terme de l'assignation, d'où lui resta le terrible surnom de *Ferdinand l'Ajourné*. Ces récits ne sont point sans dignité morale ; l'histoire se plaît aux choses graves et tragiques : on ne doit point écarter les faits qui peignent les croyances, les mœurs, la disposition des esprits, et qui donnent de salutaires leçons. Dans tous les cas, il sera toujours vrai que le ciel entend la voix de l'innocence et du malheur, et que l'oppresseur et l'opprimé paraîtront tôt ou tard aux pieds du même juge.

Philippe le Bel ouvrit un des siècles les plus féconds en transformations sociales, et ce prince lui-même fut une nouveauté : il connut la raison d'État, et commença la conversion du vassal en sujet. Mais si d'un côté la liberté religieuse, politique et civile, fit un pas considérable sous son règne par le choc de la puissance temporelle et de la puissance spirituelle, par la convocation des trois états, par l'établissement du parlement sédentaire; d'un autre côté Philippe donna naissance à l'esprit de la monarchie absolue, et montra dans l'avenir des rois tels que la France ne les devait pas longtemps supporter.

LOUIS X.

de 1314 a 1316.

Philippe le Bel laissa trois fils : Louis X, surnommé le Hutin ; Philippe V, dit le Long ; et Charles IV, dit le Bel. Tous trois moururent vite, tous trois furent déshonorés par leurs femmes. Cette succession de trois frères se présente deux autres fois dans notre histoire, et toujours à la maleheure : François II, Charles IX, Henri III; Louis XVI, Louis XVIII et Charles X. Marguerite, reine de Navarre, femme de Louis le Hutin; Blanche, fille cadette d'Othon IV, comte palatin de Bourgogne, femme de Charles le Bel, furent enfermées au château Gaillard, bâti par Richard Cœur de Lion, et où l'on racontait qu'il avait plu du sang, on les tondit et rasa, punition de l'adultère : Marguerite fut étranglée avec le linceul de sa bière; Blanche, répudiée, prit le voile dans l'abbaye de Maubuisson. Jeanne, comtesse de Bourgogne, sœur aînée de Blanche et femme de Philippe le Long, emprisonnée d'abord au château de Dourdan, acquittée ensuite par arrêt du parlement, rentra dans le lit de Philippe. Les séducteurs de

Marguerite et de Blanche étaient deux frères bossus, Philippe et Gauthier d'Aulnay : ils furent écorchés vifs, traînés dans la prairie de Maubuisson nouvellement fauchée, mutilés et pendus à un gibet par-dessous les bras :

> Que il furent vif escorchiez,
> Puis fu lor nature copée
> Aux chiens et aux bestes jetée.

Ils ne croyaient pas avoir acheté trop cher leur supplice.

Enguerrand de Marigny fut alors poursuivi pour anciennes concussions sous le règne de Philippe le Bel. L'avocat qui plaida contre lui *allegua les exemples des serpents qui desgastoient la terre de Poitou au temps de monseigneur saint Hilaire, et appliqua et comparagea les serpents à Enguerrand et à ses parents et affins*. On ne permit pas même à l'accusé de parler: *Si ne lui fut en aucune maniere audience donnée de soi defendre*. Le comte de Valois persécutait Marigny à cause de quelques paroles hautaines proférées au jour de la fortune. On ne put cependant faire condamner cet homme illustre qu'en produisant l'accusation de sorcellerie, dernière ressource de l'injustice et de la délation dans ces temps, comme on employait l'accusation de trahison dans la république romaine, et de lèse-majesté dans l'empire romain : toutes les consciences se fermaient et se taisaient au seul mot de sorcellerie, et l'innocent devenait coupable. Le roi déclara qu'il *ostoit sa main* de Marigny : Charles Ier ôta sa main de Strafford. Le parlement ne jugea point Marigny, qui fut pendu (30 avril 1315) au gibet de Montfaucon avant le lever du jour, par arrêt d'une commission de barons et de chevaliers convoquée au bois de Vincennes ; c'est la première commission assemblée dans ce bois ; on sait qu'elle a été la dernière. « Montfaucon
« a apporté tel malheur, dit Pasquier (dans le chapitre intitulé : *Plus mal-*
« *heureux que le bois dont on fait le gibet*, liv. VIII, chap. XL, page 742) à ceux
« qui s'en sont meslez, que le premier qui le fit bastir (qui fut Enguerrand de
« Marigny, y fut pendu ; et depuis, ayant esté refaict par le commandement
« d'un nommé Pierre Remy (général des finances sous Charles le Bel), luy-
« mesme y fut semblablement pendu (sous Philippe de Valois) ; et de nostre
« temps, maistre Jean Moulnie lieutenant civil de Paris, y ayant fait mettre
« la main pour le refaire, la fortune courut sur luy, sinon de la penderie,
« comme aux deux autres, pour le moins d'amende honorable, à laquelle il
« fut depuis condamné. »

Ici la civilisation rétrograde; la justice recule et est moins avancée que dans les *Établissements de saint Louis*, et dans les *Règlements de Philippe le Bel;* mais l'exécution de nuit et la corde pour le gentilhomme ne sont point, comme on l'a pu croire, des infractions à la loi des temps. Les *Établissements de saint Louis* stipulent qu'un gentilhomme coupable du déshonneur d'une fille de famille sera pendu. Il y avait, ce cas échéant, égalité de supplice pour le noble et le roturier; on supposait que le crime faisait déroger. Depuis, les gentilshommes ont prétendu qu'il y avait des crimes de race, comme il y avait une noblesse d'extraction, et ils ont réclamé le privilége de l'échafaud.

Les regrets du roi et du peuple vengèrent Marigny. En ce temps- à l'imagination des hommes, plus sensible parce qu'il y avait plus de foi en toute chose, expiait les fautes des passions : une calamité générale qui survenait (comme il arriva alors), après une injustice individuelle, était prise pour un châtiment du ciel : Dieu, juge en dernier ressort, établissait, pensait-on, la peine auprès de la prévarication ; grave système qui liait par la morale les destinées de tout un peuple à l'iniquité accomplie sur un seul homme ; système sans danger qui n'affaiblissait point le pouvoir en lui commandant le repentir, parce que l'ordre émanait de la puissance éternelle.

Mais si la civilisation recula dans l'ordre civil, à propos du supplice d'Enguerrand, la voici qui avance dans l'ordre politique. Louis le Hutin publia, le 3 juillet 1315, des *lettres* qui méritent d'être rapportées pour l'honneur des rois *francs* et du peuple *franc*.

« Louis, par la grâce de Dieu, roi de France et de Navarre, etc : Comme selon
« le droit de nature chacun doit naistre *franc ;* et par aucuns usages ou cous-
« tumes, qui de grant ancienneté ont esté introduites et gardées jusques cy en
« nostre royaume, et par adventure *pour le meffet de leurs predecesseurs,*
« moult de personnes de nostre commun peuple, soient encheües *en lien de*
« *servitudes et de diverses conditions* qui moult nous desplaist. Nous considé-
« rants que nostre royaume est dit et nommé *le royaume des Francs,* et voulants
« que la chose en vérité soit accordante au nom, et que la condition des gents
« *amende de nous en la venue de nostre nouvel gouvernement.* Par deliberat-
« tion de nostre grand conseil, *avons ordené et ordenons,* que generaument,
« par tout nostre royaume, de tant comme il peut appartenir à nous et à nos
« successeurs, *telles servitudes soient ramenées à franchises ;* et à touls ceux
« qui de *ourine, ou ancienneté,* ou de nouvel *par mariage,* ou par *residence de*
« *lieus de serve condition,* sont encheües ou pourroient eschoir en liens de ser-
« vitudes, *franchise soit donnée o bonnes et convenables conditions.* »

L'esprit philosophique de cette loi, ses considérations générales *sur la liberté qui est un droit de nature,* contrastent avec l'enfance du dialecte : les idées sont plus vieilles que la langue.

Des historiens ont pensé que ces lettres ne furent qu'un moyen de finances imaginé dans le but d'obtenir, par le rachat du servage, un argent dont on avait grand besoin. La remarque de ces historiens fût-elle vraie, je dirais encore : Peu importe comment la liberté arrive aux hommes, pourvu qu'elle leur arrive ; toutes les interprétations possibles ne détruisent pas un fait indicateur d'une importante révolution commencée dans l'état social. Mais la remarque tombe à faux : le roi en affranchissant ses serfs, gens de corps, gens de poueste, gens de morte-main, diminuait ses revenus, car les serfs étaient soumis à certaines taxes ; il était donc équitable que la couronne, en accordant la liberté, ne le fît pas aux dépens de sa force ; c'est ce que l'ordonnance exprime très-bien : « Vous *commettons* (collecteurs, sergents, etc.) *et mandons* pour traitez
« et accordez avec eus (serfs) de certaines compositions par lesquelles soffisant
« *recompensation* nous soit faicte des emoluments qui *desdites servitudes* povent
« venir à nous et à nos successeurs. »

Si les idées étaient plus vieilles que le langage, il se trouve encore que le roi devançait le peuple : très-peu de serfs consentirent à se racheter ; on voit d'autres lettres par lesquelles Louis X déclare que *plusieurs n'ont pas connu la grandeur du bienfait qui leur était accordé*, et ordonne qu'on les contraigne à payer de grosses sommes, c'est-à-dire qu'on les oblige à devenir libres. Toute révolution qui n'est pas accomplie dans les mœurs et dans les idées échoue : la dégradation qu'amène la dépendance est pour l'être accoutumé à obéir une sorte de tempérament, une nature qui accomplit ses lois dans le dernier ordre de l'intelligence ; or il y a dans les lois accomplies un certain bien-aise. Délivré des soucis de la pensée et des soins de l'avenir, l'esclave s'habitue à son ignominie ; sans liens sociaux sur la terre, la servitude devient son indépendance ; si vous l'émancipez tout à coup, épouvanté de sa liberté il redemande ses chaînes. Le génie de l'homme est comme l'aigle ; lorsqu'il est nourri dans la domesticité, et qu'on le veut rendre aux champs de l'air, il refuse de s'envoler, et ne sait user ni de ses serres, ni de ses ailes.

Louis rappela les Juifs chassés par Philippe le Bel (28 juillet 1315). Il leur fut défendu de prêter *sus vessel ou aournement d'eglise, ne sus gages sanglants* (1), *ne sus gages mouillés fraîchement ;* il leur était ordonné de porter *le signel, là où ils l'avoient accoustumé, et sera large d'un blanc tournois d'argent au plus, et sera d'autre couleur que la robe, pour estre mieus et plus clerement apparent* (2). Les Juifs étaient gens de poueste à perpétuité ; si leurs enfants avaient une nourrice chrétienne, les clercs la pouvaient excommunier : *Sed benevolunt quod nutrices Judæorum excommunicentur*, dit un *Établissement* de Philippe-Auguste. Un commentateur croit qu'on peut lire *meretrices* pour *nutrices* (3) (prostituées au lieu de nourrices). Que veulent dire tant de dédains pour ce peuple vivant à part dans tous les temps ; isolé au milieu de tous les autres peuples ; ne changeant jamais ; n'ayant passé, comme les races renouvelées, ni par la barbarie, ni par la civilisation ; toujours au même degré de sociabilité ; jamais conquis, parce qu'il l'a été une fois et pour toujours ; jamais libre, parce que toutes les nations le regardent comme un esclave qui leur est dévolu de droit, comme s'il y avait pour lui une origine mystérieuse, fatale, incontestée de servitude ! Est-ce Dieu qui avait mis sur la poitrine des Juifs, dans le moyen âge, le *signel* de sa main ? il leur était défendu de prêter sur *gages sanglants* ou sur *vêtements mouillés :* on les soupçonnait donc de profiter de la dépouille de l'assassiné et du noyé ? Ne semblaient-ils pas poursuivis par le souvenir de cette robe tirée au sort, et vendue au prix de trente deniers ? Enfin, leurs enfants ne paraissaient pas dignes d'être abreuvés d'un lait légitime ; la nourrice chrétienne qui prenait à son sein l'enfant d'un Juif tombait dans la réprobation éternelle dont était frappée l'innocente créature que la pitié avait mise dans ses bras.

Après dix-neuf mois de règne, Louis X mourut âgé de vingt-quatre ou vingt-

(1) Cet article se trouve dans une charte latine de Philippe-Auguste (février 1218).
(2) Ce signe était une rouelle jaune ou moitié blanche ou rouge, que le Juif devait porter en vertu du chapitre 68 du concile de Latran, de l'an 1215. *ut omni tempore in medio pectoris rotam portent*, ajoute un statut de l'Église de Rhodez.
(3) BRUSSEL, *tract. de Usu feud.*, tom. I, pag. 583.

six ans. Il avait continué la guerre malheureuse de Flandre. Ce jeune prince eut des qualités : il confirma d'utiles ordonnances pour la protection des laboureurs; *personne, sous peine de quadruple et d'infamie, ne pouvant s'emparer de leurs biens.* Il voulait ôter aux seigneurs le droit de battre monnaie ; il ne le put : la royauté n'avait point encore détrôné l'aristocratie. Louis X aima les sciences, les lettres et les arts, et se laissa bien conseiller par la *clergie laïque.*

PHILIPPE V.

DE 1316 A 1322.

Louis X avait eu, de sa première femme adultère, une fille nommée Jeanne, laquelle, héritant du royaume de Navarre, le porta dans la maison d'Évreux dont elle épousa le chef. La seconde femme de Louis, Clémence de Hongrie, était enceinte lorsqu'il mourut; il y eut une sorte d'interrègne pendant lequel Philippe, second frère de Louis, eut la régence. Les douze pairs décidèrent que, si l'enfant à naître était femelle, la couronne passerait à Philippe : c'est la première fois qu'il est parlé dans notre histoire de la loi salique, et de l'application de cette loi. Clémence accoucha d'un fils, Jean Ier; il ne vécut que cinq jours (1) an 1316) : plusieurs historiens l'ont omis dans le catalogue des rois, tant il passa vite; on ne retrouve que dans des chartes oubliées les dates rapprochées de sa naissance et de sa mort : heureux si un autre orphelin royal eût de même caché sa courte vie dans le trésor poudreux de nos chartes, s'il n'eût jamais senti le poids de la couronne qu'il n'a cependant pas portée !

Philippe V, dit le Long, fut proclamé roi ; il y eut contestation; plusieurs princes, et entre autres le frère du roi, qui fut depuis Charles le Bel, voulaient qu'on examinât les droits que Jeanne, fille de Louis X, pouvait avoir aux couronnes de France et de Navarre. Le sacre se fit à huis clos. Une assemblée d'évêques, de seigneurs et de bourgeois de Paris, déclara qu'au royaume de France la femme ne succède pas (2), et cela contre la maxime du droit féodal, par qui presque tous les grands fiefs tombaient de *lance en quenouille.* Un traité conclu, en 1316, entre Philippe V, alors régent, et le duc de Bourgogne, avait stipulé que, si la veuve de Louis X accouchait d'une fille, cette princesse, et Jeanne sa sœur, du premier lit, ou l'une des deux, en cas que l'autre mourût, auraient le royaume de Navarre avec les comtés de Champagne et de Brie, et *qu'elles donneroient quittance du reste du royaume de France* (3). Ne croirait-on pas voir d'obscurs héritiers se partageant une ferme en famille? Ces anciennes monarchies chrétiennes étaient singulières, tant pour le droit que pour les mœurs; elles avaient à la fois quelque chose de rustique et de violent, d'équitable et d'injuste, comme la vieille république romaine : deux femmes *donnaient quittance* de cette mâle patrie, qui, portant sa gloire en tous lieux, donnait souvent elle-même, en se retirant, quittance de ses conquêtes

---

(1) *Spicil.*, tom. III, pag. 72; *Trésor des Chartes.*

(2) *Contin. Chron. Guill. de Nangis.*; *Spicil.*, tom. III, pag. 72

(3) *Trés. des Cha. Nav.*, layette III, pièce VII ; Dupuis, *Traité de la maison des rois*, Leibnitz *in eod. diplom.*, pag. 70; *Mém. de l'Ac. des Bel. Let.*, tom. XVII, pag. 295.

Jeanne épousa Philippe, fils aîné du comte d'Évreux, auquel elle porta en dot le royaume de Navarre. Elle fut mère de Charles le Mauvais. Philippe le Bel avait marié sa fille Isabelle à Édouard II, roi d'Angleterre ; elle fut mère d'Édouard III, autre fléau de la France. Le royaume de Navarre, entré, par le mariage de Philippe le Bel, dans la maison de France, en sortit sous le règne de ses fils, pour y rentrer quatre siècles après par une autre princesse du nom de Jeanne, mère de Henri IV ; époque à laquelle nos monarques reprirent ce titre et ne le quittèrent plus qu'en perdant les deux couronnes. Disons donc aussi tout d'un coup que Charles le Bel, érigeant la baronnie de Bourbon en duché-pairie en faveur de Louis Ier, fils aîné de Robert, sixième fils de saint Louis, obligea celui-ci à renoncer au nom de Clermont, et à reprendre celui de la mère de sa femme, Agnès de Bourbon : de là vint ce nom de Bourbon, auquel il n'a manqué, pendant tant de siècles, que cette gloire de l'adversité, qu'il a enfin magnifiquement obtenue. Ainsi se montrent à peu près à la même époque, dans notre histoire, ces Bourbons et ces Navarrois, lesquels accablés sous la même couronne, devaient voir leur premier roi tomber sous le poignard du fanatique, et le dernier sous la hache de l'athée.

Philippe V, de même que ses prédécesseurs, était toujours en querelle avec les princes flamands ; il finit néanmoins par mettre un terme à une guerre qui avait duré vingt-cinq années, en donnant sa fille Marguerite en mariage au comte de Nevers, à condition qu'il succéderait au comté de Flandre. L'Allemagne était divisée entre les deux prétendants à l'empire, Frédéric d'Autriche et Louis de Bavière. L'Italie prenait part à cette division dans les deux partis guelfe et gibelin : les Visconti s'élevèrent dans ces troubles. Le pape publia contre eux une croisade, comme autrefois contre les comtes de Toulouse.

Reparurent sous Philippe le Long ces bandes de paysans armés, qui, sous le nom de *Pastoureaux*, avaient déjà désolé la France pendant la captivité de saint Louis, et qui, sous prétexte d'aller délivrer la Terre-Sainte, ravagèrent leur propre pays et massacrèrent les Juifs. Le mouvement qui, pendant plusieurs siècles, avait poussé les Germains vers le Midi, et les Arabes vers le Nord, conserva son principe dans les races qui l'avaient opéré. L'humeur vagabonde et inquiète des Barbares continua de s'agiter, tant que la société demeura privée de ses droits : c'était l'indépendance naturelle de l'individu qui se montrait à défaut de la liberté politique de l'espèce.

Quelques ordonnances sur la justice font honneur à Philippe V. Il est défendu aux juges de débiter *nouvelles ou esbattements* pendant les audiences, de recevoir paroles privées (1). Il est défendu de *passer* ou *conseiller* au roi aucune lettre contraire aux anciens règlements (2). *Messire Dieu, qui tient sous sa main tous les rois, ne les a establis en terre qu'afin qu'ils gouvernent ensuite dûment* (3). On fixe au règne de Philippe V l'époque du droit qui rend le domaine de la couronne inaliénable (4) 1321). Les lois générales prenaient la place des lois privées. Le roi ne pouvait plus acquérir ni vendre, comme les autres pos-

---

(1) *Ordonn. des R.*, tom. 1, pag. 673, 702, 729. — (2) *Ibid.*, p. 672, 673. — (3) *Ibid.*, pag. 669. — (4) *Ibid.*, p. 665.

sesseurs de grands fiefs; il sortait du pérage : mis à part de l'aristocratie et de la démocratie, il commençait ce pouvoir inviolable que la liberté lui reconnaît aujourd'hui pour sa propre garantie et pour le maintien de l'ordre. Mais la nation renaissante, en même temps qu'elle élevait la royauté à une hauteur inaccessible, régularisait le mouvement de cette royauté, et il y avait une loi supérieure à la volonté de la couronne, l'inaliénabilité.

Philippe le Long s'occupa de l'administration; il régla la dépense de sa maison. Il faut prendre garde de confondre les idées par la ressemblance des mots. Les anciens rois n'avaient point de liste civile; ils vivaient des revenus de leurs domaines; quand ils administraient leur maison, ils administraient de fait les revenus de la couronne; l'impôt, qui avait toujours une destination spéciale, était applicable aux lieux où il était levé, et ne tombait dans les coffres du roi que par abus. Toutes ces grandes charges, aujourd'hui antiquailles de la royauté, qui n'ont plus de place dans la constitution de l'État, qui coûtent beaucoup et ne sont bonnes à rien, étaient, dans l'origine, des places administratives. Le maître de l'écurie du roi devint, sous Philippe V, premier écuyer du corps; il se changea en grand écuyer sous Louis XI. Philippe établit des capitaines généraux dans les grandes villes; le système d'élection prévalait toujours, et ces capitaines étaient élus par le conseil des prud'hommes. Enfin, Philippe avait songé à établir l'égalité des poids et mesures, et une seule monnaie pour la France. Les siècles marchaient.

Philippe aimait les lettres; il s'entoura de poëtes et de savants, ce qui n'est remarquable que par ses ordonnances, dans lesquelles l'on sent un esprit quelque peu philosophique, étranger à cet âge. Toulouse devint métropole; seize évêchés nouveaux furent établis.

A peu près à cette époque, le Dante mourut en Italie, et le sire de Joinville en France; celui-ci était plus que centenaire : représentant des temps de saint Louis parmi des hommes qui déjà ne lui ressemblaient plus, il devait nous transmettre cette chronique pleine de charmes dont la langue n'est plus la nôtre; nous lui devons le premier monument de notre littérature, comme le Dante a glorifié sa patrie de cet ouvrage, à la fois portrait vivant et statue colossale du moyen âge.

CHARLES IV.

DE 1322 A 1328.

Philippe V mourut à Longchamp, le 3 janvier, âgé de vingt-huit ans, après en avoir régné six. Il laissa quatre filles : un fils qu'il avait eu de Jeanne, héritière du comté de Bourgogne, mourut en bas âge. Charles IV, dit le Bel, succéda à Philippe. L'archevêque de Reims, Robert de Courtenay, sacra les trois frères, Louis le Hutin, Philippe le Long et Charles le Bel (1) : honneurs répétés dont il offre en sa personne le seul exemple, et qui prouvaient en même temps la vanité et la rapidité des honneurs de la terre.

(1) BALUZE, t. II, p. 440

Charles IV s'occupa vivement, dans les premiers moments de son règne, d'une croisade pour secourir les chrétiens de Chypre et d'Arménie (1). Ce ne fut qu'un projet coûteux. On fit la recherche des financiers, presque tous Lombards. Gérard Laguette, receveur général des revenus de la couronne (2), mourut dans les tortures de la question.

Des commissions royales allèrent dans les provinces châtier les juges prévaricateurs et les nobles qui s'emparaient du bien d'autrui. Jourdain de Lille, seigneur de Cazaubon, était accusé de rapt, de vol et d'assassinat : cité à la cour du roi, il assomma l'huissier qui vint lui signifier l'ordre, et osa comparaître devant ses juges, accompagné de la principale noblesse de sa province. Il n'en fut pas moins condamné à mort, traîné à la queue d'un cheval, et pendu (3). Ce fait prouve l'usurpation de la couronne et la décadence du pouvoir féodal. Jourdain de Lille était un brigand, mais il était souverain dans son château; s'il eût manqué de foi au roi, comme son homme-lige, il eût été punissable; il n'avait commis que des *crimes privés;* et dans la loi du temps, ne tenant sa puissance que de Dieu, il n'était punissable que de Dieu. Mais la monarchie n'était plus la monarchie d'Hugues Capet, et les masses roturières avaient gagné, par l'intervention du trône, ce que leurs oppresseurs aristocratiques avaient perdu.

Des contestations, en Flandre, pour la succession du comté, entre Louis II, petit-fils du vieux comte de Nevers, et Robert de Cassel, fils de ce même comte (1323 à 1325); une défaite des Navarrois par les Basques; une guerre, en Guienne, occasionnée pour la construction d'un château, entre le roi de France et le roi d'Angleterre, comme duc d'Aquitaine, remplissent les années 1323, 1324 et 1325. A Toulouse, s'établirent des débats plus pacifiques : l'académie de la *gaie société des sept trobadors* donna naissance à celle des Jeux Floraux. Ce règne de six ans, de Charles le Bel, n'est remarquable que par la révolution qu'il amena en finissant, et par les idées qui se développèrent en Angleterre.

Édouard II avait épousé Isabelle de France, sœur de Charles le Bel, et dont il eut Édouard III; je l'ai dit. Édouard II était livré aux favoris. Gaveston, gentilhomme de Gascogne, lui avait déjà été arraché par les seigneurs; il prit un autre favori, Hugues Spencer, lequel, avec son père, aussi nommé Hugues, devint le maître de l'État.

Les barons s'assemblèrent; les Spencer en firent décapiter vingt-deux, parmi lesquels se trouvait Thomas de Lancastre, oncle du roi. Après beaucoup d'événements et d'aventures, Édouard II, accusé au parlement d'avoir violé les lois du pays, et de s'être livré à d'indignes ministres, fut par arrêt de ce même parlement, déposé, condamné à garder une prison perpétuelle, la couronne passant immédiatement à Édouard III (4). L'arrêt lui fut lu en prison, en ces termes : *Moi Guillaume Trussel, procureur du parlement et de toute la*

---

(1) Ruin., an 1322, n° 36 et suiv. — (2) *Abr., Chron.,* tom. ii, p. 839. — (3) *Spicil.,* tom. iii, pag. 80, 81; *Hist. des Lang.,* tom. iv, pag. 191.

(4) Thoyr., *Hist. d'Angl.,* tom. iii, pag. 132; Hum.

nation anglaise, je vous déclare en leur nom et de leur autorité, que je révoque et rétracte l'hommage que je vous ai fait ; et dès ce moment je vous prive de la puissance royale, et proteste que je ne vous obéirai plus comme à mon roi.

Voilà, dès l'an 1327 (14 janvier), un roi jugé et déposé par ses sujets.

L'Angleterre devait multiplier ses exemples. Le roi Jean avait déjà concédé la grande charte ; les communes étaient entrées au parlement comme dans nos états ; en 1265, le parlement appelé Leicester avait offert le premier modèle de la division du parlement en deux chambres ; événement qu'on ne remarqua point, mais dont les conséquences devaient être senties si loin et si fort. On fit dire au jeune Édouard III, dans sa proclamation, que son père *s'en est ousté des gouvernement du roïalme de* SA BONNE VOLUNTÉ (1) ; mais ces principes de souveraineté absolue, de succession, de non-élection, étaient encore si peu reconnus, quoi qu'on en ait dit, que nous allons voir Édouard III disputer la couronne de France à Philippe de Valois, nonobstant la loi salique. Édouard II, renfermé au château de Barclay, fut assassiné au moyen d'un fer rouge qu'on lui enfonça dans le fondement à travers un tuyau de corne.

Un vieux poëte anglais représente Édouard regardant des bergers dans la campagne à travers les fenêtres grillées de sa tour, et disant à peu près comme Lucrèce : « Heureux, ô vous qui regardez du rivage, et qui n'êtes point engagés dans le naufrage que vous voyez ! »

> Oh! happy you who look as from the shore,
> And had no venture in the wreck you see!

L'évêque de Herford, consulté pour savoir s'il était loisible de tuer un roi détrôné, avait répondu par une phrase qui, selon la ponctuation, pouvait signifier que cela était permis, ou que cela n'était pas permis : le crime était chargé de la vraie lecture (2).

La mère d'Édouard fut reléguée au château de Rising (3) ; Mortimer, son favori, subit le supplice que Spencer avait lui-même subi ; et ce fut en raison des droits de cette reine captive, infidèle, déshonorée, qui avait privé son mari de la couronne et de la vie, qu'Édouard III réclama la couronne de France.

Charles IV, qui passa dans son temps pour un philosophe, décéda au bois de Vincennes, le 1er de février 1328. Il avait eu à soutenir la cruelle et ridicule guerre des *bâtards*, vagabonds sortis de la Gascogne, qui se disaient fils naturels des gentilshommes gascons : c'étaient les *Pastoureaux* sous une autre forme. Charles avait épousé trois femmes : Blanche de Bourgogne, Marie de Luxembourg et Jeanne d'Évreux. Les enfants des deux premières moururent à la mamelle ; Jeanne lui donna deux filles. Il la laissa grosse de sept mois en mourant ; il dit aux seigneurs assemblés autour de son lit, que si la reine accouchait d'une fille, *ce serait aux grands barons de France à adjuger la couronne à qui de droit appartiendrait*. Il nomma Philippe de Valois régent du royaume pour l'interrègne (4) : cela confirme tout ce que j'ai dit sur le peu de fixité du principe héréditaire.

(1) RYM., t. II, pag. 471. — (2) *Id*, t. X, pag. 63, dans la note. — (3) FROISSART. — (4) *Id.*

Avec le règne de Philippe VI, dit de Valois, commence une ère nouvelle pour la France : nous avons atteint le point culminant des temps féodaux, qui vont maintenant décliner. Si les révolutions n'allaient pas si vite dans ma patrie, si les heures qui suffisent aujourd'hui à la besogne des siècles ne m'emportaient avec elles, j'aurais placé ici les quatre grands tableaux de la monarchie féodale : la féodalité, la chevalerie, l'éducation, les mœurs générales des douzième, treizième et quatorzième siècles. Mais à peine puis-je consacrer quelques pages à ce qui demanderait des volumes. Je vais présenter une ébauche qu'achèveront des mains plus habiles et plus heureuses.

FÉODALITÉ, CHEVALERIE, ÉDUCATION, MŒURS GÉNÉRALES DES DOUZIÈME, TREIZIÈME ET QUATORZIÈME SIÈCLES.

Lorsque les Franks s'établirent en Gaule, ce pays pouvait contenir de dix-sept à dix-huit millions d'hommes, sur lesquels cinq cent mille chefs de famille tout au plus étaient de condition à payer la capitation ; cela veut dire que plus des deux tiers des habitants étaient de condition servile. L'esclavage portait sa peine en soi : les invasions étaient faciles chez des peuples dont les deux tiers, désarmés et opprimés, n'avaient aucun intérêt à défendre la patrie. Le même terrain qui fournirait maintenant plus de quinze mille hommes en état de résister, n'avait pas deux mille citoyens à opposer à la conquête.

Les esclaves, chez les Romains et chez les Grecs, étaient de deux sortes principales, les uns attachés à la maison et à la personne du maître, les autres plantés sur le sol qu'ils cultivaient. Les Germains ne connaissaient que ce dernier genre d'esclaves ; ils les traitaient avec douceur, et en faisaient des colons plutôt que des serfs.

Les Franks multiplièrent ces esclaves de la terre dans les Gaules ; peu à peu l'*esclavage* se changea en *servage*, lequel servage se convertit en *salaire*, lequel salaire se modifiera à son tour : nouveau perfectionnement qui signalera la troisième ère et le troisième grand combat du christianisme.

Si la moyenne propriété industrielle recommença par la bourgeoisie, la petite propriété agricole recommença par les serfs affranchis devenus fermiers-propriétaires moyennant une redevance, quand la servitude germanique eut prévalu sur la servitude romaine. Celle-ci paraît même avoir été complétement abolie sous les rois de la seconde race. On ne voit plus, en effet, sous cette race, de *serfs de corps* ou d'*esclaves domestiques* dans les maisons (1). Il en résulta ce bel axiome de jurisprudence nationale : Tout esclave qui met le pied sur terre de France est libre.

(1) L'esclavage de corps ne cessa pas partout à la fois ; il se prolongea surtout en Angleterre par trois causes : le dur esprit des habitants, l'invasion normande qui ranima le droit de conquête, l'usage du pays qui n'admet l'abolition formelle d'aucune loi. En 1283 les Annales du prieuré de Dunstale fournissent cette note : « Au mois de juillet de la présente « année, nous avons vendu Guillaume Pyke, notre esclave, et reçu un marc du marchand. » C'était moins que le prix d'un cheval. Jusqu'au milieu du dix-septième siècle, dans ces guerres que les Anglais faisaient à Charles Ier pour la *liberté des hommes*, on voit ces fameux niveleurs vendre comme esclaves des royalistes faits prisonniers sur le champ de bataille.

C'est donc un fait étrange, mais certain, que la féodalité a puissamment contribué à l'abolition de l'esclavage par l'établissement du servage. Elle y contribua encore d'une autre manière, en mettant les armes à la main du vassal : elle fit du serf attaché à la glèbe un soldat sous la bannière de sa paroisse; si on le vendait encore quand et quand la terre, on ne le vendait plus comme individu avec les autres bestiaux. Le serf sur les murs de Jérusalem escaladée, ou vainqueur des Anglais avec Duguesclin, ne portait plus le fer qui enchaîne, mais le fer qui délivre. Le paysan serf, demi-soldat, demi-laboureur, demi-berger du moyen âge, était peut-être moins opprimé, moins ignorant, moins grossier que le paysan libre des derniers temps de la monarchie absolue.

On doit néanmoins faire une remarque qui expliquera la lenteur de l'affranchissement complet dans le régime féodal. L'affranchissement, chez les Romains, ne causait presque aucun préjudice au maître de l'affranchi; il n'était privé que d'un *individu*. Le serf constituait une partie du *fief;* en l'affranchissant on *abrégeait* le fief, c'est-à-dire qu'on le diminuait, qu'on amoindrissait à la fois la *qualité*, le *droit* et la *fortune* du possesseur. Or, il était difficile à un homme d'avoir le courage de se dépouiller, de s'abaisser, de se réduire soi-même à une espèce de servitude, pour donner la liberté à un autre homme.

Voyons maintenant quelle était la classe d'hommes qui dominait les serfs; les gens de *poueste*, les vilains *taillables à merci de la tête jusqu'aux pieds*.

L'égalité régnait dans l'origine parmi les Franks. Leurs dignités militaires étaient électives. Le chef ou le roi se donnait des *fidèles* ou compagnons, des *leudes*, des *antrustions*. Ce titre de leude était personnel; l'hérédité en tout était inconnue. Le leude se trouvait de droit membre du grand conseil national et de l'espèce de cour d'appel de justice que le roi présidait : je me sers des locutions modernes pour me faire comprendre.

J'ai dit que cette première noblesse des Franks, si c'était une noblesse, périt en grande partie à la bataille de Fontenai. D'autres chefs franks prirent la place de ces premiers chefs, usurpèrent ou reçurent en don les provinces et les châteaux confiés à leur garde : de cette seconde noblesse franke personnelle sortit la première noblesse française héréditaire.

Celle-ci, selon la qualité et l'importance des fiefs, se divisa en quatre branches : 1° les grands vassaux de la couronne, et les autres seigneurs qui, sans être au nombre des grands vassaux, possédaient des fiefs à grande mouvance ; 2° les possesseurs de fiefs de bannières; 3° les possesseurs de fiefs de haubert ; 4° les possesseurs de fiefs de simple écuyer.

De là quatre degrés de noblesse : noblesse du sang royal, haute noblesse, noblesse ordinaire, noblesse par anoblissement.

Le service militaire introduisit chez la noblesse la distinction du chevalier, *miles*, et de l'écuyer, *servitium scuti*. Les nobles abandonnèrent dans la suite une de leurs plus belles prérogatives, celle de juger. On comptait en France quatre mille familles d'ancienne noblesse, et quatre-vingt-dix mille familles nobles pouvant fournir cent mille combattants. C'était, à proprement parler, la population militaire libre.

Les noms des nobles, dans les premiers temps, n'étaient point héréditaires, quoique le sang, le privilége et la propriété le fussent déjà. On voit dans la loi salique que les parents s'assemblaient la neuvième nuit pour donner un nom à l'enfant nouveau-né. Bernard le Danois fut père de Torfe, père de Turchtil, père d'Anchtil, père de Robert d'*Harcourt.* Le nom héréditaire ne paraît ici qu'à la cinquième génération.

Les armes conféraient la noblesse; la noblesse se perdait par la lâcheté; elle dormait seulement quand le noble exerçait une profession roturière non dégradante; quelques charges la communiquaient; mais la haute charge même de chancelier resta longtemps en roture. Dans certaines provinces *le ventre anoblissait,* c'est-à-dire que la noblesse était transmise par la mère.

Les échevins de plusieurs villes recevaient la noblesse; on l'appelait *noblesse de la cloche,* parce que les échevins s'assemblaient au son d'une cloche. L'étranger noble, naturalisé en France, demeurait noble.

Les nobles prirent des titres selon la qualité de leurs fiefs (ces titres, à l'exception de ceux de barons et de marquis, étaient d'origine romaine); ils furent ducs, barons, marquis, comtes, vicomtes, vidames, chevaliers, quand ils possédèrent des duchés, des marquisats, des comtés, des vicomtés, des baronnies. Quelques titres appartenaient à des noms sans être inhérents à des fiefs; cas extrêmement rare.

Le gentilhomme ne payait point la taille personnelle, tant qu'il ne faisait valoir de ses propres mains qu'une seule métairie; il ne logeait point les gens de guerre; les coutumes particulières lui accordaient une foule d'autres priviléges.

Les nobles se distinguaient par leurs armoiries, qui commencèrent à se multiplier au temps des croisades. Ils portaient ordinairement un oiseau sur le poing, même en voyage et au combat : lorsque les Normands assaillirent Paris sous le roi Eudes, les Franks qui défendaient le Petit-Pont, ne l'espérant pas pouvoir garder, donnèrent la liberté à leurs faucons. Les tournois dans les villes, les chasses dans les châteaux, étaient les principaux amusements de la noblesse.

On ne se peut faire une idée de la fierté qu'imprima au caractère le régime féodal; le plus mince aleutier s'estimait à l'égal d'un roi. L'empereur Frédéric Ier traversait la ville de Thongue; le baron de Krenkingen, seigneur du lieu, ne se leva pas devant lui, et remua seulement son chaperon, en signe de courtoisie. Le corps aristocratique était à la fois oppresseur de la liberté commune et ennemi du pouvoir royal; fidèle à la personne du monarque alors même que ce monarque était criminel, et rebelle à sa puissance alors même que cette puissance était juste. De cette fidélité naquit l'honneur des temps modernes : vertu qui consiste souvent à sacrifier les autres vertus; vertu qui peut trahir la prospérité, jamais le malheur; vertu implacable quand elle se croit offensée; vertu égoïste et la plus noble des personnalités; vertu enfin qui se prête à elle-même serment, et qui est sa propre fatalité, son propre destin. Un chevalier du Nord tombe sous son ennemi; le vainqueur manquant d'arme pour achever sa victoire, convient avec le vaincu qu'il ira chercher son épée; le vaincu demeure religieusement dans la même attitude jusqu'à ce que le vainqueur revienne l'égorger : voilà l'honneur, premier-né de la société barbare. (Mallet, *Introduct. à l'Hist. du Danem.*)

De l'état des hommes passons à l'état des propriétés.

Le fief qui naquit à l'époque où le servage germanique débouta la servitude romaine, constitua la féodalité. Dans les temps de révolutions et d'invasions successives, les petits possesseurs n'étant plus protégés par la loi, donnèrent leur champ à ceux qui le pouvaient défendre : c'est ce que nous avons appris de Salvien. De cet état de choses à la création du fief, il n'y avait qu'un pas, et ce pas fut fait par les Barbares : ils avaient déjà l'exemple du bénéfice militaire, c'est-à-dire de la concession d'un terrain à charge d'un service, bien que les *fe-ods* ne soient pas exactement les *prædia militaria*. Il arriva que le roi et les autres chefs ne voulurent plus accepter des immeubles, en installant le propriétaire donateur comme fermier de son ancienne propriété; mais ils la lui rendirent à condition de prendre les armes pour ses protecteurs : ils s'engageaient de leur côté à secourir cette espèce de sujet volontaire. Voilà le vasselage et la seigneurie.

Toutes les propriétés, dans la féodalité, se divisent en deux grandes classes : l'aleu ou le franc-aleu, le fief et l'arrière-fief. « Tenir en aleu, dit la *Somme*
« *rurale*, si est tenir terre de Dieu tant seulement et ne doivent cens, rente,
« ne relief, ne autre redevance à vie ne à mort. »

Cujas fait venir le mot *aleu* (*alodium*) d'un possesseur des terres *sine lode*. Il est plus naturel de le tirer de la terre du *leude*, fidèle, ou de *drude*, ami : *drudi et vassalli* sont souvent réunis dans les actes. Leude est le *compagnon* de Tacite, *l'homme de la foi* du roi dans la loi salique, et *l'antrustion du roi* des formules de Marculfe.

L'aleu fut dans l'origine inaliénable sans le consentement de l'héritier. Il y eut deux sortes de franc-aleu : le noble et le roturier. Le noble était celui qui entraînait justice, censive ou mouvance; le roturier, celui auquel toutes ces conditions manquaient : ce dernier, le plus ancien des deux, représentait le faible reste de la propriété romaine.

Les parlements différaient de principes sur le maintien du franc-aleu. Les pays coutumiers et de droit écrit, dans le ressort des parlements de Paris et de Normandie, ne reconnaissaient le franc-aleu que par *titres*, titres qu'il était presque toujours impossible de produire. La coutume de Bretagne, sous le parlement de la même province, rejetait absolument le franc-aleu. Les quatre parlements de droit écrit, Bordeaux, Toulouse, Aix et Grenoble, variaient dans leurs *us*, et rendaient des arrêts en sens divers : le parlement de Provence ne recevait que le franc-aleu, et le parlement de Dauphiné l'admettait dans quelques dépendances sur titres. Le Languedoc prétendait jouir du franc-aleu avant les *Établissements* de Simon de Montfort, qui transporta dans le comté de Toulouse la coutume de Paris. « Après ce grand progrès d'armes, Simon, comte de
« Montfort, se voyant seigneur de tant de terres, de mesnagement ennuyeux
« et pénible, il les departit entre les gentilshommes, tant françois qu'autres :
« . . . . Pour contenir l'esprit de ses vassaux et assurer ses droits,
« il establit des loix generales en ses terres, par advis de huict archevesques ou

« evesques et autres grands personnages. » *Tam inter barones, ac milites, quam inter burgenses et rurales, seu succedant hæredes, in hæreditatibus suis, secundum morem et usum Franciæ, circa Parisiis.*

Les coutumes de Troyes, de Vitry et de Chaumont, réputaient toute terre franche ou alodiale. Le fief et l'aleu étaient la lutte et la coexistence de la propriété selon l'ancienne société, et de la propriété selon la société nouvelle.

Quelquefois le fief se changea en aleu, mais l'aleu finit presque généralement par se perdre dans le fief. *Nulle terre sans seigneur* devint l'adage des légistes. L'esprit du fief s'empara à un tel point de la communauté, qu'une pension accordée, une charge conférée, un titre reçu, la concession d'une chasse ou d'une pêche, le don d'une ruche d'abeilles, l'air même qu'on respirait, s'inféoda ; d'où cette locution : *fief en l'air, fief volant, sans terre, sans domaine.*

Fief, *feudum, feodum, focdum, fochundum, fedum, fedium, fenum* vient d'*a fide*, latin, ou plutôt de *fehod*, saxon, prix. La formule de la vassalité remonte au temps de Charlemagne : *Juro ad hæc sancta Dei Evangelia,* . . . . *ut vassalum domino.*

Le fief était la confusion de la propriété et de la souveraineté : on retournait de la sorte au berceau de la société, au temps patriarcal, à cette époque où le père de famille était roi dans l'espace que paissaient ses troupeaux, mais avec une notable différence : la propriété féodale avait conservé le caractère de son possesseur ; elle était conquérante ; elle asservissait les propriétés voisines. Les champs autour desquels le seigneur avait pu tracer un cercle avec son épée, relevait de son propre champ. C'est le premier âge de la féodalité.

Le mot *vassal* qui a prévalu pour signifier homme de fief, ne paraît cependant dans les actes que depuis le treizième siècle. *Vassus* ou *vassallus*, vient de l'ancien mot franc *gessell*, compagnon ; conversion de lettres fréquente dans les auteurs latins : *Wacta*, guet ; *wadium*, gage ; *wanti*, gants, etc.

Il y avait des fiefs de trois espèces générales : fief de bannière, fief de haubert, fief de simple écuyer.

Le fief banneret fournissait dix ou vingt-cinq vassaux sous bannière.

Le fief de haubert devait un cavalier armé de toutes pièces, bien monté et accompagné de deux ou trois valets.

Le fief de simple écuyer ne devait qu'un vassal armé à la légère.

Tous les fiefs et arrière-fiefs ressortissaient au manoir des seigneurs, comme à la tente du capitaine : la grosse tour du Louvre était le *fief dominant* ou le pavillon du général. Le terrain sur lequel Philippe-Auguste l'avait bâtie, il l'avait acheté du prieuré de Saint-Denis de la Chartre, pour une rente de trente sous parisis : ainsi, ce donjon majeur, d'où relevaient tous les fiefs, grands et petits, de la couronne, relevait lui-même du prieuré de Saint-Denis.

Quand le roi possédait des terres dans la mouvance d'une seigneurie, il devenait vassal du possesseur de cette seigneurie ; mais alors il se faisait *représenter* pour prêter, comme vassal, foi et hommage à son propre vassal; on voulait bien user de cette indulgence envers lui, sans qu'il se pût néanmoins soustraire à la loi générale de la féodalité. Philippe III rend, en 1284, hommage à l'abbaye de Moissac. En 1350 le grand chambellan rend hommage, au nom du roi Jean, à l'évêque de Paris, pour les châtellenies de Tournan et de Torcy : *Joannes, Dei gratia, Francorum rex . . . . Robertus de Loriaco, de præcepto nostro, homagium fecit.* On citera encore un exemple, parce qu'il est rare dans son espèce, et qu'il affectera les lecteurs français comme l'historien qui le rappelle. Henri VI, *roi d'Angleterre*, rend hommage à des *bourgeois de Paris*.

« Henry, par la grâce de Dieu, roi *de France et d'Angleterre*, à tous ceux
« qui ces presentes lettres verront, salut. Savoir faisons, que, comme autres-
« fois a fait nostre très cher seigneur et ayeul, feu le roi Charles (Charles VI),
« dernier trespassé, à qui Dieu *pardoint*, par ses lettres sur ce faictes, don-
« nées le 21ᵉ jour de mai, dernier passé, nous avons deputé et deputons Mᵉ Jean
« le Roy, nostre procureur au Chastelet de Paris, pour, et en lieu de nous, à
« homme et vassal, de ceux de qui sont mouvants et tenus en fiefs les terres,
« possessions et seigneuries, à nous advenues, en la ville et vicomté de Paris,
« depuis quatre ans en çà; et en faire les debvoirs, tels qu'il appartient. . . .
« . . . . Donné à Paris, le 15ᵉ jour de mai 1423, et de notre règne
« le premier. Ainsi signé par le roi, à la relation du conseil tenu par l'ordon-
« nance de monseigneur le regent de France, duc de Betfort. »

Paris était un composé de fiefs; neuf d'entre eux relevaient de l'évêché : le Roule, la Grange-Batelière, l'outre Petit-Pont, etc. Les autres fiefs de la ville de Paris appartenaient aux abbayes de Sainte-Geneviève, de Saint-Germain des Prés, de Saint-Victor, du grand prieuré de France, et du prieuré de Saint-Martin des Champs. On comptait en France soixante-dix mille fiefs ou arrière-fiefs, dont trois mille étaient titrés. Le vassal prêtait hommage tête nue, sans épée, sans éperons, à genoux, les mains dans celles du seigneur, qui était assis et la tête couverte; on disait : « *Je deviens vostre homme de ce jour en* « *avant, de vie, de membre, de terrestre honneur, et à vous serai feal et loyal*, « *et foi à vous porterai des tenements que je recognois tenir de vous, sauf la* « *foi que je dois à nostre seigneur le roi*. » Quand cette formule était prononcée par un tiers, le vassal répondait *voire* : oui, je le jure. Alors le vassal était reçu par le seigneur *audit hommage à la foi et à la bouche*, c'est-à-dire au baiser, pourvu que ce vassal ne fût pas un *vilain*. « Quelquefois un « gentilhomme de bon lieu est contrainct de se mettre à genoux devant un « moindre que lui : de mettre ses mains fortes et genereuses dans celles d'un « lasche et efleminé. » (*Traité des fiefs*.)

Quand l'hommage était rendu par une femme, elle ne pouvait pas dire : « *Jeo* « *deveigne vostre feme, pur ceo que n'est convenient que feme dira qu'el devien-* « *dra feme à aucun home, fors que à son baron, quand ele est espouse;* » mais « elle disait, etc. »

Main, fils de Gualon, du consentement de son fils Eudon, et de Viete sa bru, donne à Dieu et à Saint-Albin en Anjou la terre de Brilchiot; en foi de quoi le père et le fils baisèrent le moine Gaultier; mais comme c'était chose inusitée qu'une femme baisât un moine, Lambert, avoué de Saint-Albin, est délégué pour recevoir le baiser de la donatrice, avec la permission du moine Gaultier : *Jubente Walterio monacho*.

Robert d'Artois, comte de Beaumont, ayant à recevoir deux hommages de son *amée cousine madame Marie de Brebant, dame d'Arschot et de Vierzon*, ordonna : « Que nous et la dame de Vierzon devons estre à cheval, et nostre che-
« val les deux pieds devant en l'eau du gué de Noies, et les deux pieds der-
« riere à terre seche, par devant nostre terre de Meun ; et le cheval à ladite
« dame de Vierzon les deux pieds derriere en l'eau dudit gué, et les deux de-
« vant à terre seche par devers nostre terre de Meun. »

L'hommage était *lige* ou *simple;* l'hommage *ordinaire* ne se doit pas compter. L'homme-lige (il y avait six espèces d'hommes dans l'antiquité franke) s'engageait à servir en *personne* son seigneur *envers et contre toute créature qui peut vivre et mourir*. Le vassal simple pouvait fournir un remplaçant. On fait venir *lige* ou du latin *ligare, liga, ligamen,* etc., ou du frank *leude :* Vous êtes de *Tournay, laquelle est toute lige au roi de France*.

Tantôt le vassal était obligé à *plège* ou *plejure,* tantôt à service *de son propre corps*, à devenir caution ou champion pour son seigneur ; c'était la continuation de la clientèle franke et de l'inscription au rôle *Vassaticum*.

Quand les rois *semonoient* pour le service du fief militaire leurs vassaux *directs*, les ducs, comtes, barons, chevaliers, châtelains, cela s'appelait le *ban ;* quand ils *semonoient* leurs vassaux directs et leurs vassaux *indirects*, c'est-à-dire les seigneurs et les vassaux des seigneurs, les possesseurs d'arrière-fiefs, cela s'appelait l'*arrière-ban*. Ce mot est composé de deux mots de la vieille langue : *har*, camp, et *ban*, appel, d'où le mot de basse latinité *heribannum*. Il n'est pas vrai que l'arrière-ban soit le réitératif du ban.

« Les vassaux, hommes et cavaliers, estoient comme des digues, des remparts,
« des murs d'airain, opposez aux ennemis ; victimes devouez à la fortune de
« l'Estat, possedants une vie flottante, incertaine, le plus souvent ensevelie dans
« les ruines communes. » (*Du Franc-aleu.*)

Les vassaux devaient aide en monnaie à leur seigneur en trois cas : lorsqu'il partait pour la Terre-Sainte, lorsqu'il mariait sa sœur ou son fils aîné, lorsque ce fils recevait les éperons de la chevalerie.

Il y avait des fiefs *rendables* et *receptables :* le fief était rendable quand le vassal, en certain cas, remettait les châteaux du fief au seigneur, en sortait avec toute sa famille, et n'y rentrait que quarante jours après la guerre finie ; le fief était *receptable* quand le feudataire, sans sortir des châteaux qu'il tenait, était obligé d'y donner asile à son seigneur. L'un et l'autre de ces fiefs étaient *jurables* à cause du serment réciproque.

L'investiture, qui remonte à l'origine de la monarchie, se faisait pour le royaume, sous la première race, par la franciske, le hang ou angon ; sous la seconde race, par la couronne et le manteau ; sous la troisième , par le glaive, le sceptre et la main de justice.

L'investiture ou saisine du fief avait lieu au moyen de quelque marque extérieure et symbolique, suivant la nature du fief ecclésiastique ou militaire, titré ou simple : on jurait sur une crosse, sur un calice, sur un anneau, sur un missel, sur des clefs, sur quelques grains d'encens, sur une lance, sur un heaume, sur un étendard, sur une épée, sur une cape, sur un marteau, sur un arc, sur une flèche, sur un gant, sur une étrille, sur une courroie, sur des éperons, sur des cheveux, sur une branche de laurier, sur un bâton, sur une bourse, sur un denier, sur un couteau, sur une broche, sur une coupe, sur une cruche remplie d'eau de mer, sur une paille, sur un fétu noué, sur un peu d'herbe, sur un morceau de bois, sur une poignée de terre. On trouve encore de vieux actes dans les plis desquels ces fragiles symboles sont conservés; le gage n'était rien, parce que la foi était tout. « *Le seigneur est tenu à son homme* « *comme l'homme à son seigneur, fors que seulement en reverence.* » Une so-« ciété à la fois libre et opprimée, innocente et corrompue, raisonnable et absurde, naïve, capricieuse, attachée au passé comme la vieillesse; forte, féconde, avide d'avenir comme la jeunesse; une société entière reposa sur de simples engagements, et n'eut d'autre loi d'existence qu'une parole.

La création des terres nobles dans le régime féodal était une idée politique la plus extraordinaire et en même temps la plus profonde : la terre ne meurt point comme l'homme; elle n'a point de passions; elle n'est point sujette aux changements, aux révolutions; en lui attribuant des droits, c'était communiquer aux institutions la fixité du sol; aussi la féodalité a-t-elle duré huit cents ans, et dure encore dans une partie de l'Europe. Supposez que certaines terres eussent conféré la liberté au lieu de donner la noblesse, vous auriez eu une république de huit siècles. Encore faut-il remarquer que la noblesse féodale était, pour celui qui la possédait, une véritable liberté.

Le roturier ne put d'abord acquérir un fief, parce qu'il ne pouvait porter la *lance* et l'*éperon*, marques du service militaire; ensuite on se relâcha de cette coutume : le roi dont les trésors s'épuisaient, le seigneur accablé de dettes, furent aises de laisser vendre et de vendre des terres nobles à de riches bourgeois; la terre transmit le privilége, et le roturier, investi du fief, fut à la troisième génération *demené* comme gentilhomme.

Tout feudataire pouvait prendre les armes contre son seigneur pour déni de justice, et pour vengeance de famille; traditions de l'indépendance et des mœurs des Franks. La querelle se pouvait terminer par le duel, par l'*assurement* (caution), ou par une sentence enregistrée à la justice seigneuriale du suzerain. « C'est la paix de Raolin d'Argées, de ses enfants et de leur lignage, d'une « part; et de l'ermite de Stenay, de ses enfants, de leur lignage et de tous « leurs consorts, d'autre part. L'ermite a juré sur les saints, lui huitième de « ses amis, que bien ne lui fut de la mort de Raolin, mais beaucoup d'an-« goisse; a donné cent livres pour fonder une chapelle où l'on chantera pour « le repos de l'ame du defunct; s'est engagé d'envoyer incessamment un de « ses fils en Palestine. »

On peut remarquer dans ce traité de la fin du treizième siècle, les co-jurants des lois ripuaire et saxonne.

Si une veuve noble mariait sa fille orpheline sans le consentement du seigneur suzerain, ses meubles étaient confisqués : on lui laissait deux robes, une pour les jours ouvrables, l'autre pour le dimanche, un lit, un palefroi, une charrette et deux roussins.

Une héritière de haut lignage était obligée de se marier pour desservir le fief, comme on voit aujourd'hui les marchandes, qui perdent leur mari, épouser leur premier commis pour faire aller l'établissement. Si cette héritière avait plus de soixante ans, elle était dispensée du mariage.

Les droits seigneuriaux ont été puisés dans les entrailles mêmes du fief. Dans l'origine ils étaient appelés *honneurs*, *faveurs*, comme reconnaissances faites au seigneur, par le vassal, des aliénations et transmissions des fiefs d'une personne à l'autre. C'est ce que veut dire *lods* et ventes : *laudimia, laudæ, laudationes, lausus*, de louer, complaire, agréer. Ces droits étaient ou militaires, ou fiscaux ou honorifiques.

Non-seulement le roi, grand chef féodal qui se sustentait du revenu de ses domaines, levait encore des taxes ; mais tous les seigneurs suzerains et non suzerains, ecclésiastiques ou laïques, en levaient aussi de leur côté. Les droits de quint et requint, de lods et ventes, de my-lods, de ventrolles, de reventes, de reventons, de sixièmes, huitièmes, treizièmes, de resixièmes, de rachats et reliefs, de plait, de morte-main, de rettiers, de pellage, de coutelage, d'affouage, de cambage, de cottage, de péage, de vilainage, de chevage, d'aubain, d'oslize, de champart, de mouture, de fours banaux, s'étaient venus joindre aux droits de justice, au casuel ecclésiastique, aux cotisations des jurandes, maîtrises et confréries, et aux anciennes taxes romaines : en inventions financières nous sommes fort inférieurs à nos pères. Il est probable que la masse entière du numéraire passait chaque année dans les mains du fisc royal et particulier ; car les marchands et les ouvriers, serfs encore, appartenaient à des corporations de villes ou à des maîtres ; ils ne formaient pas une classe généralement indépendante ; ils touchaient à peine un bas salaire ; le prix de leurs denrées et le travail de leurs journées souvent n'étaient pas à eux.

Quant aux droits *honorifiques*, ils servaient de marques à une souveraineté locale : tels fiefs, par exemple, allouaient la faculté de prendre le cheval du roi, lorsque le roi passait sur les terres du possesseur de ces fiefs.

D'autres droits n'étaient que des divertissements rustiques que la philosophie a pris assez ridiculement pour des abus de la force : lorsqu'on apportait un œuf garrotté dans une charrette traînée par quatre bœufs ; lorsque les poissonniers, en l'honneur de la dame du lieu, sautaient dans un vivier à la Saint-Jean ; lorsqu'on courait la *quintaine* avec une lance en bois ; lorsque, pour l'investiture d'un fief, il fallait venir baiser la serrure, le cliquet ou le verrou d'un manoir, marcher comme un ivrogne, faire trois cabrioles accompagnées d'un bruit ignoble et impur, c'étaient là des plaisirs grossiers, des fêtes dignes du seigneur et du vassal, des jeux inventés dans l'ennui des châteaux et des camps de paroisse, mais qui n'avaient aucune origine oppressive. Nous voyons tous les jours sur nos petits théâtres, dans ce siècle poli, des joies qui ne sont pas plus élégantes.

Si, ailleurs, les serfs étaient obligés de battre l'eau des étangs quand la châtelaine était en couches ; si le châtelain se réservait le droit de markette *(cullagium, marcheta)* ; si des curés même réclamaient ce droit, et si des évêques le convertissaient en argent, c'est à la *servitude grecque et romaine* qu'il faut restituer ces abus ; les rescrits des empereurs défendent aux maîtres de forcer leurs esclaves à des *choses infâmes ;* soit ignorance, soit défaut de réflexion, on n'a pas vu, ou on n'a pas voulu voir ce que l'*esclavage* avait laissé dans le *servage*. Quant à la multitude et à la diversité des coutumes, elles s'expliquent naturellement par les règlements des différents chefs de cette nation armée, cantonnée sur le sol de la France.

Au milieu de la propriété mobile du fief s'élevait une propriété immobile, comme un rocher au milieu des vagues, et qui grossissait par de quotidiennes adhérences : l'amortissement était la faculté d'acquérir accordée à des gens de main-morte.

Une fois l'acquêt consommé au moyen d'un dédommagement ou d'un rachat pour la seigneurie dont l'acquêt relevait, la propriété *mourait*, c'est-à-dire qu'elle était retirée de la circulation, et que tous les droits de mutation se perdaient. Une terre ainsi tombée à des églises, à des abbayes, à des hôpitaux, à des ordres de chevalerie, représentait, pour le fisc et pour le maître du fief, un capital enfoui et sans intérêts. De sorte qu'avec la main-mortable, le domaine inaliénable de la couronne, les substitutions, le retrait lignager féodal, (c'est-à-dire le droit de retirer un bien de famille ou une terre mouvante d'un fief), il serait résulté à la longue un fait incroyable dans la nature déjà si extraordinaire de la possession territoriale du moyen âge : toutes les propriétés se seraient fixées sous la main de propriétaires héréditaires; et, comme ces propriétés étaient privilégiées, l'impôt direct et foncier eût péri.

L'État se serait trouvé réduit aux dons gratuits, la plus casuelle des taxes.

Le droit de justice tenait une haute place dans la féodalité.

Chez les Grecs et les Romains la justice émanait du peuple : ce peuple étant tombé sous le joug, la justice resta faible dans les tribunaux, où, souveraine détrônée, elle put à peine cacher la liberté qui se réfugia auprès d'elle. Il ne s'éleva point au sein de ces tribunaux un grand corps de magistrature indépendante, appelé à prendre part aux affaires du gouvernement.

La justice, au contraire, parmi les nations de race germanique, découla de trois sources : la royauté, la propriété et la religion. Les rois, chez les Franks, comme chez les Germains leurs pères, étaient les premiers magistrats : *Principes qui jura per pagos reddunt.* Quand donc saint Louis et Louis XII rendaient la justice au pied d'un chêne, ils ne faisaient que siéger au tribunal de leurs aïeux. La justice prit dans son air quelque chose d'auguste, comme les générations royales qui la portaient dans leur sein et la faisaient régner.

Par la raison que les Franks lièrent la souveraineté et la noblesse au sol, ils y attachèrent la justice : fille de la terre, elle devint immuable comme elle. Tout seigneur qui possédait des *propres* avait droit de justice. L'axiome de l'ancien droit français était : « La justice est patrimoniale. » Pourquoi cela ? parce que le patrimoine était la souveraineté.

La religion ajouta une nouvelle grandeur à notre magistrature : la loi ecclésiastique mit la justice sur l'autel. Au défaut du public, un crucifix assistait dans la salle d'audience à la défense de l'accusé et à l'arrêt du juge : ce témoin était à la fois le dieu, le souverain arbitre et l'innocent condamné.

Née du sol, appuyée sur le sceptre, l'épée et la croix, la justice régla tout.

Chez les nations antiques le droit civil dériva du droit politique ; chez les Français le droit politique découla du droit civil : la justice était pour nous la liberté.

La justice seigneuriale se divisait en deux degrés, haute et basse justice; toutes deux étaient du ressort du seigneur de trois châtellenies et d'une ville close, ayant droit de marchés, de péage, de lige-estage, c'est-à-dire du seigneur qui pouvait obliger ses vassaux à faire la garde de son chastel.

Sénéchal et *bailli*, noms attribués aux juges : on appelait *sénéchal au duc* un grand officier des ducs de Normandie, chargé de l'expédition des affaires litigieuses dans l'intervalle des sessions de l'échiquier.

Le baron ne pouvait être jugé que par ses pairs : il y avait des pairs bourgeois pour les bourgeois. Saint Louis voulut que les hommes du baron ne fussent responsables ni des dettes qu'il avait contractées, ni des crimes qu'il avait commis.

Même alors il y avait des suicides, car les meubles revenaient par confiscation au seigneur sur les terres duquel l'homme s'était donné la mort. Un trésor trouvé appartient au seigneur de la terre, s'il est en argent; en or, il va au roi : « *Nul n'a la fortune d'or s'il n'est roi.* »

La veuve noble avait le *bail* et la garde de ses enfants : le bail était la jouissance des biens du mineur jusqu'à sa majorité : « *En vilenage il n'y a point* « *de bail de droit.* »

Le douaire se réglait à la porte du *moustier* où se contractait le mariage : c'était le mariage *solennel*, un de ces actes que les Romains appelaient *légitimes*.

L'abominable législation sur les épaves, et les deux espèces d'aubains, *les mescrus et les méconnus*, consistaient à s'emparer des choses égarées, de la dépouille et de la succession des étrangers.

Par le droit de *bâtardise*, quand les bâtards mouraient sans héritiers, les biens échéaient au seigneur, sous la condition d'acquitter les legs et de payer le douaire à la femme.

Mais ceci doit être entendu des bâtards roturiers, serfs ou main-mortables de corps, incapables de succéder, ne pouvant ni se marier, ni acquérir, ni aliéner sans le congé du seigneur. Quant aux bâtards des nobles, il n'y avait aucune différence entre eux et les enfants légitimes, lorsque le père les avait reconnus : ils en étaient quittes pour croiser les armes paternelles d'une barre diagonale qui perpétuait le souvenir du malheur ou de la honte de leur mère. Les bâtards étaient presque toujours des hommes remarquables, parce qu'ils avaient eu à lutter contre l'obstacle de leur berceau.

Dans quelques lieux le nouveau marié ne pouvait avoir de commerce avec sa femme pendant les trois premières nuits de ses noces, à moins qu'il n'en eût obtenu la permission de son évêque. On tirait la raison de cette coutume de l'histoire du jeune Tobie : on en aurait pu retrouver quelque chose dans les institutions de Lycurgue, si ce nom-là eût été connu des barons.

Les *déconfès* ou *intestats*, ceux qui mouraient sans confession ou sans faire de testament, avaient leurs biens envahis par le seigneur. La mort subite amenait la même confiscation : l'homme mort soudainement ne s'était point confessé, donc Dieu l'avait jugé à lui seul, l'avait atteint tout vivant de sa réprobation éternelle. Les *Établissements* de saint Louis remédiaient à cette absurde iniquité : ils ordonnaient que les biens d'un *déconfès*, frappé assez vite pour n'avoir pu appeler un prêtre, passeraient à ses enfants. On sait à quel point le clergé poussa les abus et la captation à l'égard des testaments : il fallait en mourant laisser quelque chose à l'Église, même un dixième de sa fortune, sous peine de damnation et de non-inhumation : une pauvre femme offrit un petit chat pour racheter son âme.

La procédure civile et criminelle se réglait sur l'état des personnes. L'assignation avait un terme de quinze jours. Les preuves étaient au nombre de huit, parmi lesquelles figurait le combat judiciaire.

La déposition des témoins devait être secrète ; mais saint Louis avait voulu que cette déposition fût à l'instant communiquée aux parties.

L'appel aux justices royales était permis, non de droit, mais de *doléance*. Cet appel allait directement au roi, qui était supplié de *dépiécer* le jugement. La pénalité était placée auprès du faux jugement, ou de la non-exécution de la loi.

La multiplication des cas de mort montre qu'on était déjà loin de l'esprit des temps barbares.

La cause de ce changement fut l'introduction de l'ordre moral dans l'ordre légal : la morale va au-devant de l'action ; la loi l'attend : dans l'ordre moral la mort saisit le crime ; dans l'ordre légal, c'est le crime qui saisit la mort.

La sentence se prononçait par la bouche de certains jurés nommés *jugeurs*. Ces jugeurs ne pouvaient être tirés de la classe des *vilains* et *coutumiers*. Toutefois on voit des bourgeois-jugeurs dans quelques procès de gentilshommes ; l'accusé puisait dans cet incident un moyen d'appel, pour incapacité de juges.

L'accusation de meurtre, de trahison, ou de rapt, amenait un cas extraordinaire : il était loisible à l'accusé de récriminer contre l'accusateur ; tous les deux allaient en prison, deux procès commençaient pour un même fait, les deux parties étant à la fois plaignantes et demanderesses.

La caution était admise, excepté pour crime méritant peine capitale.

Le vol équipollait l'assassinat ; la maison du coupable était rasée, ses blés étaient ravagés, ses foins incendiés, ses vignes arrachées : on ne coupait pas ses arbres ; on les dépouillait de leur écorce.

Tuer un homme, ravir une femme, trahir son seigneur et son pays, ne constituait pas un plus grand crime aux yeux de la loi que d'embler (voler) un cheval ou une jument. On arrachait les yeux aux voleurs d'église et aux faux-monnoyeurs. Le vice qui fit la honte de l'antiquité requérait la mutilation en première offense, la perte d'un membre en récidive, le feu au troisième délit. La femme convaincue du même vice en même progression perdait successivement les deux lèvres, et arrivait au bûcher. En *menues choses* le vol postulait le retranchement d'une oreille ou d'un pied ; le caractère des lois salique et ripuaire se retrouve dans ces dispositions. Le premier infanticide d'une mère impétrait au renvoi de cette malheureuse devant le tribunal de pénitence ; si elle le commettait une seconde fois, on la brûlait morte. La volonté n'était point punie, lorsqu'il n'y avait point eu commencement d'exécution : c'est aujourd'hui le principe universel.

Le prisonnier, même innocent, était pendu quand il forçait la porte de sa prison, parce que la société entière reposait sur la parole baillée ou reçue. Le clerc, le croisé et le moine, compétaient des cours ecclésiastiques, qui ne condamnaient jamais à mort ; on sent combien ce titre de *croisé* favorisait alors la classe du servage et de la bourgeoisie. L'hérétique, le sorcier, le *maléficier*, étaient jetés aux fagots; la saisie des meubles punissait l'usurier. Si une bête rétive ou méchante tuait une femme ou un homme, et que le propriétaire de cette bête avouât l'avoir connue vicieuse, on le pendait : la bête était quelquefois attachée auprès de son maître. Un cochon, atteint et convaincu d'avoir mangé un enfant, eut son procès fait, après quoi il fut exécuté par la main du bourreau : la loi s'efforçait de montrer son horreur pour le meurtre, dans ces temps de meurtre. L'enfant coupable subissait la peine capitale comme l'homme en âge de raison : on lui accordait dispense d'âge pour mourir.

A la porte de chaque chef-lieu des seigneuries s'élevait un gibet composé de quatre piliers de pierre d'où pendaient des squelettes cliquetants.

Tout ce qui concerne la famille, dot, tutelle, partage, donation, douaire, s'enchevêtrait, dans l'ancienne jurisprudence du moyen âge, de l'état des hommes et des choses. A cette complication, que l'on retrouve en partie dans les lois romaines en raison de la clientèle et de l'esclavage, se joignait la confusion introduite par la féodalité, à savoir, le franc-aleu, le fief et l'arrière-fief, les terres nobles et non nobles, les biens de main-morte; les diverses mouvances, les droits seigneuriaux et ecclésiastiques, les coutumes non-seulement des provinces, mais encore des cantons. Les mariages dans les familles royales et princières produisaient des compositions et des décompositions de fiefs ; le sol, changeant sans cesse de limites, avait la mobilité de la vie et de la fortune des hommes.

Indépendamment des raisons d'ambition, de jalousie, d'intérêts commerciaux et politiques, il suffisait du service d'un fief pour mettre à deux nations le fer à la main. Un homme-lige du roi refusait de rendre hommage ; cet homme-lige était ou Allemand, ou Flamand, ou Savoyard, ou Catalan, ou Navarrois, ou Anglais : on saisissait ses biens, et l'Europe était en feu. Un procès civil ou criminel engendrait un procès politique qui se plaidait et se jugeait entre deux armées sur un champ de bataille. Jean, roi d'Angleterre, voit ses États confisqués par un arrêt de la cour des pairs de France ; le prince Noir est sommé de comparaître devant Charles V, afin de répondre aux accusations des barons de Gascogne : un huissier à verge est chargé d'appréhender au corps le vainqueur de Poitiers, et de signifier un exploit à la gloire.

Il me resterait beaucoup à dire sur la féodalité, mais peut-être en ai-je déjà parlé trop longtemps ; je viens à la chevalerie.

CHEVALERIE.

La chevalerie, dont on place ordinairement l'institution à l'époque de la première croisade, remonte à une date fort antérieure. Elle est née du mélange des nations arabes et des peuples septentrionaux, lorsque les deux grandes invasions du Nord et du Midi se heurtèrent sur les rivages de la Sicile, de l'Italie, de l'Espagne, de la Provence, et dans le centre de la Gaule : cela nous donne une époque à peu près certaine, comprise entre l'année 700 et l'année 753.

Le caractère de la chevalerie se forma parmi nous de la nature sentimentale et fidèle du Teuton, et de la nature galante et merveilleuse du Maure, l'une et l'autre nature pénétrées de l'esprit et enveloppées de la forme du christianisme. L'opinion exaltée qui a tant contribué à l'émancipation du sexe féminin chez les nations modernes, nous vient des Barbares du Nord ; les Germains reconnaissaient dans les femmes quelque chose de divin (*inesse quin etiam sanctum aliquid et providum putant*). La mythologie de l'*Edda* et les poésies des Scaldes décèlent le même enthousiasme chez les Scandinaves ; jusqu'au soleil, dans ces poésies, est une femme, la brillante *Sunna*. Les lois gardent ces impressions délicates : quiconque a coupé la chevelure d'une jeune fille, est condamné à payer soixante-deux sous d'or et demi ; l'ingénu qui a pressé la main ou le doigt d'une femme de condition libre est frappé d'une amende de quinze sous d'or, de trente s'il lui a pressé l'avant-bras, de trente-cinq s'il lui a pressé le bras au-dessus du coude, de quarante-cinq s'il lui a pressé le sein (*si mamillam strinxerit*.)

De leur côté, les premiers Arabes professaient un grand respect pour les femmes, à en juger par le roman ou le poëme d'*Antar*, écrit ou recueilli par Asmaï le grammairien, sous le règne du kalife Aroun-al-Raschild. Antar, comme les chevaliers, est soumis à des épreuves ; il aime constamment et timidement la belle Ibla ; il court mainte aventure et fait des prouesses dignes de Roland ; il a un cheval nommé Abjir, une épée appelée Dhamy, mais les mœurs arabes sont conservées : les femmes boivent du lait de chamelle, et Antar, qui souffre qu'on le *frappe*, paît souvent les troupeaux (1). Saladin était un chevalier tout aussi brave et moins cruel que Richard. On connaît les tournois, les combats et les amours des Maures de Cordoue et de Grenade.

Mais si Asmaï écrivait l'histoire d'Antar pour le kalife Aroun-al-Raschild, contemporain de Charlemagne, Charlemagne n'a point attendu, comme on l'a cru, le faux Turpin pour être transformé en chevalier lui et ses pairs.

Le roman publié sous le nom de Turpin, archevêque de Reims, fut composé par un certain moine Robert, sur la fin du onzième siècle, au moment de la première croisade. Ce moine se proposait d'animer les chrétiens à la guerre contre les infidèles, par l'exemple de Charlemagne et de ses douze pairs. C'est sur cette chronique que les Anglais ont calqué l'histoire de leur roi Artus et des chevaliers de la Table Ronde.

Le prétendu Turpin n'était lui-même qu'un imitateur, fait qui me semble avoir échappé jusqu'ici à tous les historiens. Soixante-dix ans après la mort de Charlemagne, le moine de Saint-Gall écrivit la vie de Karle le Grand, véritable roman du genre de celui d'*Antar*. N'est-ce pas une chose curieuse de

---

(1) Voyez, dans la *Revue Française* de juillet 1830, un article très-ingénieux de M. de Écluse, sur *Antar*. Il paraît que le savant orientaliste, M. Hammer de Vienne, a fait une traduction française de ce roman-poëme, dont l'impression à Paris serait confiée aux soins de M. Trébutien, à qui nous devons les *Contes inédits des Mille et Une Nuits*.

trouver la chevalerie tout juste à la même époque chez les Franks et les Arabes? Le moine de Saint-Gall tenait ses autorités, pour la législation ecclésiastique, de Wernbert, célèbre abbé de Saint-Gall; et pour les actions militaires, du père de ce même Wernbert. Le père de l'abbé Wernbert se nommait Adalbert, et avait suivi son seigneur Gherold à la guerre contre les Huns (Avares), les Saxons et les Esclavons. Le romancier dit naïvement : « Adalbert était déjà « vieux ; il m'éleva quand j'étais encore très-petit ; et souvent, malgré mes « efforts pour lui échapper, il me ramenait et me contraignait d'écouter ses « récits. »

Le vieux soldat raconte donc au futur jeune moine que les Huns habitaient un pays entouré de neuf cercles. Le premier renfermait un espace aussi grand que la distance de Constance à Tours : ce cercle était construit en troncs de chênes, de hêtres, de sapins, et de pierres très-dures ; il avait vingt pieds de largeur et autant de hauteur : il en était ainsi des autres cercles. Le terrible Charlemagne renverse tout cela : ensuite il marche contre des Barbares qui ravageaient la France orientale : il les extermine et fait couper la tête à tous les enfants qui dépassaient la hauteur de son épée. Charlemagne est trahi par un de ses bâtards, petit nain bossu, confiné au monastère de Saint-Gall. Karle avait dans ses armées des héros à la manière de Roland : Gisher valait à lui seul une armée ; on l'eût pu croire de la race Enachim, tant il était grand ; il montait un énorme cheval, et quand le cheval refusait de passer la Doire enflée par les torrents des Alpes, il le traînait après lui dans les flots en lui disant : « Par « monseigneur Gall, de gré ou de force, tu me suivras. » Gisher fauchait les Bohémiens comme l'herbe d'une prairie. « Que m'importent, s'écriait-il, les « Wenèdes, ces grenouillettes ? j'en porte sept, huit et même neuf enfilés au « bout de ma lance, en murmurant je ne sais quoi. »

Karle attaque Didier en Italie. Didier demande à Ogger si Karle est dans l'armée qu'il aperçoit : « Non, dit Ogger ; quand vous verrez les moissons s'a- « giter d'horreur dans les champs, le sombre Pô et le Tésin inonder les murs « de la ville de leurs flots noircis par le fer, vous pourrez croire à l'arrivée de « Karle. » Alors s'élève au couchant un nuage qui change le jour en ténèbres : Karle, cet homme de fer avait la tête couverte d'un casque de fer, et les mains garnies de gantelets de fer ; sa poitrine de fer et ses épaules étaient couvertes d'une armure de fer ; sa main gauche élevait en l'air une lance de fer, sa main droite était posée sur son invincible épée ; ses cuissards étaient de fer, ses bottines de fer, son bouclier de fer : son cheval avait la couleur et la force du fer ; le fer couvrait les champs et les chemins ; et ce fer, si dur, était porté par un peuple dont le cœur était plus dur que le fer. Et tout le peuple de la cité de Didier de s'écrier : « O fer ! Ah ! que de fer ! » *O ferrum! Heu ferrum!*

Une autre fois, Karle, accoutré d'une casaque de peau de brebis, va à la chasse avec les grands de Pavie, vêtus de robes faites de peaux d'oiseaux de Phénicie, de plumes de coucous, de queues de paons mêlées à la pourpre de Tyr et ornées de franges d'écorce de cèdre. On voit Charlemagne, dans l'histoire, armer son second fils Louis chevalier en lui ceignant l'épée.

Le moine de Saint-Gall, qui se dit bégayant et édenté, mentionne aussi le lion tué par Pepin le Bref. Le vétéran Adalbert, redisant les exploits de Charlemagne à un enfant qui devait les écrire lorsqu'à son tour il serait devenu vieux, ne ressemble pas mal à quelque grenadier de Napoléon, racontant la campagne d'Égypte à un conscrit : tant la Fable et l'histoire sont mêlées dans la vie des hommes extraordinaires !

Ernold Nigel ou le Noir, dans son poëme sur Hlovigh le Débonnaire, décrit le siége de Barcelone ; et c'est encore un ouvrage de chevalerie. Hlovigh ceint l'épée que Karle le Grand portait à son côté. Les Maures, rangés sur les remparts, défendent la ville ; Zadun, leur chef, se dévoue pour les sauver ; il se glisse le long des murailles pour aller hâter les secours des Sarrasins de Cordoue : il est pris. Mené à Louis, il crie aux siens : « Ouvrez vos portes ! » et leur fait en même temps un signe convenu pour les engager à se défendre. La ville est forcée : dans le butin envoyé à Karle se trouvent des cuirasses, de riches habits, des casques ornés de crinières, un cheval parthe avec son harnais et son frein d'or. L'armure de fer des chevaliers n'est point (comme on l'a cru encore mal à propos) du onzième siècle ; elle ne vient ni des Franks, ni des Arabes ; elle vient des Perses, de qui les Romains l'empruntèrent : on a vu la description qu'en fait Ammien Marcellin en parlant du triomphe de Constance à Rome ; on retrouve pareillement cette armure dans l'escadron de grosse cavalerie que Constantin culbuta lorsqu'il descendit des Alpes pour aller attaquer Maxence.

Les combats singuliers et les fêtes chevaleresques, la construction de ces monuments appelés *gothiques*, qui virent prier les chevaliers des croisades, coïncident aussi avec l'avénement des rois de la seconde race. Hlovigh le Débonnaire envoie l'évêque Ebbon prêcher la foi chez les Danois. Ebbon amène à Hlovigh, Hérold, roi de ces peuples. Hlovigh se rend à Ingelheim aux bords du Rhin : « Là « s'élève sur cent colonnes un palais superbe. . . . . Non loin du palais « est une île que le Rhin environne de ses eaux profondes, retraite tapissée « d'une herbe toujours verte, et que couvre une sombre forêt ; » chasse superbe où Judith, femme de Hlovigh, magnifiquement parée, monte un noble palefroi.

Béro et Samilon, deux guerriers de nation gothique, combattent en champ clos devant Hlovigh, auprès du château d'Aix, dans un lieu entouré de murailles de nacre, orné de terrasses gazonnées et plantées d'arbres. « Les champions, « d'une haute taille, sont montés sur des coursiers rapides ; tous deux attendent « le signal qui doit être donné par le roi. Dans l'arène paraît Gundold, qui se « fait accompagner d'un cercueil, selon son usage dans ces occasions. » Béro est vaincu ; les jeunes Franks l'arrachent à la mort, et Gundold renvoie son cercueil sous l'appentis d'où il l'avait tiré.

Miratur Gundoldus enim, feretrumque remittit
Absque onere tectis, venerat unde, suum (1).

L'architecture dite lombarde, de l'époque des Karlovingiens, en Italie,

---

(1) Les savants bénédictins ne peuvent s'empêcher de s'écrier, dans une note, avec toute la joie naïve de l'érudition : « Gratiæ sint Nigello qui veterum ritus nobis ediscerit ! »

EUDORE ET CYMODOCÉE AU CIRQUE.

n'était que l'invasion de l'architecture orientale ou néogrecque dans l'architecture romaine. Hakem, au huitième siècle, bâtit la mosquée de Cordoue, type primitif de l'architecture sarrasine occidentale. Au commencement du neuvième siècle, le palais d'Ingelheim avait des centaines de colonnes, des toitures de formes variées, des milliers de réduits, d'ouvertures et de portes : *centum perfixa columnis...... tectaque multimoda : mille aditus, reditus, millenaque claustra domorum.* L'église présentait de grandes portes d'airain, et de plus petites enrichies d'or : *Templa Dei..... ærati postes, aurea ostiola.* Hérold, sa femme, ses enfants et ses compagnons, contemplaient avec étonnement le dôme immense de l'église : *miratur Herold, conjunx miratur, et omnes proles et socii culmina tanta Dei.* Voilà donc clairement aux huitième et neuvième siècles les mœurs, les aventures, les chants, les récits, les champions, les nains, les fêtes, les armes, l'architecture de l'époque vulgaire de la chevalerie; les voilà en même temps et à la fois d'une manière spontanée, chez les Maures et chez les chrétiens : voilà Charlemagne et le kalife Aroun, Gisher et Antar, et leurs historiens contemporains, Asmaï et le moine de Saint-Gall.

Les romanciers du douzième siècle qui ont pris Charlemagne, Roland et Ogier pour leurs héros, ne se sont donc point trompés historiquement; mais on a eu tort de vouloir faire des chevaliers un *corps* de chevalerie. Les cérémonies de la réception du chevalier, l'éperon, l'épée, l'accolade, la veille des armes, les grades de page, de damoiseau, de poursuivant, d'écuyer, sont des usages et des institutions militaires qui remplaçaient d'autres usages et d'autres institutions tombées en désuétude; mais ils ne constituaient pas un corps de troupes homogène, discipliné, agissant sous un même chef dans une même subordination.

Les ordres religieux chevaleresques ont été la cause de cette confusion d'idées; ils ont fait supposer une chevalerie historique *collective*, lorsqu'il n'existait qu'une chevalerie historique *individuelle*. Au surplus cette chevalerie individuelle fut délicate, vaillante, généreuse, et garda l'empreinte des deux climats qui la virent éclore; elle eut le vague et la rêverie du ciel noyé des Scandinaves, l'éclat et l'ardeur du ciel pur de l'Arabie. La chevalerie historique produisit en outre une chevalerie romanesque qui se mêla aux réalités, retentit par un extrême écho jusque dans le règne de François Ier, où elle donna naissance à Bayard, comme elle avait enfanté Duguesclin auprès du trône de Charles V. Le héros de Cervantes fut le dernier des chevaliers : tel est l'attrait de ces mœurs du moyen âge et le prestige du talent, que la satire de la chevalerie en est devenue le panégyrique immortel.

Pour être reçu chevalier, dans l'origine, il fallait être noble de père et de mère, et âgé de vingt et un ans. Si un gentilhomme qui n'était pas de *parage* se faisait armer chevalier, *on lui tranchait les éperons dorés sur le fumier.* Les fils des rois de France étaient chevaliers sur les fonts de baptême : saint Louis arma ses frères chevaliers; Duguesclin, second parrain du second fils de Charles V, le duc d'Orléans, tira son épée et la mit nue dans la main de l'enfant nu : *Nudo tradidit ensem nudum.* Bayard *sans paour et sans reprouche*, conféra la chevalerie à François Ier. Le roi lui dit : « Bayard, mon ami, je veux

« qu'aujourd'hui sois fait chevalier par vos mains..... Avez vertueusement,
« en plusieurs royaumes et provinces, combattu contre plusieurs nations.....
« Je délaisse la France, en laquelle on vous connoît assez... Dépêchez-vous. »
— Alors prit son épée Bayard et dit : « Sire, autant vaille que si estois Roland,
« ou Olivier, Gaudefroy ou Baudouyn son frère. » — Et puis après si cria
haultement, l'espée en la main dextre : « Tu es bien heureuse d'avoir aujour-
« d'huy à un si beau et puissant roy donné l'ordre de la chevalerie. Certes,
« ma bonne espée, vous serez moult bien comme relique gardée, et sur toutes
« aultres honorée; et ne vous porteray jamais, si ce n'est contre Turcs, Sar-
« rasins ou Mores. » — Et puis feit deux saults, et après remit au fourreau son
espée. »

Les chevaliers prenaient les titres de *don*, de *sire*, de *messire* et de *monseigneur*. Ils pouvaient manger à la table du roi; eux seuls avaient le droit de
porter la lance, le haubert, la double cotte de mailles, la cotte d'armes, l'or, le
vair, l'hermine, le petit-gris, le velours, l'écarlate : ils mettaient une girouette
sur leur donjon ; cette girouette était en pointe comme les pennons pour les
simples chevaliers, carrée comme les bannières pour les chevaliers bannerets.
On reconnaissait de loin le chevalier à son armure : les barrières des lices, les
ponts des châteaux s'abaissaient devant lui; les hôtes qui le recevaient poussaient
quelquefois le dévouement et le respect jusqu'à lui abandonner leurs femmes.

La dégradation du chevalier félon était affreuse : on le faisait monter sur
un échafaud; on y brisait à ses yeux les pièces de son armure; son écu, le blason
effacé, était attaché et traîné à la queue d'une cavale, monture dérogeante :
le héraut d'armes accablait d'injures l'ignoble chevalier. Après avoir récité les
vigiles funèbres, le clergé prononçait les malédictions du psaume 108. Trois
fois on demandait le nom du dégradé, trois fois le héraut d'armes répondait
qu'il ignorait ce nom, et n'avait devant lui qu'une foi-mentie. On répandait
alors sur la tête du patient un bassin d'eau chaude; on le tirait en bas de
l'échafaud par une corde; il était mis sur une civière, transporté à l'église,
couvert d'un drap mortuaire, et les prêtres psalmodiaient sur lui les prières
des morts.

La chevalerie se conférait sur la brèche, dans la mine et la tranchée d'une ville
assiégée, sur un champ de bataille au moment d'en venir aux mains. Le besoin
de soldats s'accroissant à mesure que les nobles périssaient, le serf fut admis à
la chevalerie; des lettres de Philippe de Valois déclarent gentilhomme le fils
d'un serf qui avait été armé chevalier : les Français ont toujours attribué la
noblesse à la charrue et à l'épée, et placé au même rang le laboureur et le
soldat. Dans la suite, au milieu des grandes guerres contre les Anglais, on créa
tant de chevaliers que ce titre s'avilit. François Ier ajouta aux deux classes de
chevaliers *bannerets* et *bacheliers*, une troisième classe composée de magistrats
et de gens de lettres ; ils furent appelés *chevaliers ès lois*. Enfin, il ne resta de
la chevalerie qu'un nom honorifique écrit dans les actes, ou porté par les cadets
de familles.

L'éducation militaire m'amène maintenant à parler de l'éducation civile
dans les siècles dont nous nous occupons.

ÉDUCATION.

L'éducation chez les Perses, les Grecs et les Romains, était persane, grecque et romaine ; je veux dire qu'on enseignait aux enfants ce qui regarde la patrie ; on ne les instruisait que des lois, des mœurs, de l'histoire et de la langue de leurs aïeux. Lorsqu'à l'époque d'une civilisation avancée les Romains se prirent d'admiration pour la Grèce et vinrent aux écoles d'Athènes, ce n'était que la louable curiosité de quelques patriciens oisifs.

Le monde moderne a présenté un phénomène dont il n'y a aucun exemple dans le monde ancien : les enfants des Barbares se séparèrent de leur race par l'éducation : confinés dans des colléges, ils apprirent des langues que leurs pères ne parlaient point, et qui cessaient d'être parlées sur terre ; ils étudièrent des lois qui n'étaient pas celles de leur nation ; ils ne s'occupèrent que d'une société morte, sans rapport avec la société vivante de leur temps. Les vaincus, sortis d'un autre sang et perpétuant le souvenir de ce qu'ils avaient été, renfermèrent avec eux les fils de leurs vainqueurs comme des otages.

Il se forma au milieu des générations brutes un peuple d'intelligence hors de la sphère où se mouvait la communauté matérielle, guerrière et politique. Plus l'esprit autour des écoles était simple, grossier, naturel, illettré, plus dans l'intérieur de ces écoles il était raffiné, subtil, métaphysique et savant. Les Barbares avaient commencé par égorger les prêtres et les moines ; devenus chrétiens, ils tombèrent à leurs pieds. Ils s'empressèrent de contribuer à la fondation des colléges et des universités : admirant ce qu'ils ne comprenaient pas, ils crurent ne pouvoir accorder aux étudiants trop de priviléges. Une véritable république, ayant ses tribunaux, ses coutumes et ses libertés, s'établit pour les enfants au centre même de la monarchie des pères.

L'université de Paris, fille aînée de nos rois, bien qu'elle ne descendît pas de Charlemagne, n'était pas la seule en France ; vingt autres existaient sur son modèle ; celle de Monpellier devint célèbre ; on y professa le droit romain aussitôt que les exemplaires des *Pandectes* furent devenus moins rares par la découverte et les copies du manuscrit d'Amalfi. L'Angleterre, l'Écosse, l'Irlande, l'Allemagne, l'Italie, l'Espagne, le Portugal, possédaient les mêmes corps enseignants. On voit dans les hagiographes et les chroniqueurs que le même écolier, afin d'embrasser les diverses branches des sciences, étudiait successivement à Paris, à Oxford, à Mayence, à Padoue, à Salamanque, à Coïmbre. L'université de Paris avait une poste à son usage, longtemps avant que Louis XI eût fait un pareil établissement.

On sent quelle activité les institutions universitaires, dégagées des lois nationales, devaient donner aux esprits ; combien elles devaient accroître le trésor commun des idées : or, tout arrive par les idées ; elles produisent les faits, qui ne leur servent que d'enveloppe.

Une multitude de colléges s'élevèrent auprès des universités. Sous Philippe le Bel, qui fonda l'université d'Orléans, on vit s'établir le collége de la reine de Navarre, celui du cardinal le Moyne, et celui de Montaigu, archevêque de Narbonne. Depuis le règne de Philippe de Valois jusqu'à la fin du règne de

Charles V, on compte l'érection du collége des Lombards pour les écoliers italiens, des colléges de Tours, de Lisieux, d'Autun, de l'*Ave Maria*, de Mignon ou Grandmont, de Saint-Michel, de Cambrai, d'Aubusson, de Bonnecour, de Tournai, de Bayeux, des Allemands, de Boissy, de Dainville, de Maître-Gervais, de Beauvais. (*Hist. de l'Univ.*, tome III, livre III; *Antiq. de Paris; Trés. des Ch.*) A François Ier est dû l'établissement du Collége royal, avec les trois chaires de langues hébraïque, grecque et latine : on avait commencé à enseigner le grec dans l'université de Paris sous Charles VIII; on y expliquait alors les dialogues de Platon. Henri II, Charles IX, Henri III, augmentèrent les chaires savantes d'une chaire de philosophie grecque et latine, d'une chaire de langue arabe et d'une chaire de chirurgie. Louis XIII, Louis XIV et Louis XV ajoutèrent au Collége royal des chaires pour l'étude du droit canon, pour celle des langues syriaque, turque et persane, pour l'enseignement de la littérature française, de l'astronomie, de la mécanique, de la chimie, de l'anatomie, de l'histoire naturelle, du droit de la nature et des gens. Le collége des Quatre-Nations rappelle le nom de Mazarin. Tout se formait par grandes masses ou par grands corps dans l'ancienne monarchie : clergé, noblesse, tiers état, magistrature, éducation.

Ces universités et ces colléges furent autant de foyers où s'allumèrent comme des flambeaux les génies dont la lumière pénétra les ténèbres du moyen âge : nuit féconde, puissant chaos dont les flancs portaient un nouvel univers. Lorsque la barbarie envahit la civilisation, elle la fertilise par sa vigueur et sa jeunesse ; quand, au contraire, la civilisation envahit la barbarie, elle la laisse stérile; c'est un vieillard auprès d'une jeune épouse ; les peuples civilisés de l'ancienne Europe se sont renouvelés dans le lit des sauvages de la Germanie ; les peuples sauvages de l'Amérique se sont éteints dans les bras des peuples civilisés de l'Europe.

Saint Bernard, Abailard, Scott, Thomas d'Aquin, Bonaventure, Albert, Roger Bacon, Henry de Gand, Hugues de Saint-Cher, Alexandre de Hallays, Alain de l'Ille, Yves de Triguer, Jacques de Voragines, Guillaume de Nangis, Jean de Mun, Guillaume Duranty, Jean Adam, Guillaume Pelletier, Barthélemi Glaunwil et Pierre Bercheur, Albert de Saxe, Froissart, Nicolas Oresme, Jacques de Dondis, Nicolas Flamel, Accurse, Barthole, Gratien, Pierre d'Ailly, Nicolas Clémengis, Gerson, Thomas Connecte, Benoît Gentian, Jean de Courtecuisse, Vincent Ferrier, Juvénal des Ursins, Pic de La Mirandole, Chartier, Martuel d'Auvergne, François Villon et Robert Gaguin, forment la chaîne de ces hommes qui nous amènent des premiers jours du moyen âge au temps de la renaissance des lettres. Leur célébrité fut grande, et les surnoms par lesquels on les distingua prouvent l'admiration naïve de leurs siècles. Albert fut surnommé le Grand; Thomas d'Aquin, l'Ange de l'école ; Roger Bacon, le Docteur admirable ; Henry de Gand, le Docteur solennel ; Henry de Suze, la Splendeur du droit ; Alexandre de Hallays, le Docteur irréfragable ; Alain de l'Ille, le Docteur universel; Bonaventure, le Docteur séraphique; Scott, le Docteur subtil; Gilles de Rome, le Docteur très-fondé.

Ces hommes, avec des talents divers, formaient des écoles, avaient des disciples comme les anciens philosophes de la Grèce. Albert inventa une machine parlante; Roger Bacon découvrit peut-être la poudre (1); le télescope et le microscope; Jacques de Dondis composa une horloge céleste ou une sphère mouvante. Saint Thomas d'Aquin est un génie tout à fait comparable aux plus rares génies philosophiques des temps anciens et modernes; il tient de Platon et de Malebranche pour la spiritualité, d'Aristote et de Descartes pour la clarté et la logique. Les scottistes et les thomistes, les réalistes et les nominaux ressuscitèrent les deux sectes de la forme et de l'idée. Vers l'an 1050, les écrits d'Aristote avaient été apportés par les Arabes en Espagne, et de l'Espagne ils passèrent en France. Bérenger, Abailard, Gilbert de La Porée, firent revivre la doctrine du Stagyrite; mais les Pères grecs et latins ayant depuis longtemps frappé d'anathème cette doctrine, un concile, tenu à Paris en 1209, condamna au feu les écrits dans lesquels elle était renfermée. L'interdiction dura plus de quatre-vingts ans : on se relâcha ensuite, et en 1447, le triomphe d'Aristote fut tel, qu'on n'enseigna plus d'autre philosophie que la sienne. Un siècle après, Ramus, qui osa s'élever contre sa logique, fut la victime du fanatisme scolastique. Il fallut attendre Gassendi et Descartes pour triompher du précepteur d'Alexandre.

Duranti, Barthole, Alciat, et plus tard Cujas, furent les lumières du droit. On se fera une idée de l'influence que ces hommes exerçaient sur leur temps, en rappelant les effets de leurs leçons : la classe où Albert le Grand enseignait ne suffisant plus à la multitude des auditeurs, il se vit obligé de professer en plein air, sur la place qui prit le nom de Maître-Albert. Foulques écrit à Abailard :
« Rome t'envoyait ses enfants à instruire; et celle qu'on avait entendue en-
« seigner toutes les sciences montrait, en te passant ses disciples, que ton sa-
« voir était encore supérieur au sien. Ni la distance, ni la hauteur des mon-
« tagnes, ni la profondeur des vallées, ni la difficulté des chemins parsemés de
« dangers et de brigands, ne pouvaient retenir ceux qui s'empressaient vers
« toi. La jeunesse anglaise ne se laissait effrayer ni par la mer placée entre
« elle et toi, ni par la terreur des tempêtes, et à ton nom seul, méprisant les
« périls, elle se précipitait en foule. La Bretagne reculée t'envoyait ses habi-
« tants pour les instruire; ceux de l'Anjou venaient te soumettre leur férocité
« adoucie. Le Poitou, la Gascogne, l'Ibérie, la Normandie, la Flandre, les
« Teutons, les Suédois, ardents à te célébrer, vantaient et proclamaient sans
« relâche ton génie. Et je ne dis rien des habitants de la ville de Paris et des
« parties de la France les plus éloignées comme les plus rapprochées, tous
« avides de recevoir tes leçons, comme si, près de toi seul, ils eussent pu
« trouver l'enseignement (2). »

La foule des maîtres et des écoliers de l'université était telle, quand ils allaient en procession à Saint-Denis, que les premiers rangs du cortége entraient

---

(1) Connue d'ailleurs à la Chine, ainsi que la boussole, l'imprimerie, le gaz, etc.; ces découvertes matérielles devaient naturellement avoir lieu chez une société à longue vie, comme celle des Chinois.

(2) Cette élégante traduction est d'une femme. *OEuvres de madame* GUIZOT.

dans la basilique de l'abbaye, lorsque les derniers sortaient de l'église des Mathurins de Paris. Appelée à donner son vote sur la question de l'extinction du schisme, l'Université fournit dix mille suffrages; elle proposa d'envoyer à un enterrement vingt-cinq mille écoliers pour en augmenter la pompe. On voit ce grand corps figurer dans toutes les crises politiques de la monarchie, et particulièrement sous les règnes de Charles V, de Charles VI et de Charles VII. Factieux ou fidèle, il lâchait ou retenait les flots populaires, tandis que des esprits novateurs, élevés à ses leçons, agitaient les questions religieuses, poussaient, par la hardiesse de leurs doctrines, par leurs déclamations contre les vices du clergé et des grands, à ces réformes dont Arnaud de Brescia avait donné l'exemple en Italie, et Wickleff en Angleterre.

Cette vie des universités et des colléges occupe une place considérable dans le tableau des mœurs générales, qui me reste à peindre.

MOEURS GÉNÉRALES DES XIIe, XIIIe ET XIVe SIÈCLES.

L'histoire moderne doit prendre soin de détruire un mensonge, non des chroniqueurs, qui sont unanimes sur la corruption des bas siècles, mais de l'ignorance et de l'esprit de parti des temps où nous vivons : on s'est figuré que si le moyen âge était barbare, du moins la morale et la religion faisaient le contre-poids de sa barbarie ; on se représente les anciennes familles, grossières sans doute, mais assises dans une sainte union à l'âtre domestique avec toute la simplicité de l'âge d'or. Rien de plus contraire à la vérité.

Les Barbares s'établirent au milieu de la société romaine dépravée par le luxe, dégradée par l'esclavage, pervertie par l'idolâtrie. Les Franks très-peu nombreux, relativement à la population gallo-romaine, ne purent assainir les mœurs; ils étaient eux-mêmes fort corrompus quand ils entrèrent en Gaule.

C'est une grande erreur que d'attribuer l'innocence à l'état sauvage ; tous les appétits de la nature se développent sans contrôle dans cet état : la civilisation seule enseigne les qualités morales. La profession des armes, qui inspire certaines vertus, ne produit point la tempérance : Sainte-Palaye est obligé de convenir que les chevaliers ne se recommandaient guère par la rigidité des mœurs.

De la société romaine et de la société barbare résulta une double corruption ; on reconnaît très-bien les vices de l'une et de l'autre société, comme on distingue à leur confluent les eaux de deux fleuves qui s'unissent : la rapine, la cruauté, la brutalité, la luxure animale, étaient frankes; la bassesse, la lâcheté, la ruse, la turpitude de l'esprit, la débauche raffinée, étaient romaines.

Et ces remarques ne se doivent pas entendre de quelques années, de quelques règnes : elles s'appliquent aux siècles qui précèdent le moyen âge, depuis le règne de Khlovigh jusqu'à celui de Hugues Capet; et aux siècles du moyen âge, depuis le règne de Hugues Capet jusqu'à celui de François Ier.

Le christianisme chercha, autant qu'il le put, à guérir la gangrène des temps barbares; mais l'esprit de la religion était moins suivi que la lettre ; on croyait plus à la croix qu'à la parole du Christ; on adorait au Calvaire ; on n'assistait point au sermon de la Montagne. Le clergé se déprava comme la foule. Si l'on veut pénétrer à fond l'état intérieur de cette époque, il faut lire les conciles et les chartes d'abolition (lettres de grâce accordées par les rois); là se montrent à nu les plaies de la société. Les conciles reproduisent sans cesse les plaintes contre la licence des mœurs, et la recherche des remèdes à y apporter; les chartes d'abolition gardent les détails des jugements et des crimes qui motivaient les lettres-royaux. Les capitulaires de Charlemagne et de ses successeurs sont remplis de dispositions pour la réformation du clergé.

On connaît l'épouvantable histoire du prêtre Anastase enfermé vivant avec un cadavre, par la vengeance de l'évêque Caulin (Grégoire de Tours.) Dans les canons ajoutés au premier concile de Tours, sous l'épiscopat de saint Perpert, on lit : « Il nous a été rapporté que des prêtres, ce qui est horrible (*quod* « *nefas*), établissaient des auberges dans les églises, et que le lieu où l'on ne « doit entendre que des prières et des louanges de Dieu retentit du bruit des « festins, de paroles obscènes, de débats et de querelles. »

Baronius, si favorable à la cour de Rome, nomme le dixième siècle le siècle de fer, tant il voit de désordres dans l'Église. L'illustre et savant Gherbert, avant d'être pape sous le nom de Silvestre II, et n'étant encore qu'archevêque de Reims, disait : « Déplorable Rome! tu donnas à nos ancêtres les lumières « les plus éclatantes, et maintenant tu n'as plus que d'horribles ténèbres....... « Nous avons vu Jean Octavien conspirer, au milieu de mille prostituées, « contre le même Othon qu'il avait proclamé empereur. Il est renversé, et Léon « le Néophyte lui succède. Othon s'éloigne de Rome, et Octavien y rentre; il « chasse Léon, coupe les doigts, les mains et le nez au diacre Jean, et après « avoir ôté la vie à beaucoup de personnages distingués, il périt bientôt lui-« même.... Sera-t-il possible de soutenir encore qu'une si grande quantité « de prêtres de Dieu, dignes par leur vie et leur mérite d'éclairer l'univers, se « doivent soumettre à de tels monstres, dénués de toute connaissance des « sciences divines et humaines? »

Il nous reste une satire d'Adalbéron, évêque de Laon; c'est un dialogue entre le poëte et le roi Robert. « Adalbéron représente les juges obligés de porter le « capuchon; les évêques dépouillés, réduits à suivre la charrue; et les sièges « épiscopaux, quand ils viennent à vaquer, occupés par des mariniers et des « pâtres. Un moine est transformé en soldat; il porte un bonnet de peau d'ours; « sa robe, naguère longue, est écourtée, fendue par devant et par derrière; à « sa ceinture étroite est suspendu un arc, un carquois, des tenailles, une épée. « Il n'y avait autrefois, parmi les ministres du Seigneur, ni bourreaux, ni au-« bergistes, ni gardeurs de cochons et de boucs; ils n'allaient point au mar-« ché public; ils ne faisaient point blanchir les étoffes. »

Adalbéron, étendant son sujet, remarque que le noble et le serf ne sont pas soumis à la même loi, que le noble est entièrement libre. Le roi prend la défense de la condition servile : « Cette classe, dit-il, ne possède rien sans « l'acheter par un dur travail. Qui pourrait compter les peines, les courses et « les fatigues qu'ont à supporter les serfs? Il n'y a aucune fin à leurs larmes. » Adalbéron répond, « que la famille du Seigneur est divisée en trois classes : « l'une prie, l'autre combat, la troisième travaille. »

Adalbéron avait vu finir la seconde race et commencer la troisième ; il avait joué un rôle dans les trahisons qui se pratiquent à la chute et au renouvellement des empires. Peut-être avait-il été lié intimement avec Emma, femme de Lother, quoiqu'il fût évêque; il était d'une grande famille de Lorraine ; il avait étudié sous Gherbert ; il n'aimait pas les moines, et il entrait dans la querelle des évêques nobles contre les religieux plébéiens.

On retrouve en lui cette partie de la société intelligente qui ne fut jamais barbare.

Saint Bernard ne montre pas plus d'indulgence aux vices de son siècle; saint Louis fut obligé de fermer les yeux sur les prostitutions et les désordres qui régnaient dans son armée. Pendant le règne de Philippe le Bel, un concile est convoqué exprès pour remédier au débordement des mœurs. L'an 1351 les prélats et les ordres mendiants exposent leurs mutuels griefs à Avignon, devant Clément VII. Ce pape, favorable aux moines, apostrophe les prélats : « Parle« rez-vous d'humilité, vous, si vains et si pompeux dans vos montures et vos « équipages? Parlerez-vous de pauvreté, vous si avides que tous les bénéfices « du monde ne vous suffiraient pas? Que dirai-je de votre chasteté?... Vous « haïssez les mendiants; vous leur fermez vos portes, et vos maisons sont ou-« vertes à des sycophantes et à des infâmes (*lenonibus et truffatoribus*). »

La simonie était générale : les prêtres violaient presque partout la règle du célibat; ils vivaient avec des femmes perdues, des concubines et des chambrières; un abbé de Noreïs avait dix-huit enfants. En Biscaye on ne voulait que des prêtres qui eussent des *commères*, c'est-à-dire des femmes supposées légitimes.

Pétrarque écrit à l'un de ses amis : « Avignon est devenu un enfer, la sen« tine de toutes les abominations. Les maisons, les palais, les églises, les chaires « du pontife et des cardinaux, l'air et la terre, tout est imprégné de mensonge ; « on traite le monde futur, le jugement dernier, les peines de l'enfer, les joies « du paradis, de fables absurdes et puériles. » Pétrarque cite à l'appui de ses assertions des anecdotes scandaleuses sur les débauches des cardinaux. Et lui-même, abbé chaste et fidèle amant de Laure, était entouré de bâtards : *Ebbe allora un figliuolo naturale, e, dopo alcuni anni, una figliuola; ma protesto, che non ostante queste licenze, egli non amò mai altra che Laura.* (SAGGI.)

Dans un sermon prononcé devant le pape, en 1364, le docteur Nicolas Oresme prouva que l'Antéchrist ne tarderait pas à paraître, par six raisons, tirées de la perte de la doctrine, de l'orgueil des prélats, de la tyrannie des chefs de l'Église, et de leur aversion pour la vérité.

Les sirventes, qui n'épargnaient ni les papes, ni les rois, ni les nobles, ne ménageaient pas plus le clergé que les sermons. « Dis donc, seigneur évêque, « tu ne seras jamais sage qu'on ne t'ait rendu eunuque. — Ah! faux clergé, « traître, menteur, parjure, débauché ! Saint Pierre n'eut jamais rentes, ni châ-« teaux, ni domaines; jamais il ne prononça excommunication. Il y a des gens « d'Église qui ne brillent que par leur magnificence, et qui marient à leurs « neveux les filles qu'ils ont eues de leur mie. » (RAYNOUARD, *Troubadours.*)

« Une vile multitude, qui ne combattit jamais, enlève aux nobles leur tour

« et leur chastel : le bouc attaque le loup. » — « Notre évêque vend une bière
« mille sous à ses amis décédés. » — « C'est le pape qui règne ; il rampe aux
« pieds du monarque puissant, il accable le roi malheureux. »
Toute la terre féodale se ressemblait; mêmes censures en Angleterre :

<blockquote>
An other abai is ther bi
For soth a gret nunnerie, etc.
</blockquote>

« Auprès d'une abbaye se trouve un couvent de nonnes, au bord d'une ri-
« vière douce comme du lait. Aux jours d'été les jeunes nonnes remontent
« cette rivière en bateau, et quand elles sont loin de l'abbaye, le diable se met
« tout nu, se couche sur le rivage, et se prépare à nager. Agile, il enlève les
« jeunes moines, et revient chercher les nonnes. Il enseigne à celles-ci une
« oraison : le moine, bien disposé, aura douze femmes à l'année, et il devien-
« dra bientôt le père abbé. » Je supprime de grossières obscénités en vieux anglais. Le *Credo* de Pierre Laboureur (Piter Plowman), est une satire amère
contre les moines mendiants :

<blockquote>
I fond in a freture a frere on a benche, etc.
</blockquote>

« J'ai rencontré, assis sur un banc, un frère affreux ; il était gros comme un
« tonneau, son visage était si plein qu'il avait l'air d'une vessie remplie de
« vent, ou d'un sac suspendu à ses deux joues et à son menton. C'était une vé-
« ritable oie grasse qui faisait remuer sa chair comme une boue tremblante. »
Les châtelains et les châtelaines chantaient, aimaient, se gaudissaient, et par
moments ne croyaient pas trop en Dieu. Le vicomte de Beaucaire menace son
fils Aucassin de l'enfer, s'il ne se sépare de Nicolette, sa mie. Le damoiseau
répond qu'il se soucie fort peu du paradis, rempli de moines fainéants demi-nus ;
de vieux prêtres crasseux et d'ermites en haillons. Il veut aller en enfer, où
les grands rois, les paladins, les barons, tiennent leur cour plénière ; il y trouvera de belles femmes qui ont aimé des ménestriers et des jongleurs, amis du
vin et de la joie. (LE GRAND D'AUSSI, RAYNOUARD, *Hist. de Phil. Aug.;* CAPE-
FIGUE, etc.) Un troubadour demande un *Pater*, pour que Dieu accorde à tous
ceux qui aimèrent, comme le fils du châtelain d'Aupais, le plaisir qu'il eut une
nuit avec Ogine. La dame, comtesse de Die, écrit au troubadour Rambaud,
comte d'Orange : « Mon bel ami, viens ce soir occuper dans ma couche la place
« de mon mari. » La comtesse de Die était présidente de la cour d'amour.
Guillaume, comte de Poitiers, fonda à Niort une maison de débauche, sur le
modèle d'une abbaye : chaque *religieuse* avait une cellule, et formait des vœux
de plaisirs; une prieure et une abbesse gouvernaient la communauté, et les vassaux de Guillaume furent invités à doter richement le monastère. Il y avait des
maréchaux de prostituées.

On voit un comte d'Armagnac, Jean V, épouser publiquement sa sœur, et
vivre avec elle dans son château, en tout honneur de baronnage. Les fureurs
lubriques du maréchal de Rais ne sont ignorées de personne.

Ces nobles de la gaie science n'étaient pas toujours si courtois et si damoiseaux qu'ils ne se transformassent en brigands sur les grands chemins et dans les forêts. Les bourgeois de Laon appelèrent à leur secours Thomas de Coucy, seigneur du château de Marne. Thomas, tout jeune encore, pillait les pauvres et les pèlerins qui se rendaient à Jérusalem, et qui revenaient de la Terre Sainte. Afin d'obtenir de l'argent de ces captifs, il les accrochait de sa propre main, *testiculis appendebat propria aliquotiens manu* (GUIBERTI, *de vita sua*); une rupture s'opérant par le poids du corps, les intestins sortaient à travers l'ouverture. Thomas pendait encore d'autres malheureux par les pouces, et leur mettait de grosses pierres sur les épaules pour ajouter à leur pesanteur naturelle; il se promenait en dessous de ces gibets vivants, et achevait, à coups de bâton, les victimes qui ne possédaient rien, ou qui refusaient de payer. Ayant un jour jeté un lépreux au fond d'un cachot, le nouveau Cacus fut assiégé dans son antre par tous les lépreux de la contrée.

Un seigneur de Tournemine assigné dans son manoir d'Auvergne par un huissier appelé *Loup*, lui fit couper le poing, disant que jamais loup ne s'était présenté à son château sans qu'il n'eût laissé sa patte clouée à la porte.

Régnault de Pressigny, seigneur de Marans près de La Rochelle, rançonneur de bourgeois, voleur de grands chemins, détrousseur de passants, se plaisait à crever un œil et à arracher la barbe à tout moine traversant les terres de sa seigneurie. Quand il envoyait au supplice les malheureux qui refusaient de se racheter, et que ceux-ci en appelaient à la justice du roi, Pressigny, qui apparemment savait le latin, leur répondait en équivoquant sur les mots, qu'ils se plaignaient à tort de ne pas mourir dans les règles, qu'ils mouraient *jure aut injuria*.

Le moyen âge offre un tableau bizarre qui semble être le produit d'une imagination puissante, mais déréglée. Dans l'antiquité, chaque nation sort pour ainsi dire de sa propre source ; un esprit primitif, qui pénètre tout et se fait sentir partout, rend homogènes les institutions et les mœurs. La société du moyen âge était composée des débris de mille autres sociétés : la civilisation romaine, le paganisme même, y avaient laissé des traces; la religion chrétienne y apportait ses croyances et ses solennités ; les Barbares franks, goths, bourguignons, anglo-saxons, danois, normands, retenaient les usages et le caractère propres à leurs races. Tous les genres de propriété se mêlaient, toutes les espèces de lois se confondaient : l'aleu, le fief, la main-mortable, le Code, le Digeste, les lois salique, gombette, wisigothe, le droit coutumier. Toutes les formes de liberté et de servitude se rencontraient : la liberté monarchique du roi, la liberté aristocratique du noble, la liberté individuelle du prêtre, la liberté collective des communes; la liberté privilégiée des villes, de la magistrature, des corps de métiers et des marchands; la liberté représentative de la nation ; l'esclavage romain, le servage barbare, la servitude de l'aubain. De là ces spectacles incohérents, ces usages qui se paraissent contredire, qui ne se tiennent que par le lien de la religion. On dirait des peuples divers n'ayant aucun rapport les uns avec les autres, étant seulement convenus de vivre sous un commun maître autour d'un même autel.

Jusque dans son apparence extérieure, la France offrait alors un tableau plus pittoresque et plus national qu'elle ne le présente aujourd'hui. Aux monuments nés de notre religion et de nos mœurs, nous avons substitué, par une déplorable affectation de l'architecture bâtarde romaine, des monuments qui ne sont ni en harmonie avec notre ciel, ni appropriés à nos besoins ; froide et servile copie, laquelle a porté le mensonge dans nos arts, comme le calque de la littérature latine a détruit dans notre littérature l'originalité du génie frank. Ce n'était pas ainsi qu'imitait le moyen âge ; les esprits de ce temps-là admiraient aussi les Grecs et les Romains ; ils recherchaient et étudiaient leurs ouvrages ; mais, au lieu de s'en laisser dominer, ils les maîtrisaient, les façonnaient à leur guise, les rendaient français, et ajoutaient à leur beauté par cette métamorphose pleine de création et d'indépendance.

Les premières églises chrétiennes dans l'Occident ne furent que des temples retournés : le culte païen était extérieur, la décoration du temple fut extérieure ; le culte chrétien était intérieur, la décoration de l'église fut intérieure. Les colonnes passèrent du dehors au dedans de l'édifice, comme dans les basiliques où se tinrent les assemblées des fidèles quand ils sortirent des cryptes et des catacombes. Les proportions de l'église surpassèrent en étendue celles du temple, parce que la foule chrétienne s'entassait sous la voûte de l'église, et que la foule païenne était répandue sous le péristyle du temple. Mais lorsque les chrétiens devinrent les maîtres, ils changèrent cette économie ; et ornèrent aussi du côté du paysage et du ciel leurs édifices.

L'architecture néogrecque, par une même émancipation de l'esprit humain, se montra en Orient avec le néoplatonisme ; il était naturel que les arts suivissent les idées, et surtout les idées religieuses auxquelles ils sont appliqués de préférence chez les peuples. Les premiers essais, ou plutôt les premiers jeux de cette architecture, se firent remarquer dans les temples de Daphné, de Balbek et de Palmyre : elle se développa en Syrie dans les monuments de sainte Hélène ; elle devenait chrétienne à Jérusalem, à l'époque où le néoplatonisme devenait chrétien au concile de Nicée. Justinien la fit régner en bâtissant, sur les fondements de la Sainte-Sophie romaine de Constance, la Sainte-Sophie néogrecque d'Isidore de Milet. De là elle passa en Italie, et déploya son art dans l'église octogone de Saint-Vital à Ravenne : Charlemagne, au huitième siècle, reproduisit ce mouvement agrandi à Aix-la-Chapelle. « Il edifia eglises et ab-
« bayes en divers lieux, en l'honneur de Dieu et au proufit de son ame. Aucunes
« en commença et aucunes en parfit. Entre les autres fonda l'eglise de Aix la
« Chapelle, d'œuvre merveilleuse, en l'honneur de Nostre-Dame Sainte-Ma-
« rie..... Divers palais commença en divers lieux, d'œuvre cousteuse : un en
« fit auprès de la cité de Mayence, de lez une ville qui a nom Ingelheim ; un
« autre en la cité, sur le fleuve de Vahalam. Si commanda dans tout son
« royaume, à tous les evesques et à tous ceux à qui les cures appartenoient, que
« toutes les eglises et toutes les abbayes qui estoient dechues par vieillesse fussent
« refaictes et restaurées : et pour ce que cette chose ne fust mise en non-cha-
« loir, il leur mandoit expressement par ses messages qu'ils accomplissent ses
« commandements. »

Trois siècles plus tard, l'architectonique nouvelle aborda une seconde fois aux rivages latins, et annonça son retour par l'édification de la cathédrale de Pise. Il y a des erreurs que la voix populaire consacre, et auxquelles la science est obligée de se soumettre : le néogrec, en Italie, fut appelé l'*architecture lombarde*, et en France, l'*architecture gothique ;* et, ni les Lombards, ni les Goths, n'y avaient mis la main; Théodoric même se contenta d'imiter ou de réparer les masses du Forum et du Champ de Mars.

Tandis que l'architecture néogrecque, infidèle au Parthénon abandonné, s'emparait des édifices chrétiens, elle envahissait aussi les édifices mahométans. Les Arabes l'*orientalisèrent* pour le calife Aroun et les *Mille et une Nuits ;* ils l'emmenèrent avec eux dans leurs conquêtes; elle arriva de la mosquée du Kaire en Égypte à celle de Cordoue en Espagne, à peu près au moment où les exarques de Ravenne l'introduisaient en Italie. Ainsi la puînée de l'Ionie parut dans l'Europe occidentale, portant d'une main l'étendard du prophète, et de l'autre celui du Christ : l'Alhambrah à Grenade, et Saint-Marc à Venise, témoignent de son inconstance et des merveilles de ses caprices. Plus d'ordres distincts, plus d'architraves ou architraves brisées : au lieu de portique, un portail ; au lieu de fronton, une façade ; au lieu de frise, de corniche et d'entablement, une balustrade.

Enfin, avec le treizième siècle rayonna cette architecture à ogives, qui se plut surtout dans les pays de la domination franke, saxonne et germanique ; au delà des Pyrénées et des Alpes elle rencontra les préjugés et les chefs-d'œuvre de l'architecture mozarabique, du style bâtard romain, et du primitif dorique de la Grande-Grèce. L'architecture à ogives fut une conquête des croisades de Philippe-Auguste et de saint Louis.

A la colonnette écourtée, aux grosses colonnes à chapiteaux historiés, succédèrent les minces et longues colonnes en faisceaux, ramifiées à leurs sommets, s'épanouissant en fusées, projetant dans les airs leurs délicates nervures qui devenaient comme la fragile charpente des combles. Au plein cintre des arches, aux voussures en anse de panier, se substituèrent les ogives, arceaux en forme d'arête dont l'origine est peut-être persane, et le patron la feuille du mûrier indien, si toutefois l'ogive n'est pas le simple tracé d'un crayon facile. L'ogive ne se sépare pas tellement du néogrec qu'on ne l'y retrouve comme cent autres traits.

Le cercle, figure géométrique rigoureuse, ne laisse rien à l'arbitraire ; l'ellipse, courbe, flexible, se renfle ou se redresse au gré de celui qui l'emploie. l'ogive, dont le foyer n'est que la rencontre des deux ellipses d'un triangle curviligne, se pouvait donc élargir et rétrécir depuis le plus court diamètre jusqu'au diamètre le plus long; propriété qui laissait un jeu immense au goût de l'artiste, et qui explique la variété du gothique. Pas un seul monument dans cet ordre ne ressemble à l'autre, et dans chaque monument aucun détail n'est invinciblement symétrique ; l'ornement même est quelquefois calculé pour ne pas produire son effet naturel : de petites figures logées dans des niches, ou dans les moulures concentriques des portes, y sont arrangées de manière qu'on les prendrait pour des arabesques, des volutes, des enroulements, des astragales, et non pour des dispositions de la statuaire.

En imitant les constructions sarrasines, les architectes chrétiens les exhaussèrent et les dilatèrent; ils plantèrent mosquées sur mosquées, colonnes sur colonnes, galeries sur galeries; ils attachèrent des ailes aux deux côtés du chœur, et des chapelles aux ailes.

Partout la ligne spirale remplaça la ligne droite; au lieu du toit plat ou bombé, se creusa une voûte étroite fermée en cercueil ou en carène de vaisseau; les tours ouvragées dépassèrent en hauteur les minarets.

La chrétienté élevait à frais communs, au moyen des quêtes et des aumônes, ces cathédrales dont chaque État en particulier n'était pas assez riche pour payer la main-d'œuvre, et dont aucune n'est achevée. Dans ces vastes et mystérieux édifices se gravaient en relief ou en creux, comme avec un emporte-pièce, les parures de l'autel, les monogrammes sacrés, les vêtements et les choses à l'usage des ministres: les bannières, les croix de divers agencements, les calices, les ostensoirs, les dais, les chapes, les capuchons, les crosses, les mitres, dont les formes se retrouvent dans le gothique, conservaient les symboles du culte en produisant des effets d'art inattendus; assez souvent les gouttières étaient taillées en figures de démons obscènes ou de moines vomissants. Cette architecture du moyen âge offrait un mélange du tragique et du bouffon, du gigantesque et du gracieux, comme les poëmes et les romans de la même époque.

Les plantes de notre sol, les arbres de nos bois, le trèfle et le chêne, décoraient aussi les églises, de même que l'acanthe et le palmier avaient embelli les temples du pays et du siècle de Périclès. Au dedans une cathédrale était une forêt, un labyrinthe dont les mille arcades, à chaque mouvement du spectateur, s'intersectaient, se séparaient, s'enlaçaient de nouveau en chiffres, en cerceaux, en méandres; cette forêt était éclairée par des rosaces à jour incrustées de vitraux peints, qui ressemblaient à des soleils brillants de mille couleurs sous la feuillée; en dehors cette même cathédrale avait l'air d'un monument auquel on aurait laissé sa cage, ses arcs-boutants et ses échafauds; et, afin que les appuis de la nef aérienne n'en déparassent pas la structure, le ciseau les avait tailladés; on n'y voyait plus que des arches de ponts, des pyramides, des aiguilles et des statues.

Les ornements qui n'adhéraient pas à l'édifice se mariaient à son style : les tombeaux étaient de forme gothique, et la basilique, qui s'élevait comme un grand catafalque au-dessus d'eux, semblait s'être moulée sur leur forme. On admire encore à Auch un de ces chœurs en bois de chêne si communs dans les abbayes, et qui répétaient les ornements de l'achitecture. Tous les arts du dessin participaient de ce goût fleuri et composite: sur les murs et sur les vitraux étaient peints des paysages, des scènes de la religion et de l'histoire nationale.

Dans les châteaux, les armoiries coloriées, encadrées dans des losanges d'or formaient des plafonds semblables à ceux des beaux palais du *cinque cento* de l'Italie. L'écriture même était dessinée, l'hiéroglyphe germanique, substitué au jambage rectiligne romain, s'harmoniait avec les écussons et les pierres sépulcrales. Les tours isolées qui servaient de vedettes sur les hauteurs; les donjons enserrés dans les bois, ou suspendus sur la cime des rochers comme l'aire des vautours; les ponts pointus et étroits jetés hardiment sur les torrents; les villes fortifiées que l'on rencontrait à chaque pas, et dont les créneaux étaient à la fois des remparts et des ornements ; les chapelles, les oratoires, les ermitages placés dans les lieux les plus pittoresques au bord des chemins et des eaux ; les beffrois, les flèches des paroisses de campagne, les abbayes, les monastères, les cathédrales ; tous ces édifices que nous ne voyons plus qu'en petit nombre et dont le temps a noirci, obstrué, brisé les dentelles ; tous ces édifices avaient alors l'éclat de la jeunesse ; ils sortaient des mains de l'ouvrier ; l'œil, dans la blancheur de leurs pierres, ne perdait rien de la légèreté de leurs détails, de l'élégance de leurs réseaux, de la variété de leurs guillochis, de leurs gravures, de leurs ciselures, de leurs découpures, et de toutes les fantaisies d'une imagination libre et inépuisable.

Veut-on savoir à quel point la France était couverte de ces monuments? les treize volumes de la *Gallia christiana*, qui n'est pas achevée, donnent quinze cents abbayes ou fondations monastiques. Le pouillé général fournit un total de trente mille quatre cent dix-neuf cures, dix-huit mille cinq cent trente-sept chapelles, quatre cent vingt chapitres ayant églises, deux mille huit cent soixante-douze prieurés, neuf cent trente et une maladreries ; et le pouillé est fort incomplet. Jacques Cœur comptait dix-sept cent mille clochers en France, et la *Satire Ménippée* reproduit le même calcul.

Ce n'est pas trop de donner un château, chastel, ou chastillon, par douze clochers. Tout seigneur qui possédait trois châtellenies et une *ville close* avait droit de justice : or on comptait en France soixante-dix mille fiefs ou arrière-fiefs, dont trois mille étaient titrés. (Voyez plus haut, pag. 66). Une moyenne proportionnelle fournit, sur ces soixante-dix mille fiefs, sept mille justices hautes ou basses, et suppose par conséquent sept mille *villes closes* ou fortifiées ; somme totale approximative des monuments (tant églises que chapelles, villes, châteaux, etc.), un million huit cent soixante-douze mille neuf cent vingt-six, sans parler des basiliques, des monastères renfermés dans les cités, des palais royaux et épiscopaux, des hôtels de ville, des halles publiques, des ponts, des fontaines, des amphithéâtres, aqueducs et temples romains encore existants dans le midi de la France. Voilà, certes, un sol bien autrement orné qu'il ne l'est aujourd'hui. L'architecture religieuse, civile et militaire gothique, pyramidait et attirait de loin les yeux ; la moderne architecture civile, et la nouvelle architecture militaire appropriée aux nouvelles armes, ont tout rasé : nos monuments se sont abaissés et nivelés comme nos rangs.

Notre temps laissera-t-il des témoins aussi multipliés de son passage que le temps de nos pères? Qui bâtirait maintenant des églises et des palais dans tous les coins de la France? nous n'avons plus la royauté de race, l'aristocratie héréditaire, les grands corps civils et marchands, la grande propriété territoriale, et la foi qui a remué tant de pierres. Une liberté d'industrie et de raison ne peut élever que des bourses, des magasins, des manufactures, des bazars, des cafés, des guinguettes ; dans les villes, des maisons économiques ; dans les campagnes, des chaumières ; et partout de petits tombeaux. Dans cinq ou six siècles, lorsque la religion et la philosophie solderont leurs comptes, lorsqu'elles supputeront les jours qui leur auront appartenu, que l'une et l'autre dresseront le pouillé de leurs ruines, de quel côté sera la plus large part de vie écoulée, la plus grosse somme de souvenirs ?

La population en mouvement autour des édifices du moyen âge est décrite dans les chroniques et peinte dans les vignettes ; elle égalait presque la population d'aujourd'hui. J'estime, d'après des calculs dont je ne puis insérer les preuves dans une analyse, que la surface du sol français, tel qu'il existe maintenant, était couverte par vingt-cinq millions d'hommes : ce chiffre se déduit des rôles de l'impôt, de la levée des hommes d'armes, du recensement des habitants des villes, et du dénombrement des masses communales quand elles étaient appelées sous leurs bannières.

Le pays était riche et bien cultivé ; c'est ce que démontrent l'immensité et la variété des taxes royales et seigneuriales que j'ai sommairement indiquées.

Lorsque Edouard III, après avoir rendu hommage à Philippe de Valois, retourna en Angleterre, « la reine Philippe de Hainaut le reçut, disent les chro« niques, moult joyeusement, et lui demanda des nouvelles du roi Philippe son « oncle et de son grand lignage de France : le roi son mari lui en recorda assez « et du grand état qu'il avoit trouvé, et des honneurs qui estoient en France, « auxquelles de faire, ni de l'entreprendre à faire, nul autre pays ne s'accom« paroige. » Il est certain que la guerre, quand elle n'extermine pas totalement les peuples, les multiplie : elle influe sur les institutions plus que sur les hommes : la féodalité, qui dut sa naissance et son pouvoir à la guerre, fut renversée par elle sous le règne de Philippe de Valois, du roi Jean, de Charles V, de Charles VI et Charles VII.

Les diverses classes de la société et les différentes provinces, dans le moyen âge, se distinguaient les unes par la forme des habits, les autres par des modes locales : les populations n'avaient pas cet aspect uniforme qu'une même manière de se vêtir donne à cette heure aux habitants de nos villes et de nos campagnes. La noblesse, les chevaliers, les magistrats, les évêques, le clergé séculier, les religieux de tous les ordres, les pèlerins, les pénitents gris, noirs et blancs, les ermites, les confréries, les corps de métiers, les bourgeois, les paysans, offraient une variété infinie des costumes ; nous voyons encore quelque chose de cela en Italie. Sur ce point il s'en faut rapporter aux arts : que peut faire le peintre de notre vêtement étriqué, de notre petit chapeau rond et de notre chapeau à trois cornes ?

Du douzième au quatorzième siècle, le paysan et l'homme du peuple portèrent la jaquette ou la casaque grise liée aux flancs par un ceinturon. Le sayon de peau ou le *peliçon* dont est venu le surplis, était commun à tous les états. La pelisse fourrée et la robe longue orientale enveloppaient le chevalier quand il quittait son armure ; les manches de cette robe couvraient les mains ; elle ressemblait au cafetan turc d'aujourd'hui : la toque ornée de plumes, le capuchon ou chaperon, tenaient lieu du turban. De la robe ample on passa à l'habit étroit, puis on revint à la robe qui fut blasonnée sous Charles V. Les haut-dechausses, si courts et si serrés qu'ils en étaient indécents, s'arrêtaient au milieu de la cuisse ; les deux bas-de-chausses étaient dissemblables ; on avait une jambe d'une couleur et une jambe de l'autre. Il en était de même du hoqueton mi-partie noir et blanc, et du chaperon mi-partie bleu et rouge. « Et si estoient leurs robes si estroites à vestir et « à despouiller, qu'il sembloit qu'on les escor- « chast. Les autres avoient leurs robes relevées sur les reins comme femmes : « si avoient leurs chaperons decoupés menuement tout en tour. Et si avoient « leurs chausses d'un drap et l'autre de l'autre. Et leur venoient leurs cor- « nettes et leurs manches près de terre, et sembloient mieux estre jongleurs « qu'autres gens. Et pour ce ne fut pas merveilles si Dieu voulut corriger les « mefaits des François par son fleau. » L'étalage du luxe est odieux sans doute au milieu de la misère publique; mais le goût de la parure distingua notre nation alors même qu'elle était encore sauvage dans les bois de la Germanie. Un Français met ses plus beaux habits pour marcher à l'échafaud ou à l'ennemi comme pour aller à un festin; ce qui l'excuse, c'est qu'il ne tient pas plus à sa vie qu'à son vêtement.

Par-dessus la robe, dans les jours de cérémonie, on attachait un manteau tantôt court, tantôt long. Le manteau de Richard Ier était fait d'une étoffe à raies semé de globes et demi-lunes d'argent, à l'imitation du système céleste (Vinisauf). Des colliers pendants servaient également de parure aux hommes et aux femmes.

Les souliers pointus et rembourrés à la *poulaine* furent longtemps en vogue. L'ouvrier en découpait le dessus comme des fenêtres d'église; ils étaient longs de deux pieds pour le noble, ornés à l'extrémité de cornes, de griffes ou de figures grotesques; ils s'allongèrent encore, de sorte qu'il devint impossible de marcher sans en relever la pointe et l'attacher au genou avec une chaîne d'or ou d'argent. Les évêques excommunièrent les souliers à la poulaine, et les traitèrent de *péché contre nature;* Charles V déclara qu'ils étaient *contre les bonnes mœurs*, et *inventés en dérision du Créateur*. En Angleterre, un acte du parlement défendit aux cordonniers de fabriquer des souliers ou des bottines dont la pointe excédât deux pouces. Les larges babouches carrées par le bout remplacèrent la chaussure à bec. Les modes variaient autant que de nos jours; on connaissait le chevalier ou la dame qui le premier ou la première avait imaginé une *haligote* (mode) nouvelle : l'inventeur des souliers à la poulaine était le chevalier Robert le Cornu. (W. Mamlsbury.)

Les gentilfames usaient sur la peau d'un linge très-fin; elles étaient vêtues de tuniques montantes enveloppant la gorge, armoriées à droite de l'écu de leur mari, à gauche de celui de leur famille. Tantôt elles portaient leurs cheveux ras, lissés sur le front, et recouverts d'un petit bonnet entrelacé de rubans; tantôt elles les bâtissaient en pyramide haute de trois pieds; elles y suspendaient ou des barbettes, ou de longs voiles, ou des banderoles de soie tombant jusqu'à terre et voltigeant au gré du vent : au temps de la reine Isabeau, on fut obligé d'élever et d'élargir les portes pour donner passage aux coiffures des châtelaines. (Monstrelet.) Ces coiffures étaient soutenues par deux cornes recourbées, charpente de l'édifice : du haut de la corne, du côté droit, descendait un tissu léger que la jeune femme laissait flotter, ou qu'elle ramenait sur son sein comme une guimpe, en l'entortillant à son bras gauche. Une femme en plein *esbattement* étalait des colliers, des bracelets et des bagues; à sa ceinture enrichie d'or, de perles et de pierres précieuses, s'attachait une escarcelle brodée : elle galopait sur un palefroi, portait un oiseau sur le poing, ou une canne à la main. « Quoi de plus ridicule, » dit Pétrarque dans une lettre adressée au pape en 1366, « que de voir les hommes le ventre sanglé! en bas, de « longs souliers pointus; en haut, des toques chargées de plumes; cheveux « tressés allant de ci, de là, par derrière, comme la queue d'un animal, reta- « pés sur le front avec des épingles à tête d'ivoire! » Pierre de Blois ajoute qu'il était du bel usage de parler avec affectation. Et quelle langue parlait-on ainsi? la langue de Wallace et du roman de Rou, de Ville-Hardouin, de Joinville et de Froissart.

Le luxe des habits et des fêtes passait toute croyance ; nous sommes de mesquins personnages auprès de ces Barbares des treizième et quatorzième siècles. On vit dans un tournoi mille chevaliers vêtus d'une robe uniforme de soie nommé *cointise*, et le lendemain ils parurent avec un accoutrement nouveau aussi magnifique. (Mathieu Paris.) Un des habits de Richard II, roi d'Angleterre, lui coûta trente mille marcs d'argent. (Knyghton.) Jean Arundel avait cinquante-deux habits complets d'étoffe d'or. (Hollingshed Chron.)

Une autre fois, dans un autre tournoi, défilèrent d'abord un à un soixante superbes chevaux richement caparaçonnés, conduits chacun par un écuyer d'honneur et précédés de trompettes et de ménestriers; vinrent ensuite soixante jeunes dames montées sur des palefrois, superbement vêtues, chacune menant en lesse, avec une chaîne d'argent, un chevalier armé de toutes pièces. La danse et la musique faisaient partie de ces *bandors* (réjouissances). Le roi, les prélats, les barons, les chevaliers, sautaient au son des vielles, des musettes et des *chiffonies*.

Aux fêtes de Noël arrivaient de grandes mascarades : l'infortuné Charles VI, déguisé en Sauvage et enveloppé dans un linceul imprégné de poix, pensa devenir victime d'une de ces folies, quatre chevaliers masqués comme lui furent brûlés.

Les représentations théâtrales commençaient partout : en Angleterre, des marchands drapiers représentèrent la Création ; Adam et Ève étaient tout nus. Des teinturiers jouèrent le Déluge : la femme de Noé, qui refusait d'entrer dans l'arche, donnait un soufflet à son mari. (*Histoire de la poésie anglaise*, Wharton.)

La balle, le mail, le palet, les quilles, les dés, affolaient tous les esprits : il reste un compte d'Édouard II pour payer à son barbier une somme de cinq schellings, laquelle somme il avait empruntée de lui pour jouer à croix ou pile.

La chasse était le grand déduit de la noblesse : on citait des meutes de seize cents chiens. On sait que les Gaulois dressaient les chiens à la guerre et qu'ils les couronnaient de fleurs. On abandonnait aux roturiers l'usage des filets. Les chasses royales coûtaient autant que les tournois : une de ces chasses se lie tristement à notre histoire.

Le Prince Noir était descendu en Angleterre menant avec lui le roi Jean son prisonnier. Édouard avait fait préparer à Londres une réception magnifique, telle qu'il l'eût ordonnée pour un potentat puissant qui le fût venu visiter. Lui-même, au milieu des princes de son sang, de ses grands barons, de ses chevaliers, de ses veneurs, de ses fauconniers, de ses pages, des officiers de sa couronne, des hérauts d'armes, des meneurs de destriers, se mit à la tête d'une chasse brillante dans une forêt qui se trouvait sur le chemin du roi captif.

Aussitôt que les piqueurs envoyés à la découverte lui annoncèrent l'approche de Jean, il s'avança vers lui à cheval, baissa son chaperon, et saluant son hôte malheureux : « Cher cousin, lui dit-il, soyez le bienvenu dans l'île d'Angle-« terre. » Jean baissa son chaperon à son tour, et rendit à Édouard son salut. « Le roi d'Angleterre, disent les chroniques, fit au roi de France moult grand honneur et révérence, l'invita au vol d'épervier, à chasser, à déduire et à prendre tous ses esballements. » Jean refusa ces plaisirs avec gravité, mais avec courtoisie ; sur quoi Édouard, le saluant de nouveau, lui dit : « Adieu, beau cousin ! » et faisant sonner du cor, il s'enfonça avec la chasse dans la forêt. Cette générosité un peu fastueuse ne consolait pas plus le roi Jean que l'humble petit cheval du prince de Galles ; en faisant trop voir la prospérité d'un monarque, elle montrait trop la misère de l'autre.

Quant au repas, on l'annonçait au son du cor chez les nobles ; cela s'appelait *corner l'eau*, parce qu'on se lavait les mains avant de se mettre à table. On dînait à neuf heures du matin, et l'on soupait à cinq heures du soir. On était assis sur des *banques* ou bancs, tantôt élevés, tantôt assez bas, et la table montait et descendait en proportion. Du banc est venu le mot *banquet*. Il y avait des tables d'or et d'argent ciselées ; les tables de bois étaient couvertes de nappes doubles appelées *doubliers ;* on les plissait comme *rivière ondoyante qu'un petit vent frais fait doucement soulever*. Les serviettes sont plus modernes. Les fourchettes que ne connaissaient point les Romains, furent aussi inconnues des Français jusque vers la fin du quatorzième siècle ; on ne les trouve que sous Charles V.

On mangeait à peu près tout ce que nous mangeons, et même avec des raffinements que nous ignorons aujourd'hui ; la civilisation romaine n'avait point péri dans la cuisine. Parmi les mets recherchés je trouve le *dellegrout*, le *maupigyrnum*, le *karumpie*. Qu'était-ce ? On servait des pâtisseries de formes obscènes, qu'on appelait de leurs propres noms. Les ecclésiastiques, les femmes et les jeunes filles rendaient ces grossièretés innocentes par une pudique ingénuité (1). La langue était alors toute nue ; les traductions de la Bible de ces temps sont aussi crues et plus indécentes que le texte. *L'instruction du chevalier Geoffroy Latour-Landry, gentilhomme angevin, à ses filles*, donne la mesure de la liberté des enseignements et des mots.

On usait en abondance de bière, de cidre et de vin de toutes les sortes. Il est fait mention du cidre sous la seconde race. Le clairet était du vin clarifié

---

(1) *Alias fingunt oblonga, figura, alias spherica et orbiculari, alias triangula quadrangulaque ; quædam ventricolæ sunt : quædam pudenda muliebria, aliæ virilia (si diis placet) repræsentant : adeo degeneravere boni mores ut etiam christianis obscœna et pudenda in cibis placeant. Sunt etenim quos. . . . . saccharatos appellitent.* (De Re cibaria; Io. Bruyerino Campegio Lugdunensi auctore, lib. VI, cap. VII, pag. 102, prima editio. Lugduni, 1560.)

mêlé à des épiceries ; l'hypocras, du vin adouci avec du miel. Un festin donné par un abbé, en 1310, réunit six mille convives devant trois mille plats.

Les repas royaux étaient mêlés d'intermèdes. Au banquet que Charles V offrit à l'empereur Charles IV, s'avança un vaisseau mû par des ressorts cachés : Godefroy de Bouillon se tenait sur le pont, entouré de ses chevaliers. Au vaisseau succéda la cité de Jérusalem avec ses tours chargées de Sarrasins ; les chrétiens débarquèrent, plantèrent les échelles aux murailles, et la ville sainte fut emportée d'assaut.

Froissart va nous faire encore mieux assister au repas d'un haut baron de son siècle.

« En cet état que je vous dis le comte Foix vivoit. Et quand de sa chambre
« à minuit venoit pour souper en la salle, devant lui avoit douze torches allu-
« mées que douze varlets portoient, et icelles douze torches étoient tenues de-
« vant sa table, qui donnoient grand'clarté en la salle, laquelle salle étoit pleine
« de chevaliers et d'écuyers ; et toujours étoient à foison tables dressées pour
« souper qui souper vouloit. Nul ne parloit à lui à sa table si il ne l'appeloit.
« Il mangeoit par coutume foison de volaille, et en spécial les ailes et les cuisses
« tant seulement, et guère aussi ne buvoit. Il prenoit en toute menestrandie
« (musique) grand ébattement, car bien s'y connoissoit. Il faisoit devant lui ses
« clercs volontiers chanter chansons, rondeaux et virelais. Il séoit à table en-
« viron deux heures, et aussi il véoit volontiers étranges entremets, et iceux
« vus, tantôt les faisoit envoyer par les tables des chevaliers et des écuyers.
« Brièvement et ce tout considéré et avisé, avant que je vinsse en sa cour, je
« avois été en moult de cours de rois, de ducs, de princes, de comtes et de
« hautes dames ; mais je n'en fus oncques en nulle qui mieux me plût, ni qui
« fût sur le fait d'armes plus réjouïe comme celle du comte de Foix étoit. On
« véoit en la salle et ès chambres et en la cour chevaliers et écuyers d'hon-
« neur aller et marcher, et d'armes et d'amour les oyoit-on parler. Toute
« honneur était là-dedans trouvée. Nouvelles dequel royaume ni dequel pays
« que ce fût là-dedans on y apprenoit ; car de tous pays, pour la vaillance du
« seigneur, elles y appleuvoient et venoient. »

Ce comte, si célèbre par sa courtoisie, n'en avait pas moins tué de sa propre main son fils unique : « Le comte s'enfrelonna (s'irrita), et, sans mot dire, il
« se partit de sa chambre et s'en vint vers la prison où son fils étoit ; et tenoit à
« la male heure un petit long coutel, et dont il appareilloit ses ongles et net-
« toyoit. Il fit ouvrir l'huis de la prison et vint à son fils, et tenoit l'alemelle
« (lame) de son coutel par la pointe, que il n'y en avoit pas hors de ses doigts la
« longueur de l'épaisseur d'un gros tournois. Par mautalent (malheur), en
« boutant ce tant de pointe dans la gorge de son fils, il l'assena ne sçais en
« quelle veine, et lui dit : « Ha traitour (traître) ! pourquoi ne manges-tu point. »
« Et tantôt s'en partit le comte sans plus rien dire ni faire, et rentra en sa
« chambre. L'enfès (enfant) fut sang mué et effrayé de la venue de son père,
« avecques ce que il étoit foible de jeûner, et qu'il vit ou sentit la pointe du cou-
« tel qui le toucha à la gorge, comme petit fut en une veine, il se tourna
« d'autre part, et là mourut. »

Froissart est à la peine pour excuser le crime de son hôte, et ne réussit qu'à faire un tableau pathétique.

On avait été obligé de frapper la table de lois somptuaires : ces lois n'accordaient aux riches que deux services et deux sortes de viande, à l'exception des prélats et des barons, qui mangeaient de tout en toute liberté ; elles ne permettaient la viande aux négociants et aux artisans qu'à un seul repas ; pour les autres repas, ils se devaient sustenter de lait, de beurre et de légumes.

Le carême, d'une rigueur excessive, n'empêchait pas les réfections clandestines. Une femme avait assisté nu-pieds à une procession, et *faisoit la marmiteuse plus que dix. Au sortir de là, l'hypocrite alla disner avec son amant, d'un quartier d'agneau et d'un jambon. La senteur en vint jusqu'à la rue. On monta en haut. Elle fut prise, et condamnée à se promener par la ville avec son quartier à la broche, sur l'épaule, et le jambon pendu au col.* (BRANTÔME.)

Les voyageurs trouvaient partout des hôtelleries. Chevauchant avec messire Espaing de Lyon, maître Jehan Froissart va d'auberge en auberge, s'enquérant de l'histoire des châteaux qu'il aperçoit le long de la route, et que lui raconte le bon chevalier son compagnon. « Et nous vînmes à Tarbes, et nous fûmes
« tout aises à l'hostel de l'Étoile, et y séjournâmes tout séjour ; car c'est une
« ville trop bien aisée pour séjourner chevaux : de bons foins, de bonnes
« avoines et de belles rivières... puis vînmes à Orthez. Le chevalier descendit
« à son hostel, et je descendis à l'hostel de la Lune. »

On rencontrait sur les chemins des basternes ou litières, des mules, des palefrois et des voitures à bœufs : les roues des charrettes étaient à l'antique. Les chemins se distinguaient en chemins *péageaux* et en *sentiers;* des lois en réglaient la largeur : le chemin péageau devait avoir quatorze pieds (Mss. SAINTE-PALAYE) ; les sentiers pouvaient être ombragés ; mais il fallait élaguer les arbres le long des voies royales, excepté les *arbres d'abris. (Capitulaires.)* Le service des fiefs creusa cette multitude infinie de chemins de traverse dont nos campagnes sont sillonnées.

Les bains chauds étaient d'un usage commun, et portaient le nom d'étuves : les Romains nous avaient laissé cet usage, qui ne se perdit guère que sous la monarchie absolue, époque où la France devint sale. On criait dans les rues de Paris sous Philippe-Auguste :

> Seigneur, voulez-vous vous baigner?
> Entrez donc sans délaïer ;
> Les bains sont chauds, c'est sans mentir.

C'était le temps du merveilleux en toute chose : l'aumônier, le moine, le pèlerin, le chevalier, le troubadour, avaient toujours à dire ou à chanter des aventures. Le soir, autour du foyer à bancs, on écoutait ou le roman de Lancelot du Lac, ou l'histoire lamentable du châtelain de Coucy, ou l'histoire moins triste de la reine Pédauque, « largement pattée, comme sont les oies, « et comme
« jadis à Toulouse les portoit (les pattes) la reine Pédauque » (RABELAIS) ; ou l'histoire du *gobelin* Orton, grand nouvelliste qui venait dans le vent, et qui fut tué dans une grosse truie noire. (FROISSART.)

La belle Mélusine était condamnée à être moitié serpent tous les samedis, et fée les autres jours, à moins qu'un chevalier ne consentît à l'épouser en renonçant à la voir le samedi. Raimondin, comte de Forez, ayant trouvé Mélusine dans un bois, en fit sa femme; elle eut plusieurs enfants, entre autres un fils qui avait un œil rouge et un œil bleu : Mélusine bâtit le château de Lusignan. Mais enfin Raimondin s'étant mis en tête de voir sa femme un samedi, lorsqu'elle était demi-serpent, elle s'envola par une fenêtre, et elle demeurera fée jusqu'au jour du jugement dernier. Lorsque le manoir de Lusignan change de maître, ou qu'il doit mourir quelqu'un de la famille seigneuriale, Mélusine paraît trois jours sur les tours du château, et pousse de grands cris. Tels étaient la Psyché du moyen âge et ce château de Lusignan, que Charles-Quint admira, et dont Brantôme déplore la ruine.

Avec ces contes on écoutait encore ou le sirvente du trouvère contre un chevalier félon, ou la vie d'un pieux personnage. Ces vies de saints, recueillies par les Bollandistes, n'étaient pas d'une imagination moins brillante que les relations profanes : incantations de sorciers, tours de lutins et de farfadets, courses de loups garous, esclaves rachetés, attaques de brigands; voyageurs sauvés, et qui, à cause de leur beauté, épousent les filles de leurs hôtes (*Saint-Maxime*); lumières qui pendant la nuit révèlent au milieu des buissons le tombeau de quelque vierge; châteaux qui paraissent soudainement illuminés. (*Saint-Viventius, Maure et Brista.*)

Saint Déicole s'était égaré; il rencontre un berger et le prie de lui enseigner un gîte : « Je n'en connais pas, dit le berger, si ce n'est dans un lieu arrosé de « fontaines, au domaine du puissant vassal Weissart. — Peux-tu m'y con« duire? » répondit le saint. « Je ne puis quitter mon troupeau, » répliqua le pâtre. Déicole fiche son bâton en terre; et quand le pâtre revint, après avoir conduit le saint, il trouva son troupeau couché paisiblement autour du bâton miraculeux.

Weissart, terrible châtelain, menace de faire mutiler Déicole; mais Berthilde, femme de Weissart, a une grande vénération pour le prêtre de Dieu. Déicole entre dans la forteresse; les serfs empressés le veulent débarrasser de son manteau; il les remercie, et suspend ce manteau à un rayon de soleil qui passait à travers la lucarne d'une tour. (Boll., tom. II, page 202.)

Chercher à dérouler avec méthode le tableau des mœurs de ce temps, serait à la fois tenter l'impossible, et mentir à la confusion de ces mœurs. Il faut jeter pêle-mêle toutes ces scènes telles qu'elles se succédaient sans ordre ou s'enchevêtraient dans une commune action, dans un même moment : il n'y avait d'unité que dans le mouvement général qui entraînait la société vers un perfectionnement éloigné, par la loi naturelle de l'existence humaine.

D'un côté la chevalerie, de l'autre le soulèvement des masses rustiques ; tous les déréglements de la vie dans le clergé et toute l'ardeur de la foi. Les *Galois* et *Galoises*, sorte de pénitents d'amour, se chauffaient l'été à de grands feux, et se couvraient de fourrures; l'hiver ils ne portaient qu'une *cotte simple*, et ne mettaient dans leurs cheminées que des verdures. *Plusieurs transissoient de pur froid et mouroient tout roydes de lez leurs amyes, et aussi leurs amyes de lez eulx en parlant de leurs amourettes* (1). Lors de la *Vaudoisie d'Arras*, les hommes et les femmes, retirés dans les bois, après avoir trouvé un certain démon, se livraient à une prostitution générale. Les turlupins pratiquaient les mêmes désordres.

Des moines libertins se veulent venger d'un évêque réformateur qui venait de mourir; pendant la nuit ils tirent du cercueil le cadavre du prélat, le dépouillent de son linceul, le fouettent, et en sont quittes pour payer chaque année quarante sous d'amende. Les cordeliers avaient renoncé à *toute espèce de propriété* : le pain quotidien qu'ils mangeaient était-il une propriété? Oui, disaient les religieux d'une autre robe; donc le cordelier qui mange viole la constitution de son ordre; donc il est en état de péché mortel, par la seule raison qu'il vit, et qu'il faut manger pour vivre. L'empereur et les Gibelins se déclarèrent pour les cordeliers, le pape et les Guelfes contre les cordeliers. De là une guerre de cent ans; et le comte du Mans, qui fut depuis Philippe de Valois, passe les Alpes pour défendre l'Église contre les Visconti et les cordeliers (2).

On courait au bout du monde, et l'on osait à peine, dans le nord de la France, hasarder un voyage d'un monastère à un autre, tant la route de quelques lieues paraissait longue et périlleuse! Des gyrovagues ou moines errants (pendant des chevaliers errants), cheminant à pied ou chevauchant sur une petite mule, prêchaient contre tous les scandales; ils se faisaient brûler vifs par les papes, auxquels ils reprochaient leurs désordres, et noyer par les princes, dont ils attaquaient la tyrannie. Des gentilshommes s'embusquaient sur les chemins et dévalisaient les passants, tandis que d'autres gentilshommes devenaient en Espagne, en Grèce, en Dalmatie, seigneurs des immortelles cités dont ils ignoraient l'histoire. Cours d'amour où l'on raisonnait d'après toutes les règles du scottisme, et dont des chanoines étaient membres; troubadours et ménestrels vaguant de châteaux en châteaux, déchirant les hommes dans des satires, louant les dames dans des ballades; bourgeois divisés en corps de métiers, célébrant des solennités patronales où les saints du paradis étaient mêlés aux divinités de la Fable; représentations théâtrales; fêtes des fous ou des cornards; messes sacriléges; soupes grasses mangées sur l'autel; l'*Ite missa* répondu par trois braiements d'âne; barons et chevaliers s'engageant dans des repas mystérieux à porter la guerre dans un pays, faisant vœu sur un paon ou sur un héron d'accomplir des faits d'armes pour leurs mies; Juifs massacrés et se massacrant entre eux, conspirant avec les lépreux pour empoisonner les puits et les fontaines; tribunaux de toutes les sortes, condamnant, en vertu de toutes les espèces de lois, à toutes les sortes de supplices, des accusés de toutes les catégories, depuis l'hérésiarque écorché et brûlé vif, jusqu'aux adultères attachés nus l'un à l'autre et promenés au milieu du peuple; le juge prévaricateur substituant à l'homicide riche condamné un prisonnier innocent; des hommes

(1) Latour, *Hist. du Poitou*; Sainte-Palaye, *Mém. sur l'anc. chev.*, v^e partie, dans les notes, pag. 387.
(2) *Spicil*, tom. 1, page 73; *Hist. des ouvr. des sav.*, an 1700, p. 72; *Lettre sur le péché imaginaire*, pag. 22 et suiv.

de lois commençant cette magistrature qui rappela, au milieu d'un peuple léger et frivole, la gravité du sénat romain : pour dernière confusion, pour dernier contraste, la vieille société civilisée à la manière des anciens, se perpétuant dans les abbayes ; les étudiants des universités faisant renaître les disputes philosophiques de la Grèce ; le tumulte des écoles d'Athènes et d'Alexandrie se mêlant au bruit des tournois, des carrousels et des pas d'armes. Placez enfin, au-dessus et en dehors de cette société si agitée, un autre principe de mouvement, un tombeau, objet de toutes les tendresses, de tous les regrets, de toutes les espérances, qui attirait sans cesse au delà des mers les rois et les sujets, les vaillants et les coupables ; les premiers pour chercher des ennemis, des royaumes, des aventures ; les seconds pour accomplir des vœux, expier des crimes, apaiser des remords.

L'Orient, malgré le mauvais succès des croisades, resta longtemps pour les Français le pays de la religion et de la gloire ; ils tournaient sans cesse les yeux vers ce beau soleil, vers ces palmes de l'Idumée, vers ces plaines de Rama où les infidèles se reposaient à l'ombre des oliviers plantés par Baudouin ; vers ces champs d'Ascalon qui gardaient encore les traces de Godefroi de Bouillon et de Tancrède, de Philippe-Auguste et de Couci, de saint Louis et de Sargine ; vers cette Jérusalem un moment délivrée, puis retombée dans ses fers, et qui se montrait à eux comme à Jérémie, insultée des passants, noyée dans ses pleurs, privée de son peuple, assise dans la solitude.

Tels furent ces siècles d'imagination et de force qui marchaient avec tout cet attirail au milieu des événements historiques les plus variés, au milieu des hérésies, des schismes, des guerres féodales, civiles et étrangères ; ces siècles doublement favorables au génie ou par la solitude des cloîtres quand on la recherchait, ou par le monde le plus étrange et le plus divers quand on le préférait à la solitude. Pas un seul point de la France où il ne se passât quelque fait nouveau ; car chaque seigneurie laïque ou ecclésiastique était un petit État qui gravitait dans son orbite et avait ses phases : à dix lieues de distance les coutumes ne se ressemblaient plus. Cet ordre de choses, extrêmement nuisible à la civilisation générale, imprimait à l'esprit particulier un mouvement extraordinaire : aussi toutes les grandes découvertes appartiennent-elles à ces siècles. Jamais l'individu n'a tant vécu : le roi rêvait l'agrandissement de son empire ; le seigneur, la conquête du fief de son voisin ; le bourgeois, l'augmentation de ses priviléges ; le marchand, de nouvelles routes à son commerce. On ne connaissait le fond de rien ; on n'avait rien épuisé ; on avait foi à tout ; on était à l'entrée et comme au bord de toutes les espérances, de même qu'un voyageur sur une montagne attend le lever du jour dont il aperçoit l'aurore. On fouillait le passé ainsi que l'avenir ; on découvrait avec la même joie un vieux manuscrit et un nouveau monde ; on marchait à grands pas vers des destinées ignorées, mais dont on avait l'instinct, comme on a toute sa vie devant soi dans la jeunesse. L'enfance de ces siècles fut barbare, leur virilité, pleine de passion et d'énergie ; et ils ont laissé leur riche héritage aux âges civilisés qu'ils portèrent dans leur sein fécond.

HISTOIRE DE FRANCE.

PHILIPPE VI, DIT DE VALOIS.

DE 1328 A 1350.

Jusqu'au règne de Philippe de Valois, les contentions entre la France et l'Angleterre n'avaient annoncé rien d'antipathique et de violent : mais sous ce règne elles devinrent une rivalité nationale, et cette rivalité divisa le monde : commencée sur la terre, elle s'y perpétua pendant deux siècles pour se prolonger ensuite sur la mer : la terre manqua aux Anglais, et non la haine ; ils continuèrent à gronder avec l'Océan contre ces rivages dont nous les avons rejetés.

Les deux peuples se séparèrent sans retour ; les liens de parenté et de famille se brisèrent ; l'Angleterre cessa d'être normande. Édouard III bannit des tribunaux la langue française ; l'idiome dédaigné du Saxon vaincu fut adopté par les vainqueurs, en inimitié de leur ancienne patrie. Le caractère commerçant des insulaires se développa : leurs laines se convertissaient en trésors aux marchés de la Flandre : elles s'améliorèrent encore par les troupeaux que le duc de Lancaster tira de l'Espagne et du Portugal : elles devinrent l'aliment des subsides dont Édouard III avait besoin dans la guerre qu'il entretint contre nous. Heureusement la France n'est pas marchandise que l'on troque pour des sacs de laine : à tous les traités de partage du royaume de saint Louis, que le prince anglais fit avec son compère Artevelle, le brasseur de bière, il ne manqua que la signature de Duguesclin.

Le mal que fait un injuste ennemi profite à la nation opprimée, et c'est une belle loi de la Providence ; les premiers symptômes de l'émancipation nationale éclatèrent dans les états réunis à Paris pendant la captivité du roi Jean ; les *Grandes Compagnies* et la *Jacquerie* furent des fléaux qui ajoutèrent néanmoins force au droit. Partout où les hommes ressaisissent leur indépendance naturelle, cette indépendance, en reprenant ensuite le frein des lois, fait faire un pas à la liberté politique. Quand la pensée a été élargie de prison, ne fût-ce que pour un moment, elle en garde le souvenir ; les idées une fois nées ne s'anéantissent plus ; elles peuvent être accablées sous les chaînes, mais, prisonnières immortelles, elles usent les liens de leur captivité.

A mesure que la liberté commune croissait, le pouvoir régulier croissait. La justice royale pénétrait dans les justices particulières ; les empiétements de la loi ecclésiastique s'arrêtèrent, et il lui fallut subir l'appel comme d'abus. La guerre nationale détruisit, par la composition des grandes armées, les guerres particulières : on pourrait presque dire que la poudre, en changeant la nature des armes, fit sauter en l'air le vieil édifice de la féodalité.

Mais tous ces progrès de la civilisation, toutes ces révolutions dans les esprits, dans les mœurs, dans les lois, ne s'opérèrent que graduellement au milieu de tous les désastres. Il fallut que les Français reçussent les trois leçons de Crécy, de Poitiers et d'Azincourt, pour apprendre à délivrer leur patrie. Le règne de Philippe VI, dit de Valois, ouvre cette scène de notre histoire.

SOMMAIRE.

La veuve de Charles le Bel accouche d'une fille. — Une assemblée de prélats et de seigneurs adjuge la couronne à Philippe de Valois. — Examen des prétentions d'Édouard III à la couronne de France. — Premiers actes de l'administration de Philippe. — Recherches des financiers. — Jeanne de France, qui avait épousé Philippe, comte d'Évreux, est proclamée reine de Navarre. — La Champagne et la Brie sont abandonnées à Philippe en échange des comtés d'Angoulême et de Mortain, avec deux rentes assignées sur le trésor du roi et sur les domaines de la couronne. — Sacre du roi. — Philippe est surnommé *le Fortuné*. — Louis, comte de Flandre, vient rendre foi et hommage à Philippe, et implorer son secours contre les communes de Flandre. — Guerre de Flandre. — Philippe va prendre l'oriflamme à Saint-Denis. — Couleurs nationales ; qu'elles n'ont pas toujours été les mêmes ; leur histoire ; que le blanc était la couleur des Anglais, et le rouge celle des Français jusqu'au règne de Philippe de Valois : à cette époque Édouard III, prétendant à la couronne de France, prit les couleurs françaises, et les Français abandonnèrent ces couleurs lorsqu'ils les virent portées par les Anglais. — L'oriflamme n'était dans l'origine que la bannière de Saint-Denis : elle disparut sous Charles VII, et fut remplacée par la cornette blanche. — Victoire de Cassel. — Édouard est sommé de rendre hommage à Philippe, comme duc de Guienne et comte de Ponthieu. — Il vient à Amiens et prête solennellement cet hommage. — Conflit entre les juridictions seigneuriales et ecclésiastiques. — Discours de Pierre de Cugnières. — Édouard confirme l'hommage qu'il avait rendu au roi à Amiens. — Projet de croisade. — Le pape songe à passer en Italie : le saint siége à Avignon était un bien pour la France, un mal pour la chrétienté. — Le duc de Normandie, fils du roi, âgé de quatorze ans, épouse Bonne de Luxembourg, fille de Jean, roi de Bohême. — Le projet de croisade échoue. — Histoire du procès de Robert d'Artois, troisième du nom, et de Mahaud, comtesse d'Artois, sa tante. — Robert, convaincu d'avoir fait forger de faux titres et de s'en être servi, se retire auprès du duc de Brabant. — Il refuse de comparaître en cour de justice. — Le parlement le condamne à mort ; le roi commue la peine en un bannissement perpétuel. — Robert, déguisé en marchand, se réfugie en Angleterre. — David Bruce, roi d'Écosse, cherche un asile auprès de Philippe. — Communes de Flandre. — Jacques d'Artevelle. — Édouard, qui cherchait des torts à Philippe et qui méditait la guerre, intrigue avec Artevelle. — **Les deux monarques cherchent des alliés de part et d'autre.** — Vœu du héron.

FRAGMENTS.

VŒU DU HÉRON.

Quoique Édouard nourrît depuis longtemps le dessein d'attaquer la France, la grandeur de l'entreprise, les embarras intérieurs de son gouvernement l'effrayaient et l'arrêtaient. Peut-être même ne se fût-il jamais déterminé à prendre les armes, sans les sollicitations de Robert d'Artois, qui, retiré depuis deux ans en Angleterre, soufflait au cœur de l'ambitieux Édouard la haine dont lui, Robert, était dévoré : le banni se servit, pour déterminer son hôte, d'un moyen extraordinaire.

A cette époque de nos annales le roman est tellement mêlé à l'histoire, et l'histoire au roman, qu'on les peut à peine séparer : de jeunes bacheliers anglais paraissent à la cour du comte de Hainaut, un œil couvert de drap, *ayant voué entre dames de leur pays que jamais ne verroient que d'un œil jusqu'à ce que ils auroient fait aucunes prouesses de leur corps au royaume de France.* Messire Gauthier de Mauny avait dit *à aucuns de ses plus privés qu'il avoit promis en Angleterre, devant les dames et seigneurs, qu'il seroit le premier qui entreroit en France, et qu'il y prendroit chastel ou forte ville, et y feroit aucunes apertises d'armes.* Souvent les barons et les chevaliers juraient par un saint ou par une dame, au pied d'un rempart ennemi, d'emporter ce rempart dans un certain nombre de jours, dût leur serment leur être funeste ou à leur patrie. Ces faits, attestés par toutes les chroniques, ne diffèrent point de ceux qu'on lit dans les romans, ils rappellent aussi les serments que faisaient les Barbares du Nord, lorsqu'ils se condamnaient à porter une longue barbe ou un anneau de fer, jusqu'à ce qu'ils eussent tué un Romain La querelle de l'Angleterre et de la France dans le quatorzième siècle ranima l'esprit chevaleresque ; les deux nations descendirent au champ clos, dont elles ne sont plus sorties. Comme les imaginations étaient remplies des chansons des troubadours et des aventures des croisades, les mœurs se teignirent de ces couleurs, et les reflétèrent. On sent partout avec la chevalerie historique, l'imitation de la chevalerie romanesque à laquelle la vie de château, les chasses, les tournois, les croyances religieuses et les entreprises d'amour étaient d'ailleurs extrêmement favorables. Il y a tout à la fois quelque chose de vrai et de faux, de naturel et d'artificiel dans les mœurs de ces temps, que l'on doit, si l'on peut, saisir et peindre.

Sainte-Palaye regarde donc le vœu du héron comme un fait réel rimé ; alors on chantait encore l'histoire, comme jadis dans la Grèce : nous avons en vers *le combat des Trente* et la première *Histoire de Duguesclin*. Au commencement de l'automne de l'année 1338, et, comme dit le poëte historien, *lorsque l'eté va à desclin, que l'oiseau gai a perdu la voix ; que les vignes sechent, que meurent les roses, que les arbres se despouillent, que les chemins se jonchent de feuilles, Esdouard estoit à Londres en son palais, environné de ducs, de comtes, de pages, de dames, de jeunes filles et de jeunes hommes ; il tenoit la teste inclinée en pensers d'amours.* Robert d'Artois, retiré en Angleterre, était allé à la chasse, *parce qu'il se souvenoit du très gentil pays de France dont il estoit banni.* Il portait un petit faucon qu'il avait nourri, *et tant vola le faucon par rivières, qu'il prit un heron*. Robert retourne à Londres, fait rôtir le héron, le met entre deux plats d'argent, s'introduit dans la salle du festin du roi, suivi *de deux maistres de vielle*, d'un *quistreneus* (joueur de guitare), et *de deux pucelles, filles de deux marquis ; elles chantoient accompagnées du son des vielles et de la guitare.* Robert s'écrie : *Ouvrez les rangs ; laissez passer les preux que l'amour a surpris : Voici viande à preux, à ceux qui sont soumis à dames amoureuses qui tant ont beau visage......... Le heron est le plus couard des oiseaux ; il a peur de son ombre. Je donnerai le heron à celui d'entre vous qui est le plus poltron ; à mon avis c'est Esdouard, desherité du noble pays de la France, dont il estoit l'heritier legitime ; mais le cœur lui a failli, et pour sa laschetê il mourra privé de son royaume.* Édouard rougit de colère et de mal talent, le cœur lui frémit ; il jure par le Dieu du paradis et par sa douce mère, qu'avant que six mois soient passés il défiera le roi de *Saint-Denis* (Philippe.)

Robert *jetta un rire, et dit tout en basset. A present j'ai mon avis* (desir), *et par mon heron commencera grant guerre.*

Robert reprend le héron toujours entre les deux plats d'argent ; il traverse la salle du banquet, suivi des deux ménestriers qui *vielloient doucement*, du joueur de guitare, et des deux damoiselles, qui chantaient ces paroles : « Je vais à la « verdure, car Amour me l'apprend. » Robert présente le héron au comte

de Salisbury, qui était assis *de lez amye* qui fut gentille et courtoise et de beau maintien ; elle était fille du comte Derby, et Salisbury l'aimait loyalement. Robert prie le comte de Salisbury de jurer sur le héron. Salisbury répondit :
« Pourrois-je tenir un vœu parfaitement? Je sers la dame la plus belle qui soit
« au firmament; et si la vierge Marie étoit ici, mettant à part sa divinité, je ne
« saurois la distinguer de celle que j'aime. Je l'ai requise d'amour, mais elle
« se défend : elle me donne pourtant un gracieux espoir que j'aurai merci. Je
« prie qu'elle me preste un doigt de sa main, et qu'elle le mette sur mon œil
« droit. — Par ma foi, s'escria la dame, j'en presterai deux. — Et lui ferma
« l'œil droit avec deux doigts. — Est-il bien clos, belle, dit le chevalier très
« gracieusement. — Oui, respond-elle. — A donc, s'escria de bouche et de
« cœur Salebrin, je veux et promets à Dieu tout-puissant, et à sa douce mère
« qui resplendit de beauté, que jamais cet œil ne sera ouvert ou par longueur
« de temps, ou par vent, douleur ou martyre, avant que je ne sois entré en
« France, que je n'y aie porté la flamme et combattu les gens de Philippe en
« aidant Édouard. A présent advienne qu'advienne.... Et quand le quens Sale-
« brin (le comte de Salisbury) eut fait son vœu, il demoura l'œil clos en la guerre. »

SOMMAIRE.

Édouard déclare qu'il va prendre les armes pour se faire rendre les terres saisies autrefois en Guienne. — Philippe emploie les forces destinées pour la croisade à la défense de son royaume. — Premières hostilités d'une guerre qui devait durer cent vingt-six ans. — Trêve. — Édouard pressé par Artevelle, s'embarque à Douvres, arrive à Anvers, où les princes de sa confédération étaient assemblés. — Il achète de Louis de Bavière le titre de vicaire de l'empire. — Déclaration solennelle de guerre. — Exploits de Gauthier de Mauny. — Invasion de la Picardie. — Les deux armées se rencontrent à Vironfosse, et se séparent sans combattre. — Chevalier du Lièvre. — Artevelle presse le roi d'Angleterre de prendre le titre de roi de France pour dégager la foi des Flamands. — Seconde campagne dans la Guienne et dans le Hainaut. — Combat naval de l'Écluse. — La flotte française est détruite.

FRAGMENTS.

PERTE DES FRANÇAIS AU COMBAT NAVAL DE L'ÉCLUSE. — GODEMAR DU FAY. — CAUSES DES MÉPRISES DANS CES GUERRES DU QUATORZIÈME SIÈCLE.

Notre perte en hommes fut évaluée à trente mille matelots et soldats : les Génois seuls, au nombre de dix mille, demandèrent et obtinrent la vie. Des trois amiraux qui commandaient la flotte, deux moururent glorieusement.

Cette action navale sembla nous prédire l'avenir. Que de sang français a coulé sur les flots depuis cette bataille à l'embouchure de la Meuse jusqu'au combat livré dans les parages du Nil! L'Arabe, du milieu de ses sables; le Flamand, du bord de ses marais, ont contemplé nos derniers et nos premiers désastres, nos marins emportés dans des tourbillons de feu ou abîmés dans les eaux. Le caractère des peuples est quelquefois indépendant de leur sol et de leur position géographique; la France, flanquée de deux mers, n'a jamais su régner longtemps sur ces mers. Rome aussi, fille de la mer, ne dut point l'empire à Neptune. Nous n'avons eu de flottes redoutables qu'à de longs intervalles et pour un moment, sous Charlemagne, Louis XIV et Louis XVI. Vainqueurs dans les actions particulières où nos capitaines se battent comme dans une affaire d'honneur, nous succombons dans les actions générales où il faut obéissance et discipline : cet esprit d'insubordination et de jalousie qui semble attaché à notre pavillon, éclate dès notre premier combat naval entre les amiraux chargés de s'opposer au passage d'Édouard. Nous n'avons point ou presque point participé à ces grandes découvertes qui ont changé la face du globe et les rapports des nations. Dans nos colonies, nous sommes devenus chasseurs, aventuriers, planteurs, jamais marins. Nous n'avons guère paru sur les flots qu'en chevaliers pour conquérir l'Angleterre et la Palestine, pour donner un monarque à Londres, un roi à Jérusalem, un empereur à Constantinople, un duc à Athènes, et un prince à cette Lacédémone que notre dernier triomphe maritime devait délivrer à Navarin. Si la Méditerranée paraît nous être plus soumise que l'Océan, c'est que cette mer qui baigne des rivages immortels semble nous être dévolue par le droit de notre gloire.

Personne, dans le premier moment, n'avait osé apprendre à Philippe la destruction de sa flotte ; il n'en fut instruit que par un de ces misérables qui représentaient alors au pied du trône la liberté sous le travestissement de l'esclave ; hommes qui se sauvaient du mépris par l'insolence, et à qui l'on permettait de tout dire, parce qu'ils pouvaient tout souffrir : le fou du roi apprit donc par une bouffonnerie la mort de trente mille Français.

Philippe ne s'emporta point contre la mémoire de sujets aussi fidèles, et, remettant sa vie entre les mains de Dieu, il songea à la défense du royaume.

Il prévit qu'Edouard attaquerait Tournai. Cette place avait pour commandant Godemar du Fay, écuyer de Tournaisis ou gentilhomme de Bourgogne, que Philippe avait nommé *souverain capitaine* et *régent* de tout le pays dépendant de Douai, de Lille et de Tournai. C'était un officier brave et expérimenté, qui sauva alors la France pour la perdre au passage de Blanche-Taque ; soit qu'il y ait un terme à la fidélité et à l'honneur, soit que les talents s'épuisent, soit que le héros devienne semblable au vulgaire des hommes quand il ne meurt pas au jour de sa renommée. Philippe augmenta la garnison de Tournai : il y *envoya droite fleur de chevalerie;* lui-même rassembla sous les murs d'Arras une brillante armée ; il y eut beaucoup de petits faits d'armes et d'aventures. Des méprises déplorables advenaient souvent dans ces rencontres, entre des combattants dont les familles avaient des branches établies en France, dans la Grande-Bretagne et dans les Pays-Bas : tous ces ennemis étaient des Français. Les Anglais du quatorzième siècle parlaient notre langue, avaient les mêmes mœurs et la même religion que nous ; ils n'étaient pas encore assez éloignés du temps de la conquête pour avoir oublié leur origine : ils se faisaient gloire d'être Normands, de retrouver sur notre sol leurs aînés. Les provinces que la couronne d'Edouard (lui-même fils d'une princesse de France) possédait en Guienne et en Picardie, multipliaient ces liens des deux peuples ; la haine que nos voisins insulaires ont conçue contre nous n'a commencé qu'avec ces guerres, véritables guerres civiles.

SOMMAIRE.

Cartel envoyé par Édouard à *Philippe de Valois*, et daté de *l'an premier de notre règne de France*. — Philippe le refuse comme roi, par écrit, et l'accepte verbalement comme chevalier — Jeanne de Valois, sœur du roi de France, négocie une trêve ; elle est prolongée pendant deux ans. — Affaire de Bretagne. — Histoire de cette province. — Le comte de Montfort fait hommage du duché de Bretagne à Édouard. — La cour des pairs adjuge ce duché à Charles de Blois.

FRAGMENTS.

GUERRE DE BRETAGNE. — LES BRETONS.

L'exécution de cet arrêt enveloppa le royaume dans les destinées d'une de ses provinces, ouvrit la France aux Anglais, et lui donna dans la personne de Duguesclin un libérateur.

La Bretagne, jusqu'alors peu connue dans notre histoire, formait, à l'extrémité occidentale de la France, un État différent du reste du royaume par le génie, les mœurs et la langue d'une partie de ses habitants. Cette longue presqu'île, d'un aspect sauvage, a quelque chose de singulier : dans ses étroites vallées, des rivières non navigables baignent des donjons en ruines, de vieilles abbayes, des huttes couvertes de chaume où les troupeaux vivent pêle-mêle avec les pâtres. Ces vallées sont séparées entre elles, ou par des forêts remplies de houx grands comme des chênes, ou par des bruyères semées de pierres druidiques autour desquelles plane l'oiseau marin, et paissent des vaches maigres avec de petites brebis. Un voyageur à pied peut cheminer plusieurs jours sans apercevoir autre chose que des landes, des grèves, et une mer qui blanchit contre une multitude d'écueils : région solitaire, triste, orageuse, enveloppée de brouillards, couverte de nuages, où le bruit des vents et des flots est éternel.

Il faut que ce pays et ses habitants aient frappé de tous temps l'imagination des hommes. Les Grecs et les Romains y placèrent les restes du culte des druides, l'île de Sayne et ses vierges, la barque qui passait en Albion les âmes des morts au milieu des tempêtes et des tourbillons de feu ; les Franks y trouvèrent Murman, et mirent Roland à la garde de ses *marches ;* enfin, les romanciers du moyen âge en firent le pays des aventures, la patrie d'Artus, d'Yseult aux blanches mains, et de Tristan le Léonnois. Sur les bruyères et dans les vallées de la Bretagne, vous rencontrez quelques laboureurs couverts de peaux de chèvre, les cheveux longs, épars et hérissés ; ou vous voyez danser au pied d'une croix, au son d'une cornemuse, d'autre paysans portant l'habit gaulois, le sayon, la casaque bigarrée, les larges braies, et parlant la langue celtique.

D'une imagination vive, et néanmoins mélancolique ; d'une humeur aussi mobile que leur caractère est obstiné, les Bretons se distinguent par leur bravoure, leur franchise, leur fidélité, leur esprit d'indépendance, leur attachement pour la religion, leur amour pour leur pays. Fiers et susceptibles, sans ambition, et peu faits pour les cours, ils ne sont avides ni d'honneurs ni de places. Ils aiment la gloire, pourvu qu'elle ne gêne en rien la simplicité de leurs habitudes ; ils ne la recherchent qu'autant qu'elle consent à vivre à leur foyer comme un hôte obscur et complaisant qui partage les goûts de la famille. Dans les lettres, les Bretons ont montré de l'instruction, de l'esprit, de l'originalité, de la grâce, de la finesse: témoin Hardouin, Sévigné, Sainte-Foix, Duclos. Ils ont donné à la France le plus grand peintre de mœurs après Molière, Le Sage ; ils ont aujourd'hui l'abbé de Lamennais; dans les sciences, ils revendiquent Descartes ; dans les armes, leurs guerriers ont quelque chose d'à part qui les distingue au premier coup d'œil des autres guerriers : sous Charles V, Duguesclin et ses compagnons, Clisson, Beaumanoir, Tinteniac ; sous Charles VII, Tanneguy-Duchastel ; sous Henri III, Lanoue, également respecté des ligueurs et des huguenots; sous Louis XIV, Duguay-Trouin ; sous Louis XVI, Lamotte-Piquet et du Coëdic ; pendant la révolution, Charette, d'Elbée, La Rochejaquelein et Moreau. Tous ces soldats eurent des traits de ressemblance ; et, par un genre d'illustration peu commun, ils furent peut-être encore plus estimés de l'ennemi qu'admirés de leur patrie.

SOMMAIRE.

Prise de Rennes par Charles de Blois.

FRAGMENTS.

SIÉGE DE HENNEBON. — JEANNE, COMTESSE DE MONTFORT. — AVENTURE DE GAUTHIER DE MAUNY ET DE LA CERDA.

Charles de Blois, dans l'espoir de terminer promptement la guerre, après la reddition de Rennes, se hâta d'investir Hennebon, la plus forte place de la Bretagne, et où Jeanne, comme on l'a dit, s'était renfermée. Les assiégeants poussèrent vivement les attaques. La comtesse de Montfort, armée de pied en cap, chevauchait de rue en rue, animait, priait, gourmandait les soudoyers, ordonnait aux femmes de dépaver les cours et les passages, de porter les pierres aux créneaux, avec des pots de chaux vive, pour les jeter sur l'ennemi. Cependant le beffroi sonne. Guillaume Cadoudal, qui s'était retiré à Hennebon après la prise de Rennes ; Yves de Tréziguidy, le sire de Landremans, le châtelain de Guingamp, les deux frères de Guerich, Henri et Olivier de Spinefort, soutiennent les efforts des assaillants. La comtesse monte au haut d'un donjon pour surveiller le combat : elle s'aperçoit que le camp de Charles est désert ; que seigneurs, chevaliers, communiers, étaient tous à l'assaut. Elle descend de la tour, s'élance sur son palefroi, sort par une poterne éloignée avec trois cents lances, et vient mettre le feu aux tentes des ennemis. Ceux-ci, apercevant derrière eux les tourbillons de flammes et de fumée, abandonnent l'escalade et accourent pour éteindre les flammes. La nouvelle Clorinde veut regagner la forteresse ; mais la voie, au retour, lui est fermée : elle pousse son cheval sur le chemin d'Auraï, tenant à la main l'épée et le flambeau, instruments de sa victoire; Louis d'Espagne la poursuit sans pouvoir l'atteindre. Recueillie dans les murs d'Auraï, Jeanne rassemble cinq ou six cents aventuriers : on la croyait perdue à Hennebon, quand le cinquième jour, au soleil levant, elle reparaît sous les remparts. Elle heurte avec son escadron à la porte d'une des tours, qu'on lui ouvre ; elle rentre dans la ville assiégée, bannières au vent, trompettes sonnantes, à la confusion des soldats émerveillés.

Charles de Blois divise alors son armée · avec le duc de Bourbon et Robert Bertrand, maréchal de France, il court assiéger Aurai, laissant Louis d'Espagne avec le vicomte de Rohan devant Hennebon.

Louis, de la maison de La Cerda, brave Espagnol qui combattit pour la France sur terre et sur mer, fit venir douze machines de guerre, et commença à battre les murailles du château. Les habitants et les soudoyers s'épouvantèrent et demandèrent à capituler. L'évêque de Léon, renfermé dans la ville, appela son neveu Henri de Léon, qui, après avoir trahi Montfort, servait dans l'armée du comte de Blois; ils convinrent de la reddition de la place. En vain la comtesse de Montfort conjurait les assiégés d'attendre, leur promettant qu'avant trois jours ils recevraient le secours d'Angleterre, espérance qu'elle-même n'avait pas. Elle passa la nuit dans l'inquiétude et les larmes : elle voyait perdu le fruit de son courage et de ses sacrifices, son mari prisonnier, son fils dépouillé, errant, fugitif; elle se voyait elle-même livrée à son ennemi, et recevant des fers des mains de celui à qui elle avait disputé la souveraineté de la Bretagne. Le lendemain l'évêque de Léon fit dire à Henri, son neveu, de s'approcher des portes. Déjà celui-ci s'avançait pour recevoir la ville au nom de Charles de Blois, lorsque Jeanne, qui regardait la mer par une fenêtre grillée du château, s'écria dans un transport de joie : « Voilà le secours ! » Deux fois elle jette le même cri. On monte aux créneaux, aux donjons, au beffroi; tous les yeux se tournent vers la mer : elle était couverte d'une multitude de grands et de petits vaisseaux qui entraient dans le port à pleines voiles. Le miraculeux secours plonge d'abord la foule dans le silence de l'étonnement ; puis elle le salue des plus vives clameurs. L'accommodement est rompu ; l'évêque de Léon seul se retire auprès de Charles de Blois; Mauny débarque avec son armée.

La comtesse fait tapisser des chambres et des salles, et préparer un festin à ses hôtes. Elle descend du château, *s'avance au-devant d'eux à joyeuse chère, et vient baiser messire Gauthier de Mauny et ses compagnons les uns après les autres, deux fois ou trois, comme vaillante dame.* Cependant Louis d'Espagne ordonne de redoubler l'attaque : durant toute la nuit qui suivit l'arrivée des Anglais, il frappa les murs avec les plus fortes machines, tandis qu'au dedans on n'entendait que le bruit de la fête. Le surlendemain Mauny fit une sortie, brisa les engins, et incendia une partie du camp français. L'armée s'ébranla pour le repousser. Quand Mauny vit venir la chevauchée, *que jamais,* s'écria-t-il, *je ne sois baisé de dame, ni de douce amie, si jamais je rentre en chastel ou forteresse, jusqu'à tant que j'aie renversé un de ces venants !* Embrassant sa targe, il se précipite l'épée au poing sur les hommes d'armes de La Cerda, les charge, les met en fuite, *en fait verser plusieurs les jambes contremont,* et rentre dans la forteresse après avoir accompli son vœu de chevalier.

Louis d'Espagne, n'espérant plus pouvoir emporter Hennebon, leva le siége, rejoignit Charles de Blois devant Aurai, et s'empara ensuite de Dinan et de

Guérande. Après avoir saccagé cette dernière ville, il monte sur quelques vaisseaux marchands qu'il trouve dans le port et ravage les côtes de la Basse-Bretagne. Descendu auprès de Quimperlé, il s'avance dans les terres. Mauny accourt, forme trois corps de ces troupes, et marche sur les pas de Louis. Inférieur en forces, Louis veut retourner au rivage, et rencontre le premier corps des Anglais qu'il défait; mais, environné par les deux autres corps et par des paysans bretons qui l'assaillent à coups de fronde, il est blessé. Il se débarrasse de la foule, laissant sur la place un neveu qu'il aimait tendrement, et la plupart de ses soldats. Arrivé presque seul au bord de la mer, il trouve sa flotte entre les mains des archers de Mauny. Il se jette dans une barque avec quelques compagnons. Mauny le suit sur la mer, toujours près de le saisir, ne le pouvant jamais atteindre. Louis s'échoue au port de Rhedon, saute à terre, emprunte de petits chevaux, et fuit de nouveau. A peine est-il débarqué que Mauny survient et se met à sa poursuite. La Cerda se sauve enfin dans les murs de Rennes avec la réputation d'un des meilleurs généraux et un des plus aventureux chevaliers de ce siècle.

Mauny regagna ses vaisseaux pour retourner à Hennebon; les vents contraires le forcèrent à faire côte aux environs de La Roche-Prion : *Seigneurs*, dit-il à ses amis, *tout travaillé que je suis, j'irois volontiers assaillir ce fort chastel, si j'avois compagnie*. Les chevaliers répondirent: *Sire, allez-y hardiment, et nous vous suivrons jusqu'à la mort*. Gérard de Maulain, qui défendait la place, soutient l'assaut : il blesse grièvement Jean le Bouteiller et Mathieu Dufresnoy qui avaient eu le plus de part à l'affaire de Quimperlé.

Or Gérard de Maulain avait un frère, René de Maulain, capitaine d'un autre petit fort appelé *Favet*, à une lieue de là : René ayant appris ce qui se passait à La Roche-Prion, se met en campagne avec quarante hommes pour secourir son frère, rencontre les chevaliers blessés, les enlève, et court les renfermer dans son donjon. Mauny quitte l'assaut pour aller à la *recousse;* brûlant de délivrer Bouteiller et Dufresnoy, il essaie d'emporter le fort de Favet : nouveau siége, nouveau combat. Gérard de Maulain sort à son tour de La Roche-Prion, et vient rendre à son frère le service qu'il en avait reçu. Mauny craint d'être enveloppé, abandonne Favet, et commence sa retraite. Chemin faisant, il aperçoit un autre castel au milieu d'une forêt. L'infatigable chevalier l'attaque, l'emporte, et va retrouver dans Hennebon la comtesse de Montfort, qui le *festoya*, *baisa* et *accola* de grand courage.

Cependant Charles de Blois avait pris Aurai, Vannes et Carhaix : il assiége de nouveau dans Hennebon sa rivale. La place avait été fortifiée. Les habitants se moquaient des machines qui d'abord leur avaient fait tant de peur : à chaque pierre qui partait des balistes, ils essuyaient en *gabant* sur les créneaux l'endroit où le coup avait porté. Ils criaient du haut des murs aux assaillants : « Allez chercher vos compagnons qui reposent aux champs de Quimperlé. »

Ces railleries rendaient furieux La Cerda, qui, non encore guéri de ses blessures, avait rejoint Charles de Blois. Louis était Espagnol; ses ressentiments étaient terribles; il regrettait amèrement le neveu qu'il avait perdu à Quimperlé : résolu de se venger, il prie Charles de Blois, pour seule récompense de ses services, de lui accorder ce qu'il lui demanderait. Du caractère le plus humain, d'une vertu si éminente qu'il fut honoré comme un saint après sa mort, Charles n'aimant pas la guerre, quoique né intrépide, poussé seulement aux combats par l'ambition de sa femme, Charles ne pouvait deviner le *guerdon* que Louis allait requérir : il lui donne imprudemment sa parole devant une foule de seigneurs.

Alors Louis d'Espagne lui dit : *Je vous prie que vous fassiez ici tantost venir les deux chevaliers qui sont en vostre prison du chastel de Favet; c'est à savoir messire Jean le Bouteiller et messire Hubert Dufresnoy, et me les donniez pour en faire ma volonté. C'est le don que je vous demande. Ils m'ont chassé, deconfit et blessé. Ils ont occis monseigneur Alphonse, mon neveu. Si ne m'en sais autrement venger, fors que je leur ferai les testes couper devant leurs compagnons qui céans sont renfermés.*

Messire Charles, qui de ce fut moult esbahy, lui dit : « *Certes, les prisonniers vous donnerai volontiers, puisque demandez les avez; mais ce seroit grand' cruauté et blasme à vous si vous faisiez deux si vaillants hommes mourir, et auroient nos ennemis cause de faire ainsi aux nostres, quand tenir les pourroient; car nous ne savons ce qui peut advenir de jour en jour. Pourquoi, cher sire et beau cousin, je vous prie que vous veuilliez estre mieux advisé.* »

Louis déclara que si Charles ne tenait pas sa parole il quitterait à l'instant son service. La parole d'un chevalier était inviolable, et Charles, désespéré, fut obligé d'envoyer chercher les deux prisonniers. Il se les fit amener dans sa tente, et chercha encore, mais vainement, à détourner Louis de son dessein.

La nouvelle de ce qui se préparait dans le camp français parvint aux assiégés : Mauny fut saisi de douleur. Il assemble aussitôt un conseil; les chevaliers délibèrent; ils proposent une chose et puis une autre; ils ne savent quel parti prendre pour sauver Bouteiller et Dufresnoy. Gauthier parle le dernier : « *Compagnons*, dit-il, *ce seroit grand honneur à nous si nous pouvions delivrer nos frères d'armes. Si nous tentons l'aventure et que nous y succombions, le roi Édouard nous en louera, et ainsi feront tous pruds hommes qui pourront à l'avenir entendre parler de nous. Faisons donc notre devoir, chers seigneurs. On peut bien exposer sa vie pour sauver celle de si vaillants chevaliers.* » Alors Mauny explique le projet qu'il a conçu. Tous jurent de l'exécuter.

Il fut résolu qu'une partie de la garnison, commandée par Amaury de Clisson, attaquerait de front le camp des Français, tandis que Mauny avec une troupe d'hommes choisis, pénétrant par derrière jusqu'aux tentes du duc de Bretagne, enlèverait Bouteiller et Dufresnoy. On prend les armes. Clisson fait ouvrir la principale porte de la ville avec grands cris et bruits de trompettes, et fond sur les assiégeants : ceux-ci appellent au secours; les Français se portent au lieu du combat. Cependant Mauny, sorti par une issue secrète, fait le tour du camp et parvient aux pavillons de Charles de Blois; quelques valets, qui les gardaient, prennent la fuite. Mauny fouille les tentes, et trouve les prisonniers : il les fait monter sur de vigoureux destriers amenés exprès, s'éloigne à toute bride, rentre dans Hennebon après avoir mis fin à une des plus nobles et des plus touchantes aventures dont l'amitié, l'honneur et la chevalerie aient conservé la mémoire. On crut que Charles de Blois avait prêté les mains à l'enlèvement de Bouteiller et de Dufresnoy ; car on soupçonne la vertu d'avoir commis une bonne action, aussi facilement qu'on accuse le vice de s'être rendu coupable d'un crime.

SOMMAIRE.

La comtesse de Montfort envoie des ambassadeurs solliciter de nouveaux secours en Angleterre. Ils trouvent Édouard occupé de la guerre d'Écosse. — Caractère et mœurs des Écossais. — Robert d'Artois descend en Bretagne avec la comtesse de Montfort. — Il est blessé dans la ville de Vannes qu'il avait prise, et vient mourir à Londres. — Descente d'Édouard sur les côtes du Morbihan. — Suspension d'armes convertie en trève. — Trève prolongée pour trois ans, et rompue presque aussitôt. — Tournoi à l'occasion du mariage du second fils de Philippe de Valois. — Clisson et dix autres chevaliers bretons sont arrêtés sur soupçon de trahison, et mis à mort.

FRAGMENTS.

AMOURS D'ÉDOUARD III ET DE LA COMTESSE DE SALISBURY.

On n'avait point encore vu le sang de la noblesse couler sur l'échafaud, sang que Louis XI et le cardinal de Richelieu répandirent depuis largement. Les gentilshommes, qui composaient alors comme cavaliers la force de l'armée, ressentirent pour Philippe un éloignement que son adversité seule put vaincre : à Crécy ils oublièrent l'affront fait à leur corps, ne virent que l'honneur et leur roi malheureux : s'ils ne vainquirent pas, ils moururent. Philippe, appliquant la loi comme grand juge sans expliquer ses motifs, parut un tyran, tandis qu'il n'était, dans la législation du temps, qu'un prince sévère. Aujourd'hui les tribunaux peuvent seuls ôter la vie aux coupables, et dans les causes criminelles un roi de France ne s'est réservé que le droit de pardonner.

Un mari outragé fut, comme autrefois dans Rome, l'occasion d'un événement tragique. Le roi d'Angleterre avait marié Guillaume de Montagu, qui fut depuis comte de Salisbury, à Catherine, ou Alix, fille de lord Granfton, une des plus belles femmes de son siècle. Il paraît qu'Édouard fut dès lors frappé de la beauté d'Alix; si l'on en juge par le début du poëme du *Vœu du héron*. Édouard *ne pensoit point aux combats, mais en pensers d'amours il tenoit le chef enclin*. Les soins de la guerre occupèrent bientôt Édouard : sa passion naissante s'était presque éteinte, lorsqu'un événement la réveilla.

Les Écossais avaient envahi le nord de l'Angleterre. Des chevaliers de Suède et de Norwége, les petits princes des Hébrides et des Orcades, les highlanders conduits par le roi David Bruce, avaient ravagé le plat pays, insulté Newcastle, et emporté Durham d'assaut.

Édouard, averti de ces dévastations par Jean de Neville, qui s'était échappé de Newcastle, ordonne à tous ses vassaux, depuis l'âge de quinze ans jusqu'à celui de soixante, de prendre les armes, et de venir le trouver sur les frontières du Yorkshire. Après le sac de Durham, David avait marché le long de la rivière de Thyn, vers le pays de Galles, et s'était avoisiné du château de Salisbury. Ce château avait été donné à Montagu, alors prisonnier en France, en récompense de ses services. La châtelaine, sa femme, se trouvait enfermée dans le manoir, où commandait Guillaume de Montagu, son neveu.

Les Écossais, ayant passé une nuit au pied du donjon, décampèrent le lendemain sans l'attaquer; mais le jeune Montagu sortit avec quarante cavaliers, tomba sur l'arrière-garde des ennemis, tua et blessa plus de deux cents hommes, se saisit de six vingts chevaux, chargés du butin fait à Durham, et les conduisit dans ses tours dont il referma les portes. L'armée d'Écosse revient sur ses pas; le château est escaladé; les assiégés repoussent les assiégeants. La nuit approchant, David ordonne de suspendre l'assaut jusqu'au retour du soleil, et de se loger aux environs. « *Lors pouvoit-on voir appareiller et fremir et querir picce de terre pour loger, les assaillants retraire, les navrés rapporter et rappareiller, et les morts rassembler.* » Le lendemain, nouvelle attaque plus furieuse que celle de la veille. *Là estoit la comtesse de Salisbury, qu'on tenoit pour la plus belle dame et la plus sage du royaume d'Angleterre. Icelle comtesse reconfortoit moult ceux du dedans, et par le regard d'une telle dame et de son doux admonestement, un homme doit bien valoir deux au besoin.* » Le second assaut n'eut pas plus de succès que le premier. Les Écossais se retirèrent au tomber du jour, résolus de faire un nouvel effort au lever de l'aube.

Cependant les assiégés, dans les plus vives alarmes, accablés de fatigues et de blessures, craignaient d'être emportés au dernier assaut. Montagu assemble ses chevaliers pour prendre conseil; il savait, par la déclaration de quelques prisonniers, qu'Édouard était arrivé à Warwick; il aurait désiré l'instruire de l'extrémité où il était réduit; mais comment sortir du château? Les passages étaient soigneusement gardés. D'ailleurs tous les chevaliers voulaient rester pour défendre Alix, et, quand ils la regardaient baignée de larmes, aucun d'eux ne se pouvait résoudre à l'abandonner.

Le jeune châtelain dit à ses compagnons : « *Seigneurs, je vois bien votre loyauté et bonne volonté. Je veux, pour l'amour de madame et de vous mettre mon corps en aventure, et faire moi-même le message. De cette parole furent madame la comtesse et les compagnons moult joyeux.* »

Montagu, ayant fait ses préparatifs, sortit seul au milieu de lanuit dans le plus grand silence; une pluie abondante qui survint le favorisa; il passa au travers des gardes ennemies sans être aperçu.

Il était déjà assez loin, lorsqu'au jour naissant il rencontra deux Écossais qui conduisaient deux bœufs et une vache; il tua les bœufs et blessa les deux soldats : « Allez, dit-il, apprendre à votre roi que Guillaume de Montagu a traversé son camp, et qu'il va chercher à Warwick le roi d'Angleterre. » Bruce, ne jugeant pas à propos d'attendre Édouard, leva le siège et se retira.

Édouard arriva à midi à l'endroit même d'où les Écossais étaient partis quelques heures auparavant : pressé peut-être par une passion mal éteinte, il avait fait une extrême diligence, afin de secourir la noble dame, qu'il n'avait pas vue depuis qu'elle s'était mariée au comte de Salisbury.

Sitôt qu'Alix ouït la venue du roi, elle fit ouvrir toutes les portes du château, et *s'avança hors tant richement vestue, que chacun s'en esmerveilloit. Et ne se pouvoit-on lasser de la regarder, et remirer sa grande noblesse avec la grande beauté et le gracieux parler et maintien qu'elle avoit. Quand elle fut venue au roi, elle s'inclina jusqu'à terre en le regraciant de son secours, et l'em-*

mena au chastel pour le festoyer et l'honorer. Le roi ne se pouvoit tenir de la regarder, et bien lui estoit advis qu'oncques n'avoit vu si noble, si frisque, ni si belle dame. Si le blessa tantost une étincelle de fine amour au cœur, qui lui dura par longtemps. Rentrèrent au chasteau main à main, et le mena la dame premièrement en la salle, et puis en sa chambre, qui estoit si noblement parée qu'il appartenoit à telle dame. Et tousjours regardoit le roi la gentille dame si fort, qu'elle en devenoit toute honteuse. Quand il l'eut grande pièce regardée, il s'en alla à une fenestre pour s'appuyer, et commença fort à penser.

La comtesse, ayant tout ordonné pour une fête, revint auprès du roi, qu'elle trouva plongé dans la même rêverie ; elle attribua cette tristesse au déplaisir qu'il sentait d'avoir manqué l'ennemi, et chercha à le consoler. « Ah! chère dame, dit Édouard, *autre chose me touche et me gist au cœur. Le doux maintien, le parfait sens, la grace, la grande noblesse, et la beauté que j'ai trouvées en vous, m'ont si fort surpris, qu'il convient que je sois de vous aimé.* » Lors dit la dame : « *Haa! cher sire, ne me veuillez mie moquer ni tenter. Je ne pourrois croire que si noble et gentil prince comme vous estes eust pensé à deshonorer moi et mon mari, qui est si vaillant chevalier, qui tant vous a servi, et gist pour vous en prison.* »

Le banquet servi, le roi, après avoir lavé, s'assit à table entre ses chevaliers, dîna peu, et demeura toujours pensif. Après le repas il se retira à l'appartement qu'on lui avait préparé. Il demeura toute la nuit en grand trouble : tantôt il lui semblait odieux de chercher à tromper un gentilhomme qui l'avait servi avec tant de fidélité ; *tantost amour le contraignoit si fort, qu'il surmontoit honneur et loyauté.* Le lendemain il dit adieu à la comtesse, la conjurant de ne pas prendre de résolution contre lui ; elle, le suppliant d'abandonner ses desseins.

Peu de temps après, le comte de Salisbury, échangé contre le comte de Moray, Écossais, revint en Angleterre. Il était tranquille, car il ignorait la passion du roi, qui n'avait pas encore éclaté. De retour à Londres, Édouard fit publier un tournoi dans l'espoir d'y attirer la comtesse. Il commanda au comte d'amener sa femme à la cour, et le comte promit d'obéir. « *Si avez bien entendu*, dit l'historien qui nous raconte si agréablement cette aventure, *comment le roi d'Angleterre avoit si ardemment aimé et par amour la belle et noble dame, madame Alix, comtesse de Salisbury. Amour l'admonestoit nuit et jour, et tellement lui representoit la beauté et le frisque arroi d'elle, qu'il ne s'en savoit conseiller et n'y faisoit que penser toujours.* » La châtelaine, invitée à se rendre au tournoi, n'osa refuser, dans la crainte de donner à son mari quelque soupçon des desseins du roi. Les fêtes durèrent quinze jours : on y vit briller le roi d'Angleterre lui-même; Guillaume II, comte de Hainaut; Jean de Hainaut, son oncle, Robert d'Artois, les comtes Derby, de Salisbury, de Glocester, de Warwick, de Cornouailles et de Suffolk, et un grand nombre de chevaliers. Joutes, castilles, pas d'armes, danses de toute espèce, surpassèrent ce qu'on avait vu jusqu'alors. Malheureusement Jean, fils aîné du comte de Beaumont, fut tué dans un dernier combat à la barrière. Alix parut vêtue d'une simple robe au milieu des dames chargées d'atours; elle n'en était que plus belle ; et, en voulant éteindre, par cette modestie, l'amour du monarque, elle l'enflamma.

On croit que ce fut à l'une des danses de ces fêtes qu'Alix laissa tomber le ruban bleu qui rattachait une espèce d'élégant bas-de-chausses qu'on portait alors. Édouard le releva avec vivacité ; les courtisans sourirent ; le roi se retourna vers eux en disant : *Honni soit qui mal y pense*. Quelques années après le roi fit réparer le château de Windsor, *que le roi Arthus fit jadis faire et fonder, là où premièrement fut commencée la noble table ronde dont tant de vaillants hommes et chevaliers sortirent, et travaillèrent en armes et en prouesse par tout le monde*. L'esprit romanesque et l'ignorance des temps donnant crédit à ces fables, Windsor sembla propre à devenir le chef-lieu de l'établissement de l'ordre qu'Édouard voulait créer en témoignage de sa passion ; il fit bâtir une chapelle dédiée à Saint-Georges, et institua l'*ordre de la Jarretière*, qui parut aux chevaliers *une chose moult honorable, et où tout amour se nourrissoit* : il est resté un des cinq grands ordres de l'Europe. Le monument fragile de la galanterie d'un roi d'Angleterre a résisté à toutes les tempêtes qui ont ébranlé le trône britannique. Cromwell fut un moment tenté de vendre ce qu'il est aujourd'hui pour l'honneur de porter un cordon emprunté au genou d'une femme. Qu'est-ce donc que les choses les plus graves de l'histoire, foi des autels, sainteté des mœurs, dignité de l'homme, indépendance, civilisation même, si elles doivent passer plus promptement que les statuts de la vanité et les chartes d'un caprice ? L'antiquité ignora les femmes dans les fastes des nations, si ce n'est comme épouses, mères et filles ; elle mêla peu la société à des faiblesses que le christianisme s'efforçait d'avertir de ses leçons ; l'antiquité ignora de même ces domesticités décorées de l'aristocratie du moyen âge, et nous les voyons expirer par le retour des peuples à la liberté.

Édouard a été accusé de n'avoir vaincu Alix que par la violence : quoi qu'il en soit, le comte de Salisbury crut Alix coupable. Clisson et les seigneurs bretons décapités avaient pris des engagements secrets avec la comtesse de Montfort et le roi d'Angleterre. En témoignage de leur foi, ils avaient envoyé leurs sceaux à Édouard, qui les donna en garde au comte de Salisbury. Le comte, profitant de l'occasion pour se venger du séducteur ou du ravisseur de sa femme, montra les sceaux à Philippe, et Philippe fit trancher la tête aux traîtres.

La preuve la plus frappante de l'infidélité des seigneurs bretons, c'est le ressentiment qu'Édouard témoigna de leur supplice. Si Clisson avait toujours été ferme dans le parti du comte de Blois et de la France, pourquoi Édouard aurait-il été tant ému de sa mort ? il écrivit au pape pour s'en plaindre, qualifiant les condamnés de *nobles attachés* à sa personne. Il prétendit punir par une guerre inique une sentence arbitraire ; il se déclara le vengeur de ceux dont il n'était pas le roi, le réparateur d'un tort dont il n'était pas le juge.

SOMMAIRE.

Geoffroy d'Harcourt, après une querelle avec le maréchal de Briquebec, passe en Angleterre et fait hommage à Édouard, comme roi de France, des terres que lui, Geoffroy, possédait en Normandie. — Portrait de Geoffroy d'Harcourt, homme médiocre dans une haute fortune. — Philippe, trahi de toutes parts, devient sombre et cruel. — Il fait alliance avec le roi de Castille. Jean de Hainaut, comte de Beaumont, lui revient. — Nouveaux impôts ; gabelle. — Finances sous la troisième race, depuis Hugues Capet jusqu'à Philippe de Valois. — Noms des chefs de la maltôte conservés par l'histoire avec les noms les plus illustres de la chevalerie, pour montrer les larmes des peuples derrière la gloire des armes. — Édouard demande des secours pécuniaires à son parlement qui les lui accorde, moyennant quelques concessions ; subsides propices à l'Angleterre et funestes à la France, qui contribuaient à la liberté d'un peuple et à l'asservissement de l'autre. — Hostilités en Guienne. — Prise d'Aiguillon par les Anglais. — Gauthier de Mauny retrouve le tombeau de son père à La Réole. — Prouesse d'Agos dans le château de cette ville. — Reprise des hostilités en Bretagne. — Quimper est emporté d'assaut. — Le carnage ne cesse que lorsqu'on eut trouvé un enfant à la mamelle *qui tétait encore sa pauvre mère morte*. — Mort du comte de Montfort. — Portrait de ce seigneur. — Montfort ne manqua point à la fortune, mais la fortune lui manqua, et sa femme lui ravit la gloire. — Événements de Flandre.

FRAGMENTS.

CHUTE D'ARTEVELLE.

Artevelle, usé dans les troubles populaires ; las peut-être de ses orgies démocratiques, qui n'avaient plus pour lui l'attrait de la nouveauté, n'ayant point agi par la conviction d'une opinion forte, mais par l'entraînement d'une petite jalousie plébéienne contre l'inégalité des rangs ; Artevelle ne pensait plus qu'à mettre à l'abri ses trésors ; il aurait pu dire à ses fils : « Cet or sent-il le sang ? » comme Vespasien demandait à Titus si la pièce de monnaie qu'il lui présentait sentait l'impôt dont elle était provenue. Mais, pour vivre en paix des victimes qu'il avait faites et du peuple qu'il avait trompé, il fallait qu'Artevelle changeât de position. Il lui restait deux partis à prendre : s'emparer du pouvoir suprême, ou descendre de sa puissance tribunitienne et se perdre dans la foule. S'emparer du suprême pouvoir demandait un génie qu'Artevelle n'avait pas ; se démettre de la puissance tribunitienne, Artevelle ne l'osait. Il n'y a pas sûreté à abdiquer le crime ; cette couronne-là laisse des marques sur le front qui l'a portée ; il en faut subir la terrible légitimité.

Artevelle, ne s'arrêtant ni à l'un ni à l'autre parti, eut recours à un expédient qui montrait ce qu'il y avait de vulgaire dans la nature de cet homme : après avoir déchaîné la foule, il songea à lui donner un maître, mais non l'ancien prince du pays, qu'il haïssait et qu'il croyait avoir trop outragé. Il arrive souvent qu'un despote populaire, après s'être livré aux débauches de la liberté, se retire à l'abri sous le joug d'un autre tyran pourvu que ce tyran soit de son choix, et qu'il ait participé à ses excès : Artevelle jeta les yeux sur Édouard, qui avait trempé dans tous ses complots, servi et approuvé toutes ses fureurs. Plus il était ignoble pour un monarque, selon les idées du temps, d'avoir été l'allié et le courtisan d'un marchand de bière, plus le monarque devait entrer dans les projets de ce marchand. Artevelle machina de faire le jeune prince de Galles duc des Flamands, comme il avait fait Édouard roi des Français.

Pour négocier cette affaire, Édouard débarqua au port de l'Écluse vers le milieu du mois de juin de l'année 1345 ; il menait avec lui son fils et *grande foison de barons et de chevaliers*. Les députés de Flandre se rendirent de leur côté à l'Écluse avec Artevelle ; ils ignoraient ce qu'on devait traiter dans cette entrevue. On tint conseil à bord du grand vaisseau que montait le roi d'Angleterre, et qui s'appelait *Catherine*. Là Artevelle proposa de déshériter le comte Louis de Flandre et son jeune fils Louis, et de donner le comté de Flandre sous le nom de duché au prince de Galles, fils d'Édouard.

Il y a dans le cœur de l'homme un fonds de justice qui reparaît toutes les fois que les passions ne sont pas émues. Dans ce moment les députés de Flandre étaient de sang-froid; ils s'indignèrent à cette proposition qui blessait l'esprit de bonté des uns et le caractère de loyauté des autres. Ils répondirent qu'ils ne pouvaient prendre sur eux *une chose aussi pesante qui, au temps à venir, pourrait toucher à leur pays*, et qu'il fallait prendre l'avis des communes de Flandre ; et ils se retirèrent.

Artevelle, se laissant devancer à Gand par les députés, commit une de ces fautes qui décident du sort d'un homme : s'il eût parlé le premier, peut-être eût-il entraîné les bourgeois ; mais son crédit commençait à s'affaiblir. Un rival dangereux, Gérard Denis, chef des tisserands, s'élevait sur les débris de sa fortune. Soit que ce nouveau tribun fût gagné par l'argent de la France, soit qu'il embrassât un parti généreux par son propre penchant, soit qu'il agît par esprit d'opposition à Artevelle, il ne manquait jamais de repousser les propositions de ce dernier. Artevelle sentait si bien ce que Gérard Denis avait pour lui de fatal, qu'il était résolu de s'en défaire.

Les députés, arrivés à Gand, convoquent le peuple à la place du marché; ils rendent compte des conférences de l'Écluse. Le peuple, aussi ardent dans le bien que dans le mal, manifeste son mécontentement par ses murmures; alors Gérard Denis prend la parole :

« Bonnes gens, nous avons jusqu'ici combattu pour nos franchises : Arte-
« velle, qui s'en disait le défenseur, vous propose aujourd'hui de les trahir.
« Mais, si nous ne cessons d'être libres, à l'instant tout nous accuse. Comment
« nous justifierons-nous ? Que nous restera-t-il de nos sanglantes rébellions?
« des crimes et des chaînes ! Cet homme qui vous a entraînés veut vous livrer
« à l'Angleterre. Prince pour prince, n'en avons-nous pas un né de notre sang,
« élevé parmi nous, que nous connaissons, qui nous connaît, qui parle notre
« langue, pour lequel nous avons prié, dont nos enfants savent le nom comme
« celui de leurs voisins, dont les pères vécurent et moururent avec les nôtres ?
« Parce que nous avons réduit nos anciens comtes à être voyageurs, notre pays
« serait-il une propriété forfaite, et doit-il demeurer à l'Anglais par droit d'au-
« baine? Ah! pour Dieu, si nous voulons un maître, ne soyons pas en telle
« déloyauté de déshériter notre naturel seigneur, pour donner son lit au pre-
« mier compagnon qui le demande. »

A de semblables discours, Denis et ses partisans ajoutent ce qui devait agir plus immédiatement sur la foule : depuis neuf ans passés qu'Artevelle gouvernait la Flandre, il avait amassé un trésor, tant des forfaitures et des amendes, que des revenus du domaine; cet amour de l'argent, passion des âmes communes, le perdit.

Artevelle, en quittant Édouard à l'Écluse, s'était rendu à Bruges, et ensuite à Ypres, qu'il fit entrer dans ses desseins. De là il revint à Gand. En chevauchant par les rues, accompagné de ses amis et de la garde étrangère qu'Édouard lui avait donnée, il s'aperçut qu'il se tramait contre lui quelque chose ; car ceux qui avaient coutume de le saluer lui tournaient le dos et rentraient dans leurs maisons. Le peuple murmurait et disait : « Voyez celui qui est trop grand maistre, « et qui veut ordonner de la comté de la Flandre. » Arrivé à son hôtel, il en fit barricader les portes et les fenêtres ; car l'habitude qu'il avait du peuple lui fit, aux premiers signes, prévoir la tempête. A peine s'était-il renfermé, que tout le quartier se souleva, la maison du brasseur est entourée et assaillie. Les serviteurs d'Artevelle lui demeurèrent fidèles, ce qui arrive rarement aux malheureux ; ils se défendirent bien, tuèrent et blessèrent plusieurs hommes, mais enfin les portes sont brisées, et la foule se répand dans l'intérieur de l'hôtel, en poussant des hurlements. Alors Artevelle paraît à une fenêtre, la tête nue, et en posture de suppliant : « Bonnes gens, que vous faut-il ? Qui vous « meut ? Pourquoi estes-vous si troublés sur moi ? En quoi puis-je vous avoir « courroucés ? — Où est le trésor de Flandre ? » s'écrièrent les attroupés. — « Je n'en ai rien pris, dit Artevelle. Revenez demain, je vous satisferai. — Non, « non, vous ne nous échapperez pas ainsi : vous avez envoyé le trésor en An- « gleterre, et pour cela il vous faut mourir. »

A cette menace, Artevelle joignit les mains et commença à pleurer. « Sei- « gneurs, dit-il, je suis ce que vous m'avez fait. Vous me jurastes jadis que vous « me défendriez contre tout homme, et maintenant vous prétendez me tuer « sans raison. Rappelez-vous le temps passé ; considérez mes courtoisies. Je « vous ai gouvernés en si grande paix que vous avez eu toutes choses à sou- « hait, blé, avoine, et toutes autres marchandises. Vous voulez me rendre petit « guerdon des grands biens que je vous ai faits. »

Il ne toucha pas le peuple par des larmes ; c'était le cerf pleurant aux veneurs. La foule cria tout d'une voix : « Descendez, et ne nous sermonnez pas de si « haut. » Dans ces paroles, Artevelle ouït son arrêt. Il ferme la fenêtre et se veut sauver par une porte de derrière pour se réfugier dans une église voisine ; il espérait trouver un asile aux pieds de celui dont la miséricorde ne se lasse pas comme la pitié des hommes. Mais déjà plus de quatre cents forcenés remplissaient la maison : Artevelle, tombé au milieu d'eux, est déchiré. Il reçut la mort de la main de Gérard Denis, qui paraissait agir pour une cause meilleure, et qui ne valait peut-être pas mieux que lui. Dans une république, le peuple étant législateur, juge et souverain, peut faire la loi, prononcer l'arrêt, et l'exécuter ; le massacre par la démocratie est inique, mais légal : Artevelle avait consenti à un pareil gouvernement.

Édouard apprit à l'Écluse la fin de celui qui était, selon Froissart, *son grand ami et son cher compère*. Il fit voile pour l'Angleterre, menaçant la Flandre, et se déclarant toujours le vengeur de la mort des traîtres. Il n'avait pas plus d'envie de se brouiller avec les Flamands que les Flamands avec lui. Ils allèrent en députation le trouver à Londres. « *Chier sire*, lui dirent-ils, *vous avez de beaux enfants, fils et filles. Le prince de Galles ne peut manquer d'estre encore un grand seigneur, sans l'heritage de Flandre. Et vous avez une damoiselle à fille moins aisnée, et nous un jeune damoisel, que nous nourrissons et gardons, et qui est héritier de Flandre ; si se pourroit encore bien faire un ma-*

riage d'eux deux. » Ces paroles adoucirent la feinte douleur d'Édouard, et Artevelle fut oublié, comme tous ceux dont la renommée n'est fondée ni sur le génie ni sur la vertu.

SOMMAIRE.

Jean, duc de Normandie, fils aîné du roi, marche en Guienne; et, après avoir pris Angoulême, vient mettre le siége devant Aiguillon avec plus de cent mille hommes. — Résistance des assiégés commandés par le comte de Derby.

FRAGMENTS.

INVASION DE LA FRANCE PAR ÉDOUARD.

Ce siége fut fatal; il détermina Édouard à passer en France, et priva Philippe de cent mille hommes qui auraient pu se trouver à la bataille de Crécy. Tout se préparait alors dans les conseils de Dieu. « Mais, dit le grave historien « qui a le mieux connu nos antiquités, les adversités advenues à la France et « les grandes victoires du roi Édouard ne doivent persuader la justice de sa « querelle, mais estre estimées chastement des vices des François. La restitu- « tion des pertes et conservation de l'Estat jusqu'à persent manifestent que ce « n'a esté ruine. »

Le duc de Normandie avait fait serment de ne point abandonner le siége d'Aiguillon que la ville ne fût prise, à moins que son père ne le rappelât. Il fit partir le connétable d'Eu et Tancarville, pour rendre compte à Philippe de la résistance qu'il éprouvait. Philippe retint auprès de lui ces deux seigneurs, et fit dire à son fils de continuer le siége jusqu'à ce qu'il obligeât la ville à se rendre par la famine, puisqu'il ne la pouvait emporter de force.

Cependant le roi d'Angleterre, instruit de ce qui se passait en Guienne, se préparait à secourir en personne le comte Derby. Il assembla, dans le port de Southampton, mille vaisseaux, quatre mille hommes d'armes, dix mille archers, seize mille hommes d'infanterie légère, dont dix mille étaient Gallois et six mille Irlandais. Il laissa le gouvernement de l'Angleterre aux archevêques de Cantorbéry et d'York, aux évêques de Lincoln et de Durham, et aux seigneurs de Percy et de Neville; il donna la garde particulière de la reine au comte de Kent, son cousin. Le vent étant devenu favorable, Édouard, vers la fin du mois de juin de l'an 1346, fit voile, avec toute son escadre, pour les côtes de Gascogne.

Il avait auprès de lui, sur son vaisseau, Geoffroy d'Harcourt et le jeune prince de Galles, qui entrait dans sa quinzième année. Les autres seigneurs embarqués étaient les comtes d'Hereford, de Northampton, d'Arundel, de Cornouailles, de Warwick, de Huntingdon, de Suffolk et d'Oxford. Parmi les barons et chevaliers, on comptait Jean Louis et Roger de Beauchamp, Renauld et Cobham, les sires de Mortimer, de Mowbray, de Ross, de Lucy, de Felton, de Bradestan, de Moulton, de Man, de Basset, de Berkley et de Willoughby. D'autres combattants, qui devinrent dans la suite célèbres, Jean Chandos, Fitz Warren,

Pierre et James d'Audelay, Roger de Wettevalle, Barthélemy de Burgherst, Richard de Pembridge, étaient aussi à bord de *la navie*, au simple rang de bacheliers. Il faut encore compter quelques étrangers, Oulphart de Ghistelle du pays de Hainaut, et cinq ou six chevaliers d'Allemagne.

Pendant deux jours, les vaisseaux firent bonne route, vers le port qu'ils cherchaient : s'ils eussent entré dans la Gironde, la France était sauvée, et la France devait être perdue. Celui qui commande à la mer fit cesser le vent, par qui la flotte semblait être favorisée ; il en envoya un autre qui la refoula violemment sur la Cornouailles ; on jeta l'ancre. Édouard attendit, implora le retour de la première brise, ne se doutant pas que la tempête qui soulevait alors son pavillon, le menait à la victoire.

Nous avons dit que Geoffroy d'Harcourt était embarqué sur la *nef royale;* il n'avait jamais été d'avis d'attaquer la France du côté de la Guienne, trop éloignée du centre de notre empire, et défendue, comme province frontière, par une multitude de châteaux ; quelque chose semblait avoir fait à ce traître la révélation de la colère du ciel : rien de plus intelligent que la vengeance et la haine. Quand Harcourt vit la flotte repoussée aux côtes d'Angleterre, il profita de cet accident pour ébranler la résolution d'Édouard. « Sire, lui dit-il, je
« vous ai toujours conseillé et je vous conseille encore de prendre terre en Nor-
« mandie. Personne ne s'opposera à votre descente. Depuis longtemps les
« peuples de ce canton sont sans armes, et ils n'ont jamais vu la guerre. Toute
« la noblesse de la province est au siége devant Aiguillon. Vous trouverez un
« pays ouvert, rempli de grosses villes non fermées où vos soldats s'enrichiront
« pour vingt ans. Je vous supplie de m'écouter, et je reponds du succès sur ma
« tête. »

L'oreille du roi s'inclina à ce conseil. Édouard ordonne de lever l'ancre ; lui-même veut servir de pilote ; il passe avec son vaisseau à la tête de la flotte, et fait tourner la proue vers les côtes de la Normandie. Des calamités de cent années furent le fruit de l'inspiration d'un moment et du changement des vents dans le ciel.

Les Français, qui tant de fois portèrent le ravage dans les contrées étrangères, allaient à leur tour sentir l'abomination de la conquête. Depuis l'invasion des Normands, ils n'avaient point vu les ennemis dans le cœur de leur pays ; et voilà qu'après quatre siècles un Normand leur ramenait la désolation. Les mille vaisseaux anglais parurent devant la Hogue-Saint-Wastt en Cotentin. Couvert de ses armes, entouré de ses chevaliers, Édouard, monté sur son grand vaisseau, qui précédait tous les autres, déployait au vent les couleurs de l'Angleterre ; elles étaient blanches alors, et nous portions le rouge. Il aborde sans obstacle, comme Geoffroy d'Harcourt le lui avait prédit, au port de la Hogue, le 12 juillet 1346. Près du cap de ce nom, les Français, sous le règne de Louis XIV, versèrent leur sang pour remettre un monarque anglais sur le trône de ses pères.

La terre de Saint-Sauveur, qui appartenait à Geoffroy d'Harcourt, s'étendait jusqu'à la Hogue. Du bord des vaisseaux anglais, Harcourt découvrait le lieu même de sa naissance, et les rivages remplis des souvenirs de sa jeunesse. En montrant à Édouard le pays qu'il allait ravager, il pouvait lui dire : « Voilà la

« tour de l'église où j'ai été baptisé ; voilà le donjon du château où j'ai été
« nourri : là vos soldats pourront déshonorer le lit de ma mère ; ici, déterrer
« les os de mes aïeux. »

Quand Geoffroy mit le pied sur la grève, comment put-il voir sans être ému les paysans fuir devant lui dans ces mêmes champs où il avait passé son enfance, par ces mêmes chemins qui le conduisaient au toit paternel ? Un historien représente Rome disant à Manlius Capitolinus : « Manlius, je t'ai regardé
« comme le plus cher de mes fils quand tu renversas les ennemis du haut du
« Capitole ; mais puisque tu déchires mon sein, va, malheureux, et sois pré-
« cipité comme ces Gaulois que tu as vaincus. »

La France, percée de coups, les yeux en pleurs, enveloppée dans son manteau déchiré, aurait pu crier à Geoffroy d'Harcourt : « Faux et traître chevalier,
« je t'attends à Crécy sur le corps sanglant de ton frère fidèle à sa patrie ! En
« vain tu te repentiras, ton repentir ne durera pas plus que ton innocence.
« Traître de nouveau, tu mourras foi-mentie, doublement flétri par ton crime
« et par le pardon de ton roi. »

La flotte ayant jeté l'ancre, le débarquement se fit sur un rivage désert, image de ce qu'allait devenir le sol de notre patrie sous les pas des Anglais. Édouard tomba, dit-on, en mettant le pied sur la grève, comme César en Afrique, comme Guillaume le Bâtard en Angleterre. Le sang lui sortit du nez. Les chevaliers, effrayés du présage, dirent au roi : « Chier sire, retrayez-vous,
« en vostre nef, et ne venez mès huy à terre, car voici un petit signe pour
« vous. » Édouard répondit joyeusement : « C'est un très-bon signe ; ceste terre
« me desire. » Il y a des paroles et des aventures qui sont de tous les conquérants ; le même instinct et les mêmes mœurs distinguent les animaux de proie.

A l'endroit du débarquement, le roi d'Angleterre arma chevalier son jeune fils le prince de Galles : cette terre de France a la propriété de faire des héros, même parmi ses ennemis. Édouard nomma connétable le comte d'Arundel, et maréchaux Geoffroy d'Harcourt et le comte de Warwick.

Le Cotentin forme une presqu'île : Édouard rangea ses soldats selon la nature du terrain qu'il avait à parcourir : divisés en trois corps, deux de ces corps, c'est-à-dire les deux ailes de l'armée commandées par les deux maréchaux, marchaient l'un à droite, l'autre à gauche, au bord de la mer, en balayant les deux rivages de la presqu'île, tandis que le corps de bataille où se trouvaient Édouard, le prince de Galles et le connétable, s'avançait au centre par le milieu des terres. Chaque soir les deux ailes se repliaient et venaient camper sur les flancs de la *chevauchée* du roi. Le comte d'Huntingdon, demeuré sur la flotte avec six vingts hommes d'armes et quatre cents archers, avait ordre de suivre rez les côtes le mouvement des troupes. Par cette belle disposition militaire, l'armée d'Édouard, se mouvant sur une seule et longue ligne, et embrassant tout devant elle, se déroulait lentement sur la France comme une mer de feu.

Rien n'échappa, par mer et par terre, aux ravages de ce monarque, qui se disait roi des Français, et qui venait pour régner sur des Français ; par mer tous les vaisseaux, depuis le plus grand navire jusqu'à la plus petite barque, furent pris et réunis à la flotte anglaise ; par terre, toutes les villes et les villages furent saccagés et brûlés. Barfleur succomba la première; et, quoiqu'elle se fût rendue sans coup férir, elle n'en fut pas moins pillée ; elle perdit *or, argent et chers joyaux. Il se trouva si grande foison de richesses, que compagnons n'avoient cure de draps fourrés de vair.* Les habitants, enlevés de la ville, furent entassés sur la flotte anglaise. Cherbourg fut incendié ; le château se défendit; Montebourg, Valognes, Carentan, furent renversés de fond en comble.

Le corps de bataille ne faisait pas moins de mal au milieu du pays. *Geoffroy d'Harcourt alloit en avant de la bataille du roi avec cinq cents armures de fer et deux mille archers ;* et comme il connaissait bien sa patrie, c'était lui qui traçait le chemin. Il trouva *le pays gras et plantureux de toutes choses, les granges pleines de bleds et d'avoines, les maisons pleines de toutes richesses, riches bourgeois, chars, charrettes, chevaux, pourceaux, moutons, bœufs, qu'on nourrissoit, dans ce pays-là, et les plus beaux biens du monde. Ceux du pays fuyoient devant les Anglois de tant loin qu'ils en oyoient parler, et laissoient leurs maisons et leurs granges toutes pleines. Ainsi par les Anglois estoit ars* (brûlé), *robé, gasté et pillé le bon pays de Normandie.* Saint-Lô, où il y avait alors des manufactures de drap considérables, périt, et les trois corps de l'armée anglaise s'étant réunis, s'avancèrent dans la plaine de Caen. C'est par le récit des malheurs de la France que nous apprenons le curieux détail de sa culture et de son industrie intérieure à cette époque.

On n'avait point ignoré à Paris l'armement des Anglais, mais on n'avait pu deviner sur quel point tomberait l'orage ; on n'eut pas plutôt appris qu'il éclatait au cœur du royaume, que Philippe se hâta d'envoyer à Caen le comte d'Eu, connétable de France, et le comte de Tancarville, nouvellement arrivés du siége d'Aiguillon. Ils se jetèrent dans la ville accompagnés de quelques hommes d'armes ; ils y trouvèrent Guillaume Bertrand, évêque de Bayeux, qui s'y était renfermé avec la noblesse restée au pays. Caen était une ville marchande et peuplée, *pleine de riches bourgeois, de nobles dames et de belles églises;* mais ses murailles étaient ouvertes en plusieurs endroits, et son château, assez fort, ne défendait la ville que d'un côté. Trois cents Génois commandés par le seigneur de Warigny, en formaient toute la garnison. C'était déjà un grand progrès en administration que de pouvoir entretenir, comme Philippe le faisait alors, cent mille hommes en Gascogne ; mais le système des troupes soldées n'étant pas encore établi, le demeurant du royaume se trouvait sans défense régulière. Le moyen âge, qui n'eut point d'armée permanente, était dans l'état le plus favorable à la liberté, et, par le défaut de lumières, ce fut un temps de servitude : quand les lumières s'étendirent, les soldats arrivèrent.

La flotte anglaise était parvenue à l'embouchure de l'Orne, petite rivière qui passe à Caen. Édouard, logé à deux lieues de la ville s'attendait à trouver quelque résistance. Le comte de Tancarville voulait, avec raison, qu'on se contentât de défendre le pont sur l'Orne, le château, le corps de la ville, et qu'on abandonnât les faubourgs ; les bourgeois dirent qu'ils se sentaient assez forts pour combattre le roi d'Angleterre en rase campagne. Le connétable appuya cette bravade; et par tout ce qui suivit, il se fit accuser d'incapacité, de lâcheté ou de trahison. Il avait jadis reçu des grâces et des présents d'Édouard; pendant sa captivité en Angleterre, les caresses de ce prince achevèrent de le rendre suspect. Il faut des succès sur le trône, et Philippe ne connaissait que des revers : le malheur délie les hommes du serment de fidélité.

Édouard, au soleil levant, prêt à exterminer une cité, entendit la messe; peu de temps après, en violant les tombeaux et en massacrant les peuples, il fit faire un magnifique service aux gentilshommes normands décapités pour la félonie de Geoffroy d'Harcourt.

Cependant les bourgeois de Caen, rangés en bataille, ne tinrent pas ce qu'ils avaient promis. Aussitôt qu'ils virent approcher les bannières des Anglais, et qu'ils entendirent siffler les flèches, ils fuirent. Les ennemis entrèrent pêle-mêle avec eux dans la ville; car la rivière était si basse, qu'on la passait partout à gué. Le connétable se retira à *sauveté* avec le comte de Tancarville, sous une porte à l'entrée du pont, devant l'église de Saint-Pierre. Quelques chevaliers et écuyers se réfugièrent dans le château. Le connétable, monté aux créneaux, aperçut, en regardant le long de la grande rue, les archers anglais tuant les habitants et n'en recevant aucun à merci. Parmi ces soldats il reconnut un chevalier borgne, Thomas Holland, avec lequel il avait autrefois contracté amitié dans les guerres de Prusse et de Grenade. Il l'appela, et se rendit à lui avec le comte de Tancarville et une vingtaine de chevaliers.

Les habitants, voyant qu'on ne leur faisait aucun quartier, se barricadèrent et commencèrent à se défendre : ils jetaient par les fenêtres et du haut des toits, sur les Anglais, des meubles, des briques et des pierres. Les Anglais enfonçaient les portes, se frayaient un chemin avec le fer et le feu, violaient les femmes au milieu des flammes, et massacraient tout, sans distinction d'âge, de sexe et de condition. Chaque maison était l'occasion d'un siége où se répétaient les horreurs accomplies dans une ville prise d'assaut.

Plus de cinq cents Anglais avaient péri dans ce tumulte. Édouard, devenu furieux, ordonne qu'on passe tous les Français au fil de l'épée, et qu'un vaste incendie couronne l'œuvre. Geoffroy d'Harcourt se trouvait présent lorsque cet ordre fut donné; pour la première fois, il sentit quelque remords : il représenta au monarque étranger qu'il lui restait encore un grand pays à traverser, et Philippe à combattre; qu'il lui importait de ménager ses soldats; que les bourgeois de Caen, poussés au désespoir, vendraient chèrement leur vie; que si, au contraire, on usait de miséricorde, il se chargeait, lui, d'Harcourt, de réduire la ville en peu d'heures.

Ce conseil, auquel Édouard obtempéra, en épargnant quelques maux particuliers, fit un mal général à la France.

Au commencement d'une invasion, un exemple de dévouement enflamme les cœurs, les fait palpiter de vertu et de gloire, inspire cet enthousiasme qui rend une nation invincible : les trois cents Spartiates sauvèrent la Grèce aux Thermopyles. Harcourt chevaucha de rue en rue, commandant, de par le roi d'Angleterre, que nul, sous peine de la *hart*, ne fût assez hardi pour mettre le feu aux maisons, violer les femmes, tuer les hommes qui ne feraient pas de résistance. Les bourgeois cessèrent aussitôt le combat, et ouvrirent leurs portes. Alors commença une espèce de pillage régulier qui dura trois jours. Édouard se réserva sur la part du butin les joyaux, la vaisselle d'argent, la soie, les toiles et les draps.

Il acheta de Thomas de Holland pour la somme de vingt mille nobles, le connétable et le comte de Tancarville. Ces deux seigneurs furent embarqués sur le grand vaisseau de la flotte anglaise avec soixante chevaliers prisonniers et trois cents bourgeois, dont on espérait tirer rançon, quoiqu'ils eussent déjà tout perdu. Le vaisseau porta à Londres les captifs et les dépouilles les plus précieuses. C'était une amorce au reste des Anglais pour accourir au sac de la France.

Caen renfermait le tombeau de Guillaume le Bâtard; le sol où ce tombeau se trouvait placé avait été jadis disputé aux os de ce prince par un bourgeois nommé Ascelin, lequel disait que ce sol, propriété de son père, lui avait été ravi contre toute justice par Guillaume vivant.

Les enfants des compagnons que Guillaume avait menés à la conquête de l'Angleterre revenaient conquérir et profaner ses cendres.

Deux cardinaux légats, qu'Édouard ne voulut point écouter, furent témoins de la ruine de Caen. On a déjà remarqué, et l'on fera remarquer encore, les efforts du saint siège pour arrêter l'effusion du sang dans ces guerres cruelles. Rien n'était plus touchant que de voir des hommes de miséricorde suivant partout des hommes de sang, essayant de faire tomber les armes de leurs mains, suppliant avant le combat, pleurant après la victoire, toujours rebutés, jamais las, colombes de paix errant de champ de bataille en champ de bataille avec les vautours.

Philippe rassemblait à Saint-Denis une armée. Les princes ses vassaux, ses alliés ou ses amis, se hâtaient de se réunir à lui. Le comte de Beaumont, Jean de Hainaut, depuis peu réconcilié à la France, accourut avec un grand nombre de chevaliers; le duc de Lorraine amena trois cents lances; les comtes de Savoie, de Salbruges, de Flandre, de Namur, de Blois, toute la noblesse qui ne se trouvait pas au siége d'Aiguillon, se rendirent à Saint-Denis. Jean, roi de Bohême, était alors dans ses États : son fils Charles venait d'être élu empereur; l'ancien empereur excommunié, Louis de Bavière, inquiétait le nouvel empereur; le roi de Bohême avait perdu la vue; tant de raisons paraissaient le devoir retenir en Allemagne; mais quand il reçut les courriers de Philippe, ses ministres le voulurent en vain arrêter. Ce vieux monarque, qui est devenu le modèle de la loyauté, dit à ses barons : « Ah, ah! quoique aveugle, je n'ay mie ou-
« blié les chemins de France. Je veux aller défendre mes chiers amis et les
« enfants de ma fille, que les Angleches veulent rober. » Jean partit en effet avec son fils Charles, et vint trouver Philippe.

Édouard avait quitté Caen. Les seuls titres des chapitres de nos chroniques donnent une idée de sa marche, *des maux que les Anglais firent en Normandie, comment telle ville fut pillée, comment tout le pays fut ars, exillé et robé*. Il prit d'abord la route d'Évreux; mais cette ville étant fermée, il ne l'attaqua pas. Il emporta et incendia Louviers, déjà connue par ses manufactures de drap; de là il s'avança vers Rouen; les comtes d'Évreux et d'Harcourt y commandaient; Geoffroy d'Harcourt put voir flotter sur les murs de Rouen la bannière de son frère.

Philippe avait fait rompre tous les ponts de la Seine depuis Paris jusqu'à Rouen; lui-même, descendu de Paris avec son armée, se trouvait à Rouen à l'instant où les Anglais se présentèrent de l'autre côté de la Seine. Édouard passa sans insulter la ville dont la rivière le séparait; il épiait l'occasion d'entrer en Picardie pour se retirer dans le Ponthieu, qui lui appartenait. Il remonta la Seine, continuant ses ravages; Philippe marchait sur le bord opposé, réglant ses mouvements sur ceux des ennemis: on les suivait à la trace du sang et à la clarté des embrasements. Ils brûlèrent Pont de l'Arche, Vernon, Mantes et le faubourg de Meulan; des fourrageurs pénétrèrent dans le pays chartrain. L'armée anglaise parvint ainsi jusqu'à Poissy, dont le pont avait été détruit; malheureusement il en restait encore les piles et les attaches, ce qui facilita son rétablissement : Philippe arriva à Paris en même temps qu'Édouard à Poissy. La civilisation des temps modernes a fait cesser ces désastres à plaisir de l'ancienne guerre; mais les Barbares eux-mêmes avaient rarement mené une invasion avec une aussi complète absence d'humanité que cette course sanglante d'Édouard.

Des partis anglais se répandirent dans les environs de Poissy. Le château de Saint-Germain en Laye, Nanterre, Ruel, Saint-Cloud, Neuilly, furent réduits en cendres. La nuit, à Paris, on apercevait dans le ciel la réverbération des flammes; et le jour, du haut des tours de Notre-Dame, on découvrait les villages aux grosses fumées qui s'en élevaient. Depuis la descente des premiers Normands, un tel péril n'avait point approché des Parisiens; comme les citoyens de Lacédémone avant le temps d'Épaminondas, leurs femmes n'avaient point vu les feux d'un camp ennemi. Aujourd'hui Paris a reçu l'étranger dans ses murs, et Sparte sort de ses ruines.

Philippe voulut s'aller mettre à la tête de son armée à Saint-Denis. La foule se jeta à ses pieds. « *Haa! sire et noble roi, que voulez-vous faire? Vous vou-« lez laisser la noble cité de Paris. Les ennemis sont à deux lieues près; tantôt « seront en cette ville. Quand vous en serez parti, nous n'aurons personne qui « nous défende contre eux.* Le roi répondit : *Bonnes gens, ne craignez pas les « Anglois; ils ne vous approcheront pas de plus près. Je vais à Saint-Denis « devers mes gens d'armes, car je veux chevaucher contre les Anglois et les « combattre.* »

Ces paroles calmèrent peu les esprits : les frayeurs du peuple sont presque toujours mêlées de sédition et de folie; d'un côté on ne voulait pas que le roi s'éloignât, parce que Paris était sans défense; de l'autre, on se refusait aux mesures nécessaires pour mettre la ville à l'abri d'un coup de main. Paris n'était point encore entouré de remparts, ou ceux qu'avait élevés Philippe-Auguste n'existaient plus: le roi ordonna de faire des retranchements. Il fallait abattre quelques maisons; les propriétaires s'y opposèrent: remarquez cette force de la liberté civile, dans un temps où la liberté politique n'était rien. Le peuple prend le parti des propriétaires; le roi de Bohême accourt avec cinq cents chevaux pour calmer la sédition: on n'y parvient qu'en abandonnant l'ouvrage.

A ces émeutes, aux mutineries des hommes qui, n'ayant rien à perdre, se réjouissent des calamités publiques, se mêlaient d'autres troubles et d'autres confusions : tout était plein de traîtres payés du prix des rapines d'Édouard ; ces traîtres s'augmentaient du troupeau des faibles, de ces gens sans cœur et sans caractère, alliés naturels des méchants, sorte de traîtres que font la peur et l'adversité. Plusieurs commençaient à croire que le roi d'Angleterre avait des droits au trône de France, puisqu'il était victorieux.

L'intérêt était puissant, et grand le spectacle : Édouard à Poissy, au berceau de saint Louis ; Philippe à Saint-Denis, au tombeau du même roi ; tous deux prêts à s'élancer de ces barrières pour se disputer le sceptre du monarque qui avait emporté sa couronne dans le ciel.

A en juger par les apparences, le bon droit allait triompher. Tant qu'Édouard n'avait trouvé aucun obstacle, il s'était avancé en abîmant le pays ; mais il lui fallut songer à la retraite aussitôt que Philippe parut, de même que le loup, dit Mézeray, après avoir fait un grand carnage dans une bergerie, entendant aboyer les mâtins, ne tâche qu'à se retirer dans le bois. La retraite n'était pas facile. Édouard n'aurait osé se jeter sur une ville comme Paris, appuyée d'une armée de cent mille hommes. Retourner en arrière ? il eût été aussitôt poursuivi sur un sol mis à nu. Tenir au premier projet de se cantonner dans le Ponthieu ? La Seine, dont les ponts étaient rompus, barrait le chemin au prince anglais ; et même, quand il l'aurait passée, il se trouverait renfermé entre les eaux de cette rivière, celles de l'Oise, le cours de la Somme et l'armée française à Saint-Denis. C'était pourtant le seul plan qui présentât quelque chance de succès.

Il y avait quatre jours qu'Édouard préparait en secret les matériaux nécessaires au rétablissement du pont de Poissy ; il répandait le bruit que, ne pouvant traverser la Seine dans l'endroit où il cantonnait, il tenterait le passage au-dessus de Paris. Le jour de l'Assomption, il chôma, à l'abbaye des Dames, la fête de la Vierge ; il affecta de donner un grand repas ; il y présida vêtu d'un habit sans manches, de drap d'écarlate fourré d'hermine, comme aurait pu faire saint Louis tranquille au sein de son royaume et au lieu de sa naissance : ses troupes avaient reçu l'ordre de se mettre en mouvement pour tourner Paris. Trompé par cette disposition et ces faux rapports, Philippe était venu camper au pont d'Antony, afin de couper le chemin aux ennemis. Il n'eut pas plutôt quitté Saint-Denis qu'Édouard, exécutant une contremarche, revint passer la Seine à Poissy sur le pont qui avait été rétabli avec une diligence merveilleuse. L'avant-garde des Anglais, sous le commandement de Geoffroy d'Harcourt, était à peine de l'autre côté de la Seine qu'elle rencontra les milices d'Amiens, conduites par quatre chevaliers de Picardie : Harcourt attaqua ces communes, qui se défendirent vaillamment ; mais elles furent défaites, et leurs bagages pris ; douze cents *bonnes gens* demeurèrent sur la place après avoir affronté les premiers les destructeurs de leur pays. Telles étaient ces communes, qui formaient le fond de la véritable nation française, et dont notre ancienne histoire, à sa honte éternelle, ne parla jamais que pour les traiter de *ribaudailles* et de *pédailles*... Ces nobles si hautains étaient-ils plus braves sous leurs corsets et leurs casques de fer, à l'épreuve de la flèche et de la lance, que ces paysans armés d'un bâton ou d'un fauchard, exposés demi-nus à la charge de ces centaures de bronze? Le moment n'était pas loin où la poudre allumée à Crécy allait égaliser les périls, niveler les rangs sur le champ de bataille, et permettre enfin à la gloire d'inscrire le peuple français dans ses propres fastes.

Philippe n'apprit qu'au bout de deux jours la levée des tentes anglaises : bien qu'il eût en tête un général plus habile que lui, il avait un grand courage et ne manquait point de capacité dans la guerre; on ne peut attribuer une partie de ses incroyables fautes et du succès de ses ennemis qu'à ce vertige d'infidélité qui avait saisi une partie de ses sujets : tant il est vrai que la loi salique n'était pas encore évidente à tous les esprits. Il reconnut alors, dit un historien, qu'il était environné de traîtres, lesquels le trompaient par de faux rapports et donnaient avis aux Anglais de toutes ses démarches. Désespéré d'avoir laissé échapper sa proie, il se mit à sa poursuite. Il envoya offrir la bataille à Édouard ou dans la plaine de Vaugirard, s'il y voulait venir, ou entre Pontoise et Franconville, s'il se voulait arrêter et l'attendre. Édouard fit répondre qu'il n'avait point conseil à prendre d'un ennemi. Il continua sa route.

Arrivé aux champs de Beauvais, il les faucha comme le reste, passa sous les murs de Beauvais, dont il brûla et pilla les faubourgs; la ville fut courageusement défendue par l'évêque. L'abbaye de Saint-Lucien, fondée par Khildérik, était, après Saint-Germain-des-Prés, le plus ancien édifice religieux de la France; Édouard y prit ses quartiers : comme il s'en éloignait le lendemain, il vit, en regardant derrière lui, les flammes s'élever des tourelles de ses hôtes; il fit pendre quelques-uns des incendiaires. Il s'était ravisé par politique, et avait commandé de respecter les églises, ordres dérisoires qui ne trompèrent point le ciel et que n'écouta point le soldat.

Ainsi périssaient la patrie, ses cités, ses hameaux, les temples de sa religion, les monuments de ses rois. Crécy allait couronner tant de désastres, et terminer la marche triomphale d'Édouard au travers des ruines.

De l'abbaye de Saint-Lucien il vint loger à Milly, de Milly à Grand-Villiers; il défila devant Dargies, brûla le château et fourragea le pays d'alentour. La ville de Poix fut trouvée sans défense; il n'était demeuré dans ses deux châteaux que deux *belles damoiselles*, filles du seigneur de Poix : elles auraient été déshonorées sans le sire de Basset et Jean Chandos, qui les menèrent au roi d'Angleterre. Les bourgeois de Poix se rachetèrent du pillage pour une somme considérable; mais le lendemain il s'éleva des contestations qui furent suivies du massacre général des habitants. Enfin Édouard vint camper à Airaines, et il envoya ses maréchaux chercher un passage sur la Somme.

Là auraient dû finir ses succès et commencer ses expiations : Philippe, accouru à marches forcées, était prêt à paraître à la tête de cent mille hommes, animés, comme leur roi, de la plus juste vengeance.

Les Anglais n'avaient guère plus de trente mille combattants; ils étaient fatigués d'une longue route et embarrassés de leur butin : traqués entre la mer, l'armée française et la rivière de Somme, dont les ponts étaient rompus ou gardés, ils croyaient toucher au moment de leur perte. Les maréchaux anglais avaient en vain tenté de forcer le pont Remy, celui de Long en Ponthieu et celui de Péquigny. N'ayant pu découvrir aucun passage sur la Somme, ils vinrent rendre compte à Édouard de leurs inutiles recherches. Philippe dans ce moment entrait à Amiens.

Le roi d'Angleterre, se repentant de ses triomphes, envoya proposer une suspension d'armes, il offrait de rendre ce qu'il avait pris; mais pouvait-il rendre la vie aux laboureurs, aux bourgeois paisibles, aux familles innocentes immolées à son ambition? Tant de calamités devaient-elles être regardées comme jeux de rois, qui ne laissent plus de traces quand il plaît à ces rois de les interrompre? Chef et père de la patrie, le monarque, plein de douleur et de ressentiment, refusa tout. Un historien dit que Philippe, en n'acceptant pas les propositions d'Édouard, devint injuste et se rendit coupable des malheurs de la France : c'est abuser de l'esprit philosophique et juger de l'événement par le succès. Philippe devait obtenir pour ses peuples une réparation solennelle; il devait essayer de donner aux étrangers une leçon durable, en leur apprenant quel serait leur sort s'il leur prenait jamais envie de renouveler ces incursions de brigands. Un ennemi d'aussi mauvaise foi qu'Édouard n'aurait pas plutôt échappé au péril qu'il eût recommencé ses ravages. Mais la bataille de Crécy fut malheureuse. La fortune ne suit pas toujours la justice; les droits de la seconde ne sont pas moins réels, quoique abandonnée de la première.

Or, le roi d'Angleterre, dit Froissart, *étoit moult pensif à Airaines. Si ouït messe avant soleil levant, lors fit sonner ses trompettes de délogement.* Il traversa le pays de Vimeu et s'approcha d'Abbeville. Il brûla un gros village aux environs et vint gîter à l'hôpital d'Oisemont. Philippe, parti d'Amiens, était, à une heure de l'après-midi, à Airaines. Il y trouva *des pourveances de chair en hastées, pain et pastes en four, vins en tonneaux et en barils, et moult de tables mises que les Anglois avoient laissées.* Les deux maréchaux d'Édouard, descendus le long de la Somme jusqu'à Saint-Valery, toujours pour s'enquérir d'un passage, revinrent le soir dire à leur maître qu'ils n'avaient pas été plus heureux qu'auparavant. Si Phillippe avait eu seulement l'avance de quelques heures, ou si le gué de Blanque-Taque eût été mieux gardé, c'en était fait des Anglais.

Ce monarque et cette armée, qui avaient causé tant d'épouvante, ressentaient à leur tour la terreur qu'ils avaient inspirée. Perdu de réputation comme général, méprisé comme roi, abhorré comme homme, Édouard allait finir de la fin d'un aventurier et d'un incendiaire. La défaite en faisait un chef sans mérite, sans prévoyance, sans courage; le triomphe en fit un capitaine illustre : le succès semble être le génie; un moment sépare la honte de la gloire.

Il était nuit, personne dans le camp anglais ne dormait : ceux-ci regrettaient le butin qu'ils allaient perdre; ceux-là pleuraient leurs femmes, leurs enfants, leur patrie. Les soldats qui avaient exploré la rivière en faisaient des récits effrayants; d'autres croyaient entendre déjà les clameurs de l'armée française, laquelle s'était promis de ne faire aucun quartier à l'ennemi; serment que Philippe avait prononcé dans la colère, et qu'il eût rétracté dans la victoire.

Les chefs n'étaient pas en de moindres alarmes : acculé à la mer et retiré sous sa tente comme une bête noire dans sa bauge, Édouard roulait en silence autour de lui des regards sombres qui s'attendrissaient en tombant sur son fils :

ce prince adolescent, destiné à devenir le modèle de la chevalerie, était, sans le savoir, à la veille de sa renommée, et déjà comme tout brillant de l'aurore de cette gloire qui s'allait lever pour lui. Son armure noire, donnant une bonne grâce particulière à sa haute taille et à sa jeunesse, relevait encore la blancheur de son teint; car il était grand et pâle, tel qu'on a représenté depuis le capitaine Bayard; mais il était plus beau.

Édouard, pour prendre une dernière résolution, assemble aux flambeaux son conseil : inspiré par la mauvaise fortune de la France, il fait amener devant lui des prisonniers du pays de Vimeu et de Ponthieu ; il s'informe s'ils ne connaîtraient point un gué au-dessous d'Abbeville, promettant à quiconque indiquerait ce gué la liberté et celle de vingt autres captifs. Parmi ces malheureux se trouvait un valet appelé Gobin-Agace ; l'histoire a retenu son nom ignoble, comme celui d'un de ces hommes de perdition que la Providence emploie lorsqu'elle veut châtier les empires.

Ce valet déclara qu'il existait un gué où douze soudoyers pouvaient passer de front à plusieurs endroits, deux fois par jour, à mer basse. Le fond de ce gué était composé d'un gravier blanc et dur, d'où lui était venu le nom de Blanque-Taque, ou de Blanche-Tache, ou de Blanche-Cayeux. Le valet ajouta qu'on le pouvait traverser avec des chariots, et que les hommes n'y avaient de l'eau que jusqu'au genou. « *Compains!* s'écria Édouard transporté « de joie, *si je trouve vrai ce que tu dis, je te quitterai ta prison à toi et à* « *tous tes compagnons, et je te baillerai cent écus nobles.* » Et Gobin-Agace lui répondit : « *Sire, oil, en péril de ma teste.* »

Aussitôt Édouard ordonne à ses capitaines de se tenir prêts. A minuit la trompette sonne, *sommiers sont troussés, chars chargés;* on prend les armes. Au point du jour les Anglais quittent Oisemont et commencent à défiler : Gobin-Agace servait de guide ; Harcourt était à l'avant-garde : deux Français marchaient à la tête de la fuite de nos ennemis. Le soleil se levait lorsqu'on atteignit le gué. Si la joie des Anglais avait été grande quand ils s'étaient flattés de franchir la Somme, ils retombèrent dans le désespoir en arrivant sur ses bords : la mer était haute, le flux coulait à pleines rives. De l'autre côté du fleuve on apercevait douze mille Français rangés en bataille et commandés par ce brave Godemar du Fay, qui avait si vaillamment défendu Tournai. Philippe, prévoyant que l'ennemi découvrirait le gué de Blanche-Tache, avait détaché de son armée mille hommes d'armes et six mille archers génois. Ce corps, auquel se réunirent les communes d'Abbeville, passa la Somme à Saint-Seigneur et descendit à Blanche-Tache.

Quatre longues heures s'écoulèrent avant que le gué devînt praticable. Le monarque anglais donne alors le signal, commande aux deux maréchaux Warwick et d'Harcourt de traverser la Somme, *bannière au vent, au nom de Dieu et de saint Georges, les plus bachelereux et les mieux montés devant.* Édouard, suivi du prince de Galles, se jette dans l'eau l'épée à la main. Les chevaliers français, au bord opposé, baissent la lance, viennent à la rencontre et reçoivent chaudement l'ennemi. Un combat s'engage dans le lit même de la rivière. Le péril des Anglais était imminent : ils n'avaient plus que deux heures pour accomplir le passage de leurs troupes, chariots et bagages ; le flux revenant les eût engloutis. Sur la rive qu'ils quittaient, on commençait à apercevoir les coureurs de l'armée de Philippe. La nécessité double les forces et le courage des ennemis ; leurs archers chassent à coups de flèches les archers génois qui longeaient la rive droite de la Somme. Harcourt et Warwick atteignent le bord avec quelques escadrons, chargent les Français, les culbutent, gagnent un terrain où se forme derrière eux l'armée d'Édouard à mesure qu'elle sort de l'eau. Alors les milices commandés par du Fay prennent la fuite, et lui-même est obligé de se retirer.

A peine l'ennemi était-il passé, que l'avant-garde de notre armée entra au campement abandonné des Anglais ; elle s'empara des chariots et prit trois ou quatre cents traînards. On aurait pu exercer des représailles sur ces brûleurs de chaumières, on leur accorda la vie. Philippe arrive, voit Édouard de l'autre côté de la Somme, et le veut suivre ; mais, déjà montante, la marée noyait le gué ; il fallut perdre un jour pour rétrograder et traverser la rivière à Abbeville. Édouard effectue le passage le 24 d'oût 1346, jour de Saint-Barthélemy.

Tel est le récit que Froissart, et plusieurs auteurs après lui, font de la rencontre de Blanche-Tache ; mais le continuateur de Nangis et l'auteur anonyme de la chronique de Flandre affirment que Godemar du Fay se retira sans combattre. Mézeray ajoute qu'il était parent de Geoffroy d'Harcourt, et qu'il se vendit à Édouard ; il est certain que Philippe voulut dans la suite le faire pendre comme traître. Mais la colère du roi, excitée par le malheur, et le témoignage de deux historiens qui adoptent tous les bruits populaires, ne suffisent pas pour détruire le récit circonstancié de Froissart, pour déshonorer la mémoire d'un vieux capitaine qui avait donné tant de preuves de courage et de fidélité. Philippe avait cent mille combattants ; si, au lieu de douze mille hommes, il en eût envoyé trente mille au gué de Blanche-Tache, nombre égal à celui de l'armée d'Édouard, il est propable que les Anglais étaient perdus.

Édouard, ayant passé le gué, rendit grâces à Dieu, fit appeler Gobin-Agace, le délivra avec tous ses compagnons, lui donna les cent nobles promis et un roussin.

L'ennemi allait entrer dans les plaines ouvertes où les Français ne manqueraient pas de l'atteindre ; il ne pouvait vivre que de pillage, et ce pillage retardait sa marche. Si Édouard pressait sa retraite avec une armée harassée, devant des troupes fraîches et supérieures en nombre, cette retraite ne tarderait pas à devenir une fuite ; il savait que les communes de Flandre lui envoyaient un secours de trente mille hommes. Ces diverses considérations le déterminèrent à ne rien précipiter, à choisir seulement de fortes positions pour se mettre à l'abri de Philippe, ou le combattre avec avantage.

Dans cette résolution, qui annonçait les vues et les talents d'un capitaine, il désigna à son premier campement une hauteur qui domine Crécy, village à jamais fameux, au bord de la petite rivière de Maye. Le comté de Ponthieu avait été donné en dot à Isabelle, fille de Philippe le Bel et mère d'Édouard. Le roi d'Angleterre prit à bon augure de se défendre, s'il était attaqué, sur une terre maternelle qui semblait devoir l'aimer. Les hommes se trouvent plus forts quand ils peuvent s'autoriser de quelque chose qui ressemble à la justice.

Philippe qui craignait de voir encore échapper l'ennemi, ne fit prendre aucun repos à ses troupes; elles défilèrent sur le pont d'Abbeville. Logé à l'abbaye de Saint-Pierre de cette ville, le roi donna à souper aux princes, dont la plupart firent alors ce que les martyrs chrétiens appelaient le *repas libre*, le dernier repas avant d'aller mourir. Le 25 août 1346, au lever de l'aurore, l'armée française tout entière avait passé la Somme. A sa tête étaient quatre rois, Philippe le Fortuné, roi de France; Jean l'Aveugle, roi de Bohême; Charles, son fils, élu empereur, dit roi des Romains; et le roi détrôné de Majorque. On y voyait encore le comte d'Alençon, frère du roi, qui fut cause de la perte de la bataille; le comte de Blois, son neveu; Louis, comte de Flandre, et son jeune fils; les comtes de Sancerre, d'Auxerre; Jean de Hainaut, comte de Beaumont; les ducs de Lorraine et de Savoie, toute la noblesse qui n'était pas au siége d'Aiguillon; et parmi les écuyers et chevaliers, Harcourt, frère aîné de Geoffroy d'Harcourt.

Trompé par un faux rapport en sortant d'Abbeville, Philippe crut que les Anglais avaient abandonné Crécy : il avait déjà fait deux lieues sur une route opposée, lorsqu'il apprit qu'Édouard gardait ses premières positions. Il fallut faire halte, changer de chemin, et envoyer reconnaître l'ennemi. Miles Desnoyers, porte-oriflamme, les seigneurs de Beaujeu, d'Aubigny et de Basèle, dit le Moine, furent chargés de cette mission.

L'armée anglaise, divisée en trois corps, couvrait la colline de Crécy; au sommet de cette colline était un bois qu'Édouard avait fait environner d'un fossé, et dans lequel on avait enfermé les bagages et les chevaux. Édouard avait mis à pied les hommes d'armes, excepté quelque douze cents chevaliers jetés sur les deux ailes de l'infanterie. Le bois formait un dernier retranchement, lequel n'eût pourtant servi que d'abattoir, et non d'abri, aux soudoyers qui s'y seraient retirés, en cas de défaite. La gauche des Anglais était couverte par la forêt de Crécy; la droite, par le village de ce nom, des ouvrages de terre et des arbres gisants : leur front demeurait libre, mais étroit, de sorte que l'armée assaillante y devait perdre l'avantage du nombre.

Les trois corps échelonnés dessinaient trois croissants parallèles sur la colline; chacun de ces corps était subdivisé en trois lignes : la première, d'archers; la seconde, d'infanterie galloise et irlandaise; la troisième, d'hommes d'armes ou de cavalerie à pied.

Le premier corps, servant d'avant-garde presque au bas de la colline, comptait huit cents hommes d'armes, un tiers d'infanterie et deux mille archers; il était commandé par le prince de Galles, ayant auprès de lui Geoffroy d'Harcourt, les comtes de Warwick et de Kenfort, Chandos, le sire de Man, et toute la fleur de la chevalerie.

Le deuxième corps, placé au-dessus du premier, était fort de huit cents hommes d'armes et douze cents archers : il avait pour chefs les comtes de Northampton et d'Arundel.

Le troisième corps couronnait la colline, sous le commandement immédiat d'Édouard; il se composait de sept cents hommes d'armes et deux mille archers. C'était peut-être au centre de ce corps qu'étaient cachées des machines inconnues.

Ainsi, pour remporter la victoire, Philippe se voyait forcé de percer, en gravissant une pente, neuf lignes formidables.

Le soir, veille de la bataille, Édouard donna un grand souper à ses comtes et barons : lorsque ceux-ci se furent retirés, il entra dans son oratoire dressé sous une tente, et resta seul à genoux devant l'autel jusqu'à minuit. Sa prière faite, il se jeta sur une peau de brebis, et se releva le 26 à la pointe du jour : il entendit la messe et communia avec le prince de Galles. La plupart de ses gens se confessèrent et se mirent en état de paraître devant Dieu : Philippe en avait fait autant à l'abbaye de Saint-Pierre, à Abbeville. En ce temps-là, la prière prononcée sous le casque n'était point réputée faiblesse ; car le chevalier qui élevait son épée vers le ciel demandait la victoire et non la vie.

Oraison faite et messe ouïe, les trois corps reprirent leurs places les uns au-dessus des autres, ainsi qu'il a été dit, chaque chevalier sous sa bannière, formant sur la colline un spectacle magnifique. Édouard, monté sur un petit palefroi, un bâton blanc à la main, *adextré* de ses maréchaux, alla *tout le pas* de rang en rang *admonestant comtes, barons, chevaliers, escuyers, soudoyers, à garder leur honneur et à bien faire la besogne, et disoit ces langages en riant si doucement de si liée* (joyeuse) *chère*, que les plus timides étaient rassurés en le regardant. Quand il eut ainsi visité les trois batailles, il se retira à l'heure *de haute tierce* (environ midi) à celle qu'il commandait en personne, et d'où il pourrait voir tous les événements du combat. L'armée but et mangea par ordre des maréchaux, après quoi les soldats s'assirent à terre sans quitter leurs rangs, bassinets et arcs devant eux, attendant l'ennemi.

Le porte-oriflamme, Miles Desnoyers, les seigneurs de Beaujeu, d'Aubigny et de Basèle, envoyés par Philippe à la découverte, trouvèrent les ennemis assis de la sorte, comme des moissonneurs prêts à couper un champ de blé sur une colline ; les Anglais aperçurent les chevaliers français et les laissèrent tout examiner à loisir : cette supériorité de sang-froid et de confiance annonçait déjà de quel côté passerait la fortune. Édouard avait surtout défendu, sous quelque prétexte que ce fût, de rompre les files. Il comptait avec raison sur la bouillante ardeur de nos soldats ; on avait déjà appris à nous vaincre par l'excès de notre courage.

Le tumulte et la confusion de notre armée formaient un triste contraste avec le calme et la régularité de l'armée ennemie ; nous avions mille intrépides capitaines, pas un général. Dès les premiers mouvements on n'avait point été d'accord sur l'ordre à tenir. Les arbalétriers génois étaient derrière la cavalerie, à la queue de la colonne : le roi de Bohême représenta qu'on faisait trop peu de cas de ces étrangers ; qu'il connaissait leur valeur, et qu'eux seuls devaient être exposés aux archers anglais. La majesté de ce vieux roi et son expérience dans la guerre persuadèrent Philippe ; il fit passer les Génois à la tête des troupes : mais l'impétueux comte d'Alençon murmura de cette disposition qui l'empêchait de se trouver le premier sur l'ennemi.

L'armée française, lorsqu'elle s'avança vers Crécy, se trouvait divisée de la sorte quinze mille arbalétriers, presque tous Génois, commandés par Charles Grimaldi et Antoine Doria, formaient l'avant-garde ; Charles, comte d'Alençon et frère du roi, suivait avec quatre mille hommes d'armes; le roi venait ensuite conduisant le corps de bataille, également composé de cavalerie, où se trouvaient les rois étrangers et la haute noblesse. Le duc de Savoie, nouvellement arrivé avec mille chevaux, menait l'arrière-garde conjointement avec le roi de Bohême. Une infanterie innombrable errait au hasard dans la campagne, obstruant les chemins et gênant les troupes régulières. Chaque homme à cheval était accompagné de trois ou quatre fantassins pour le servir, comme de nos jours dans les corps de Mameloucks : nous devions aux guerres des croisades cette organisation de la cavalerie, l'usage de l'arbalète et de l'habit long.

On vit revenir les quatre chevaliers envoyés à la découverte. Philippe leur cria : « Quelles nouvelles ? » Ils se regardèrent les uns les autres sans répondre ; aucun n'osait prendre la parole. Philippe ordonna au moine de Basèle de s'expliquer. Ce chevalier, Suisse ou Champenois, était au service du roi de Bohême, et passait pour un des capitaines les plus expérimentés de l'armée. *Sire,* dit-il, *nous avons chevauché; si nous avons vu et considéré le convenant des Anglois. Si conseil de ma partie, sauf toujours le meilleur conseil, que vous laissiez toutes vos gens ci arrêter sur les champs et loger pour cette journée. Car ainçois (avant) que les derniers puissent venir, et vos batailles soyent ordonnées, il sera tard; si seront vos gens lassés et travaillés et sans arroy, et trouveriez vos ennemis frais et nouveaux. Si pouvez le matin vos batailles ordonner plus muerement et mieux, et par plus grand loisir adviser vos ennemis, et par quel costé on les pourra combattre; car soyez seur qu'ils vous attendront.*

Jamais avis plus salutaire n'avait été donné : depuis plusieurs jours l'armée faisait des marches forcées; elle avait passé la nuit à défiler dans Abbeville ; elle venait de faire six lieues au trot de la cavalerie; elle était hors d'haleine, accablée de fatigue et de chaleur (on était dans les jours les plus chauds de l'été); elle n'avait pris aucune nourriture ; enfin un orage qui grondait encore avait trempé hommes et chevaux, mouillé les armes, et rendu les arcs des Génois presque inutiles.

Philippe sentit la sagesse de ce conseil : il ordonna de suspendre la marche de l'armée; les deux maréchaux de Montmorency et de Saint-Venant coururent de toute part, criant : *Bannieres, arrestez! au nom de Dieu et de saint Denis;* mœurs, usages et langage qui montrent que *Dieu* était dans ce temps le seul souverain maître, et que les maréchaux de France remplissaient des fonctions aujourd'hui laissées aux officiers inférieurs.

Les Génois s'arrêtèrent, déposèrent leurs arbalètes, et commencèrent à préparer leurs étapes ; mais le comte d'Alençon, qui les suivait avec sa cavalerie, ou n'entendit point l'ordre, ou n'y voulut point obéir. La jeunesse qui l'entourait se regardait comme insultée, parce que les Génois devaient découvrir l'ennemi avant elle : elle jura qu'elle ne ferait halte que quand les pieds de derrière de ses chevaux tomberaient dans les pas des étrangers qui faisaient la tête de la colonne. Le comte d'Alençon trouve les Génois occupés de leur nourriture, les traite de lâches, et les force de continuer leur chemin. Les derniers corps de l'armée ne veulent point rester en demeure; un mouvement général entraîne le roi et les maréchaux, malgré leurs efforts. Les communiers, dont tous les champs étaient couverts entre Abbeville et Crécy, entendant la voix des chefs, et voyant se hâter la cavalerie, croient que l'on en est venu aux mains : ils brandissent leurs diverses armes et crient tous à la fois : *A la mort! à la mort!* Chaque seigneur se précipite avec ses vassaux pour arriver le premier. Cent vingt mille hommes se heurtent, se poussent, se pressent dans un étroit espace; une éclipse frappe l'imagination; un orage augmente le désordre, et l'on arrive, au milieu des torrents de pluie, au bruit du tonnerre, au cri répété *à la mort! à la mort!* en face de l'ennemi.

Les Anglais se lèvent en silence : les archers placés à la première ligne font seuls un pas en avant; l'infanterie irlandaise et galloise au second rang tire sa large et courte épée, et les hommes d'armes au troisième rang dressent tous leurs lances *si droites, qu'elles semblaient un petit bois.*

Si Philippe n'avait pu arrêter son armée lorsqu'elle n'était pas encore sur le champ de bataille, cela lui fut bien moins possible devant les Anglais : la vue de l'ennemi produisit sur lui ce qu'elle produit sur tous les Français, l'ardeur du combat et la fureur guerrière. *Les voilà,* s'écria-t-il, *ces brigands qui ont occis mes pauvres peuples, gasté, ardé et essillé la France. Allons, messeigneurs, barons, chevaliers, escuyers et bons hommes des communes, vengeons nos injures, oublions haines et rancunes passées, s'il y a entre nous, et courtois sans orgueil, portons-nous en cette bataille comme frères et parents.*

Quoiqu'il fut déjà trois heures de l'après-midi (26 août 1346), le signal est donné aux arbalétriers génois de commencer l'attaque : secrètement offensés des paroles outrageantes du frère du roi, ils demandent un moment de repos; ils représentent qu'ils sont accablés de fatigue et de faim, que la pluie a détendu les cordes de leurs arbalètes, et qu'ils ne sont *mie ordonnés pour faire grand exploit de bataille.* Ces paroles étant rapportées au comte d'Alençon, il s'écrie : *On se doit bien charger de telle ribaudaille qui faille au besoin!* et il marche sur eux. Obligés d'aller au combat, les Génois commencèrent à *juper moult épouvantablement pour les Anglois esbahir.* Trois fois ils recommencèrent à crier, s'arrêtant entre chaque cri, puis courant vers l'ennemi. Au troisième cri, ils lancent leurs flèches, qui tombent sans effet.

Les archers anglais découvrent leurs arcs, qu'ils avaient tenus dans leur étui pendant la pluie, courbent ces arcs jusqu'aux empennons des flèches, et en décochent à la fois un si grand nombre, qu'elles ressemblaient, disent les historiens, à de la neige ou à une grande ondée descendant sur les Génois. Ces Italiens se renversent sur les hommes d'armes du comte d'Alençon; Grimaldi et Doria se font tuer en essayant de rallier leurs gens.

Philippe aperçut l'échauffourée, et, toujours, poursuivi de l'idée de trahison, il s'écrie : « *Tuez, tuez cette ribaudaille qui nous empêche le chemin!* » Le comte d'Alençon fait sonner la charge, et passe, avec sa cavalerie, sur le ventre des Génois : percés de flèches anglaises, foulés aux pieds par nos hommes d'armes, ils coupent les cordes de leurs arbalètes, et se dispersent dans toutes les directions; les archers ennemis tirent dans le plus épais de cette mêlée, et les cavaliers tombent abattus de loin avec leurs chevaux.

Le comte d'Alençon s'ouvre un passage à travers les archers génois en fuite et les archers anglais avançant, heurte la seconde ligne des troupes commandées par le jeune fils d'Édouard, perce encore cette infanterie, et se trouve en face des chevaliers du prince de Galles, qui le chargent à leur tour. Le comte de Flandre, avec son fils le dauphin Viennois et le duc de Lorraine, se détachant du corps de bataille français, accourent au partage de la gloire et des périls du comte d'Alençon. Les lances se croisent ; les épées remplacent les lances brisées. Tous ces rois, comtes, ducs, barons et chevaliers, au lieu de donner ensemble, combattent les uns après les autres. L'indépendance barbare dominait encore tous les esprits avec les idées romanesques ; on ne cherchait qu'à se faire une renommée particulière de vaillance; sans s'inquiéter du succès général. Jamais on ne vit plus de courage et moins d'habileté. La sérénité était revenue dans le ciel, mais au désavantage des Français, car ils avaient le vent et le soleil au visage. A mesure qu'ils trébuchaient, ils étaient égorgés à terre par les Gallois et Irlandais.

Philippe, apercevant le comte d'Alençon au plus épais de la seconde division des Anglais, est saisi de crainte pour son frère. Il se tourne vers ses gens et leur dit : Allons ! et s'ébranle avec le corps de bataille. Aussitôt la seconde division ennemie descend de la colline, afin de soutenir le prince de Galles et d'arrêter le roi de France. La bataille se ranime.

Le prince de Galles, assailli par le comte d'Alençon, est au moment de succomber ; Warwick et Geoffroy d'Harcourt, qui avaient la garde du fils d'Édouard, envoient demander du secours à son père. *Si*, dit Édouard au messager, *mon fils est-il mort, ou à terre, ou blessé qu'il ne puisse s'aider?* Le chevalier répondit : *Nenny, sire, si Dieu plaist*. Le roi dit : *Or, retournez devers lui et devers ceux qui vous ont envoyé, et leur dites de par moi qu'ils ne m'envoyent meshuy querir pour adventure qui leur advienne tant que mon fils soit en vie, et leur dites que je leur mande qu'il laissent à l'enfant gagner ses éperons. Je veux, si Dieu l'a ordonné, que la journée soit sienne.*

Cette réponse, où la naïveté chevaleresque se mêle à la fermeté d'un vieux Romain, ranima le courage des deux maréchaux anglais. Harcourt devait être puni de la victoire qu'il remportait sur sa patrie, ainsi qu'il arrive à ceux qui s'obstinent à ces longues vengeances qui n'appartiennent qu'à Dieu. On avait dit à Geoffroy que la bannière du comte son frère avait été vue ; il le cherchait pour le sauver, mais le comte n'avait point voulu survivre à la honte du triomphe de Geoffroy ; il s'était fait tuer par les ennemis de la France.

Le roi de Bohême était à l'arrière-garde avec le duc de Savoie. On lui rendit compte des événements : *Et où est monseigneur Charles, mon fils?* dit-il. On lui répondit qu'il combattait vaillamment, en criant : *Je suis roi de Bohesme !* qu'il avait déjà reçu trois blessures.

Le vieux roi, transporté de paternité et de courage, presse le duc de Savoie de marcher au secours de leurs amis ; le duc part avec l'arrière-garde. On n'allait pas assez vite au gré du monarque aveugle, qui disait à ses chevaliers : « *Compagnons, nous sommes nés en une mesme terre, sous un mesme soleil,* « *elevés et nourris à mesme destinée, aussi vous proteste de ne vous laisser* « *aujourd'hui tant que la vie me durera.* » Quand on fut prêt à joindre l'ennemi, il dit à sa suite : « *Seigneurs, vous estes mes amis ; je vous requiers que* « *vous me meniez si avant que je puisse ferir un coup d'espée.* » Les chevaliers répondirent que *volontiers ils le feroient. Et adonc, afin qu'ils ne le perdissent dans la presse, ils lierent son cheval aux freins de leurs chevaux et mirent le roi tout devant, pour mieux accomplir son désir, et ainsi s'en allerent ensemble sur leurs ennemis.*

Le roi de Bohême, conduit par ses chevaliers, pénétra jusqu'au prince de Galles. Ces deux héros, dont l'un commençait et l'autre finissait sa carrière, essayèrent plusieurs passades de lance, pour illustrer à jamais leurs premiers et leurs derniers coups. La foule sépara ces deux champions, si différents d'âge et d'avenir, si ressemblants de noblesse, de générosité et de vaillance. *Le roi de Bohesme alla si avant qu'il ferit un coup de son espée, voire plus de quatre, et recombattit moult vigoureusement, et aussi firent ceux de sa compagnie; et si avant s'y bouterent sur les Anglois, que tous y demeurerent et furent le lendemain trouvés sur la place autour de leur seigneur, et tous leurs chevaux liés ensemble;* vrai miracle de fidélité et d'honneur. Les muses, qui sortaient alors du long sommeil de la barbarie, s'empressèrent, à leur réveil, d'immortaliser le vieux roi aveugle; Pétrarque le chanta, et le jeune Édouard prit sa devise, qui devint celle des princes de Galles; c'était trois plumes d'autruche avec ces mots tudesques écrits à l'entour : *In riech*, je sers. Il n'appartenait qu'à la France d'avoir de pareils serviteurs.

Cependant le combat continuait; mais le comte d'Alençon et le comte de Flandre ayant été tués, les hommes d'armes de ces princes commencèrent à plier : le frère de Philippe expiait par une fin digne de sa race les malheurs dont il était la cause première.

Tout à coup nos soldats croient entendre éclater la foudre, et se sentent frappés d'une mort invisible : Dieu lui-même semble se déclarer en faveur de leurs ennemis et lancer le tonnerre au milieu de la bataille. Pour la première fois le bruit du canon frappait l'oreille des Français; ils frémirent. Ils eurent l'instinct des victoires nouvelles qu'ils devaient obtenir un jour par cette arme; un nuage de fumée, déchiré par des feux rapides, couvrait leur gloire et leur malheur. Cette obscurité guerrière devait envelopper désormais ces hauts faits, ces grands combats, ce spectacle de sang, qui plaisaient tant au soleil et aux chevaliers.

Édouard avait placé six pièces de canon sur la colline : la poudre était déjà connue, mais on ne l'avait point encore employée dans une bataille. La guerre antique et la guerre moderne, le génie de Duguesclin et celui de Turenne, se rencontrèrent aux champs de Crécy. La lance, la flèche et le boulet atteignent à la fois et le cheval et le cavalier; l'oriflamme, l'étendard royal, les bannières diverses, hachés par le sabre, sont aussi traversés par ces blocs de fer qui percent aujourd'hui les drapeaux. De si grands monceaux d'armes, de cadavres et de chevaux s'élèvent, que ce qui est encore vivant reste assiégé, bloqué et immobile dans ces barricades mortes.

Tout expire, rois, princes, chevaliers, hommes d'armes, communiers. Au milieu de ce massacre, Philippe ne cherchait lui-même que le coup qui devait mettre fin à sa vie. Dès la première charge son cheval avait été tué sous lui : on vit tomber le monarque, un cri s'éleva : « Sauvez le roi! » Dernière ressource des Français, dernier sentiment qui les animait quand ils avaient tout perdu. Ce cri d'honneur, de dévouement, de tendresse et de douleur fut entendu des ennemis; il augmenta chez eux l'espoir de la victoire. Jean de Hainaut, qui était auprès de Philippe, parvint à grand'peine à le faire monter sur un autre cheval. Il l'engagea vainement à se retirer. Philippe, voulant toujours secourir son frère, déjà abattu, s'enfonce, sans rien écouter, dans les bataillons ennemis; il reçoit deux blessures, l'une à la gorge, l'autre à la cuisse. Déjà le soleil était couché : le roi s'obstinait à mourir pour les Français morts pour lui; Jean de Hainaut fut obligé de lui faire violence. Il saisit le cheval du monarque par le frein, et entraînant Philippe : « *Sire*, s'écria-t-il, *retrayez-vous, il est* « *temps; ne vous perdez mie si simplement. Si vous avez perdu à cette fois,* « *vous recouvrerez à une autre.* »

La nuit, pluvieuse et obscure, favorisa la retraite de Philippe. Ce prince, entré sur le champ de bataille avec cent vingt mille hommes, en sortait avec cinq chevaliers : Jean de Hainaut, Charles de Montmorency, les sires de Beaujeu, d'Aubigny et de Moutsault. Il arriva au château de Broye; les portes en étaient fermées. On appela le commandant; celui-ci vint sur les créneaux, et dit : « Qui est-ce là ? qui appelle à cette heure? » Le roi répondit : « Ouvrez : c'est la fortune de la France; » parole plus belle que celle de César dans la tempête, confiance magnanime, honorable au sujet comme au monarque, et qui peint la grandeur de l'un et de l'autre dans cette monarchie de saint Louis.

Du château de Broye, Philippe se rendit à Amiens.

Il y avait déjà deux heures qu'il faisait nuit; les Anglais ne se tenaient pas encore assurés du triomphe; ils n'apprirent toute leur victoire que par le silence qu'elle répandit sur le champ de bataille. Inquiets de ne plus rien entendre, ils allumèrent des falots, et entrevirent à cette pâle lueur les immenses funérailles dont ils étaient entourés. Quelques mouvements muets indiquaient les restes d'une vie sans intelligence; quelques blessés, sans parole et sans cri, élevaient la tête et les bras au-dessus des régions de la mort : scène indéfinie et formidable entre la résurrection et le néant.

Édouard, qui, pendant toute cette journée, n'avait pas même mis son casque, descendit alors de la colline vers le prince de Galles, et lui dit en le serrant dans ses bras : « Dieu vous doins (donne) perseverance! vous estes mon fils. » Le prince s'inclina et s'humilia en honorant son père. Les luminaires élevés par les soldats éclairaient ces embrassements au milieu de tant de jeunes hommes privés pour jamais des caresses paternelles. Le fils et le petit-fils de la fille de Philippe le Bel avaient dans leurs veines de ce sang français qui souillait leurs pieds; ils pouvaient aller raconter à leur mère, qui vivait encore, ce qu'ils avaient vu dans la vaste chambre ardente où gisaient les corps de ses parents et de ses amis.

Quand vint le jour, il faisait un brouillard si épais, qu'on voyait à peine à quelques pas devant soi. Les communes de Rouen et de Beauvais, une autre troupe commandée par les délégués de l'archevêque de Rouen et du grand prieur de France, mille lances conduites par le duc de Lorraine, ignorant ce qui s'était passé, s'avançaient au secours de Philippe. Les Anglais plantèrent sur un lieu élevé les bannières tombées entre leurs mains; attirés par ces enseignes de la patrie, les Français venaient se ranger autour d'elles, et ils étaient égorgés; le duc de Lorraine, l'archevêque de Rouen et le grand prieur de France périrent avec leurs gens.

Édouard voulut connaître l'étendue de son succès : Regnault de Cobham et Richard de Stanfort, furent dépêchés pour compter les morts, avec trois hérauts pour reconnaître les armoiries, et deux clercs pour écrire leurs noms : ils revinrent le soir apportant le rôle funèbre.

Dans ces fastes de l'honneur, on trouvait inscrits, selon Froissart, onze cents chefs de princes, quatre-vingts bannerets, douze cents chevaliers d'un écu (servant de leur seule personne), et trente mille hommes d'autres gens. Quelques historiens disent qu'il périt trente mille hommes le jour de la bataille, et soixante mille le lendemain ; exagération visible : on oublie toujours, dans ces calculs des anciennes batailles, le temps matériel qu'il fallait pour tuer quand on n'employait pas les machines de guerre, et alors surtout qu'on ignorait cette artillerie des temps modernes qui emporte des files de soldats à la fois. Trente mille Anglais (car il faut compter presque pour rien l'effet de six pièces de canon tirant un moment vers le soir, et vraisemblablement mal servies), trente mille Anglais auraient tué quatre-vingt mille Français dans cinq ou six heures à coups de flèches, de lances et d'épées ; et ce n'est pas assez dire, car la division de l'armée ennemie commandée par Édouard en personne, ne fut pas même engagée. Une lettre de Michel Northburgh, témoin oculaire, nous a été conservée par Robert d'Avesbury, dans son histoire d'Édouard III (1). Cette lettre réduit le nombre des hommes d'armes tués le jour de la bataille à quinze cent quarante-deux, sans y comprendre *communes et pédailles* (gens de pied), et le lendemain à deux mille et plus. Northburgh nomme ainsi qu'il suit, les principaux chefs tués dans les diverses actions : « Furent
« morts : le roi de Bohesme, le duc de Lorraine, le comte d'Alençon, le comte
« de Flandre, le comte d'Harcourt et ses deux fils (*particularité remarquable*),
« le comte d'Aumale, le comte de Nevers et son frère le seigneur de Thouars,
« l'archevesque de Sens, l'archevesque de Nismes, le haut prieur de l'hospital
« de France, le comte de Savoie, le seigneur de Morles, le seigneur de Guyes,
« le sire de Saint-Venant (*maréchal*) ; le sire de Rosingburgh, six comtes d'Al-
« lemagne, et tout plein d'autres comtes et barons, et autres gens et seigneurs
« dont on ne peut encore savoir les noms. Et Philippe de Valois, et le marquis
« qui est appelé l'élu des Romains (*Charles de Luxembourg, élu roi des Ro-
« mains*), eschappèrent navrés (*blessés*). » Cette lettre est datée devant Calais, le quatrième jour de septembre, neuf jours seulement après la bataille.

A ces illustres morts il faut ajouter le roi de Majorque, le comte de Blois, neveu du roi de France ; les comtes de Sancerre et d'Auxerre, le duc de Bourbon, et les deux chefs des Génois, Grimaldi et Doria.

---

(1) Voyez cette lettre dans l'excellente édition de Froissart, par M. Buchon.

Les corps de ces seigneurs ayant été relevés par ordre d'Édouard, il les fit inhumer en terre sainte, au monastère de Mainteney près Crécy. Knighton et Walsingham assurent que les Anglais ne perdirent qu'un écuyer, trois chevaliers et très-peu de soldats : la victoire ne compte pas ses morts; qui triomphe n'a rien perdu.

La grande aristocratie française a éprouvé trois grandes défaites par les Anglais, Crécy, Poitiers, Azincourt; comme la grande aristocratie romaine perdit contre les Carthaginois les batailles de la Trébie, de Trasimène et de Cannes. Ces désastres qui nous ôtèrent du sang, non de la gloire, tournèrent en dernier résultat au profit de notre civilisation et de nos libertés. Il fut ouvert aux champs de Crécy une blessure dans le sein de la haute noblesse de France; blessure qui, élargie à Poitiers, à Azincourt, et à Nicopolis, épuisa le corps aristocratique. Bientôt parut, après les déroutes de Philippe de Valois et de Jean son fils, une noblesse dont on n'avait presque point entendu parler, et qui succéda à la première, de même que la seconde noblesse franke s'était montrée après l'échec de Lother à la bataille de Fontenai. On avait méprisé la pauvreté des gentilshommes de province; on fut heureux de trouver leur épée : les Charny, les Ribaumont, les Duguesclin, les La Trémouille, les Boucicault, les Saintré, furent suivis des Pothon et des La Hire, et perpétuèrent cette race héroïque jusqu'à Bayard et au capitaine La Noue. Cette chevalerie seconde, non moins illustre, substituée aux grands barons, forma la transition entre l'armée aristocratique et l'armée plébéienne. Duguesclin commença l'art militaire moderne et la discipline; la Jacquerie et les grandes compagnies apprirent aux paysans qu'ils se pouvaient battre aussi bien que leurs seigneurs. Le ban et l'arrière-ban remplacèrent peu à peu la levée en masse des vassaux; ce ban et cet arrière-ban devinrent inutiles quand les troupes régulières s'établirent sous le règne de Charles VII. La royauté, ainsi que l'armée nationale, accrut sa force de l'affaiblissement même du corps aristocratique-militaire : l'ancienne constitution de l'État s'altéra dans sa partie virtuelle, et la société marcha, par ce qui semblait un malheur, vers ce degré de civilisation où nous la voyons aujourd'hui. On peut dire que la couronne de France et la nation française furent trouvées sous les morts du champ de bataille de Crécy.

La dernière apparition des nobles comme soldats eut lieu à la bataille d'Ivry, dans ce corps de deux mille gentilshommes armés à cru depuis la tête jusqu'aux pieds. Vers la fin du règne de Henri IV la fureur des duels affaiblit ce qui restait de la seconde aristocratie. Enfin sous Louis XIII et sous Louis XIV, les gentilshommes ou servirent dans des corps privilégiés réputés nobles, ou devinrent les officiers de l'armée nationale. Dans cette nouvelle position ils ne manquèrent point à leur renom : les batailles livrées par Condé ou par Turenne attestent que si les gentilshommes avaient changé de fortune, ils n'avaient pas dégénéré de valeur. Aux champs de Clostercamp et à ceux de Fontenoy sous Louis XV, dans la guerre d'Amérique sous Louis XVI, la France n'eut point à rougir des d'Assas et des La Fayette. Quand, au commencement de la révolution, il ne resta plus au pauvre gentilhomme, redevenu Frank, que son épée, il l'alla porter aux pieds de ceux qui, selon ses idées, avaient le droit d'en requérir le service; il laissa la victoire pour le malheur. Si ce fut une faute, ce fut celle de l'honneur; et puisque la noblesse devait périr, mieux valait qu'elle trouvât sa fin dans le principe même qui lui avait donné la vie. Peu après éclatèrent les merveilles de l'armée plébéienne. Aujourd'hui si la France parvient à généraliser le système des gardes nationales, elle détruira celui des armées permanentes, elle rétablira les anciennes levées en masse des communes; les convocations du ban et de l'arrière-ban plébéiens remplaceront les convocations du ban et de l'arrière-ban nobles; la démocratie fera ce qu'avait fait l'aristocratie. Les hommes tournent dans un cercle, et reproduisent incessamment les mêmes institutions dans un autre esprit, et sous des noms divers.

SOMMAIRE.

Philippe, arrivé à Amiens, essaie inutilement de rassembler de nouveaux soldats pour donner une seconde bataille. — Il veut faire pendre Godemar du Fay, et il est détourné de ce dessein par Jean de Hainaut. — Geoffroy d'Harcourt vient, la touaille au cou, se jeter aux pieds de Philippe, qui lui pardonne. — Édouard met le siège devant Calais; le duc de Normandie lève celui d'Aiguillon. — Les Anglais de la Guienne envahissent tout le pays jusqu'à la Loire. — Continuation de la guerre en Bretagne. — Héroïsme de Geoffroy de Pontblanc dans Lannion. — Charles de Blois est fait prisonnier au siège de la Roche de Rieu. — Mort du vicomte de Rohan, des seigneurs de Châteaubriant et de Roye, des sires de Laval, de Tournemine, de Rieu, de Boisboissel, de Machecou, de Rosterner, de Loheac et de La Jaille. — Bataille de Neville, où David Bruce, roi d'Écosse, est fait prisonnier par la reine d'Angleterre. — Accroissement des taxes. — Augmentation et altération des monnaies. — Multitude de pensions assignées sur le trésor en qualité de fief. — Aventure de Louis de Male, comte de Flandre, fils de Louis, tué à la bataille de Crécy. — Gauthier de Mauny obtient un sauf-conduit pour traverser la France et se rendre de la Guienne au camp d'Édouard qui assiégeait Calais. — Caractère du temps : la foi religieuse se fait sentir dans la foi politique; ce n'est pas la civilisation intellectuelle de l'espèce, mais la civilisation de l'individu. La politesse du haut rang fait disparaître la barbarie, et le fanatisme de l'honneur chevaleresque tient lieu de la vertu du citoyen. — Philippe marche au secours de Calais, qui ressentait les horreurs de la famine. — Joie des Calaisiens lorsque, du haut de leurs remparts, ils aperçoivent l'armée de Philippe marchant la nuit en ordre de bataille au clair de la lune. — Leur douleur quand elle s'éloigne sans les avoir pu secourir.

FRAGMENTS.

REDDITION DE CALAIS.

Les habitants de la ville abandonnée aperçurent du haut de leurs remparts la retraite du roi; ils poussèrent un cri comme des enfants délaissés par leur père : « *Ils estoient en si grande douleur et détresse que le plus fort d'entre eux se pouvoit à peine soutenir.* » Convaincus qu'il n'y avait plus de secours à attendre, ils allèrent trouver Jean de Vienne, et le prièrent d'ouvrir des négociations avec Édouard.

Le gouverneur monte aux créneaux des murs de la ville, et fait signe aux ennemis qu'il désirait pourparler; de quoi le roi d'Angleterre étant instruit, il envoya Gauthier de Mauny et sire Basset ouïr les propositions de Jean de Vienne. Quand ils furent à portée de la voix : « *Chiers seigneurs*, s'écria le « *vieux capitaine, vous estes moult vaillants chevaliers en faict d'armes. Vous* « *savez que le roy de France, que nous tenons à seigneur, nous a ici envoyés* « *pour garder cette ville et chastel : nous avons fait ce que nous avons pu. Or,* « *tout secours nous a manqué. Nous n'avons plus de quoi vivre, il faudra que* « *nous mourions tous de faim si le gentil roy, votre seigneur, n'a merci de nous.* « *Laquelle chose lui veuillez prier en pitié, et qu'il nous laisse aller tout ainsi* « *que nous sommes.* »

« *Jean*, répondit Gauthier de Mauny, *ce n'est mie l'entente de monseigneur*
« *le roy que vous vous en puissiez aller ainsi. Son intention est que vous vous*
« *mettiez tous à sa pure volonté pour rançonner ceux qu'il lui plaira, ou pour*
« *vous faire mourir.* »

Le gouverneur repartit : « *Gauthier, ce seroit trop dure chose pour nous.*
« *Nous sommes ceans un petit nombre de chevaliers et escuyers qui loyalement*
« *avons servi le roi de France, notre souverain sire, comme vous feriez le vostre*
« *en pareil cas. Nous avons enduré maint mal et mesaise, mais nous sommes*
« *resolus à souffrir ce qu'oncques gens d'armes ne souffrirent, plutost que de con-*
« *sentir que le plus petit garçon de la ville eust autre mal que le plus grand de*
« *nous. Nous vous prions donc par votre humilité d'aller devers le roi d'Angle-*
« *terre. Nous espérons en lui tant de gentillesse, qu'à la grace de Dieu son pro-*
« *pos changera.* »

Les deux chevaliers anglais retournèrent vers leur maître, et lui rapportèrent les paroles du gouverneur. Édouard, irrité de la longue résistance de la place et remémorant les avantages que les habitants de Calais avaient obtenus sur les Anglais dans les combats de mer, vouloit tous les mettre à mort. Mauny, aussi généreux qu'il était brave, osa représenter au roi que, pour avoir été loyaux serviteurs envers leur prince, ces Français ne méritaient pas d'être ainsi traités ; que Philippe, quand il prendrait quelque ville, pourrait user de représailles. « Enfin, ajouta-t-il, vous pourriez bien, monseigneur, avoir tort ;
« car vous nous donnez un très-mauvais exemple. » Les barons et les chevaliers anglais qui étaient présents furent de l'opinion de Gauthier. « *Eh bien !*
« *seigneur*, s'écria Édouard, *je ne veux mie estre seul contre vous tous. Sire*
« *Gauthier, allez dire au capitaine de Calais qu'il me livre six des plus notables*
« *bourgeois de la ville ; qu'ils viennent la teste nue, les pieds déchaussés, la*
« *hart au cou, les clefs de la ville et du chasteau dans leurs mains : je ferai*
« *d'eux à ma volonté, je prendrai le reste à mercy.* »

Mauny porta cette réponse à Jean de Vienne, qui était resté appuyé aux créneaux. Jean pria Mauny de l'attendre pendant qu'il allait instruire les bourgeois de la proposition d'Édouard. Il fait sonner le beffroi ; hommes, femmes, enfants, vieillards, se rassemblent aux halles. Le gouverneur leur raconte ce qu'il a fait, et quelle est la dernière volonté du roi d'Angleterre.

Un silence profond règne d'abord dans l'assemblée : tous les yeux cherchent les six victimes qui doivent racheter de leur sang la vie du reste des citoyens. Bientôt les sanglots éclatent dans cette foule à moitié consumée par la faim ;
« *lors commencèrent à plorer toute maniere de gens, et à mener tel deuil qu'il*
« *n'est si dur cœur qui n'en eust pitié, et mesmement messire Jehan* (le vieux
« gouverneur) *en larmoyoit tendrement.* » Il fallait une prompte réponse, le temps accordé s'écoulait ; un homme se lève ; le lecteur l'a déjà nommé : Eustache de Saint-Pierre. Sa grande fortune, la considération dont il jouissait, le rendaient *notable*, et lui donnaient les conditions requises pour mourir.

L'histoire nous a transmis son discours, paroles saintes auxquelles on ne doit rien changer : « *Seigneurs, grands et petits, grand' pitié et grand meschef*
« *seroit de laisser mourir un tel peuple qui cy est, par famine ou autrement,*

« quand on y peut trouver aucun moyen, et seroit grand'aumône et grand'grâce
« envers Nostre Seigneur qui de tels meschefs les pourroit garder. J'ai si grande
« espérance d'avoir pardon de Nostre Seigneur, si je meurs pour ce peuple sau-
« ver, que veux estre le premier, et mettrai volontiers en chemise, à nu chef et
« la hart au cou, en la mercy du roi d'Angleterre. »

« Quand sire Eustache eut dit ces paroles, chacun alla l'adorer de pitié,
« et plusieurs hommes et femmes se jetoient à ses pieds en plorant tendre-
« ment. »

La vertu est contagieuse comme le vice : à peine Eustache eut-il cessé de parler, que Jean d'Aire, qui avait deux *belles demoiselles à filles*, déclara qu'*il feroit compagnie à son compere*. Jacques et Pierre de Wissant, frères, dirent à leur tour qu'ils *feroient compagnie* à leurs cousins, Eustache de Saint-Pierre et Jean d'Aire; aussi magnanimes qu'Eustache dans leur sacrifice; car ils n'en eurent pas la première pensée, ils se dévouaient à une mort dont lui seul devait recueillir l'honneur. En effet, les noms de Jean d'Aire, de Pierre et Jacques de Wissant sont presque ignorés, et tout le monde sait celui d'Eustache de Saint-Pierre. Et c'est pour cela que parmi les six victimes, les deux seules qui n'ont pas de désignation dans nos chroniques doivent être réputées les plus illustres; tout Français doit leur tenir compte de l'oubli de l'histoire; tout Français doit rendre un tribut d'hommages à ces immortels sans noms, comme les anciens élevaient des autels aux dieux inconnus.

Les annales de Calais assurent que les deux derniers candidats pour la mort furent tirés au sort parmi plus de cent qui se proposèrent après les quatre premiers, et un écrivain conjecture que ce grand nombre de concurrents est peut-être ce qui a empêché les noms des deux derniers bourgeois de parvenir jusqu'à nous; ils se seront perdus dans la gloire commune de ces Décius.

Une autre version, sans autorité, veut qu'Édouard eût demandé huit personnes, quatre chevaliers et quatre bourgeois.

Récemment blessé, accablé par les ans, les infirmités, la douleur et la fatigue, Jean de Vienne, se pouvant à peine soutenir, monte sur une petite haquenée, et escorte les six bourgeois jusqu'aux portes de la ville. Ceux-ci marchaient en chemise, la tête et les pieds nus, la hart au cou, ainsi que l'avait exigé Édouard, et tels que les prêtres, à cette époque, s'avançaient suivis du peuple dans les calamités publiques, pour offrir un sacrifice expiatoire. Eustache et ses compagnons portaient les clefs de la ville; « chacun en tenoit une
« poignée. *Les femmes et les enfants d'iceux tordoient leurs mains et crioient à
« haute voix très-amerement. Ainsi vinrent eux jusqu'à la porte, convoqués en
« plaintes, en cris et pleurs :* » spectacle que n'avait point vu le monde depuis le jour où Régulus sortit de Rome pour retourner à Carthage. Le gouverneur remit Eustache de Saint-Pierre, Jean d'Aire, Pierre et Jacques de Wissant et les deux inconnus entre les mains du sire de Mauny, les recommandant à sa courtoisie : « *Messire Gauthier, je vous delivre comme capitaine de Calais, par le
« consentement du povre peuple de ceste ville, ces six bourgeois. Si vous prie,
« gentil sire, que vous veuilliez prier pour eux au roy d'Angleterre, que ces
« bonnes gens ne soient mis à mort.* »

Adonc fut la barrière ouverte, et les six bourgeois furent conduits à Édouard à travers le camp ennemi. Selon Thomas de La Moore et Knighton, le gouverneur de Calais accompagna, avec une partie de la garnison, les prisonniers, et remit lui-même les clefs de la ville au roi d'Angleterre. Les comtes, les barons et les chevaliers qui environnaient le roi d'Angleterre, saisis d'admiration au récit de Gauthier de Mauny, invitaient par un murmure Édouard à égaler la générosité de ces citoyens. Le monarque demeure inflexible : « *Il se tint tout coi et regarda moult fellement* (cruellement) *les bourgeois ; car moult hays-soit les habitants de Calais pour les grands dommages et contraires qu'au temps passé sur mer lui avoient faits.* »

Il ordonna de couper la tête aux prisonniers. « *Ah! gentil sire*, s'écria Gauthier de Mauny, *veuillez refrener vostre courage!.... Si vous n'avez pitié de ces gens, toutes autres gens diront que ce sera grande cruauté que vous fassiez mourir ces honnestes bourgeois qui se sont mis en vostre mercy pour les autres sauver.* »

« *A ce point grigna* (grinça) *le roy les dents et dit : Messire Gauthier ; souffrez-vous* (taisez-vous), *et il ordonna de faire venir le coupe-teste.* »

La reine d'Angleterre se trouvait alors dans le camp ; elle était enceinte, et *elle ploroit si tendrement de pitié qu'elle ne se pouvoit soutenir. Si se jetta à genoux par-devant le roi son seigneur, et dit : « Ah ! gentil sire, depuis que je repassai la mer en grand péril, je ne vous ai rien requis ni demandé. Or vous prié-je humblement que, pour le fils de sainte Marie et pour l'amour de moi, vous veuilliez avoir de ces six hommes mercy. »*

Le roi attendit un petit à parler, et regarda la bonne dame sa femme qui ploroit à genoux moult tendrement. Si lui amollia le cœur et si dit : « Ah ! dame, j'aimerois trop mieux que vous fussiez autre part que cy.... Tenez, je vous les donne : si en faites vostre plaisir. » La bonne dame dit : « Monseigneur, très grands mercis. »

Lors se leva la reine et fit lever les six bourgeois et leur ostoit les chevestres (cordes) *d'entour leur cou, et les emmena avec elle dans sa chambre, et les fit revestir et donner à disner à toute aise, et puis donna à chacun six nobles, et les fit conduire hors de l'ost à sauveté.*

Édouard prit possession de Calais. *Il y chevaucha à grand'gloire avec les barons et les chevaliers avec si grand foison de menestriers, de trompes, de tambours, de chalumeaux et de musettes, que ce seroit merveille à recorder. On ne retint dans la ville que trois Français, un prestre et deux autres anciens hommes bons coutumiers des lois et ordonnances de Calais, et fut pour enseigner les heritages, voulant le roi repeupler la ville de purs Anglois. Ce fut grand pitié quand les grands bourgeois et les nobles bourgeoises et leurs beaux enfants furent contraints de guerpir* (quitter) *leurs beaux hostels, leurs heritages, leurs meubles et leurs avoirs, car rien n'emporterent.*

On croit lire une page de l'histoire des plus beaux temps de la république romaine, placée par aventure et comme par méprise au milieu de l'histoire de la chevalerie. Les vertus civiles d'Eustache de Saint-Pierre, de Jean d'Aire et des deux Wissant contrastent avec les vertus militaires des Ribaumont, des Charny et des Mauny: deux sociétés opposées se présentent ensemble, et toutes les deux font honneur à l'espèce humaine.

Calais fut repeuplé d'Anglais. Édouard y établit trente-six familles bourgeoises des plus riches et trois cents autres personnes de moindre état. Les franchises accordées à cette ville y attirèrent une foule d'habitants. Édouard donna les meilleures maisons de la cité à quelques-uns de ses chevaliers, tels que Mauny, Cobham, Stanfort et Barthélemy de Burghersh : la reine Philippe eut, pour sa part, l'héritage de Jean d'Aire. Quelques Français obtinrent aussi des propriétés à Calais. Eustache de Saint-Pierre rentra dans la possession d'une partie de ses biens, et obtint de plus une pension considérable.

Un esprit de dénigrement se répandit parmi nous vers la fin du dernier siècle ; on se plaisait à rabaisser les actions héroïques ; de même qu'on ne voulait plus de la religion de nos aïeux, on était incrédule à leur gloire. On n'eut pas plutôt découvert qu'Eustache de Saint-Pierre avait reçu une pension d'Édouard, qu'on triompha de cette découverte ; on remarqua que les historiens anglais gardaient le silence sur les faits racontés par Froissart au sujet de la reddition de Calais, et l'on voulut douter de ces faits. Mais n'avait-on pas vu tout le siècle d'Auguste se taire sur Cicéron? Les largesses d'Édouard pour Eustache de Saint-Pierre ne sont-elles pas un nouvel hommage rendu au dévouement de ce grand citoyen? L'estime qu'il inspira aux ennemis de la France doit-elle diminuer celle que nous lui devons? Malheur à qui va chercher dans la vie privée d'un homme des raisons de moins admirer ses actions publiques ! A coup sûr, ce ravaleur des vertus ne fera jamais lui-même des actions dignes d'être racontées.

Une injustice de la même nature avait commencé plus tôt pour Philippe de Valois : Froissart et le continuateur de Nangis avaient assuré que les habitants de Calais errèrent dans la France sans récompense et sans asile, en mendiant le pain de la charité. Philippe ne fut point coupable de cette ingratitude ; deux ordonnances de ce roi et d'autres ordonnances de Jean et de Charles, ses successeurs immédiats, accordent aux Calaisiens des places, des priviléges et des propriétés. L'ordonnance du 8 septembre 1347 mentionne une concession remarquable; Philippe livre aux Calaisiens chassés de leurs foyers tous les biens et héritages qui pourraient lui échoir par quelque raison que ce fût; ainsi le monarque donnait à ses sujets ses propres biens en échange des biens qu'ils avaient perdus : ce talion qu'il s'imposait, non pour le crime, mais pour le malheur, est dans un esprit touchant d'égalité et de justice. Calais ne devait être rendu à la France qu'en 1558, par François de Guise, homme destiné à faire disparaître la dernière trace des maux qu'Édouard avait faits à la France, et à en commencer de nouveaux.

SOMMAIRE.

Trêves continuées à diverses reprises jusqu'à la mort de Philippe. — Famine et peste générale. — Massacre des Juifs. — Flagellants. — Tentative sur Calais. — Combat singulier d'Édouard et d'Eustache de Ribaumont — Le dauphin d'Auvergne abandonne ses États à Philippe : le Roussillon, la Cerdagne et la seigneurie de Montpellier lui avaient déjà été cédés par Jacques, roi de Majorque. — Le pape achète Avignon de la reine Jeanne de Naples. — Philippe épouse en secondes noces Blanche, fille de Philippe, roi de Navarre, qu'il avait d'abord destinée à son fils Jean, duc de Normandie, devenu veuf. — Philippe meurt comme Louis XII, victime de sa passion pour la jeune reine qui, prolongeant sa vie jusqu'à un âge très-avancé, vit la désolation de la France commencer sous le roi Jean, finir sous Charles V, et recommencer sous Charles VI.

FRAGMENTS.

MORT DU ROI.

Philippe, étant sur son lit de mort, fit appeler ses fils, le duc de Normandie et le duc d'Orléans. Dans ce moment où toutes les illusions s'évanouissent, où il ne reste que le souvenir du bien ou du mal qu'on a fait, le roi protesta de son bon droit dans la guerre qu'il avait été obligé de soutenir, et de ses titres légitimes à la couronne. « Mon fils, dit-il au duc de Normandie, qui fut son « successeur, défendez donc courageusement la France après ma mort. Il arrive « quelquefois, comme j'en ai fait l'expérience, que ceux qui combattent pour « une chose juste éprouvent des revers; mais ils doivent mettre leur espoir en « Dieu, qui ne permet pas que le règne de l'iniquité soit durable. Aimez-vous, « mes fils; maintenez la justice et soulagez les peuples. »

Un roi qui craint que ses revers ne le fassent regarder comme coupable, qui se croit obligé de prouver à son successeur la justice de ses droits malgré le peu de succès de ses armes, eût également confessé l'injustice de ces mêmes droits et les châtiments mérités d'une ambition criminelle. Et cette confession, à qui était-elle faite, à qui rappelait-elle les voies impénétrables de la Providence? à ce roi Jean, que l'adversité marquait déjà de son sceau, adversité qui néanmoins ne devait pas perdre la France; car Dieu *ne permet pas que le règne de l'iniquité soit durable.*

Le premier des Valois alla, le 22 août 1350, porter sa cause aux pieds de celui qui donne et retire les royaumes à sa volonté, laquelle n'est autre que le pouvoir éternel et l'infaillible justice.

JEAN II.

Depuis son avénement à la couronne jusqu'à la bataille de Poitiers.

DE 1350 A 1356.

Philippe VI, dit de Valois, laissa le sceptre à son fils Jean, second du nom; car on compte un fils de Louis X, Jean Ier, qui ne vécut que cinq jours. Louis XVII, enfant, a pareillement été placé au nombre de nos monarques. La loi salique était en ce point d'accord avec le caractère national : en France, l'innocence et le malheur n'excluent pas de la couronne.

Jean avait reçu une éducation aussi bonne que celle de son père avait été négligée; il aima et protégea les lettres autant que Philippe les méprisait : c'est à ses ordres que nous devons les premières traductions de Tite-Live, de Salluste, de Lucain et des *Commentaires de César*. Il chercha et récompensa le mérite ; il sentait par le cœur ce qu'il ne voyait pas par l'esprit. Il eut à la fois ces défauts et ces qualités propres à perdre les empires : l'impétuosité de caractère et l'irrésolution d'esprit ; le courage, qui ne consulte que l'honneur et la magnanimité, qui sacrifie tout à l'accomplissement de sa parole. Dans un temps où la justice était en France la liberté, il protégea la justice. En amitié, il n'y eut point d'homme plus fidèle ; mais on pardonne rarement aux rois d'avoir des amis ou de n'en avoir pas.

A Reims, le 26 septembre 1350, Jean se para de la couronne qui devait orner son cercueil à Londres. Le jour de son sacre il arma chevaliers des princes et des gentilshommes qui ne devaient plus remettre dans le fourreau l'épée qu'ils prirent de sa main. La pompe fut superbe, la dépense prodigieuse ; chaque nouveau chevalier reçut, selon l'usage, aux frais du roi, les habits de la cérémonie : fourrures précieuses, double tenture d'or et de soie. Paris s'émut à l'aspect de son monarque. Les rues furent tapissées, les artisans divisés en corps de métiers, les uns à pied, les autres à cheval, étaient vêtus d'une manière uniforme, mais différente pour chaque confrérie. Les fêtes durèrent huit jours : une exécution sanglante met fin à ces joies funestes.

Jean fait décapiter le comte d'Eu, connétable de France, nouvellement revenu, sur parole, de sa prison d'Angleterre. Il fut dit, mais sans preuves, que le connétable trahissait sa patrie, à l'exemple de tant de Français.

SOMMAIRE.

La trêve conclue avec l'Angleterre sous le règne précédent est confirmée par les soins du pape ; elle est prorogée à diverses reprises pendant trois années. — Néanmoins les hostilités ne cessent jamais tout à fait dans la Guienne et dans la Bretagne. — Combat des trente. — Création de l'ordre de l'Étoile. — Surprise du château de Guines par Édouard, qui disait que les trêves étaient marchandes. — Recherches inutiles, par la chambre des comptes, des malversations financières. — Jean pris pour juge dans une querelle d'honneur entre le duc de Brunswick et le duc de Lancaster. — Mort du pape Clément VI. — Premier crime du roi de Navarre.

FRAGMENTS.

DU ROI DE NAVARRE.

Le troisième fléau de sa patrie, Charles le Mauvais, monte sur la scène après Robert d'Artois, déjà disparu, et Geoffroy d'Harcourt, qui va disparaître. Il était, comme on l'a déjà dit, fils de Jeanne, fille de Louis le Hutin, reine de Navarre, et de Philippe, comte d'Évreux, prince du sang : par l'héritage maternel, il possédait un État important vers les Pyrénées ; par l'héritage paternel, des terres, des villes, des châteaux en Normandie. Sa puissance s'accrut encore : il devint gendre du roi, qui lui donna pour accordée, en attendant mariage, sa fille Jeanne, âgée de huit ans. Plus Charles s'approchait du trône, plus il semblait l'envier et le haïr. Si la loi salique avait été rejetée, le roi de Navarre eût eu à ce trône des prétentions mieux fondées que celles d'Édouard, puisqu'il était fils d'une fille de Louis le Hutin, et qu'Édouard ne descendait que d'une fille de Philippe le Bel. C'est ce qui fit qu'Édouard ne secourut Charles qu'autant qu'il le fallut pour désoler la France, pas assez pour le faire triompher. Charles le Mauvais mérita son nom : esprit inquiet, âme noire, impuissant dans les forfaits comme dans les débauches, ses qualités étaient avortées comme ses vices. L'histoire parle de sa beauté, de sa libéralité, de son éloquence, de sa bravoure, et cela ne le conduisit à rien : les monstres adorés au bord du Nil portaient aussi une parure.

Son caractère est tout à part au milieu des caractères de son siècle : Charles était moins un chevalier qu'un de ces petits tyrans alors oppresseurs des républiques d'Italie. Il naquit, comme Marcel, pour ces troubles civils qui allaient annoncer l'apparition de la nation dans ses propres affaires, et une révolution dans les mœurs.

La charge de connétable de France avait été donnée, après l'exécution du comte d'Eu, à Charles d'Espagne, frère de Louis d'Espagne. Ce jeune étranger, connu sous le nom de La Cerda, est le premier de cette race de favoris qui s'attacha aux Valois, comme une branche bâtarde de leur famille. On accusa La Cerda d'avoir poussé Jean à un acte de rigueur, afin de s'emparer des dépouilles de la victime. Que cette accusation fût fondée ou non, Charles d'Espagne devint odieux aussitôt qu'il eut pris l'épée de connétable. On pardonne quelquefois à celui qui verse le sang, jamais à celui qui en reçoit le prix.

SOMMAIRE

Charles le Mauvais, jaloux de La Cerda, le fait assassiner. — Il passe de l'assassinat à la trahison, se lie avec l'Angleterre, et entraîne dans ses projets le comte d'Harcourt et Louis son frère. — Traité honteux pour le roi Jean, conclu à Mantes, et pardon solennel accordé au roi de Navarre. — Celui-ci se brouille de nouveau. — Autre traité conclu à Valogne presque aussi honteux que celui de Mantes. — La trêve avec l'Angleterre expire. — Édouard aborde à Calais, et entre pour la première fois en France par la porte dont il tenait les clefs. — Il retourne en Angleterre, rappelé par une invasion des Écossais. — Charles le Mauvais séduit Charles le Dauphin, âgé de dix-sept ans, et qui devient Charles le Sage. — Il l'engage à fuir de la cour sous prétexte que le roi Jean lui préférait ses autres fils. — Le Dauphin, saisi de remords, révèle le secret à son père. — Jean, bien qu'il eût accordé de nouvelles lettres de grâce au roi de Navarre, se détermine à se venger de lui. — Convocation des états.

FRAGMENTS.

LES TROIS ÉTATS.

En moins de cinquante ans, depuis la première convocation régulière des états jusqu'à la convocation de ces états sous le roi Jean, les principes politiques se développèrent avec une force et une clarté qu'il aurait été impossible de prévoir. Si le royaume eût été un corps compacte, si des vassaux n'avaient pas exercé la souveraineté dans les provinces par eux possédées, si une guerre d'invasion n'avait pas détourné les esprits de la politique, il est probable que les trois états se fussent fondés comme le parlement d'Angleterre. Les états de 1355 et ceux qui les suivirent eurent des idées beaucoup plus nettes des droits d'une nation que le parlement britannique n'en avait alors. On ne sait où des bourgeois à peine émancipés, où des prélats et des seigneurs féodaux avaient pu puiser des notions si claires du gouvernement représentatif au milieu des préjugés du temps, de l'obscurité et du chaos des lois : la promptitude de l'esprit français supplée à l'expérience des siècles.

Il est vrai que des malheurs, ces puissants maîtres de la race humaine, hâtèrent le développement de la vérité politique sous le règne de Jean et pendant la régence de son fils. Un grand fait se présente partout dans l'histoire : jamais les peuples ne sont entrés en jouissance de leurs droits qu'en passant au travers des maux inhérents aux révolutions combattues. Ces révolutions sont en vain accomplies au fond des mœurs; en vain elles sont devenues inévitables comme les productions naturelles du temps ; les chefs des empires refusent de reconnaître que le moment est venu. Les intérêts particuliers font résistance aux intérêts généraux ; la lutte commence et devient plus ou moins sanglante, selon le mouvement des passions, le caractère des individus, les hasards et les accidents de la fortune. Déplorons les calamités que tout changement amène, mais apprenons de l'histoire qu'elles sont des nécessités auxquelles les hommes ne se peuvent soustraire. Quand les révolutions s'accompliront-elles sans efforts et sans injustices? Quand les lumières seront-elles assez répandues, la civilisation assez complète pour que peuples et rois se cèdent mutuellement ce qu'ils ne doivent se dénier ni se ravir? C'est le secret de Dieu.

Les états de la langue d'Oyl, c'est-à-dire du pays coutumier, dans lequel on reconnaissait pourtant le Lyonnais, quoique pays de droit écrit, s'assemblèrent dans la grand'chambre du parlement, à Paris, le 2 décembre de l'année 1355. L'archevêque de Rouen, Pierre de Laforest, chancelier de France, ouvrit l'assemblée par un discours qu'il prononça au nom du roi ; il exposa les besoins du royaume ; il déclara que le roi était prêt à abandonner l'altération des monnaies, si les états trouvaient le moyen de remplacer cette sorte de taxe par un subside équivalent. Fixez au règne des Valois la naissance de l'impôt.

Jean de Craon, archevêque de Reims, au nom du clergé; Gauthier de Brienne, duc d'Athènes, au nom de la noblesse; Étienne Marcel, prévôt des marchands de Paris, au nom du tiers état, protestèrent de leur dévouement et de leur fidélité au roi. Ils demandèrent la permission de se retirer, afin de délibérer entre eux sur les subsides à accorder et sur la réforme des abus.

Leur première déclaration fut ainsi conçue : Aucun règlement n'aura force de loi qu'autant qu'il sera approuvé par les trois ordres; l'ordre qui aura refusé son consentement ne sera pas lié par le vote des deux autres. Cette déclaration rend tout à coup le tiers état l'égal du clergé et de la noblesse. La liberté dépasse déjà la limite de la monarchie constitutionnelle; car la majorité absolue des suffrages est reconnue aujourd'hui bastante à l'achèvement de la loi : par le décret des états il suffisait d'un ordre corrompu ou factieux pour arrêter le mouvement du corps politique.

Il n'est pas dit que le roi fût appelé à donner sa sanction à ce décret constituant des états de 1355; ainsi le principe du pouvoir de la couronne, tel que nous l'admettons maintenant, était ignoré; mais cela est moins étonnant que la force acquise du tiers état : il n'y avait pas deux siècles qu'il était encore esclave, et il n'y avait pas deux siècles que le roi n'était rien au milieu des grands vassaux. La liberté revient aux sociétés par tous les canaux, comme le sang remonte au cœur par toutes les veines.

Ce point obtenu, on le paya au roi Jean d'un vote qui mit à sa disposition trente mille hommes d'armes, ce qui devait composer un corps de quatre-vingt-dix mille combattants : on ne comptait point dans ce nombre les communes, infanterie de l'armée. Un impôt sur le sel, un autre de huit deniers sur toutes les choses vendues, excepté sur les ventes d'héritages, devaient, pendant l'espace d'une année, fournir une somme de cinquante mille livres par jour, somme jugée équipollente à l'entretien de trente mille hommes d'armes. Les états se réservaient le choix des personnes commises à la levée et à la régie de l'imposition, dont personne, pas même le roi et la famille royale, ne devait être exempt.

Le roi rendit, le 28 décembre 1355, une ordonnance conforme à la délibération des états. Il promettait de ne point toucher à l'argent levé pour la guerre, de le laisser distribuer aux hommes d'armes par une commission des députés des états, ce qui livrait le pouvoir exécutif au pouvoir législatif. Le roi s'engageait en outre à fabriquer des monnaies fortes et stables, à renoncer dans les voyages, pour lui, sa maison et les grands officiers de bouche et de guerre, aux réquisitions de blé, de vin, de vivres, de charrettes, de chevaux, que les paysans étaient obligés de fournir. Défense à tout créancier de transporter sa dette à une personne privilégiée ou plus puissante que lui. Ordre à toute juridiction de ressortir aux juges ordinaires. Nombre des sergents restreint comme abusif, et injonction auxdits sergents de rien exiger au delà de leur salaire. Commerce interdit à tout juge et officier judiciaire dans quelque espèce de tribunal que ce fût. Toutes les ordonnances en faveur des laboureurs confirmées.

Quant aux choses militaires, le roi baillait parole de ne plus convoquer l'arrière-ban sans une nécessité évidente, et d'après l'avis des états, si faire se pouvait. Les fausses montres étaient défendues sous des peines rigoureuses : les chevaux devaient être marqués pour être reconnus dans les revues, et afin que la solde ne fût pas payée à un homme d'armes deux ou trois fois pour le même cheval. Les capitaines étaient rendus responsables des désordres commis par leurs soldats. Les troupes ne pouvaient s'arrêter plus d'un jour dans les villes sur leur passage ; si elles y demeuraient plus longtemps, on serait libre de leur refuser l'étape et de les contraindre à passer outre. Le roi s'obligeait enfin à ne conclure ni paix ni trêve, que d'accord avec une commission des trois ordres des états.

Telle fut cette ordonnance que l'on a comparée, sous certains rapports, à la grande charte de cet autre roi Jean d'Angleterre, première source de la liberté britannique : par les choses que cette ordonnance défend, on apprend ce qui avait été permis. Mais les états de 1355 devançaient en principes politiques et administratifs les lumières de leur siècle ; ils changeaient la nature de la monarchie. Aussi ne resta-t-il rien, pour le moment, de ces essais salutaires ; les temps et les malheurs firent avorter, dans un sol encore mal préparé, ces germes d'une civilisation trop hâtive.

SOMMAIRE.

Le roi va à Rouen arrêter de sa propre main le roi de Navarre dans un banquet. — Il fait exécuter devant lui le comte d'Harcourt, le seigneur de Graville, Maubué de Mainant et Olivier Doublet. — Le roi de Navarre, fait prisonnier, est conduit à la tour du Louvre ou au château Gaillard, et de là au Châtelet.

FRAGMENTS.

BATAILLE DE POITIERS.

Les fautes du roi sont frappantes : sa colère l'aveugle et passe plus vite que sa bonté, qui revint trop tôt pour épargner le seul coupable qu'il eût fallu punir ; il se croit sûr de sa justice, et il est arrêté au milieu de l'exécution par sa miséricorde ; il viole assez les lois pour faire haïr la couronne, pas assez pour la sauver ; il prouva qu'un honnête homme ne peut devenir un mauvais roi, et qu'après tout il n'est pas si aisé d'être un tyran. Les erreurs qui, comme celles de Jean, sont sensibles, donnent aux esprits vulgaires l'occasion d'étaler des lieux communs de morale, et aux méchants un sujet de triomphe : les clameurs furent universelles ; Philippe de Navarre, frère de Charles, Geoffroy d'Harcourt, le fameux traître pardonné, oncle du comte décapité, soulèvent la Normandie ; ils se livrent au roi d'Angleterre, le reconnaissent pour roi de France, jurent de le seconder dans la conquête de ce royaume, et lui font hommage de leurs domaines. Édouard, de son côté, agit comme il avait fait autrefois à la mort des seigneurs bretons ; il envoie à toutes les cours de la chrétienté un manifeste, déclarant : « Que les gentilshommes décapités ou emprisonnés par Jean, se disant roi de France, avaient été traîtreusement frappés ; qu'ils n'avaient fait aucun traité avec lui, et qu'au contraire lui, Édouard, avait toujours regardé le roi de Navarre et ses amis comme les ennemis de l'Angleterre. » Geoffroy d'Harcourt était-il l'ennemi d'Édouard ?

Pour appuyer ce manifeste, le duc de Lancastre descendit en Normandie ; les Anglais, réunis aux Navarrois, formèrent une armée de quarante mille hommes d'armes, sans compter les gens de pied. Jean s'avança contre les alliés, qui venaient de prendre et de raser Verneuil au Perche ; les Anglais se retirèrent dans les forêts de l'Aigle, et Jean mit le siège devant Breteuil, qui n'ouvrit ses portes qu'après deux mois de résistance.

Jean, de retour à Paris, apprend que le prince de Galles, après avoir ravagé l'Auvergne, le Limousin et le Berri, s'approchait de la Touraine : il fait aussitôt le serment de marcher à lui, et de le combattre partout où il le rencontrera. Il convoque barons, grands vassaux, seigneurs, gentilshommes et chevaliers de son royaume, ordonnant qu'aucun d'eux ne se dispense de se trouver au rendez-vous sur les marches de Blois et de Tours.

On s'assemble dans les plaines de Chartres ; Craon, Boucicault et l'Hermite de Chaumont se portent en avant avec trois cents hommes d'armes pour reconnaître et harceler l'ennemi.

Le prince Noir avait eu d'abord le dessein de rejoindre dans le Perche l'armée du duc de Lancastre ; mais trouvant les passages de la Loire gardés, et apprenant que Jean réunissait des forces considérables, il reprit le chemin de Bordeaux par la Touraine et le Poitou : il perdit quelque temps au château de Romorantin, dans lequel Boucicault, Craon et l'Hermite de Chaumont s'étaient renfermés, à la suite d'une affaire d'avant-poste : c'est le premier siége, comme Crécy fut la première bataille, où l'on se soit servi du canon. Le prince de Galles avait donc du canon dans son armée ! Il ne l'employa pourtant pas à la bataille de Poitiers ; nos grands barons dédaignèrent aussi d'en faire usage à la bataille d'Azincourt, quoiqu'ils eussent avec eux une artillerie formidable pour le temps. La valeur chevaleresque méprisait les armes qui pouvaient être également celles du lâche et du brave.

Le prince de Galles, en s'arrêtant devant Romorantin, avait commis une faute qui le devait perdre : ce fût cette faute qui le couvrit de gloire, et la France de deuil ; elle laissa à Jean le temps d'atteindre l'armée anglaise, qui, n'eût été ce siége imprudent, fût rentrée en Guienne sans coup férir.

Les Français franchirent la Loire sur différents points.

Le prince Noir commençait à manquer de vivres ; il avait fait un détour pour éviter Poitiers, resté fidèle à la France. Ce mouvement permit au roi, qui suivait la ligne la plus courte, de se porter en avant des Anglais.

Or, ceux-ci envoyèrent à la découverte deux cents armures de fer « *tous montés sur fleur de coursiers,* » et commandés par le captal de Buch. Elles tombèrent dans les troupes du roi, et virent la campagne couverte d'hommes d'armes : elles fondirent sur les traîneurs. Le bruit de l'attaque parvint à Jean au moment même où il allait entrer dans Poitiers : il retourna sur ses pas avec le gros de son armée.

Les coureurs anglais, ayant rejoint le prince de Galles, lui racontèrent ce qu'ils avaient appris, et combien l'armée française était nombreuse. Il répondit : « Or, il nous faut savoir à present comment nous la combattrons à nostre avan-« tage. » Il prit poste sur un terrain de difficile accès ; Jean, de son côté, s'arrêta : la nuit vint et couvrit les deux camps.

Le lendemain dimanche, 18 septembre, le roi fit chanter une messe dans sa tente, et communia avec ses quatre fils, Charles, Louis, Jean, Philippe, et les seigneurs des fleurs de lis, comme on appelait alors les princes du sang.

Quand cela fut fait, Jean assembla son conseil : il proposa d'attaquer l'ennemi, et le conseil fut de l'avis du roi.

Les historiens ont blâmé cette résolution ; mais ils n'ont considéré ni les circonstances ni les mœurs. Sans doute il eût été plus sûr d'affamer les Anglais et de les forcer à se rendre ; mais il était aussi très-possible et plus héroïque de les vaincre. Si l'on n'eût pas perdu un jour ; si le duc d'Orléans ne se fût pas retiré avec un tiers de l'armée à l'abord de l'engagement, il est probable que le prince de Galles eût succombé. Et quel juste sujet de ressentiment le roi n'avait-il pas contre les Anglais ! Dans ce temps, d'ailleurs, les batailles n'étaient plus des calculs ; elles étaient le fruit du hasard ou d'une impulsion guerrière ; elles n'avaient presque jamais de grands résultats ; elles ne changeaient pas la face des empires : c'étaient des actions où l'on décidait non de l'existence, mais de l'honneur des nations. Aussi les princes s'envoyaient-ils des cartels pour se rencontrer en tel lieu convenu, comme de simples chevaliers s'appelaient en

champ clos. Des hérauts d'armes portaient ces défis. « Vous irez à Troyes, » dit le comte de Buckingham aux deux hérauts d'armes qu'il envoya au duc de Bourgogne, sous le règne de Charles V ; « vous par lerez aux seigneurs, et leur
« direz que nous sommes sortis d'Angleterre pour faire faicts d'armes, et là où
« nous les croyons trouver nous les demandons ; et pour ce que nous savons
« qu'une partie de la fleur de lys et de la chevalerie française repose là dedans,
« nous sommes venus à ce chemin, et s'ils veulent rien dire, ils nous trouveront
« sur les champs. »

On poussait si loin quelquefois cette délicatesse du point d'honneur entre deux armées, qu'on se refusait à prendre l'avantage du terrain. Souvent les généraux et les rois faisaient serment de combattre leur ennemi partout où ils le trouveraient, comme les dieux d'Homère juraient par eux-mêmes de faire des choses qui n'étaient pas toujours raisonnables, ou plutôt comme les vieux Germains s'engageaient à porter une longue barbe ou un anneau de fer jusqu'à ce qu'ils eussent abattu un Romain. Deux nations ainsi descendues dans la lice ne pouvaient pas plus refuser le combat, qu'un homme de cœur ne se peut dispenser de tirer l'épée quand il a reçu un affront.

Il fut donc résolu, dans le conseil du roi, de marcher droit à l'ennemi. Aussitôt les ordres sont donnés : les cors de chasse et les trompettes sonnent haut et clair ; les ménestriers jouent de leurs instruments, les soldats s'apprêtent ; les seigneurs déploient leurs bannières ; les chevaliers montent à cheval et viennent se ranger à l'endroit où l'étendard des lis et l'oriflamme flottaient au vent. On voyait courir les chevaucheurs, les poursuivants, les hérauts d'armes, les pages, les varlets avec la casaque, le blason et la devise de leurs maîtres. Partout brillaient belles cuirasses, riches armoiries, lances, écus, heaumes et pennons ; là se trouvait toute la fleur de la France, car nul chevalier ni écuyer n'avait osé demeurer au manoir. On entendait, au milieu des fanfares, de la voix des chefs, du hennissement des chevaux, retentir les cris d'armes des différents seigneurs : *Montmorency au premier chrétien, Châtillon au noble duc, Montjoie au blanc épervier, Montjoie Bourgogne, Bourbon Notre-Dame*. Tous ces cris étaient dominés par le cri de France, *Montjoie Saint-Denis*, par des complaintes en l'honneur de la Vierge, et par la chanson de Roland.

Des vassaux, tête nue, sous la bannière de leur paroisse, et portant des colobes et des tabards (espèce de chemise sans manches et de manteau court) ; des barons en chaperons, en robes longues et fourrées, marchant sous les couleurs de leurs dames ; une infanterie en pelicon ou jaquette armée d'arcs, d'arbalètes, de bâtons ferrés et de fauchards ; une cavalerie couverte de fer et portant le bassinet et la lance ; des évêques en cottes de mailles et en mitre ; des aumôniers, des confesseurs ; des croix, des images de saints, de nouvelles et d'anciennes machines de guerre ; toute cette armée, enfin, présentait aux feux du soleil un spec tacle aussi extraordinaire que brillant et varié.

Les troupes réunies formaient plus de soixante mille combattants : on y voyait le frère et les quatre fils du roi, la plupart des seigneurs des fleurs de lis, d'illustres commandants étrangers, trois mille chevaliers portant bannières. Tous ces guerriers avaient à leur tête le roi, qui, s'il n'était pas le plus grand capitaine de son royaume, en était du moins le plus brave soldat et le premier chevalier.

L'armée fut divisée en trois corps ou trois *batailles*, comme on parlait alors, par l'avis du connétable Jean de Brienne et des deux maréchaux d'Audeneham et de Clermont. Le duc d'Orléans, frère du roi, ayant sous lui trente-six bannières et deux cents pennons, commandait la première bataille; la seconde avait pour chef le Dauphin Charles, duc de Normandie, qui fut Charles le Sage; ses deux frères Louis et Jean marchaient avec lui : les trois princes étaient sous la garde des sires de Saint-Venant, de Landas, de Vondenay et de Cervolles, dit l'Archiprêtre, depuis célèbre aventurier. Le roi menait la troisième bataille avec Philippe, le plus jeune de ses fils, tige de la seconde maison de Bourgogne.

Ces trois corps, qui auraient pu envelopper l'ennemi en tournant la position du prince de Galles, furent disposés sur une ligne oblique, un peu en arrière les uns des autres. L'aile gauche, la plus avancée vers l'ennemi, et sous les ordres du duc d'Orléans, n'était séparée des Anglais que par un monticule, dont on négligea de s'emparer; le Dauphin commandait au centre, et le roi à l'aile droite, la réserve. On jugera de la science militaire de ce temps, quand on saura que ces dispositions se faisaient avant d'avoir reconnu le terrain occupé par le prince de Galles.

Tandis que l'armée française se mettait en bataille, le roi envoya Eustache de Ribaumont, Jean de Landas et Richard de Beaujeu examiner le camp du chevalier qui avait gagné ses éperons à Crécy. Cependant Jean monté sur un cheval blanc, parcourait les lignes et disait : « Quand vous estes dans vos bonnes « villes, vous menacez les Anglois, et desirez avoir le bassinet en la teste « devant eux. Or, y estes-vous. Je vous les montre : si leur veuillez remontrer « leur maltalents, et contrevenger les dommages qu'ils vous ont faits. » L'armée répondit d'une commune voix : « Sire, Dieu y ait part! »

Les trois chevaliers envoyés à la découverte revinrent, et rendirent compte au roi de ce qu'ils avaient observé.

L'ennemi s'était retranché au milieu d'une vigne, sur une petite hauteur, auprès d'un village appelé *Maupertuis;* pour aller à lui, il n'y avait qu'un chemin creux bordé de deux haies épaisses, et si étroit, qu'à peine trois cavaliers y pouvaient passer de front. Le prince de Galles avait embusqué des archers derrière ces haies. Parvenu au bout du défilé, on trouvait l'armée anglaise, composée en tout de deux mille hommes d'armes, de quatre mille archers et de quinze cents aventuriers. Il n'y avait guère sur ces sept à huit mille hommes que trois mille Anglais : le reste était Français et Gascons.

Le prince avait fait mettre pied à terre à sa cavalerie, qui ne pouvait agir dans le lieu où elle se trouvait : le tout formait, sur la pente de la colline, un corps d'infanterie pesamment armé, retranché parmi des buissons et des vignes, couvert sur son front par des archers rangés en forme de herse. Cette disposition était l'ouvrage de James d'Audeley, chevalier d'une grande expérience.

Si le roi Jean avait avec lui la fleur de la chevalerie de France, le prince Noir avait pour compagnons les plus vaillants guerriers de l'Angleterre et de la Guienne : entre les premiers, on remarquait Jean lord Chandos, les comtes de Warwick et de Suffolk, Richard Stanfort, James d'Audeley, et Pierre, son frère, sir Basset et plusieurs autres; entre les seconds on comptait le captal de Buch, Jean de Chaumont, les sires de Lesparre, de Rozem, de Montferrand, de Landuras, de Prumes, de Bourguenze, d'Aubrecicourt et de Ghistelles : c'est toujours nommer des Français.

Ribaumont ayant peint au roi la position des ennemis, Jean lui demanda comment on les devait attaquer. « Tous à pied, répondit Ribaumont, excepté « trois cents armures de fer choisies entre les plus habiles et les plus che- « valereuses; elles entreront dans le chemin creux pour rompre les archers. « Elles seront suivies du reste des hommes d'armes à pied pour donner sur « les hommes d'armes anglais qui sont en bataille sur la hauteur au bout du « défilé, et pour les combattre de la main à la main. »

Jean suivit cet avis, qui lui plaisait par sa hardiesse : mieux conseillé, il aurait fait attaquer les archers à dos, et les eût chassés des deux haies avant de s'engager dans le défilé. Les maréchaux, d'après le plan adopté, désignèrent les trois cents cavaliers qui devaient ouvrir le chemin. Le reste des hommes d'armes fut démonté; on leur ordonna d'ôter leurs éperons, de tailler leurs piques, et de les réduire à cinq pieds de long, pour s'en servir avec plus de facilité dans la mêlée. Un corps d'Allemands, commandé par les comtes de Nidau, de Nassau et de Saarbruck, demeura à cheval afin de soutenir, en cas de besoin, les trois cents hommes d'armes à l'attaque du défilé. Le roi, accompagné de vingt chevaliers, se mit au milieu de ces Allemands pour voir de plus près le commencement de l'action. Tout étant ainsi disposé, on donne le signal du combat.

Déjà les trois cents hommes d'armes avaient embrassé leurs targes, quand voici venir un cavalier qui demande à parler au roi : on reconnut le cardinal de Périgord. Le pape ne cessait de travailler à la réconciliation de la France et de l'Angleterre : les deux cardinaux d'Urgel et de Périgord avaient été envoyés vers les deux armées pour les engager à la paix et traiter de la liberté du roi de Navarre. Le cardinal de Périgord ne s'était point rebuté du mauvais succès de ses premières tentatives, et, s'attachant aux pas des princes rivaux, il était arrivé à l'instant même où ils allaient vider leur querelle.

Il court vers le roi de France ; aussitôt qu'il l'aperçoit, il descend de cheval, s'incline et s'écrie en joignant les mains : « Très-chier sire, vous avez ici toute « la fleur de la chevalerie de vostre royaume, reunie contre un petit nombre « d'ennemis. Si vous pouvez en obtenir ce que vous desirez sans combattre, « vous espargnerez le sang chrestien et la vie de vos sujets. Vous savez que « Dieu tient dans sa main le sort des armes; je vous conjure, au nom de ce « Dieu et de la charité, de me permettre d'aller vers le prince de Galles lui « representer son peril et l'avantage de la paix. »

Le roi répondit : « Il nous plaist que cela soit ainsi ; mais retournez vite. »

Le cardinal chevauche au camp anglais : au nom de la religion, les barrières des deux armées s'abaissent et laissent passer son ministre : il trouva le fils d'Édouard au milieu de ses chevaliers, couvert de son armure noire, et portant la devise des princes de Galles, prise de l'écusson du vieux roi de Bohême;

présage qui promettait à Poitiers le destin de Crécy. « Certes, beau fils, lui
« dit l'envoyé du pape, si vous aviez examiné l'armée du roi de France, vous
« me permettriez d'essayer de conclure avec lui un traité. » Le prince répondit : « J'entendrai à tout, fors à la perte de mon honneur et de celui de mes
« chevaliers. » Le cardinal répliqua : « Beau fils, vous dites bien. » Et il
retourna en toute hâte au camp français.

Il supplia le roi de suspendre l'attaque jusqu'au lendemain. « Vos ennemis,
« disait-il, ne peuvent eschapper ; accordez-leur quelques instants pour aper-
« cevoir leur peril. » Jean s'y refusa d'abord sur l'avis de la plus grande partie
de son conseil; mais, par respect pour le saint siége, il consentit enfin à ce
délai, qui donna le temps aux Anglais de se retrancher, ralentit l'ardeur du
soldat, et fut la principale cause de la perte de la bataille.

Le roi fit dresser une *belle tente de couleur vermeille* dans l'endroit même où
il se trouvait. Les troupes déposèrent leurs armes, à l'exception du corps commandé par le connétable et par les deux maréchaux.

Le cardinal, retourné au camp anglais et revenu ensuite au camp français,
rapporta au roi les propositions du prince de Galles. Celui-ci offrait de rendre
les prisonniers qu'il avait faits, les villes et châteaux qu'il avait pris depuis trois
années; il s'engageait, pendant sept ans, à ne point porter les armes contre la
France : Villani ajoute qu'il consentait à payer deux cent mille nobles ou écus
d'or pour les dégâts commis par son armée. Le prince demandait en mariage
une fille du roi, et pour dot de cette princesse, le seul duché d'Angoulême;
enfin, il réclamait la liberté de Charles le Mauvais, et s'engageait à faire consentir Édouard aux conditions du traité.

Jean, que les historiens représentent comme un téméraire, n'avait déjà
été que trop modéré en accordant aux Anglais une suspension d'armes ; il
allait donner une nouvelle preuve de son esprit conciliant en acceptant l'offre
du prince Noir, lorsque Renaud de Cheveau, évêque de Châlons, se leva dans
le conseil.

« Sire, dit-il, s'il m'en souvient bien, le roi d'Angleterre, son fils, et son
« frère le duc de Lancastre, vous ont, à plusieurs reprises, insulté, et ont
« rempli votre royaume de meurtres et de ruines. Sur terre, ils ont humilié
« votre père Philippe et massacré votre noblesse; sur mer, ils ont assailli vos
« vaisseaux et brûlé vos ports comme des pirates. Quelle vengeance en avez-
« vous tirée ? Quoi ! pour prix de ces brigandages, vous donneriez votre fille
« à des mains teintes du sang français ! Dieu vous livre votre principal ennemi,
« ces orgueilleux Anglais, ces Gascons infidèles, ces lâches qui viennent d'égor-
« ger les pâtres et les laboureurs, ces incendiaires qui ont porté la flamme dans
« les hameaux qui fument encore, et vous les laisseriez échapper ! et croyez-
« vous qu'ils soient de bonne foi dans ce qu'ils vous proposent ? Ne connais-
« sez-vous pas leur perfidie ? Sous le prétexte de faire ratifier les conditions
« par le monarque anglais, ils gagneront du temps; Édouard refusera de con-
« firmer le traité conclu. Cependant le duc de Lancastre, qui ravage le Perche
« avec son armée, aura rejoint le prince de Galles ; alors la victoire passera
« peut-être à vos ennemis. Dieu vous préserve de plus grands malheurs ! Je

« demande qu'aucun délai ne soit accordé, et que votre vengeance cesse d'être
« suspendue par des propositions insidieuses, et par les lenteurs de votre
« conseil. »

Ce discours, dont le prélat soutint la vigueur la pique à la main, fit bouillonner dans le sein du roi l'ardeur guerrière; les barons crièrent : Aux armes!
« Allez, dit Jean au cardinal, allez signifier au prince de Galles qu'il ait à se
« rendre prisonnier lui et cent de ses principaux chevaliers : à cette condition,
« je laisserai passer son armée. » Le prince, au ouïr de ces paroles, qui lui
furent rapportées par le cardinal, répondit : « Mes chevaliers ne seront pris
« que les armes à la main; quant à moi, quelque chose qu'il arrive, l'An-
« gleterre n'aura pas à payer ma rançon. »

Ces pourparlers occupèrent toute la journée du dimanche. Pendant la tenue
du conseil, divers chevaliers des deux armées chevauchèrent le long des
batailles. Dans une de ces courses, le maréchal de Clermont rencontra Jean
Chandos : ils portaient tous les deux dans les armes le même emblème; c'était
une dame vêtue d'une robe bleue, au milieu des rayons d'un soleil. « Chandos,
« dit le maréchal, depuis quand avez-vous pris ma devise? — Et vous, la
« mienne? » répliqua Chandos. « Si nos gens, reprit Clermont, n'estoient au
« moment de jouer des mains, je vous prouverois tout à l'heure que vous ne
« devez pas porter cette devise. — Eh! s'écria Chandos, demain nous nous
« retrouverons, et je vous prouverai que la dame bleue est plustôt mienne
« que vostre. » Cette querelle de chevalerie coûta la vie au maréchal, qui fut
tué par Chandos.

La nuit était venue : les Français, abondamment pourvus de vivres, se fiant
dans leur nombre et leur valeur, la passèrent à dormir; les Anglais, manquant
de tout, veillèrent et se retranchèrent : autour de leur camp et devant leurs
archers, ils creusèrent des fossés profonds, qu'ils revêtirent de palissades; dans
la partie la plus faible de leur poste, ils se couvrirent avec leurs bagages et
leurs chariots. Le prince de Galles commanda d'apporter le butin enlevé; il
en fit faire trois monceaux entre son camp et celui des Français, et l'on y mit
le feu. Ce sacrifice ne laissa plus rien à regretter aux Anglais; tandis que les
tourbillons de flammes et de fumée qui s'élevaient, la veille d'une bataille,
dans les ténèbres, servirent à masquer les travaux de l'ennemi et à étonner
nos soldats.

Le soleil qui devait éclairer un jour si funeste à notre patrie se leva, et
trouva les cœurs bercés de fausses espérances (19 septembre 1356). Les Français se rangèrent dans le même ordre que le jour précédent; les Anglais changèrent quelque chose à leurs dispositions : instruits, on ne sait comment, de
la manière dont ils seraient attaqués, ils placèrent au front de leur ligne un
certain nombre de cavaliers pour soutenir le choc des maréchaux; ils cachèrent,
en outre, trois cents hommes d'armes et trois cents archers à cheval derrière
une petite colline, au revers de laquelle s'étendait le corps commandé par le
Dauphin et ses deux frères. Ces six cents hommes avaient ordre, aussitôt
qu'ils verraient l'action engagée, de tourner le mamelon et de prendre en flanc
les troupes du Dauphin. Le cardinal de Périgord reparut, mais on lui fit dire

de la part des Français de se retirer. Il passa alors chez le prince de Galles, dont il était sujet, comme natif de Guienne. « Beau fils, lui dit-il, faites ce « que vous pourrez; il vous faut combattre. » Le prince répondit : « J'y « compte, ainsi que mes chevaliers; Dieu veuille aider au droit! » Le cardinal alla rejoindre l'autre légat au haut d'une colline, d'où ils élevèrent leurs mains vers le Dieu de paix, tandis que dans la plaine on invoquait celui des armées.

Au milieu de ses compagnons d'armes, le prince Noir leur tint ce discours :
« Seigneurs, si nous ne sommes qu'un petit nombre contre l'armée puis-
« sante de nos ennemis, il ne faut pas laisser s'affaiblir notre courage. Ce n'est
« pas le soldat, c'est Dieu qui donne la victoire. Si nous sommes vainqueurs,
« notre triomphe en sera plus éclatant; si nous devons mourir, j'ai un père et
« deux frères; vous, vous avez des amis qui nous vengeront; ainsi ne songez
« qu'à bien combattre. S'il plaist à Dieu, vous me verrez aujourd'hui bon
« chevalier. »

Le prince de Galles garda auprès de lui Chandos, qui cependant courut au choc des maréchaux de France : il désirait aussi retenir d'Audeley; mais celui-ci avait fait vœu de combattre au premier rang dans toute affaire où le roi d'Angleterre, ou l'un de ses fils, se trouverait en personne. Le prince de Galles lui permit donc d'accomplir son vœu, et il s'alla placer au front de la ligne, parmi les hommes d'armes qui soutenaient les archers.

Les Français élèvent le cri d'armes : à ce signal, les deux maréchaux de France, les comtes d'Audeneham et de Clermont, entrent dans le défilé à la tête de trois cents cavaliers commandés pour frayer le chemin. A peine sont-ils engagés entre les deux haies qui bordent le chemin, que les archers retranchés derrière font pleuvoir sur eux une grêle de flèches. Ces flèches, longues, barbues, dentelées, lancées à bout portant par un ennemi invisible, frappent dans l'épais bataillon. Les chevaux, percés d'outre en outre, effrayés et rendus furieux par la douleur, hennissent, ronflent, se cabrent, refusent d'avancer, se tournent de côté, trébuchent et tombent sous leurs maîtres. Les derniers rangs essaient de passer sur les premiers rangs abattus, se renversent et augmentent le péril et la confusion. Cependant les deux maréchaux, avec quelques chevaliers, surmontent les obstacles et parviennent au front de l'armée anglaise : là ils trouvent une nouvelle ligne d'archers et sire James d'Audeley à la tête de ses hommes d'armes. Ces braves maréchaux, sortis presque seuls du défilé, ne peuvent soutenir un combat trop inégal : Clermont meurt de la main de Chandos; d'Audeneham, porté à terre par d'Audeley, est forcé de se rendre.

Bientôt le bruit de cette défaite se répand. Les cavaliers arrêtés au milieu du défilé, entre leurs premiers rangs abattus et les hommes d'armes à pied qui les suivent, ne pouvant ni avancer ni reculer, restent immobiles, exposés aux flèches qui les transpercent et les clouent à leurs chevaux; des cris et des rugissements sortent de l'horrible mêlée. Les hommes d'armes qui déjà pénétraient dans le chemin, se replient sur le corps commandé par le Dauphin Charles. Au même moment, les six cents cavaliers anglais cachés au revers de la colline sortent de leur embuscade, et viennent prendre à dos ce même corps.

La terreur s'empare des soudoyers, les hommes d'armes démontés se dispersent. Les seigneurs de Landas, de Vondenay, de Saint-Venant, qui avaient la garde des trois fils du roi, jugeant trop vite la bataille perdue, les forcent de s'éloigner. Landas et Vondenay, après avoir laissé les jeunes princes entre les mains de Saint-Venant, revinrent avec de l'Angle, Saintré et Cervolles, se ranger auprès du roi.

Les troupes du Dauphin s'étant débandées, celles du duc d'Orléans prirent lâchement la fuite avec leur chef; il ne resta sur le champ de bataille que l'escadron de cavalerie allemande et la division conduite par le roi, à laquelle se joignirent plusieurs chevaliers qui n'avaient pu se résoudre à abandonner leur maître.

Instruit de la déroute des deux premiers corps français, le prince de Galles ordonne à ses hommes d'armes de remonter à cheval. Jean Chandos dit au prince : « Sire, chevauchons avant, la journée est vostre. Dieu sera aujour-« d'hui dans votre main, marchons au roi de France. Je sais bien que par « vaillance il ne fuira point, ainsi il nous demeurera. » Le prince répondit : « Allons, Jean! vous ne me verrez d'aujourd'hui retourner en arrière. » Il crie aussitôt à sa bannière : « Bannière, chevauchez avant! au nom de Dieu et de saint Georges! » et il descend de la colline avec toute son armée.

Le roi, faisant serrer les rangs, marche aux Anglais, qui sortaient du défilé pour l'attaquer : il se faisait remarquer au milieu des siens par sa haute taille, son air martial, et par les fleurs de lis d'or semées sur sa cotte d'armes; il était à pied, comme le reste de ses chevaliers, et tenait à la main une hache à deux tranchants, arme des vieux Franks. A ses côtés était son fils, le jeune Philippe à peine âgé de quatorze ans, comme le lionceau auprès du lion. Tous les historiens conviennent que si la quatrième partie de notre armée avait combattu comme son roi, elle aurait remporté la victoire. Le choc fut rude : d'un côté c'était le prince Noir environné de Chandos, du captal de Buch, fameux rival de Duguesclin ; de l'Audeley, d'Aubrecicourt, des comtes de Warwick et de Suffolk, maréchaux d'Angleterre; de l'autre, le roi Jean, accompagné de Jacques de Bourbon, et de Pierre de Bourbon, père de ce Louis II de Bourbon dont les vertus annoncèrent celles de Henri IV ; des deux princes d'Artois, fils d'un traître, et tous deux fidèles; des comtes de Saarbruck, de Nidau et de Nassau, tous trois Allemands, et dignes d'être Français ; de Guichard de Beaujeu, de Guillaume de Nesle, de Guillaume de Montagu, de Richard de l'Angle, des sires de Chambly, de La Heuse, de Pons, de Tancarville, de Laval, de Damp-Marie, de La Tour, d'Humières, d'Urfé, de Duras, de Gaucher de Brienne, connétable de France et duc d'Athènes, double titre qui lui imposait l'obligation de tomber avec gloire ; de l'évêque de Châlons, qui mourut le casque en tête comme Adhémar sur les murs de Jérusalem; de Geoffroy de Charny, le vaillant porte-oriflamme; d'Eustache de Ribaumont, si célèbre par la couronne de perles qu'Édouard lui donna devant Calais ; de La Fayette et de La Rochefoucauld, noms que les armes ont cédés aux lettres; enfin de Jean de Saintré, réputé le plus brave chevalier de son temps, et dont les romans gaulois ont consacré le nom.

DÉMODOCUS ET CYMODOCÉE

La cavalerie allemande soutint bien la première charge, mais elle lâcha pied après avoir perdu les comtes de Saarbruck, de Nidau et de Nassau, qui la commandaient. Les chevaliers français des diverses provinces, rangés, avec leurs écuyers, autour des bannières de leurs suzerains, combattaient tantôt par pelotons séparés, tantôt mêlés et confondus. Le prince de Galles, avec Chandos, attaqua la division du connétable, et le captal de Buch, avec les maréchaux d'Angleterre, se trouva en face du roi.

Jean le vit approcher avec une joie intrépide : abandonné des deux tiers de ses soldats, il ne lui vint pas même un moment la pensée de reculer, résolu qu'il était de sauver l'honneur français, s'il ne pouvait sauver la France. Nos hommes d'armes ayant raccourci leurs piques, le roi ne put les faire remonter à cheval comme le prince de Galles avait fait remonter les siens. Les Anglais étaient, en outre, accompagnés d'archers qui décidèrent de la victoire en perçant de loin des fantassins pesants, qui ne pouvaient joindre leurs légers ennemis. L'armée anglaise, toute à cheval se ruait avec de grands cris sur l'armée française toute à pied. Les flots des combattants étaient poussés vers Poitiers, et ce fut près de cette ville que se fit le plus grand carnage. Les habitants, craignant que les vainqueurs n'entrassent pêle-mêle avec les vaincus, refusèrent d'ouvrir leurs portes.

Déjà les plus braves avaient été tués ; le bruit diminuait sur le champ de bataille, les rangs s'éclaircissaient à vue d'œil ; les chevaliers tombaient les uns après les autres, comme une forêt dont on coupe les grands arbres. Charny, haussant l'oriflamme, luttait encore contre une foule d'ennemis qui la lui voulaient arracher.

Jean, la tête nue (son casque était tombé dans le mouvement du combat), blessé deux fois au visage, présentait son front sanglant à l'ennemi. Incapable de crainte pour lui-même, il s'attendrit sur son jeune fils, déjà blessé en parant les coups qu'on portait à son père ; il voulut éloigner l'enfant royal, et le confia à quelques seigneurs ; mais Philippe échappa aux mains de ses gardes, et revint auprès de Jean, malgré ses ordres. N'ayant pas assez de force pour frapper, il veillait aux jours du monarque en lui criant : « Mon père, prenez garde ! à « droite, à gauche, derrière vous, » à mesure qu'il voyait approcher un ennemi.

Les cris avaient cessé. Charny, étendu aux pieds du roi, serrait dans ses bras raidis par la mort l'oriflamme qu'il n'avait pas abandonnée ; il n'y avait plus que les fleurs de lis debout sur le champ de bataille : la France tout entière n'était plus que dans son roi. Jean, tenant sa hache des deux mains, défendant sa patrie, son fils, sa couronne et l'oriflamme, immolait quiconque l'osait approcher. Il n'avait autour de lui que quelques chevaliers abattus et percés de coups, qui se ranimaient dans la poussière à la voix de leur souverain, faisaient un dernier effort, et retombaient pour ne plus se relever. Mille ennemis essayaient de saisir le roi vivant et lui disaient : « Sire, rendez-vous ! » Jean, épuisé de fatigue, et perdant son sang, n'écoutait rien et voulait mourir.

Un chevalier fend la foule, écarte les soldats, s'approche respectueusement du roi, et lui parlant en français : « Sire, au nom de Dieu, rendez-vous ! » Le roi, frappé du son de cette voix, baisse sa hache, et dit : « A qui me rendrai-

« je? à qui? Où est mon cousin le prince de Galles? si je le voyais, je parlerais.
« — Il n'est pas ici, répondit le chevalier; mais rendez-vous à moi, et je vous
« menerai vers lui. — Qui estes-vous? » repart le roi. « Sire, je suis Denis
« de Morbec, chevalier d'Artois; je sers le roi d'Angleterre parce que j'ai
« esté obligé de quitter mon pays pour avoir tué un homme. »

Jean ôta son gant de la main droite et le jeta au chevalier en lui disant :
« Je me rends à vous. » Du moins le roi de France ne remit son épée qu'à un Français.

On ne voyait plus ni bannières ni pennons de notre armée dans les champs de Poitiers. Le prince de Galles ignorait encore toute sa gloire; Chandos lui conseilla de planter sa bannière sur un buisson, pour rallier ses troupes et se reposer. On dressa une petite tente rouge; le prince y entra. Les officiers de sa chambre lui détachèrent son casque et lui présentèrent à boire, les trompettes sonnèrent le rappel. Les chevaliers anglais et gascons accourent, amenant avec eux un nombre prodigieux de prisonniers; il y avait tel soldat qui à lui seul en avait jusqu'à dix : on les traita avec une générosité extraordinaire; la plupart furent renvoyés sur parole, et sur la simple promesse d'une rançon qu'on eut soin de ne pas rendre assez forte pour les ruiner.

Les deux maréchaux d'Angleterre arrivèrent auprès du fils d'Edouard, qui leur demanda des nouvelles du roi de France. « Sire, répondirent-ils, nous
« ne savons ce qu'il est devenu, mais il faut qu'il soit mort ou prins, car il
« n'a pas quitté l'ost. » Chandos avait déjà jugé que Jean, par *vaillance*, ne fuirait point; Warwick déclare qu'il est mort ou pris, car il n'a pas cessé de combattre; nous allons voir le prince de Galles proclamer Jean le plus brave gentilhomme de son armée : un monarque français, dont la valeur est si hautement reconnue même de ses ennemis, peut être vaincu sans cesser de régner; les rois chevelus ne perdirent que sur la pourpre la couronne qu'ils avaient reçue sur un bouclier.

Le prince Noir dit à Warwick et à Cobham : « Allez, je vous prie, et che-
« vauchez si loin, que vous me puissiez apprendre nouvelle du roi de France. »
Warwick et Cobham partirent, et tout en chevauchant montèrent sur un tertre, afin de regarder autour d'eux. Ils découvrirent une troupe d'hommes qui marchaient lentement et s'arrêtaient à chaque pas. Les deux barons descendirent aussitôt de la colline et piquèrent de ce côté. Ils s'écrièrent en approchant de la troupe : « Qu'est-ce cy? » On leur répondit : « C'est le roy de France qui est
« prins : il y a plus de dix chevaliers et escuyers qui se le disputent. »

Jean, au milieu de ces soldats, menant son fils par la main, était exposé au plus grand péril : les Anglais et les Gascons s'arrachaient tour à tour la proie; ils l'avaient enlevée à Denis de Morbec. Chacun criait en parlant du roi : « Je l'ai prins, je l'ai prins. » Jean disait : « Menez-moi courtoisement,
« et mon fils aussi, devant le prince de Galles, mon cousin. Ne vous querellez
« point pour ma prise; car je suis assez grand seigneur pour vous faire tous
« riches. » Ces paroles apaisaient un moment les hommes d'armes; mais ils n'avaient pas fait un pas qu'ils recommençaient leur contention. Warwick et Cobham se jettent dans la foule, écartent les soldats, leur défendent sous peine

de vie d'approcher du roi, descendent de cheval, saluent le monarque et son fils, et les mènent à la tente du prince de Galles.

Déjà averti de l'approche du roi, le fils d'Édouard sortit pour recevoir le grand prisonnier, s'inclina devant lui jusqu'à terre, l'accueillit de paroles courtoises, le pria d'entrer dans sa tente, commanda d'apporter le vin et les épices, « et les présenta lui-mesme à Jean et à son fils, disent les chroniques, en *signe* « *de fort grand amour.* » Ainsi sont écrites au ciel les défaites et les victoires ; ainsi s'élèvent et tombent les empires ! Huit siècles auparavant, le premier roi frank triompha des Visigoths presque au même lieu où Jean devint prisonnier des Anglais ; et Charny succomba en défendant l'oriflamme dans les champs où, quatre cents ans après lui, La Rochejaquelein devait mourir pour le drapeau blanc.

La nuit venue, le prince Noir fit dresser dans sa tente une table abondamment servie, où s'assirent, avec le roi et son fils, les plus illustres prisonniers, Jacques de Bourbon, Jean d'Artois, les comtes de Tancarville, d'Estampes, de Damp-Marie, de Graville, et le seigneur de Parthenay. Les autres barons et chevaliers français, compagnons des périls et des malheurs de leur maître, étaient placés à d'autres tables. Le prince de Galles servait lui-même ses hôtes ; il refusa constamment de partager le repas du roi, disant qu'il n'était pas assez présomptueux pour s'asseoir à la table d'un si grand prince et d'un si vaillant homme. « Chier sire, disait-il à Jean, ne vous laissez abattre, si Dieu n'a pas « voulu faire aujourd'hui ce que vous desiriez ; monseigneur mon pere vous « traitera avec tous les honneurs que vous meritez, et traitera avec vous à des « conditions si raisonnables, que vous en demeurerez pour toujours amis. Vous « devez certainement vous rejouir, quoique la journée n'ait pas esté vostre, car « vous avez acquis le haut renom de prouesse ; vous avez surpassé tous ceux de « vostre costé. Je ne dis mie cela, chier sire, pour vous consoler, car tous mes « chevaliers qui ont vu le combat s'accordent à vous en donner le prix et la « couronne. »

Jusque-là, Jean avait supporté son malheur avec magnanimité ; aucune plainte n'était sortie de sa bouche, aucune marque de faiblesse n'avait trahi l'homme : mais quand il se vit traiter avec cette générosité, quand il vit ces mêmes ennemis qui lui refusaient sur le trône le titre de roi de France le reconnaître pour roi dans les fers, alors il se sentit réellement vaincu. Des larmes s'échappèrent de ses yeux et lavèrent les traces de sang qui restaient sur son visage. Au banquet de la captivité le roi très-chrétien put dire comme le saint roi : *Mes pleurs se sont mêlés au vin de ma coupe.*

Le reste des prisonniers se prit à pleurer en voyant pleurer le roi : le festin fut un moment suspendu. Les guerriers français, si bons juges en nobles actions, regardaient avec un murmure d'admiration leur vainqueur, à peine âgé de vingt-six ans. « Quel monarque il promet à sa patrie, disaient-ils, s'il peut « vivre et persévérer dans sa fortune ! »

Les paroles des malheureux sont prophétiques : si le prince de Galles entendit celles de ses prisonniers, il put avoir, à la vue des inconstances du sort, un pressentiment de ses propres destinées. Ce prince vécut peu de jours. Son fils, qui monta sur le trône d'Angleterre, trahi par ces mêmes nobles qui avaient combattu à Poitiers, obligé de recourir à la protection de l'héritier du roi Jean, déposé par un parlement ingrat, enfermé dans une tour; son fils, dis-je, condamné à mourir de faim, lutta plusieurs jours contre la mort, désirant en vain à son dernier soupir les miettes de ce repas que son père, victorieux, servit à un monarque infortuné. La gloire même du vainqueur de Poitiers a péri dans les champs où elle jeta une si vive lumière.

Au-dessus de l'ancienne abbaye de Vouillé et du village de Beauvoir en Poitou, sur le haut d'une colline couverte de joncs marins, on croit trouver les vestiges d'un vieux camp. Vers le milieu de ce camp, on remarque l'ouverture d'un puits à demi comblé : c'est tout ce qui atteste le passage d'un héros. Le village de Maupertuis a disparu; personne dans le pays ne se souvient qu'il ait existé. Par une autre bizarrerie du sort, le lieu où l'on voit les traces du camp anglais s'appelle aujourd'hui *Carthage;* comme si la fortune, pour se jouer des hommes, s'était plu à effacer un nom fameux par un nom plus fameux encore, une ruine par une ruine, une vanité par une vanité (1).

ANALYSE RAISONNÉE
DE
L'HISTOIRE DE FRANCE,

DEPUIS LA BATAILLE DE POITIERS SOUS LE ROI JEAN, EN 1356, JUSQU'A LA RÉVOLUTION DE 1789.

JEAN II.

DE 1356 A 1364.

La France paraît perdue ! ses finances sont épuisées ; ses armées se changent en troupes de brigands qui la déchirent; ses peuples se soulèvent; ses états attaquent le trône laissé vide par la captivité du roi; un prince du sang, échappé de prison, vient mêler aux violences de l'étranger les discordes domestiques; il donne du poison à l'héritier de la couronne captive : des traîtres dans l'Église

---

(1) Voyez, sur ce mot de *Carthage*, l'*Essai de dissertation sur le* CAMPUS VOCLADENSIS, dans les *Dissertations* de LEBOEUF. Voyez encore les *Vies des capitaines illustres au moyen âge*, par M. MAZAS. On trouve dans ce consciencieux ouvrage des renseignements sur les batailles de Crécy, de Poitiers et d'Azincourt. J'ai dans mon récit corrigé les noms propres misérablement estropiés par nos historiens, qui ont suivi FROISSART et les Chroniques de Flandre. L'édition de FROISSART, par M. BUCHON, m'a beaucoup servi pour ces corrections, bien que je n'adopte pas entièrement toutes les lectures. J'ai reçu aussi de Poitiers, sur la bataille de ce nom, des plans et des documents.

et dans la noblesse, des factieux dans le tiers état; au dedans, les séditions et les crimes du tribunat; au dehors, les horreurs de l'anarchie civile et militaire; et pour seul remède à tant de maux, un prince à peine âgé de dix-huit ans, que son projet de fuite avec le roi de Navarre et sa conduite à la bataille de Poitiers n'avaient fait estimer ni des Français ni des ennemis. Qui aurait pu croire que cet enfant était Charles le Sage, sauveur de son peuple, et l'un des plus utiles rois qui aient gouverné les hommes?

Mais Charles V n'était que la tête; il lui fallait un bras, et Dieu avait en même temps formé ce bras. Tandis que le Dauphin se retirait obscurément de Poitiers, méprisé des vainqueurs, un pauvre gentilhomme, aussi inconnu que lui, combattait pour Charles de Blois dans les bruyères de la Bretagne. Sans beauté, sans grâces, sans fortune, d'un esprit si peu ouvert, qu'on ne lui avait jamais pu apprendre à lire; ce gentilhomme, demi-paysan, n'avait rien en apparence de ce qui annonce les héros, hors la valeur. Nos chroniques, qui en parlent pour la première fois à cette époque, l'appellent un *certain jeune bachelier*. C'était pourtant là Duguesclin, le premier grand capitaine que l'Europe eût vu depuis les jours de Rome, et que nos aïeux nommaient le *bon connétable* : tant ce sol de France est fécond! tant notre patrie a de ressources dans le malheur!

Charles et Duguesclin viennent ensemble et l'un pour l'autre, et tous les deux pour la nation, d'autant plus illustres que tout est entraves à leurs victoires. Lorsque Dieu envoie les exécuteurs de sa vengeance, le monde est aplani devant eux; ils ont des succès extraordinaires avec des talents médiocres; aucun adversaire habile ne leur dispute le triomphe, tout s'arrange pour que leurs fautes mêmes servent à augmenter leur puissance. Le ciel, afin de les seconder, assied sur tous les trônes la folie et la stupidité; pas un général dans les camps, pas un ministre dans les conseils. Ces exterminateurs obtiennent la soumission du peuple, au nom des calamités dont ils sont sortis, et de la terreur que ces calamités ont inspirée. Traînant après eux un troupeau d'esclaves, armés, déshonorés par cent victoires, la torche à la main, les pieds dans le sang, ils vont au bout de la terre comme des hommes ivres, poussés par Dieu qui fait leur force, et qu'ils renient.

Mais lorsque la Providence, au contraire, veut relever un royaume et non l'abattre; lorsqu'elle emploie des serviteurs et non des ennemis; lorsqu'elle destine à ses serviteurs une vraie gloire et non une épouvantable renommée, loin de leur rendre la route facile, elle leur oppose des obstacles dignes de leurs vertus. C'est ainsi que l'on peut toujours distinguer le fléau du sauveur, l'homme envoyé pour détruire et l'homme venu pour réparer. Le premier paraît dans l'absence des talents et du génie; le second rencontre à chaque pas d'habiles adversaires capables de balancer ses succès; l'un n'a rien contre lui, est maître de tout, se sert pour réussir de moyens immenses; l'autre a tout contre lui, n'est maître de rien, n'a entre les mains que les plus faibles ressources. Le Dauphin se mesure avec Édouard, monarque puissant, heureux guerrier, souverain d'un royaume florissant et de la moitié de la France; il lutte contre Charles le Mauvais, prince qui donnait par ses crimes de l'importance à ses artifices, contre Marcel, le Coq et Pecquigny ; triumvirat redoutable par la triple alliance du pouvoir populaire, aristocratique et religieux. Duguesclin combat le prince de Galles, Chandos, le captal de Buch, rivaux qui le surpassaient en renommée et l'égalaient en mérite. Sans argent, sans crédit, c'est en vendant les joyaux de sa femme qu'il fait vivre ses compagnons d'armes. Tantôt il n'a pour soldats que des chevaliers braves, mais indociles, et des paysans indisciplinés ; tantôt son armée est composée d'un ramas de brigands qui ne le suivent que par le miracle de sa gloire. Et cependant le prince et le sujet viennent à bout de leur œuvre ; ils battent l'étranger, rétablissent l'ordre, font refleurir les lois, les lettres, le commerce et l'agriculture. Tous deux, après avoir brillé ensemble sur la scène du monde, en sortent tous deux presque en même temps : le bon connétable va dormir à Saint-Denis aux pieds de Charles le Sage. Réveillés de nos jours dans leurs tombeaux, toujours liés par la même destinée, ils se sont revus après une nuit de quatre siècles : les cendres du roi qui avait arraché aux Anglais notre terre natale ont été jetées au vent, et des mains françaises ont brisé le cercueil de Duguesclin ; arche sainte devant qui tombaient les remparts ennemis.

Paris, après la bataille de Poitiers, reçut le jeune Charles avec des honneurs et des respects ; soit que les hommes ne se puissent d'abord empêcher de saluer le malheur comme leur maître, soit qu'ils cherchent à s'acquitter vite envers lui, afin de s'en éloigner ensuite sans remords, et de mettre à l'aise leur ingratitude. Le Dauphin avait été nommé par son père lieutenant général du royaume, quelque temps avant la bataille de Poitiers. Ce fut en cette qualité qu'il gouverna la France jusqu'à sa majorité, époque à laquelle il prit le titre de régent, que personne ne lui contesta. Le premier soin de Charles fut de convoquer les états qui, dans leur dernière session, s'étaient ajournés au mois de novembre. Ils se réunirent dans la chambre du parlement.

Huit cents députés composaient toute l'assemblée de la langue d'Oÿl : la noblesse était présidée par le duc d'Orléans, frère du roi ; le clergé, par Jean de Craon, archevêque de Reims ; et le tiers état, par Étienne Marcel, prévôt des marchands. Le chancelier prononça le discours d'ouverture : il engagea les députés à s'occuper des besoins de la France et de la délivrance du roi. Les ordres s'assemblèrent séparément, nommèrent une commission composée de cinquante membres pris dans les trois ordres, et choisis parmi les députés les plus opposés au prince. Cette commission devait travailler à un projet de réforme générale.

Les bases de ce plan arrêtées, on pria le Dauphin de se rendre aux Cordeliers, où les états s'étaient transportés. Ils voulurent obliger le jeune prince de tenir secret ce qu'ils avaient à lui dire ; il s'y refusa.

Alors l'évêque de Laon, Robert le Coq, se leva et prit la parole : il rejeta les malheurs publics sur les flatteurs et les conseillers dont le roi Jean s'était entouré ; il présenta une liste de proscription de vingt-deux personnes, requérant que leur procès leur fût fait ; il proposa la formation d'une commission tirée du sein des états, pour surveiller les différentes branches de l'administration ; enfin, il demanda que Charles ne pût prendre aucune mesure sans l'avis d'un conseil également choisi parmi les députés : l'évêque termina son discours en sollicitant la liberté du roi de Navarre. A ce prix, les états offraient la levée de trente mille hommes d'armes, une imposition d'un dixième et demi ou de trois vingtièmes, sur les biens de la noblesse et du clergé. Le tiers état s'engageait à équiper et à payer par chaque dix feux un homme d'armes.

On est étonné de voir un corps qui n'avait encore aucune expérience marcher si directement à son but, et suivre d'un pas ferme les routes que l'on a depuis suivies. Ces états de 1356 (5 février), et ceux de 1357 (7 octobre), se trouvèrent à peu près dans la même position que l'assemblée législative en 1792. La France, à ces deux époques, avait à résister à une guerre étrangère, tandis qu'elle s'occupait intérieurement de la réforme de ses lois, et qu'une grande révolution politique s'opérait. La même cause donnée amena quelques-uns des mêmes effets ; les états de 1356, par cet instinct naturel qui pousse les agrégations d'hommes comme les individus à profiter des circonstances, se constituèrent : déjà ils avaient fait un grand pas depuis les précédentes sessions ; ils en firent un bien plus considérable après la bataille de Poitiers.

Mais la pression des armes étrangères, les résistances locales, les divisions intérieures corrompirent ces éléments et produisirent quelque chose des crimes dont nous avons été témoins en 1793. Des tribuns s'élevèrent : Marcel, Robert le Coq et Pecquigny exaltèrent les passions de la multitude. Marcel, devenu le maître, disposait à son gré de ces rois demi-nus, abrutis par la misère, vrais Sauvages au milieu de la civilisation, mais Sauvages dégradés de la noblesse des bois, et n'ayant que l'orgueil des haillons.

Le roi de Navarre, délivré de sa prison d'Arleux en Pailleul par Jean de Pecquigny, gouverneur d'Artois (1357), accourut à Paris et vint augmenter la discorde. Il harangua le peuple convoqué dans le Pré-aux-Clercs. Il y eut des espèces d'assemblées du Forum aux Halles et à Saint-Jacques-de-l'Hôpital, où Marcel, Consac, échevin, Jean de Dormans, chancelier du duché de Normandie, et le Dauphin lui-même, prononcèrent des discours devant le peuple, qui passait d'une opinion à l'autre, en écoutant tour à tour les orateurs. On n'a pas même vu cela en 1793 ; le peuple, qui prit alors une part si active aux événements, ne délibéra jamais en masse et ne contraignit point les principaux personnages de l'État à venir plaider leur cause devant lui : la Convention même rejeta l'appel au peuple.

Paris devint un moment, en 1357, une espèce de démocratie ancienne, au milieu de la féodalité. On inventa des couleurs nationales ; on prit le chaperon mi-parti de drap rouge et pers (bleu verdâtre), avec des fermails d'argent émaillé portant cette inscription : *A bonne fin*. On ouvrit les prisons sur la demande du roi de Navarre, qui donna lui-même la liste des criminels que l'on devait relâcher, à savoir « *Larrons, meurtriers, voleurs de grands chemins,*
« *faux-monnoyeurs, faussaires, coupables de viol, ravisseurs de femmes, per-*
« *turbateurs du repos public, assassins, sorciers, sorcières et empoisonneurs.* »
Tout cela fut suivi de massacres. Le roi ne périt point dans ces troubles, car il était prisonnier des Anglais ; mais l'héritier du trône fut exposé au danger le plus imminent.

Et qu'on ne dise pas que mettre un roi en jugement était une idée qui ne pouvait venir alors; tout au contraire, c'était une idée naturelle aux anciens temps.

Le dix-huitième article du testament de Charlemagne contient cette disposition remarquable : « Si quelques-uns de nos petits-fils nés ou à naître sont accu- « sés, ordonnons qu'on ne leur rase pas la tête, qu'on ne leur crève pas les « yeux, qu'on ne leur coupe pas un membre, ou qu'on ne les condamne pas « à mort, sans bonne discussion et sans examen (1). » C'est Charlemagne qui parle ainsi, et dont les petits-fils nés ou à naître devaient être des rois !

Sous son fils, Louis le Débonnaire, une assemblée nationale jugea et condamna Bernard, roi d'Italie; une autre assemblée força ce même empereur, Louis, à descendre du trône, comme une autre assemblée l'y fit remonter. Peu de temps avant l'avénement de la branche des Valois à la couronne, le parlement d'Angleterre avait ôté la couronne à Édouard II, père d'Édouard III. L'esprit des deux premiers ordres des états du moyen âge tendait à établir un droit de suprématie sur l'autorité royale : l'Église romaine déliait les sujets du serment de fidélité, et les conciles généraux privaient les papes de la tiare ; les grands vassaux regardaient les rois comme leurs pairs; ce principe d'égalité n'avait besoin que de la force et du malheur pour produire sa conséquence naturelle. Croit-on, par exemple, que Charles le Mauvais, qui avait empoisonné le Dauphin, qui avait formé le dessein d'enlever le roi Jean, de l'enfermer dans une tour et de l'y tuer, se fût fait scrupule de juger ce même monarque ? Les diètes d'Allemagne conservaient le principe de l'élection à l'empire, et ces diètes déposaient les empereurs. Une assemblée de notables adjugea en France la régence d'abord, ensuite la couronne à Philippe de Valois : on est bien près de retirer le sceptre lorsqu'on le donne.

Quant aux communes, celles de Flandre tenaient leurs princes en tutelle; les communes d'Angleterre avaient eu voix dans l'arrêt qui condamna Édouard II; elles eurent voix encore dans la déposition de Richard II. Les communes de France, en 1355, 1356 et 1357, constituèrent les états sans s'embarrasser des priviléges de la royauté, sans demander la sanction du prince pour rétablir l'indépendance.

Le droit divin n'était point encore passé en principe : les rois disaient bien qu'ils ne tenaient leur pouvoir que de Dieu et de leur épée; mais c'était toujours en repoussant les prétentions de quelque puissance étrangère, non en combattant une autorité nationale. Jean Petit, sous Charles VI, soutint publiquement, à propos du meurtre du duc d'Orléans, la doctrine du régicide. A la fin du seizième siècle, le parlement de Paris commença le procès criminel de Henri III. Mariana ressuscita la doctrine de Jean Petit avant que Milton l'établît dans la cause de Charles Ier. Il faut donc reconnaître que le principe abstrait de l'invio-

(1) De nepotibus vero nostris, scilicet filiis prædictorum filiorum nostrorum, qui ex eis vel jam nati sunt vel adhuc nascituri sunt, placuit nobis præcipere ut nullus eorum per quaslibet occasiones, quemlibet ex illis apud se accusatum sine justa discussione atque examinatione aut occidere, aut membris mancare, aut excæcare, aut invitum tondere faciat. (*Capitul.*; BALUZ., tom. I, pag. 446.)

labilité de la personne du souverain, principe si sacré, si salutaire, appartient à cette monarchie constitutionnelle que l'ignorance passionnée se figure être contraire au pouvoir comme à la sûreté des rois; il faut reconnaître que l'aristocratie et la théocratie avaient jugé, déposé et tué des souverains avant que la démocratie imitât cet exemple.

La trêve qui suivit la bataille de Poitiers, au lieu d'être favorable à la France et aux travaux des états, augmenta la confusion.

Les troupes nationales et étrangères dont on n'avait plus besoin et que l'on ne pouvait solder, se débandèrent; elles élurent des chefs et formèrent ces grandes compagnies qui désolèrent la France. Une de ces compagnies, qui se surnomma *società dell' acquisto*, ravagea la Provence, et fit trembler le pape dans Avignon. Après ces premières compagnies parurent les *routiers* et les *tard-venus* qui battirent Jacques de Bourbon à Brignais (1361), lequel mourut de ses blessures ainsi que son fils Pierre : le jeune comte de Forez fut tué dans l'action. Arnaud de Cervolles, surnommé l'Archiprêtre, le chevalier Vert, le petit Meschin, Aymerigot Tête-Noire et plusieurs autres, rappelaient, par leurs faits d'armes, dans les gorges des vallées qu'ils occupaient, dans les châteaux dont ils s'étaient emparés, tout ce que les romans nous racontent des mécréants et des enchanteurs.

Un autre fléau avait éclaté, la Jacquerie. Les paysans se révoltèrent contre les gentilshommes auxquels ils avaient rendu le nom de *Jacques Bonhomme*, que les gentilshommes leur avaient d'abord donné : ils accusaient, ce qui était vrai, une partie de la noblesse d'avoir fui à Poitiers, de sorte que leur insurrection venait à la fois du sentiment de l'oppression qu'ils avaient subie, de la soif d'indépendance qu'ils ressentaient, du désir de venger le roi, et d'un mouvement patriotique contre l'invasion étrangère. Ils combattirent les bandes anglaises avec un courage qui eût plus tôt délivré la France s'ils eussent été imités. Le soulèvement des paysans du Beauvoisis, du Soissonnais et de la Picardie, signale la naissance de la monarchie des états, comme le soulèvement des laboureurs de la Vendée marque la fin de cette monarchie. Au milieu des épouvantables cruautés de la Jacquerie, Guillaume Caillet, Guillaume Lalouette et le valet de ferme de celui-ci, le Grand Ferré, furent pourtant des héros.

Les paysans, tant ceux qui s'étaient soulevés que ceux qui étaient restés chez eux, avaient fortifié leurs villages et placé des sentinelles dans les clochers de leurs paroisses : à l'approche de l'ennemi, ces sentinelles tintaient la campagne ou donnaient l'alarme avec un cornet; aussitôt les laboureurs répandus sur les champs se réfugiaient dans l'église. Les riverains de la Loire se retiraient la nuit dans des bateaux qu'ils arrêtaient au milieu du fleuve. A Paris, on défendit de sonner les cloches, excepté celle du *couvre-feu* (1358) *depuis les vespres chantées jusqu'au grand jour du lendemain*, afin que les bourgeois en faction ne fussent distraits par aucun bruit. Les chemins se couvrirent d'herbe, les monastères furent abandonnés, les sillons laissés en friche ne servirent plus que de camps aux différentes troupes de brigands, de Jacques, de soudoyers anglais, navarrois, français, qui s'y succédaient comme des hordes d'Arabes passant dans le désert : on ne reconnaissait l'existence des hommes dans ces solitudes qu'à la fumée des incendies qui s'élevaient des hameaux. Nous avons encore des complaintes latines que l'on chantait sur les malheurs de ces temps, et ce couplet pour les Bonshommes :

> Jacques Bonshommes,
> Cessez, cessez, gens d'armes et piétons,
> De piller et manger le bonhomme,
> Qui de longtemps Jacques Bonhomme
> Se nomme.

Voilà ce que firent les *Jacques*, les *compagnons*, les *bourgeois* de Paris : la France leur fut redevable du commencement d'une infanterie nationale qui remplaça l'infanterie féodale des communes, joint à ce sentiment d'indépendance naturel à la force armée ; force tyrannique quand elle triomphe régulièrement, libératrice quand elle naît spontanément dans le sein d'un peuple opprimé.

La France ne fut point délivrée de la conquête, sous Charles V, par l'énergie des masses populaires comme dans la dernière révolution, mais par la sagesse de la couronne : aussi la délivrance fut-elle plus lente. Il ne resta de l'insurrection parisienne que les fossés creusés et les remparts élevés en moins de deux ans par les bourgeois, dans un moment de terreur panique excitée par Marcel.

La révolution politique produite par les états de 1356 et 1357 ne passa point les murs de Paris. Paris ne donnait pas alors le mouvement au royaume ; Paris n'était point la capitale de la France ; c'était celle des domaines du roi : grande commune qui agissait spontanément, que les autres communes n'imitaient pas, et dont elles savaient à peine le nom : Saint-Denis en France, en raison de sa célébrité religieuse, était beaucoup plus connu que Paris. Dans le pays de la langue d'Oc, et même de la langue d'Oyl, il y avait des villes qui égalaient en richesses et surpassaient en beauté cette boueuse Lutèce dont Philippe-Auguste avait à peine fait paver quelques rues.

Des germes de liberté politique se trouvèrent donc perdus au milieu de la monarchie féodale, qui, bien qu'ébranlée dans ses institutions, était encore toute-puissante par ses mœurs : aussi, après les états de 1356 et 1357, voit-on le pouvoir à peine né de ces états décroître. La couronne, qui les avait convoqués pour se défendre, en eut peur : leur retour dans des temps de calamités ne parut plus qu'un signal de détresse, et leur souvenir se lia à celui des malheurs qu'ils n'avaient pas faits, et qu'on ne leur laissait pas le temps de réparer. Le parlement, dans leur absence, usurpa le pouvoir politique qui leur échappait, particulièrement le droit de doléance et de sanction de l'impôt. Quoi qu'il en soit, c'est cette monarchie des trois états substituée à la monarchie féodale qui nous a transmis la monarchie constitutionnelle, après la courte apparition de la monarchie absolue de Louis XIV et de Louis XV.

La paix fut conclue entre le régent et le roi de Navarre, en 1359. La même année, la trêve avec l'Angleterre expira. On se battit, on négocia pour la délivrance du roi Jean. Un projet honteux de traité fut proposé, et rejeté par les trois ordres des états. Guillaume de Dormans, avocat général, du haut du perron de marbre de la cour, lut le traité au peuple assemblé ; le peuple s'écria que *ledit traité n'estoit point passable ni faisable, et que toute la nation estoit resolue de faire bonne guerre au roi anglois.*

Advint enfin le traité de Brétigny signé à Brétigny les Chartres, le 8 mai 1360. Une observation qui me semble avoir échappé aux historiens doit être faite : Jean, en cédant tant de provinces à Édouard, ne cédait pourtant presque rien des domaines de son royaume proprement dit. C'étaient des seigneurs indépendants, les La Marche, les Cominges, les Périgord, les Châtillon, les Foix, les Armagnac, les Albret, qui changeaient seulement de seigneur, qui, ne reconnaissant jamais que la couronne de France eût eu le droit de leur donner un autre souverain, en appelèrent sous Charles V à cette couronne, et secouèrent le joug étranger. Ainsi ce démembrement de la monarchie féodale ne se pourrait comparer en aucune manière au démembrement de la monarchie compacte et constitutionnelle d'aujourd'hui.

Le roi Jean revint en France, après quatre ans un mois et six jours de captivité, le 25 octobre 1360 ; il assista à un tournoi à Saint-Omer, vint prier à Saint-Denis, ce qui valait mieux, et fit son entrée dans Paris le 13 décembre. Il marchait sous un drap d'or soutenu par quatre lances ; des fontaines de vin coulaient dans les rues tapissées. Le peuple français admire le malheur comme la gloire.

A cette époque, Duguesclin s'attacha au service de la France. Il commençait à devenir fameux. « Vous verrez (lecteur) une ame forte nourrie dans le fer,
« petrie sous des palmes, dans laquelle Mars fit eschole longtemps. La Bre-
« tagne en fut l'essai ; l'Anglois, son boute-hors ; la Castille, son chef-d'œuvre :
« dont les actions n'estoient que herauts de sa gloire ; les defaveurs, theastres
« elevés à sa constance ; le cercueil, embasement d'un immortel trophée. » (*Vie de Duguesclin.*)

La France avait perdu des provinces par le traité de Brétigny ; elle reçut, en compensation de cette perte, un présent qui lui devint funeste : Philippe de Rouvre, âgé de quinze ans, dernier duc de la première maison de Bourgogne, qui avait subsisté trois cent trente années depuis Robert de France, premier duc, fils du roi Robert, et petit-fils de Hugues Capet, mourut au château de Rouvre vers les fêtes de Pâques, en 1362. Le duché et une partie du comté de Bourgogne, et tout ce qui provenait de l'héritage direct d'Eudes IV, échut au roi Jean, fils de Jeanne de Bourgogne, sœur d'Eudes. Jean avait d'abord réuni cette riche succession à la couronne ; s'il eût maintenu cette réunion, il aurait évité bien des malheurs à sa race ; mais il donna l'investiture du duché de Bourgogne à son quatrième fils Philippe, premier duc de la seconde maison de Bourgogne. « Pour reconnoistre, disent les lettres datées de Germiny, le 6 sep-
« tembre 1363, le zele que Philippe lui avoit tesmoigné à lui Jean, en s'exposant
« à la mort et en combattant intrepidement à ses costés à la bataille de Poi-
« tiers, ou ce fils si cher avoit esté blessé et fait prisonnier avec lui. » Ces
« mêmes lettres instituent le duc de Bourgogne premier pair de France. Jean régularisa le guet ou la garde nationale à Paris, et retourna en Angleterre pour mourir

Se voulut-il donner lui-même en otage au lieu de son fils, le duc d'Anjou, qui avait faussé sa foi? Cela est bien dans son caractère. Retourna-t-il à Londres afin de satisfaire une passion, *causa joci?* dit le continuateur de Nangis. Aurait-il été le rival d'Édouard auprès de la comtesse de Salisbury? Édouard avait cinquante ans; la comtesse n'était plus jeune; Jean lui-même était âgé de quarante-quatre ans. Les personnages qui avaient figuré sous Philippe de Valois vieillissaient; un grand nombre d'entre eux avaient déjà quitté la scène; un monde nouveau s'élevait; le prince Noir, qui ne fut jamais populaire en Angleterre, était devenu prince souverain d'Aquitaine; on entrevoyait déjà dans Charles régent, Charles le Sage; Duguesclin faisait oublier le héros de Poitiers. Jean termina-t-il sa tragique histoire par un roman? On peut tout croire des hommes : Jean mourut le 8 avril de l'année 1364 : quatre mille torches et quatre mille cierges éclairèrent ses funérailles dans l'église de Saint-Paul à Londres : c'était moins de flambeaux que les Anglais n'en avaient allumé pour voir les morts sur le champ de bataille de Crécy. Le corps du roi Jean fut rapporté en France et enterré auprès du grand autel de l'abbaye de Saint-Denis, le 6 mai de la même année 1364.

En dehors du règne de Jean remarquons la république de Nicolas Rienzi à Rome, et la condamnation de Marin Falieri, doge de Venise. De temps en temps les principes populaires se faisaient jour, comme les volcans à travers les masses qui pèsent sur eux.

CHARLES V.

DE 1364 A 1380.

Une seule qualité doit être relevée dans Charles V, parmi celles qu'il possédait : la connaissance des hommes et l'intelligence nécessaire pour les apprécier. Il se servit de ce qu'il y avait de supérieur autour de lui, sans être obligé d'atteindre lui-même à une grande supériorité. A n'en citer que deux exemples, il choisit pour ses armées Bertrand Duguesclin, et Bureau de Larivière pour ses conseils. Les défauts mêmes de Charles V lui furent utiles ; la faiblesse de son corps, le condamnant à la retraite, favorisa le développement de son esprit. Duguesclin délivra la France des grandes compagnies en les menant en Espagne. Les guerres du prince de Transtamare et de Pierre le Cruel se mêlèrent aux guerres de la France et amenèrent des révolutions où le prince Noir et Duguesclin augmentèrent leur renommée. En Bretagne, Clisson avait paru ; Charles de Blois avait été tué à la bataille d'Aurai.

Les grands barons de la Gascogne se soulevèrent contre les Anglais, qui les avaient opprimés. Charles V fit sommer le prince Noir de se rendre à Paris pour *ouyr droict sur les dictes complaintes et griefs esmeus de par vous à faire sur vostre peuple qui clame à avoir et à ouyr ressort en nostre cour; et à ce n'y estes point de faulte.* Un valet de l'hôtel du roi porta à Londres une lettre de Charles V qui dénonçait la guerre à Édouard : celui-ci ne pouvait en croire ses yeux ; lui et ses ministres examinèrent à diverses reprises les sceaux attachés à cette déclaration inattendue. Édouard, endormi sur les lauriers de la victoire, ne s'était aperçu ni de la fuite des ans, ni des changements survenus autour de lui, ni de ce renouvellement de la race humaine au milieu de laquelle restent quelques hommes du passé que l'on ne comprend plus, et qui ne comprennent rien. L'astre du vainqueur de Crécy pâlissait : sa gloire d'un autre siècle ne touchait plus une jeunesse qui, avec d'autres passions, découvrait un autre avenir. Le lecteur de l'histoire est comme l'homme qui avance dans la vie, et qui voit tomber un à un ses contemporains et ses amis ; à mesure qu'il tourne les pages, les personnages disparaissent; un feuillet sépare les siècles, comme une pelletée de terre les générations.

Chandos n'était plus ; le prince de Galles était mourant. Édouard fit une tentative pour aborder en France, dans le dessein de secourir Thouars, la dernière place qui lui restât en Poitou : cette fois la mer méconnut sa tête blanchie et le repoussa ; le vent de la fortune enflait d'autres voiles. Le prince de Galles, transporté à Londres, expira, âgé de quarante-six ans, au palais de Westminster. Il laissait un fils, le malheureux Richard II, à qui l'on disputa jusqu'à la légitimité de sa naissance. Édouard III ne tarda pas à suivre le prince Noir dans la tombe : ce n'était plus le brillant chevalier de la comtesse de Salisbury ; c'était l'esclave d'une courtisane qui le vola sur son lit de mort, et lui arracha l'anneau qu'il portait au doigt (1377).

On peut remarquer, en 1371, la naissance de Jean de Bourgogne et de Louis, duc d'Orléans : ainsi se forme la chaîne des prospérités et des calamités des empires. Le grand schisme d'Occident éclata en 1379 par la mort de Grégoire XI, et la double élection d'Urbain VI et de Clément VII. Charles V adhéra à ce dernier pape, et l'Université suivit le même parti. Des troubles commencèrent en Flandre : le duc de Bretagne, tenant ferme à l'alliance anglaise, vit la noblesse de son duché se soulever contre lui. Enfin Duguesclin, après avoir éprouvé une disgrâce de cour, et remis peut-être l'épée de connétable à Charles V, ce qui n'est pas prouvé, alla mourir devant *Castel-Neuf* de Randan. On sait que les clefs de la ville furent remises à son cercueil ; il respirait encore cependant, lorsqu'elles furent apportées. Dans le testament de Duguesclin, et dans le codicille de ce testament, daté du 9 et du 10 juillet 1380, il prend le titre de connétable de France. Bertrand dit à Olivier de Clisson, son compagnon : « Mes-
« sire Olivier, je sens que la mort m'approche de près, et ne vous puis dire
« beaucoup de choses. Vous direz au roi que je suis bien marry que je ne lui
« aie fait plus longtemps service, de plus fidèle n'eussé-je pu, et, si Dieu m'en
« eust donné le temps, j'avois bon espoir de lui vuider son royaume de ses
« ennemis d'Angleterre. Il a de bons serviteurs qui s'y emploieront de mesmes
« effets que moi ; et vous, messire Olivier, pour le premier. Je vous prie de re-
« prendre l'espée qu'il me commit, quand il me donna l'espée de connestable,
« et la lui rendre ; il sçaura bien en disposer et faire élection de personne
« digne. Je lui recommande ma femme et mon frère ; et adieu, je n'en puis
« plus. » Duguesclin n'écrivait pas, mais il savait signer. J'ai vu sa signature, *Bertrand*, au bas de quelques dispositions de famille.

Charles V ne survécut à Duguesclin que de deux mois et quatre jours ; il mourut au château de Beauté sur Marne, le 16 septembre, à midi, de l'an 1830.

Ce prince disait des rois : « Je ne les trouve heureux que parce qu'ils peuvent « faire du bien ; » mot qui peint toute sa vie.

Le règne de Charles V fut un règne de réparation, et de recomposition de la monarchie. L'art militaire fit des progrès considérables sous le bon connétable, Bayard dans sa jeunesse, Turenne dans son âge mûr. Une sagesse obstinée renferma Charles V dans son palais, il se souvenait de Crécy et de Poitiers ; il voulait confier le sort de la France, non à l'impétuosité, mais à la patience du courage français. Il laissa le royaume ouvert à toutes les courses d'Édouard, qui promena ses troupes de Bordeaux à Calais et de Calais à Bordeaux, tant qu'il voulut. Nos soldats voyaient avec dépit, du haut des remparts où on les tenait confinés, ces courses ; mais les Anglais perdaient toujours quelques places ; les provinces cédées se fatiguaient du joug étranger ; les anciens grands vassaux de la couronne portaient leurs plaintes aux pieds de Charles V, qui, la main appuyée sur le cœur de la France, et sentant la vie revenir, parlait en maître.

CHARLES VI.

de 1380 à 1422.

La minorité de Charles VI fut en proie aux déprédations et aux rivalités des trois oncles paternels et tuteurs de ce prince, les ducs d'Anjou, de Berry et de Bourgogne : le duc de Bourbon, homme estimable, ne put presque rien pour contre-balancer les maux d'une administration sans talent et sans justice.

Soulèvement de Rouen et de Paris ; Juifs, fermiers et receveurs, pillés et massacrés ; états où l'on entend parler du *peuple* et de la nation ; guerre civile en Bretagne ; désordres occasionnés par le schisme : tel est le prologue de la tragédie dont le premier acte s'ouvre à la folie de Charles VI. Le vertueux avocat général Jean Desmarets fut traîné à l'échafaud comme complice des séditions auxquelles il avait au contraire opposé l'autorité de sa vertu.

« Maistre Jehan, lui disait-on en le menant au supplice, criez mercy au roi « afin qu'il vous pardonne. » Desmarets répondit : « J'ai servi au roi Philippe « son grand aïeul, au roi Jean, et au roi Charles son père, bien et loyaument, « ne oncques ces trois rois ne me sçurent que demander, et aussi ne feroit « cestuy s'il avoit connoissance d'homme : à Dieu seul veux crier mercy. » Paroles magnanimes s'il en fut jamais.

Les exécutions nocturnes, commencées sous ce règne, continuèrent ; on ne dérobe pas l'iniquité en la cachant.

Les corps étaient jetés dans la Seine avec cet écriteau : « Laissez passer la *justice du roi*. » Avertissement à la Loire en 1793, pour laisser passer la *justice du peuple*. Les assassinats juridiques datent du gouvernement des Valois : on marchait vers la monarchie absolue.

Jean, fils du duc de Bourgogne, fut marié à Marguerite de Hainaut, et Charles VI, âgé de dix-sept ans, épousa Isabeau, fille d'Étienne, duc de Bavière, âgée de quatorze ans. Il y a des noms qui sont à eux seuls l'arrêt des des-

tinées (1385) : « Il est d'usage en France, dit Froissart, que quelque dame,
« comme fille de haut seigneur que ce soit, qu'il convient qu'elle soit regardée
« et advisée toute nue par les dames pour savoir si elle est propre et formée
« pour porter enfant. » Du moins les flancs de cette femme qui devait être si
souvent *regardée toute nue* devaient porter Charles VII.

Grand projet de descente en Angleterre (1386) ; quinze cents vaisseaux rassemblés au port de l'Écluse ; cinquante mille chevaux destinés à être embarqués ; des munitions de guerre et de bouche parmi lesquelles on remarque des barils de jaunes d'œufs cuits et pilés comme de la farine. Une ville de bois de trois mille pas de diamètre, munie de tours et de retranchements, était composée de pièces de rapport qui se démontaient et remontaient à volonté ; elle pouvait contenir une armée : nous n'avons pas aujourd'hui dans notre état perfectionné d'industrie, l'idée d'un ouvrage aussi gigantesque de menuiserie et de charpenterie ; il est évident, par les boiseries qui nous restent du moyen âge, que l'art du menuisier était poussé beaucoup plus loin que de nos jours. Les vaisseaux de la flotte étaient ornés de sculpture et de peinture ; les mâts, couverts d'or et d'argent : magnificence qui rappelle la flotte de Cléopâtre. La haute aristocratie était descendue du plus haut point de sa puissance au plus haut degré de sa richesse ; elle avait abouti au luxe, comme tout pouvoir, et par conséquent sa force déclinait : les petits hommes qui faisaient ces grands préparatifs furent écrasés dessous. Les intrigues et les passions du duc de Berry, les vols de toutes les espèces d'agents, le retour de la mauvaise saison, empêchèrent la France de reporter en Angleterre les maux que celle-ci lui avait faits, et ce fut en vain que les propriétaires furent taxés à la valeur du quart de leur revenu pour une inutile parade (1386).

Ces princes de la première maison de Valois étaient des esprits fastueux, bornés et ingouvernables : ils avaient rempli leur maison de cette foule de valets décorés, sangsues du peuple et plaies des cours. Cette noble tourbe jouissait d'immunités abusives ; il n'y avait pas de surnuméraire de garde-robe qui, en attendant l'exercice de ses fonctions, ne fût exempt des charges publiques.

Le 1ᵉʳ janvier de cette année 1386 vit la fin du roi de Navarre, homme qui aimait le crime de la même ardeur qu'il aimait la débauche : s'il eût connu un moyen d'en ranimer le goût dans son cœur, il s'en serait servi comme il se servait du linceul imprégné d'esprit de vin où il se faisait coudre pour rappeler ses forces épuisées avec les femmes, et dans lequel il fut brûlé.

Il faut placer à l'année 1386 le duel judiciaire de Jean de Carrouges et de Jacques Legris. La dame de Carrouges prétendait avoir été violée dans le donjon de son château par Jacques Legris, gentilhomme du comte d'Alençon. « Jacquet, Jacquet, dit-elle à Legris, vous n'avez pas bien fait de m'avoir ver-« gondée ; mais le blasme n'en demeurera pas sur moi, si Dieu donne que « monseigneur mon mari retourne. » Il était alors en Écosse. Legris fut tué. Carrouges passa en Afrique pour combattre les Maures, et ne revint plus.

En 1387 eut lieu l'aventure d'Olivier de Clisson et du duc de Bretagne, aventure racontée partout, et dernièrement encore par un historien qui ne me laisse plus rien à dire (M. de Barante). Bavalan sauva à son maître un crime et des remords. Clisson paya une amende de cent mille livres, et livra quatre places au duc : ainsi les nobles avaient encore des places fortifiées à eux. Les seigneurs de Laval et de Châteaubriant furent cautions de l'amende. En 1387, Charles VI, devenu majeur, prit les rênes du gouvernement.

En 1389 on célébra un service solennel à Saint-Denis, pour le repos de l'âme de Duguesclin. L'évêque d'Auxerre fit l'éloge du bon connétable : la première oraison funèbre fut prononcée pour Duguesclin, la dernière, pour le grand Condé; car, après Bossuet, il ne faut compter personne : nouveau genre d'éloquence inspirée par la gloire de nos armes, et noblement épuisée entre les cercueils de deux grands capitaines.

L'Europe trembla au nom de cette puissance ottomane qui bientôt, maîtresse de Constantinople, allait opprimer l'ancienne patrie de la civilisation, et qui expire aujourd'hui en rendant la liberté à la Grèce.

Bajazet annonçait qu'il passerait en Occident, et ferait manger l'avoine à son cheval sur l'autel de Saint-Pierre, à Rome; réaction des croisades, comme les croisades elles-mêmes étaient la réaction du premier débordement des nations islamistes sur les pays chrétiens. La guerre d'extermination n'a cessé entre les peuples du Christ et de Mahomet que quand le principe religieux s'est affaibli chez ces deux peuples.

Marchèrent au secours de Sigismond, roi de Hongrie, dix mille Français, parmi lesquels on comptait mille chevaliers et mille écuyers des plus grandes familles de France, commandés par les plus grands seigneurs, ayant à leur tête Jean de Nevers, prince qui fut le second duc de Bourgogne : pour faire tant de mal à la France, il allait conquérir dans les prisons de Bajazet le surnom de Jean sans Peur. La bataille de Nicopolis perdue contribua, comme je l'ai déjà remarqué, avec les batailles de Crécy, de Poitiers et d'Azincourt, à la dislocation de l'armée aristocratique, et à l'établissement de l'armée nationale. Quand le duc de Bourgogne sortit des cachots de Bajazet, Bajazet entra dans la cage de Tamerlan. Les grandes invasions étaient maintenant en Asie.

Le duc de Touraine, devenu depuis duc d'Orléans, épousa Valentine de Milan, fille de Galéas Visconti. Pierre de Craon, favori du duc de Touraine, fut disgracié pour avoir révélé à Valentine de Milan une infidélité de son mari. Craon était l'ennemi du connétable de Clisson, et parent du duc de Bretagne.

Isabeau commençait à manifester son penchant au luxe et à la galanterie : la cour d'amour fut instituée sur le modèle des cours de justice. Parmi les officiers de cette cour, on trouve avec les princes du sang et les plus anciens gentilshommes de la France des docteurs en théologie, des grands vicaires, des chapelains, des curés et des chanoines. C'est à cette époque que les romanciers ont placé les aventures du petit Jehan de Saintré. Les plus terribles vérités n'interrompirent point ces fictions; on voit marcher, tantôt séparés, tantôt confondus, dans ce siècle, les forfaits et les amours, les fêtes et les massacres, l'histoire et le roman, tous les désordres d'un monde réel et d'un monde fictif : l'imagination entrait dans les crimes, les crimes, dans l'imagination. Les fureurs du schisme et l'invasion des Anglais compliquèrent les querelles des Bourguignons et des Armagnacs.

En 1392, le duc de Touraine obtint le duché d'Orléans, en échange de celui de Touraine.

Craon assassine le connétable de Clisson, le jour de la fête du Saint-Sacrement, 1392 : Clisson ne mourut pas de ses blessures. Charles VI voulut tirer vengeance de Craon réfugié auprès du duc de Bretagne. L'armée eut ordre de se mettre en marche. Dans la forêt du Mans, une espèce de fantôme enveloppé d'un linceul, la tête et les pieds nus, se précipite d'entre deux arbres sur la bride du cheval de Charles VI, disant : « *Roi, ne chevauche plus avant ; retourne, car tu es trahi.* » Le spectre rentre dans la forêt sans être poursuivi. Charles frémissant, et les traits altérés, continue sa route. Un page qui portait la lance du roi la laissa tomber sur le casque d'un autre page : à ce bruit le roi sort de sa stupéfaction, tire son épée, fond sur les pages en s'écriant : « Avant ! avant sur « ces traîtres ! » Le duc d'Orléans accourt ; Charles se jette sur lui : « Fuyez, « beau neveu d'Orléans, » lui crie le duc de Bourgogne, « monseigneur veut « vous occire : haro ! le grand meschef, monseigneur est tout desvoyé ! Dieu ! « qu'on le prenne ! » Le roi ne tua ni ne blessa personne, quoi qu'en ait dit Monstrelet. Il fut ramené au Mans *sur une charrette à bœufs*. Les oncles du roi, le duc de Berry et le duc de Bourgogne, prirent en main le gouvernement. Larivière, Lemercier, Montaigu et le Bègue de Vilaines, ministres de Charles, eurent ordre de se retirer ; le connétable de Clisson fuit en Bretagne après que le duc de Berry l'eut menacé de lui crever le seul œil qui lui restât. Benoît, le pape de Rome, prétendit que Dieu avait ôté le jugement au roi parce qu'il avait soutenu l'antipape d'Avignon ; Clément, le pape d'Avignon, soutenait que le roi avait perdu l'esprit parce qu'il n'avait pas détruit l'antipape de Rome. Le peuple français plaignit le jeune monarque et pria pour lui, tandis que les grands se réjouissaient de pouvoir conduire à leur gré les affaires de l'État. Georges III, dans une monarchie constitutionnelle, a été privé plusieurs années d'intelligence, et c'est l'époque la plus glorieuse de la monarchie anglaise ; Charles VI, dans une monarchie absolue, resta à peu près le même nombre d'années dans un état d'insanité, et c'est l'époque la plus désastreuse de la monarchie française ; dans la monarchie constitutionnelle, la raison nationale prend la place de la raison du roi ; dans la monarchie absolue, la folie de la cour succède à la folie royale.

Le parlement, toutes les chambres assemblées (1392), confirma l'édit de Charles V, qui fixe à quatorze ans la majorité des rois. La tutelle des enfants de France fut mise entre les mains de la reine et de Louis de Bavière, frère de la reine ; des lettres de régence furent accordées quelque temps après au duc d'Orléans, frère du roi. Il y avait un conseil de tutelle de douze personnes ; il n'y avait point de conseil de régence assigné. Charles VI fit son testament, et il vécut, après avoir lui-même disposé de tout, comme s'il était mort.

Et c'est de ce roi mort que l'on entend parler ensuite comme père d'enfants qui naissent au hasard, comme ayant été sur le point d'être brûlé dans un bal masqué où cet insensé figurait déguisé en Sauvage ; comme niant qu'il eût été roi, comme effaçant avec fureur son nom et ses armes ; priant qu'on éloignât de lui tout instrument avec lequel il eût pu blesser quelqu'un, disant qu'il aimait mieux mourir que de faire du mal à personne; conjurant au nom de Jésus-Christ ceux qui pouvaient être coupables de ses souffrances de ne le plus tourmenter, et de hâter sa fin ; s'écriant, à l'aspect de la reine : « *Quelle est cette « femme? Qu'on m'en délivre!* » et recevant dans son lit, trompé, la fille d'un marchand de chevaux, que cette reine lui envoyait pour la remplacer : ombre auguste, malheureuse et plaintive, autour de laquelle s'agitait un monde réel de sang et de fêtes ! spectre royal dont on empruntait la main glacée pour signer des ordres de destruction, et qui, innocent des actes revêtus de son nom à la lumière du soleil, revenait la nuit parmi les vivants pour gémir sur les maux de son peuple? Quel témoin nous reste-t-il de cette infirmité d'un monarque que ne purent guérir un *magicien* de Guienne avec son livre *Simagorad*, et deux moines qui furent les premiers criminels assistés à la mort par des confesseurs? Quel monument durable atteste, au milieu de nous, les calamités d'un règne qui s'écoula entre l'apparition d'un fantôme et celle d'une bergère? Une amère dérision de la destinée des empires et de la fortune des hommes : un jeu de cartes.

Sous l'année 1395, on remarque l'ordonnance qui donne des confesseurs aux condamnés; mais le sacrement de l'eucharistie leur était encore refusé dans le dernier siècle. Plusieurs conciles avaient réprouvé cette rigueur, incompatible, en effet, avec la charité chrétienne et avec le principe moral d'une religion qui fait du repentir l'innocence.

Les prisonniers envoyés à l'échafaud s'arrêtaient deux fois en chemin ; dans la cour des Filles-Dieu, ils baisaient le crucifix, recevaient l'eau bénite, buvaient un peu de vin, et mangeaient trois morceaux de pain : cela s'appelait *le dernier morceau du patient*. Sauval remarque que cet usage ressemble au repas que les Juives faisaient aux personnes condamnées à mort, et au vin de myrrhe que les Juifs présentèrent à Jésus-Christ. Ne serait-ce pas plutôt un souvenir du dernier repas des martyrs, *le repas libre?* Les exécutions avaient presque toujours lieu le dimanche et les jours de fête. Les cordeliers assistèrent d'abord les criminels, et eurent pour successeurs les docteurs en théologie de la maison de Sorbonne : sublime fonction du prêtre, qui commença en 1395 par l'édit d'un roi de France malheureux, et qui devait donner, en 1793, un dernier consolateur à un roi de France encore plus infortuné.

L'usage était aussi d'offrir du vin aux juges qui assistaient à la mort du condamné : l'exécuteur des hautes œuvres faisait les avances du prix de ce vin. Une somme de douze livres six deniers fut allouée au bourreau en 1477, par le prévôt de Paris, pour avoir fourni du pain, des poires et douze pintes de vin à messieurs du parlement et officiers du roi, étant au grenier de la salle, pendant que le duc de Nemours (Armagnac) se confessait.

La dernière année du quatorzième siècle vit deux papes renoncés, deux rois jugés et déposés par deux assemblées nationales: le roi d'Angleterre Richard II, et Venceslas, empereur d'Allemagne. Venceslas, ivrogne et débauché, se souciait si peu de l'empire, qu'il vendit aux habitants de Nuremberg, après sa déposition, un droit de souveraineté qu'il avait conservé sur eux, pour quelques pipes de vin. Louis d'Anjou manqua son expédition sur Naples. Le duc de Bourbon voulut surprendre Bordeaux et Bayonne pendant les troubles qu'amena la déposition de Richard II; il ne réussit pas, et la cour de France, ne pouvant dépouiller Henri de Lancastre, s'arrangea avec lui.

Les querelles des maisons d'Orléans et de Bourgogne éclatent. Il y a quelque chose de plus grand dans la maison de Bourgogne, quelque chose de plus attachant dans celle d'Orléans; on se range malgré soi de son parti; on lui pardonne la faiblesse de ses mœurs en faveur de son goût pour les arts, de sa fidélité au malheur et de son héroïsme. Par sa branche illégitime, on passe de Dunois aux Longueville; par sa branche légitime, on arrive de Valentine de Milan à Louis XII et à François Ier.

Le premier attentat vint de la maison de Bourgogne. Jean sans Peur, qui avait succédé à son père Philippe le Hardi, fait assassiner le duc d'Orléans le 23 novembre 1407. Les deux princes s'étaient juré dans le conseil du roi une amitié inviolable; *ils avaient pris les épices et bu du vin;* ils s'étaient embrassés en se quittant; ils avaient communié ensemble; le duc de Bourgogne avait promis de dîner chez le duc d'Orléans, qui l'avait invité: il n'alla pourtant point chercher au repas des morts, où il l'envoya le lendemain, son convive de Dieu à la sainte table, et son hôte au festin des hommes.

Le duc de Bourgogne nia d'abord son crime, et s'en vanta ensuite: dernière ressource de ceux qui sont trop coupables pour n'être pas convaincus, et trop puissants pour être punis. Le peuple détestait le duc d'Orléans, et chansonna sa mort: les forfaits n'inspirent d'horreur que dans les sociétés en repos; dans les révolutions, ils font partie de ces révolutions mêmes, desquelles ils sont le drame et le spectacle.

Le bruit de l'assassinat s'étant répandu dans Paris, la reine, épouvantée, se fit porter en l'hôtel de Saint-Paul; la femme adultère se mit sous la protection de la royale folie. Bientôt elle est obligée de fuir devant le duc de Bourgogne, et emmène à Tours le roi malade. Valentine de Milan succombe à sa douleur, sans avoir pu obtenir justice. On l'accusa de sortilège: les sortilèges de Valentine étaient ses grâces. Cette Italienne, apportant dans notre rude climat, dans la France barbare, des mœurs polies et le goût des arts, dut paraître une magicienne; on l'aurait brûlée pour sa beauté, comme on brûla Jeanne d'Arc pour sa gloire.

Le traité de Chartres donna tout pouvoir au duc de Bourgogne; on trancha la tête au sire de Montaigu, administrateur des finances, ce qui ne remédia à rien: on convoqua une assemblée pour réformer l'État, et l'État ne fut point réformé. Les princes, mécontents, prirent les armes contre le duc de Bourgogne. Le duc d'Orléans, fils du duc assassiné, avait épousé en secondes noces Bonne d'Armagnac, fille du comte Bernard, d'Armagnac, d'où le parti du duc d'Orléans, conduit par le comte Bernard, prit le nom d'*Armagnac*. On traite inutilement à Bicêtre; on se prépare de nouveau à la guerre. Les Armagnacs assiégent Paris; le duc de Bourgogne arrive avec une armée, et en fait lever le siége. A travers tous ces maux, la vieille guerre des Anglais se ranime.

Une sédition éclate dans Paris: les palais du roi et du Dauphin sont forcés; la faction des bouchers prend le chaperon blanc; le duc de Bourgogne perd son pouvoir et se retire: on négocie à Arras.

Le roi d'Angleterre descend en France. La bataille d'Azincourt, perdue, renouvelle tous les malheurs de Crécy et de Poitiers. Paris est livré aux Bourguignons, après avoir été gouverné par les Armagnacs : les prisons sont forcées, les prisonniers massacrés. Les Anglais s'emparent de Rouen, et Henri V prend le titre de roi de France.

Un traité de paix est conclu à Ponceau entre le duc de Bourgogne et le Dauphin (1419). Vaine espérance ! les inimitiés étaient trop vives : Jean sans Peur est assassiné sur le pont de Montereau.

Le nouveau duc de Bourgogne, Philippe le Bon, s'allie aux Anglais pour venger son père. Henri V épouse Catherine de France, et Charles VI le reconnaît pour son héritier au préjudice du Dauphin. Deux ans après la signature du traité de Troyes, Henri V meurt à Vincennes, et Charles VI à Paris.

Le duc de Bedford, revenant des funérailles de Henri V, roi d'Angleterre, ordonne celles de Charles VI, roi de France. Cette course entre deux cercueils, entre le cercueil du plus glorieux comme du plus heureux des monarques, et le cercueil du plus obscur comme du plus misérable des souverains, est une leçon aussi sérieuse que philosophique. Qui en profitera? Personne.

CHARLES VII.

DE 1422 A 1461.

Le Dauphin se trouvait à Espally, château situé en Velay (d'autres disent à Mehun sur Yèvres en Berry), lorsqu'il apprend la mort de son père. Proclamé roi par le petit nombre de fidèles qui l'environnaient, il s'habille de noir et entend la messe dans la chapelle du château ; puis on déploie la bannière aux fleurs de lis d'or. Une douzaine de serviteurs crient *Noël!* et voilà un roi de France.

Richemond, Dunois, Xaintrailles, La Hire, soutiennent l'honneur français sans pouvoir arracher la France aux étrangers : Jeanne paraît, et la patrie est sauvée (1).

Quelque chose de miraculeux dans le malheur comme dans la prospérité se mêle à l'histoire de ces temps. Une vision extraordinaire avait ôté la raison à Charles VI; des révélations mystérieuses arment le bras de la Pucelle; le royaume de France est enlevé à la race de saint Louis par une cause surnaturelle; il lui est rendu par un prodige.

On trouve dans le caractère de Jeanne d'Arc la naïveté de la paysanne, la faiblesse de la femme, l'inspiration de la sainte, le courage de l'héroïne.

Lorsqu'elle eut conduit Charles VII à Reims et l'eut fait sacrer, elle voulut retourner garder les troupeaux de son père; on la retint. Elle tomba aux mains des Bourguignons dans une sortie vigoureuse qu'elle fit à la tête de la garnison de Compiègne. Le duc de Bedford ordonna de chanter un *Te Deum*, et crut que la France entière était à lui. Les Bourguignons vendirent la Pucelle aux Anglais pour une somme de dix mille francs. Elle fut transportée à Rouen

---

(1) Voir les détails sur Jeanne d'Arc et sa mission dans les *Mélanges littéraires*.

dans une cage de fer, et emprisonnée dans la grosse tour du château. Son procès commença : l'évêque de Beauvais et un chanoine de Beauvais conduisirent la procédure. « *Cette fille si simple*, disent les historiens, *que tout au plus savait-elle son* Pater *et son* Ave, ne se troubla pas un instant, et fit souvent des réponses sublimes. » Condamnée à être brûlée vive comme sorcière, la sentence fut exécutée le 30 mai 1431.

Un bûcher avait été élevé sur la place du Vieux-Marché, à Rouen, en face de deux échafauds où se tenaient des juges séculiers et ecclésiastiques, ou plutôt les assassins dans les deux lois. Jeanne était vêtue d'un habit de femme, coiffée d'une mitre où étaient écrits ces mots : *apostate, relapse, idolâtre, hérétique*. Jeanne n'avait pourtant servi que les autels de son pays. Deux dominicains la soutenaient; elle était garrottée. Les Anglais avaient fait lier par leurs bourreaux ces mains que n'avaient pu enchaîner leurs soldats.

Jeanne prononça à genoux une courte prière, se recommanda à Dieu, à la pitié des assistants, et parla généreusement de son roi, qui l'oubliait. Les juges, le peuple, le bourreau et jusqu'à l'évêque de Beauvais pleuraient.

La condamnée demanda un crucifix; un Anglais rompit un bâton dont il fit une croix : Jeanne la prit comme elle put, la baisa, la pressa contre son sein et monta sur le bûcher : Bayard voulut expirer penché sur le pommeau de son épée, qui formait une croix de fer.

Le second confesseur de la Pucelle rachetait par ses vertus l'infamie du premier; il était auprès de sa pénitente. Comme on avait voulu la donner en spectacle au peuple, le bûcher était très-élevé, ce qui rendit le supplice plus douloureux et plus long. Lorsque Jeanne sentit que la flamme l'allait atteindre, elle invita le frère Martin à se retirer, avec un autre religieux, son assistant. La douleur arracha quelques cris à cette pauvre, jeune et glorieuse fille. Les Anglais étaient rassurés; ils n'entendaient cette voix que sur le champ du martyre. Le dernier mot que Jeanne prononça au milieu des flammes fut *Jésus*, nom du consolateur des affligés et du Dieu de la patrie.

Quand on présuma que la Pucelle était expirée, on écarta les tisons ardents, afin que chacun la vît : tout était consumé, hors le cœur, qui se trouva entier.

Trois grands poëtes ont chanté Jeanne. Shakespeare, Voltaire et Schiller. La Pucelle, dans Shakespeare, est une sorcière qui a des démons à ses ordres; dans Schiller, c'est une femme divine inspirée du ciel, qui doit sa force à son innocence, et qui perd cette force lorsqu'elle éprouve une passion. La Pucelle de Shakespeare renie son père, simple berger; elle se déclare grosse pour retarder son supplice : tantôt elle dit que c'est *Alençon qui a eu son amour*, tantôt que c'est *René, roi de Naples, qui a triomphé de sa vertu;* mais Shakespeare, malgré son sang anglais, prête à la Pucelle des sentiments héroïques. Il lui fait dire à Charles VII, qui hésite à attaquer l'ennemi : « Commandez « la victoire, et la victoire est à vous. » Quand elle est prise elle s'écrie : « L'heure « est donc venue où la France doit couvrir d'un voile son superbe panache et « laisser tomber sa tête dans le giron de l'Angleterre ! » Lorsque l'héroïne est condamnée, elle prononce ces paroles : « Jeanne d'Arc vécut chaste et « sans reproche dans ses pensées; son sang pur, que vos mains barbares

« versent injustement, criera vengeance contre vous aux portes du ciel (1). »

Schiller, dans son admirable tragédie, met ces mots dans la bouche de Jeanne inspirée : « Ce royaume doit-il tomber? Cette contrée glorieuse, la plus belle « que le soleil éclaire dans sa course, pourrait-elle porter des chaînes?....... « Eh quoi! nous n'aurions plus de roi à nous! de souverain né sur notre sol ! « Le roi qui ne meurt jamais disparaîtrait de notre pays!........ L'étranger « qui veut régner sur nous pourrait-il aimer une terre où ne reposent pas les « dépouilles de ses ancêtres? Notre langage pourrait-il être entendu de son « cœur? A-t-il passé ses premières années au milieu d'une jeunesse française, « et peut-il être le père de nos enfants? »

Et Voltaire, le poëte français, entre le poëte anglais et le poëte allemand, que fait-il dire à la Pucelle? Reconnaissons-le, à l'honneur du temps où nous vivons, ce crime du génie, cette débauche du talent, ne serait plus possible aujourd'hui ; Voltaire serait forcé d'être Français par ses sentiments comme par sa gloire. Avant l'établissement de nos nouvelles institutions, nous n'avions que des mœurs privées ; nous avons maintenant des mœurs publiques, et partout où celles-ci existent, les grandes insultes à la patrie ne peuvent avoir lieu : la liberté est la sauvegarde de ces renommées nationales qui appartiennent à tous les citoyens. Au surplus, Voltaire, historien et philosophe, est juste, autant que Voltaire, poëte et impie, est inique (2).

Le traité d'Arras réconcilia le roi de France et le duc de Bourgogne ; Paris ouvrit ses portes au maréchal de l'Isle-Adam (1436), et Charles VII, un an après y fit son entrée solennelle. Une trêve avait été conclue entre la France et l'Angleterre ; elle expira en 1448.

Charles VII et ses généraux reprennent toute la Normandie, la Guienne et Bordeaux. Les Anglais sont chassés de France, où, après une si longue occupation et tant de malheurs, ils ne conservent que Calais, première conquête d'Édouard III (1449, 1450, 1451, 1452, 1453). Talbot, le dernier des héros de cet âge dans les rangs anglais, avait été tué à la bataille de Castillon.

Alors vivait Agnès Sorel, *dame de beauté*, qui régnait sur le roi et le poussait à la gloire. Charles VII eut trois filles d'Agnès Sorel, Charlotte, Marguerite et Jeanne. Monstrelet assure que ce monarque n'entretint jamais qu'un commerce d'âme et de pensées avec sa maîtresse (1445, 1446).

Le Dauphin (Louis XI), cantonné dans le Dauphiné pendant quinze ans, tantôt en révolte ouverte, tantôt en conspiration secrète contre son père, se retire auprès du duc de Bourgogne, où il demeure six ans (1456).

Procès fait au duc d'Alençon, prince du sang. Il est condamné à mort ; la peine est commuée en une prison, d'où Louis XI le délivra pour l'y remettre encore, parce qu'il conspira de nouveau.

Rivalité des maisons d'York et de Lancastre en Angleterre. Révolutions et guerre de *la rose blanche* et de *la rose rouge* (1457, 1458, 1459, 1460, 1461)

Charles VII se laisse mourir de faim dans la crainte d'être empoisonné par

(1) OEuvres de Shakespeare, collect. Guizot.
(2) Théâtre allemand, collect. Ladvocat; voir l'*Essai sur les mœurs*.

son fils. Il expire à Meun, en Berry, le 22 juillet 1461. On a dit ingénieusement qu'il n'avait été que le témoin des merveilles de son règne.

Charles VII était ingrat, insouciant et léger; défauts qui lui furent utiles dans la mauvaise fortune, parce qu'en la sentant moins il eut l'air de la dominer.

Vingt années de malheurs mûrirent les esprits et leur communiquèrent une activité prodigieuse. Les lois, l'administration, l'art militaire, les sciences, les lettres, s'éclairèrent des besoins d'une société tourmentée par tous les fléaux de la guerre civile et de la guerre étrangère. La puissance populaire s'accrut de tout ce que perdit la puissance aristocratique; en même temps que la royauté contestée, que la couronne attaquée dans son hérédité, consacrèrent leurs droits légitimes, en étant obligées de recourir à ceux mêmes de la nation.

Les grandes scènes et les grandes causes ne se jugent ni ne se plaident devant les peuples, sans que de nouvelles idées ne s'introduisent dans les masses et que le cercle de l'esprit humain ne s'élargisse. Aussi voyons-nous sous Charles VI et Charles VII les mouvements populaires succéder aux mouvements aristocratiques, et des excès d'une autre nature se commettre : des massacres de prêtres et de nobles dans les prisons annoncent la renaissance des passions plébéiennes. L'augmentation de la moyenne propriété; l'accroissement des cités et de leur population; le progrès du droit civil; la destruction matérielle du corps des nobles; la multiplication des cadets de famille qui, presque tous privés d'héritage, n'avaient plus la ressource de vivre commensaux de leurs aînés, et se perdaient par misère dans la roture : voilà les principales causes qui amenèrent, pendant les règnes de Charles VI et Charles VII, une des grandes transformations de la monarchie.

Sous Charles VII expirèrent les lois de la féodalité, dont il ne demeura que les habitudes. La conquête étrangère ayant obligé à la défense commune, on se donna naturellement au chef militaire autour duquel on s'était rassemblé; or, cela n'arrive jamais sans que des libertés périssent. L'impôt levé pour la solde des compagnies régulières ne fut point et ne put être consenti par la nation pendant les troubles de l'État; il resta de ces troubles, à la couronne, un impôt non voté et une armée permanente, les deux pivots de la monarchie absolue. Les mœurs devinrent demi-chevaleresques, demi-soldatesques; le *chevalier* se métamorphosa en *cavalier*, et le *pédaille* en *fantassin*. Les frères Bureau fondèrent l'artillerie : tout le monde, à cette époque, bourgeois et gens de plume, avait porté les armes.

Charles VII institua un conseil d'État qui devint le conseil exécutif. Le parlement, ne faisant plus partie du conseil du roi, vit mieux les limites de ses fonctions judiciaires, en même temps qu'il garda les fonctions politiques dont il s'était emparé; car, vers la fin du quatorzième siècle, les états avaient presque cessé d'être convoqués.

L'histoire des idées commence à se mêler à l'histoire des faits. Les spectacles modernes prennent naissance, ou du moins, étant déjà nés, ils se développent. Aux combats d'animaux, aux mimes de la première et de la seconde race, succédèrent, sous la troisième, les troubadours et trouvères, les jongleurs, les ménétriers, l'association de la *Mère folle*, les *Confrères de la Passion*, les *Enfants sans souci*, les *Coqueluchiers*, les *Cornards*, les *Moralités* jouées par les clercs de la Basoche, la *Royauté des fous* par les écoliers, et enfin les *Mystères*, plaisirs grossiers sans doute, enfance de l'art où tout se trouvait confondu, musique, danse, allégorie, comédie, tragédie, mais scènes pleines de mouvement et de vie, et dont nous aurions tiré une littérature bien plus originale et bien plus féconde, si notre génie, sous Louis XIV, ne s'était fait grec et latin. Les *Enfants sans souci* jouaient particulièrement la comédie ; leur chef s'appelait le *prince des Sots*, et portait un capuchon surmonté de deux oreilles d'âne. Les *Cornards* avaient pour chef l'*abbé des Cornards*. Je ne sais si l'on a jamais remarqué que les premières éditions de la *Mer des histoires et chroniques de France* sont ornées de très-belles majuscules et de vignettes qui représentent le *prince des Sots*, et des scènes peu chastes. Le mariage, chez les anciens, n'a jamais été, comme chez les modernes, et surtout comme chez les Français, un sujet de raillerie ; cela tient à ce que les femmes n'étaient pas mêlées à la société antique ainsi qu'elles le sont à la société nouvelle. La comédie naissante n'épargna ni les choses ni les personnes ; elle fut licencieuse à l'exemple des mœurs qu'elle avait sous les yeux, hardie de même que les guerres civiles au milieu desquelles elle surgit. La tragédie prit son plus grand essor pendant les troubles de la Fronde.

La fureur de ces spectacles devint si grande que tout le monde voulut être acteur ; des princes, des militaires, des magistrats, des évêques, se faisaient agréger à ces troupes comiques dont la profession était libre. L'esprit passait par degrés des plaisirs matériels à ceux de l'intelligence. Le christianisme, ayant porté la morale dans les passions, avait combiné et modifié ces passions d'une manière toute nouvelle : le génie pouvait fouiller cette mine non encore exploitée, dont les filons étaient inépuisables.

Du point où la société était parvenue sous Charles VII, il était loisible d'arriver également à la monarchie libre ou à la monarchie absolue : on voit très-bien le point d'intersection et d'embranchement des deux routes ; mais la liberté s'arrêta et laissa marcher le pouvoir. La cause en est qu'après la confusion des guerres civiles et étrangères, qu'après les désordres de la féodalité, le penchant des choses était vers l'unité du principe gouvernemental. La monarchie en ascension devait monter au plus haut point de sa puissance ; il fallait qu'en écrasant totalement la tyrannie de l'aristocratie elle eût commencé à faire sentir la sienne, avant que la liberté pût régner à son tour. Ainsi se sont succédé en France, dans un ordre régulier, l'aristocratie, la monarchie et la république, le noble, le roi et le peuple : tous les trois, ayant abusé de la puissance, ont enfin consenti à vivre en paix dans un gouvernement composé de leurs trois éléments.

LOUIS XI.

DE 1461 A 1483.

Louis XI vint faire l'essai de la monarchie absolue sur le cadavre palpitant de la féodalité. Ce prince tout à part, placé entre le moyen âge qui mourait et les temps modernes qui naissaient, tenait d'une main la vieille liberté noble sur l'échafaud, de l'autre jetait à l'eau dans un sac la jeune liberté bourgeoise : et pourtant celle-ci l'aimait, parce qu'en immolant l'aristocratie il flattait la passion démocratique, l'égalité.

Ce personnage, unique dans nos annales, ne semble point appartenir à la série des rois français : tyran justicier aux mœurs basses, chéri et méprisé de la populace ; faisant décapiter le connétable ; et emprisonner les pies et les geais instruits à dire par les Parisiens : « *Larron, va dehors ; va, Perrette ;* » esprit matois opérant de grandes choses avec de petites gens ; transformant ses valets en hérauts d'armes ; ses barbiers en ministres, le grand prévôt en *compère*, et deux bourreaux, dont l'un était gai et l'autre triste, en *compagnons* ; regagnant par sa dextérité ce qu'il perdait par son caractère ; réparant comme roi les fautes qui lui échappaient comme homme ; brave chevalier à vingt ans, et pusillanime vieillard ; expirant entouré de gibets, de cages de fer, de chausse-trappes, de broches, de chaînes appelées les *fillettes du roi*, d'ermites, d'empiriques, d'astrologues ; mourant après avoir créé l'administration, les manufactures, les chemins, les postes ; après avoir rendu permanents les offices de judicature, fortifié le royaume par sa politique et ses armes, et vu descendre au tombeau ses rivaux et ses ennemis, Édouard d'Angleterre, Galéas de Milan, Jean d'Aragon, Charles de Bourgogne, et jusqu'à l'héritière de ce duc ; tant il y avait quelque chose de fatal attaché à la personne d'un prince qui, par *gentille industrie*, empoisonna son frère, le duc de Guienne, *lorsqu'il y pensoit le moins*, priant la Vierge, *sa bonne dame, sa petite maistresse, sa grande amie*, de lui obtenir son pardon. (Brantôme.)

Louis XI fit bien autre chose par *gentille industrie* : « Le barbare, après le
« traité (de Conflans), fit jeter dans la rivière plusieurs bourgeois de Paris, soup-
« çonnés d'être partisans de son ennemi. On les liait deux à deux dans un sac. .
« . . . .

« Les grandes âmes choisissent hardiment des favoris illustres et des ministres
« approuvés. Louis XI n'eut guère pour ses confidents et pour ses ministres
« que des hommes nés dans la fange, dont le cœur était au-dessous de leur
« état. Il y a peu de tyrans qui aient fait mourir plus de citoyens par les mains
« des bourreaux, et par des supplices plus recherchés. Les chroniques du temps
« comptent quatre mille sujets exécutés sous son règne, en public ou en secret. .
« . . . .

« Le roi voulut que le duc de Nemours fût interrogé dans sa cage de fer,
« qu'il y subît la question, et qu'il y reçût son arrêt. On le confessa ensuite dans
« une salle tendue de noir. . . . .
« . . . .

« On mit sous l'échafaud dans les halles de Paris les jeunes enfants du duc,
« pour recevoir sur eux le sang de leur père. Ils en sortirent tout couverts ; et
« en cet état on les conduisit à la Bastille dans des cachots faits en forme de
« hottes, où la gêne que leur corps éprouvait était un continuel supplice. On
« leur arrachait les dents à plusieurs intervalles. . . . .
« Sous Louis XI pas un grand homme. Il avilit la nation. Il n'y eut nulle vertu ;

« l'obéissance tint lieu de tout, et le peuple fut enfin tranquille, comme les
« forçats le sont dans une galère. » (VOLTAIRE.)

L'hésitation était dans les manières de Louis XI, non dans sa tête, où, comme il le disait, *il portait tout son conseil*. Ses lettres font foi de cette vérité; il écrivait à Saint-Pierre, grand sénéchal: « Monsieur le grand seneschal, je vous
« prie que remontriez à M. de Saint-André que je veux estre servi à mon proufit
« et non pas à l'avarice, tant que la guerre dure; et s'il ne veut faire par beau,
« faites-lui faire par force, et empoignez ses prisonniers et les mettez au butin
« comme les autres. . . . .
« . . . . Monsieur le grand seneschal, je suis
« bien esbahi que les capitaines et M. de Saint-André, ni autres, ne trouvent
« bon l'ordonnance que je fais que toutsoit au butin; car, par ce moyen, ils
« auront tous ces prisonniers les plus gros pour un rien qui vaille; c'est ce
« que je demande, afin qu'ils tuent une autre fois tout, et qu'ils ne prennent
« plus prisonniers, ni chevaux, ni bagage, et jamais nous ne perdrons bataille.
« . . . .
« . . . . Je vous prie, dites à
« M. de Saint-André qu'il ne vous fasse point du floquet, ni du retif; car c'est
« la premiere desobeissance que j'aye jamais eue de capitaine. S'il fait semblant
« de desobeir, mettez-lui vous-mesme la main sur la teste et lui ostez par force
« les prisonniers, et je vous jure que lui osterai bientost la teste de dessus les
« épaules; mais je crois que le traistre ne desobeira pas, car il n'a le pouvoir. »

Il mandait au chef de la justice : « Chancelier, vous avez refusé de sceller
« les lettres de mon maistre d'hostel Boutilas; je sais bien à l'appetit de qui
« vous le faites. . . . . Vous souvienne, beau sire, de la journée que vous
« pristes avec les Bretons, et les depeschez, sur vostre vie. »

Ne dirait-on pas un homme de la Convention? C'est qu'en effet Louis XI était l'homme de la terreur pour la féodalité.

L'idée des chaînes et des tortures était si fortement empreinte dans l'esprit de Louis, que, fatigué des disputes des *nominaux* et des *réalistes*, il fit enchaîner et enclouer dans les bibliothèques les gros ouvrages des premiers, afin qu'on ne les pût lire. Et ce même homme protégea contre l'université et le parlement les premiers imprimeurs venus d'Allemagne, que l'on prenait pour des sorciers; l'imprimerie, ce puissant agent de la liberté, fut élevée en France par un tyran.

Les caprices mêmes de Louis XI avaient le caractère de la domination; il tenait prisonnier Wolfang Poulhain, homme de confiance de Marie de Bourgogne; il consentait à le mettre à rançon, pourvu qu'on ajoutât au prix convenu les meutes renommées du seigneur de Bossu. Le Bossu ne voulait point du tout céder ses chiens; après maints courriers expédiés des deux côtés, les chiens furent envoyés au roi qui les garda, sans relâcher Poulhain; il ne lui rendit la liberté que quand on ne la demanda plus.

Ce prince avait quelque chose des Juifs de son temps : il prêtait sur bons nantissements de provinces et de places, à des souverains de famille qui avaient besoin d'argent. Jean d'Aragon lui engagea les comtés de Cerdagne et de Roussillon pour trois cent mille écus d'or ; et Marguerite d'Anjou lui avait hypothéqué la ville de Calais pour une somme de vingt mille écus. Marguerite était femme de Henri VI, roi d'Angleterre, prisonnier dans la Tour de Londres, après avoir été roi de France dans son berceau ; elle était fille du bon roi René, qui ne régna guère, mais qui faisait des vers et des tableaux, qui rédigeait des lois pour les tournois, qui avait pour emblème une chaufferette, et qui diminuait les impôts toutes les fois que la tramontane soufflait sur la Provence. René ne ressemblait pas beaucoup à Louis.

La politique de Louis XI a été l'objet du blâme général des historiens : tous ont dit qu'il avait manqué pour le Dauphin le mariage de Marie de Bourgogne, héritière de Charles le Téméraire, et celui de Jeanne, fille de Ferdinand et d'Isabelle ; que s'il eût consenti au premier mariage, les Pays-Bas, réunis à la France, n'auraient point produit ces longues guerres qui firent couler tant de sang ; que s'il avait donné les mains au second mariage, c'est-à-dire à celui du Dauphin et de Jeanne, fille de Ferdinand et d'Isabelle, Jeanne n'eût point épousé Philippe, fils de Maximilien et de Marie de Bourgogne, et ne serait point devenue la mère de Charles-Quint. Par le premier mariage, le Dauphin (Charles VIII) aurait annexé les Pays-Bas, l'Artois, la Bourgogne, la Franche-Comté, à la monarchie de saint Louis ; par le second, ses enfants seraient devenus maîtres des royaumes des Espagnes et bientôt des Amériques.

Ce n'est point ainsi qu'il faut juger la politique de Louis XI : le but de ce prince ne fut jamais d'agrandir son royaume au dehors, mais d'abattre la monarchie féodale pour constituer la monarchie absolue. Loin de désirer des conquêtes, il refusa l'investiture du royaume de Naples et repoussa les avances de Gênes. « Les Génois se donnent à moi, disait-il, et moi je les donne au « diable » Mais il acheta les droits éventuels de la maison de Penthièvre sur la Bretagne ; et toutes les fois qu'il trouvait à se nantir pour un peu d'argent de quelque bonne ville dans l'intérieur de ses États, il n'y faisait faute.

Les seigneurs appauvris brocantaient alors leurs plus célèbres manoirs ; et Louis XI, comme un regrattier de vieilles gloires, maquignonnait à bas prix la marchandise qu'il ne revendait plus.

Le constant travail de la vie de Louis XI et l'idée fixe qui le domina furent l'abaissement de la haute aristocratie et la centralisation du pouvoir dans sa personne : ce qu'il fit en bien et en mal vient de cette préoccupation. S'il déclara qu'*il ne seroit donné aucun office s'il n'estoit vacant par mort, résignation ou forfaiture,* principe de l'inamovibilité des juges, ce ne fut pas pour ajouter de l'indépendance à la loi, mais pour lui communiquer de la force : il savait très-bien violer les règlements, changer les juges pour son compte, et nommer des commissions exécutives. S'il abolit la pragmatique-sanction, ce ne fut pas pour favoriser la cour de Rome, mais en haine de tout ce qui portait un caractère de liberté. S'il créa des parlements de Bordeaux et de Dijon, et s'il fit de nouvelles divisions de territoire, ce ne fut point par un esprit d'équité et d'ordre général ; mais c'est qu'il voulait détruire l'esprit de province, et avoir partout des *gens du roi.* S'il songea à établir l'uniformité des coutumes et l'égalité des poids et mesures, ce ne fut point pour faire disparaître ces inconvénients de la barbarie, mais pour attaquer les autorités seigneuriales. S'il établit les cent gentilshommes au bec de corbin, origine des gardes du corps ; s'il prit des Suisses à sa solde et y joignit un corps de dix mille hommes d'infanterie française, ce n'est pas qu'il eût en vue de créer une armée nationale, c'est qu'il formait une garde pour sa personne. Quand il s'humiliait devant Édouard IV et le duc de Bourgogne, ce n'était point par une méconnaissance de sa grandeur, mais pour obtenir le loisir de poursuivre dans l'intérieur de la France les seigneurs puissants. Il harcela sans relâche le duc de Bretagne ; il attachait bien plus d'importance à la conquête des États de ce duc qu'à celle du duc de Bourgogne, parce qu'il ne voulait pas avoir derrière lui une principauté indépendante, porte toujours ouverte sur son royaume par où l'ennemi pouvait toujours entrer. Il fit ou laissa empoisonner son frère le duc de Guienne, parce qu'il ne voulait pas plus d'apanagistes que de grands vassaux : l'apanage était en effet une sorte de démembrement.

Cette suite d'idées le mena à négliger le mariage du Dauphin et de Marie de Bourgogne. Le Dauphin était un enfant de huit ans, laid et mal conformé ; Marie était une belle princesse de vingt ans ; elle eût été obligée d'attendre, dans une espèce de veuvage de dix ans, la croissance d'un avorton dont les dix-huit ans auraient peut-être dédaigné ses trente années : Louis XI avait trop de jugement pour ne pas calculer ce qui pouvait arriver pendant la durée de ces longues fiançailles sans noces, dont le moindre accident pouvait rompre les faibles liens. Il détestait en outre les Flamands, et les Flamands le détestaient ; l'esprit de liberté qui régnait depuis trois siècles dans ces communes manufacturières était antipathique à son génie. Les comtes de Flandre étaient plutôt les sujets des Flamands, que les Flamands n'étaient leurs sujets. C'est dans ce pays resserré, ancien berceau des Franks, que s'est maintenu jusqu'à nos jours ce feu d'indépendance et de courage qui animait les compagnons de Khlovigh.

Qu'aurait fait Louis XI, tuteur de son fils, de ces bourgeois qui firent exécuter sous les yeux de Marie de Bourgogne ses deux ministres, Hymbercourt et Hugonet ? Élever des échafauds, c'était attenter aux droits de Louis XI. Il trouva plus sûr et plus court de s'emparer du duché de Bourgogne, qui revenait naturellement à la couronne à la mort de Charles le Téméraire, les apanages ne passant point aux filles. Il s'empara des villes sur la Somme, et de plusieurs villes dans l'Artois, sur lesquelles il avait des prétentions assez fondées ; mais, pour éteindre le droit de suzeraineté que l'Artois avait sur la ville de Boulogne, il transporta et conféra cette suzeraineté à la sainte Vierge, *sa petite maistresse, sa grande amie.*

Par le mariage du Dauphin et de Marie de Bourgogne, il se serait commis avec le corps germanique : la Franche-Comté, le Luxembourg, le Hainaut et la Hollande, relevaient de l'Empire ; or, Louis XI ne voulait de querelles que quand il se croyait sûr du succès. Toutes ces considérations le portèrent à préférer le certain à l'incertain, à prendre ce qu'il pouvait garder, à laisser ce qui présentait des chances périlleuses. Il ne favorisa pas davantage l'union de Charles d'Angoulême, de la maison d'Orléans, avec l'héritière de Charles le

Téméraire, parce que c'eût été rétablir sous un autre nom la puissance des ducs de Bourgogne. Mais s'il rejeta le mariage du Dauphin avec Marie, il rechercha le mariage de ce même Dauphin avec Marguerite, fille de Marie et de Maximilien, parce que d'un côté il y avait proportion d'âge, et que de l'autre on gratifiait Marguerite des comtés d'Artois et de Bourgogne; or cette dot n'offrait aucune matière à contestation avec la Flandre et l'Empire. Ce mariage n'eut pas lieu, parce que la dame de Beaujeu, qui suivit la politique de son père, préféra pour son frère Charles VIII l'héritière de Bretagne.

En tout, Louis XI était ce qu'il fallait qu'il fût pour accomplir son œuvre. Né à une époque sociale où rien n'était achevé et où tout était commencé, il eut une forme monstrueuse, indéfinie, toute particulière à lui, et qui tenait des deux tyrannies entre lesquelles il paraissait. Une preuve de son énergie sous cette enveloppe, c'est qu'il craignait la mort et l'enfer, et que pourtant il surmontait cette frayeur quand il s'agissait de commettre un crime. Il est vrai qu'il espérait tromper Dieu comme les hommes; il avait des amulettes et des reliques pour toutes les sortes de forfaits. Louis XI vint en son lieu et en son temps : il y a une si grande force dans cet à-propos, que le plus vaste génie hors de sa place peut être frappé d'impuissance, et que l'esprit le plus rétréci, dans telle position donnée, peut bouleverser le monde.

Louis XI, vers la fin de sa vie, s'enferma au Plessis lez Tours, dévoré de peur et d'ennui. Il se traînait d'un bout à l'autre d'une longue galerie, ayant sous les yeux pour toute récréation, quand il regardait par les fenêtres, le paysage, des grilles de fer, des chaînes, et des avenues de gibets qui menaient à son château : pour seul promeneur dans ces avenues, paraissait Tristan le grand prévôt, compère de Louis. Des combats de chats et de rats, des danses de jeunes paysans et de jeunes paysannes qui venaient figurer dans les donjons du Plessis le bonheur et l'innocence champêtres, servaient à dérider le front du tyran. Puis il buvait du sang de petits enfants pour se redonner de la jeunesse; remède qui semblait tout à fait approprié au tempérament du malade. On faisait sur lui, disent les chroniques, *de terribles et de merveilleuses médecines.* Enfin il fallut mourir. Louis XI porta le premier le titre de roi très-chrétien, et les protestants jetèrent au vent ses cendres : les excès de la liberté religieuse et politique profanèrent la tombe de celui qui avait abusé du pouvoir et de la religion.

Les principaux conseillers de ce roi furent Philippe de Comines, homme complaisant, qui a laissé des Mémoires hardis, et Jean de Lude, homme encore plus souple, que son maître appelait *Jean des habiletés.*

Louis XI laissa deux filles et un fils légitime, la dame Anne de Beaujeu, Jeanne, duchesse d'Orléans, et Charles VIII. Ce vilain homme fit subir à des femmes le despotisme de ses caresses. Il eut de Marguerite de Sassenage une fille qui, mariée à Aymar de Poitiers, fut l'aïeule de la belle Diane de Poitiers.

Quand Louis XI disparaît, l'Europe féodale tombe; Constantinople est prise; les lettres renaissent; l'imprimerie est inventée; l'Amérique, au moment d'être découverte; la grandeur de la maison d'Autriche se fait pressentir par le mariage de l'héritière de Bourgogne avec Maximilien. Henri VIII, Léon X, François Ier, Charles-Quint, Luther avec la réformation, ne sont pas loin : vous êtes au bord d'un nouvel univers.

CHARLES VIII.

DE 1483 A 1498.

Du Haillant ne veut pas que Charles VIII soit fils de Louis XI, ou du moins qu'il soit fils de la reine Charlotte de Savoie : il avait ouï dire cela. A ce compte, une foule de rois n'auraient pas été fils de leur prétendu père, car ces histoires d'enfants supposés sont renouvelées de règne en règne dans tous les pays. Au surplus l'adultère est toujours un crime, et dans la famille particulière des princes l'infidélité des femmes est affligeante ; mais dans la famille générale des peuples, peu importerait (n'était la violation du droit et le désordre moral) d'où viendrait le royal enfant : s'il devait à une fiction légale les avantages de l'hérédité et les qualités d'un grand homme, alors, souverain de droit et de fait, il emprunterait à la naissance et au génie une double légitimité. Mais Charles VIII était bien fils de Louis XI.

Ce dernier, par un trait remarquable de sa politique, avait réglé qu'Anne de France, dame de Beaujeu, sa fille, serait chargée du gouvernement de la personne du roi. Louis XI s'était souvenu des abus de la régence sous Charles VI. Les états de Tours de 1484 confirmèrent Anne dans ce gouvernement, malgré l'opposition du duc d'Orléans, qui s'était adressé au parlement de Paris, lequel déclina sa compétence et renvoya l'affaire aux états. Ils nommèrent un conseil de dix personnes où devaient assister les princes du sang. Le point le plus élevé de la monarchie des états se trouve sous le règne de Charles VIII et de Louis XII.

Charles VIII fait mettre en liberté Charles d'Armagnac, frère de Jean, tué à Lectoure. Tous les Armagnacs sont rendus à la liberté ou rétablis dans leurs biens. Landais, favori de François II, duc de Bretagne, est pendu.

Henri VII d'Angleterre défait et tue Richard III. Henri VII, de la branche de Lancastre, épousa Élisabeth d'York, et confondit les droits des deux maisons qui s'étaient si longtemps disputé la couronne.

Le duc d'Orléans, mécontent de la cour, s'était retiré en Bretagne : il commence, aidé des Bretons et d'une troupe d'Anglais, une courte guerre civile. Il est défait et pris à la bataille de Saint-Aubin, que gagna Louis II, sire de La Trémoille (1488).

Charles VIII épouse en 1491, Anne, héritière du duché de Bretagne ; Marguerite, fille de Maximilien, qu'il avait fiancée et ensuite renvoyée à son père, est mariée à l'infant d'Espagne, Jean d'Aragon.

L'an 1492, chute de Grenade, fin de la domination des Maures en Espagne, et découverte de l'Amérique par Christophe Colomb.

Expédition de Charles VIII en Italie. Jusqu'alors l'Italie n'avait vu les Français que comme des espèces d'aventuriers : aussitôt que les rois de France eurent brisé le dernier anneau de la chaîne féodale, ils purent marcher hors de leur pays à la tête de leur nation. Les droits de Charles VIII sur la souveraineté de

Naples étaient la cession qui lui en avait été faite par Charles d'Anjou, héritier de son oncle René. Charles VIII, arrivé à Rome (1494), y trouva un empire aussi chimérique que le royaume qu'il prétendait conquérir : André Paléologue, héritier de l'empire de Constantinople qu'il n'avait pas, céda ses prétentions au roi de France, et le pape Alexandre VI livra à Charles Zizim, frère de Bajazet, exilé dans les États du saint siége. Charles VIII entra dans Naples le 21 février 1495 avec les ornements impériaux, soit qu'il les portât comme empereur d'Occident ou comme empereur d'Orient. Une ligue conclue à Venise entre le pape, l'empereur, le roi d'Aragon, Henri VII, roi d'Angleterre, Ludovic Sforce et les Vénitiens oblige Charles VIII à évacuer l'Italie. Les Français repassent les Alpes après avoir vaincu à Fornoue. On admira le service de l'artillerie française ; pour la première fois une armée régulière de notre nation se montra dans la belle contrée où elle devait un jour acquérir tant de gloire.

Charles VIII expire au château d'Amboise le 7 avril 1498 : son fils le Dauphin était mort âgé de trois ans. Une branche collatérale monte sur le trône.

« Charles VIII, petit homme de corps et peu entendu, dit Comines, estoit si
« bon qu'il n'est point possible de voir meilleure creature. »

LOUIS XII.

DE 1498 A 1515.

Louis XII a obtenu le plus beau surnom des rois de France : il fut tout d'une voix appelé le Père du peuple. Et ici le mot *peuple* a une grande valeur, et annonce une révolution : ce n'est point un mot banal appliqué à une foule depuis longtemps gouvernée par un maître ; c'est un mot nouvellement introduit dans la langue pour désigner une jeune nation affranchie, formée des débris des serfs et des corvéables de la féodalité. Elle ouvrait les temps modernes, cette nation ; elle avait la force et l'éclat qu'elle eut dans sa première métamorphose, lorsque les Franks, transformés en Français, entrèrent dans les siècles du moyen âge.

Louis XII était arrière-petit-fils de ce Louis, duc d'Orléans, par qui le sang italien commença à couler dans les veines de nos monarques, et à leur communiquer le goût des arts : race légère et romanesque, mais élégante, brave, intelligente, et qui mêla la civilisation à la chevalerie. On ne saurait trop rappeler le mot de Louis XII en parvenant au trône : « Le roi de France ne venge pas
« les querelles du duc d'Orléans (1498). »

Louis XII épousa la veuve de Charles VIII. La Bretagne fut le dernier grand fief revenu à la couronne. Ainsi périt la monarchie féodale : commencée par le démembrement successif des provinces du royaume, elle finit par la réunion successive de ces provinces au royaume, comme les fleuves sortis de la mer retournent à la mer. Il restait encore une soumission pour les comtés de Flandre et d'Artois, possédés par l'archiduc d'Autriche ; mais ce n'était plus qu'un vain hommage auquel ni celui qui le rendait ni celui qui le recevait n'attachait aucune idée d'obéissance ou de supériorité. Les lambeaux de la monarchie féodale traînèrent assez longtemps dans la monarchie absolue, de même que l'on voit aujourd'hui des débris du despotisme impérial flotter parmi les libertés constitutionnelles. Le passé se prolonge dans l'avenir, et une nation ne peut ni ne doit se séparer de ses tombeaux.

La cour de l'Échiquier en Normandie fut érigée en parlement : ainsi tombaient tour à tour les pièces de la vieille armure gothique.

Louis XII porta la guerre en Italie : aussitôt que nos querelles cessèrent au dedans, elles commencèrent au dehors; il fallait une nouvelle issue à l'humeur guerrière de la France. Louis XII prétendait au duché de Milan par les droits de Valentine de Milan son aïeule, et au royaume de Naples par les droits de la maison d'Anjou. Dominaient alors à Rome les abominables Borgia : César Borgia, le héros de Machiavel; Alexandre VI avec sa fille triplement incestueuse, nommée Luucrèce, comme pour offrir à Rome un contraste fameux avec l'antique pudeur romaine. Le Milanais fut conquis dans l'espace de vingt jours; le royaume de Naples, en moins de quatre mois : ce royaume fut occupé de concert avec Ferdinand le Catholique. Bientôt les Français et les Espagnols se brouillent pour le partage de cet État (1500, 1501, 1502). D'Aubigny perd la bataille de Seminare, le vendredi 21 avril, et le vendredi 28 du même mois, le duc de Nemours est vaincu et tué à Cérignole par Gonzalve de Cordoue, dit le grand capitaine. La maison d'Armagnac finit en la personne du duc de Nemours, et ce duc de Nemours n'était rien moins que le dernier descendant de Khlovigh : reste étrange au commencement du seizième siècle. Le parlement d'Aix avait été créé en 1501.

Cependant Charles-Quint était né (1500). Alexandre meurt (18 août 1503). Après Pie III, qui n'occupa le siége pontifical que vingt-cinq jours, vient Jules II, dont le nom annonce et le règne des arts, et une révolution dans le genre d'influence que la cour de Rome exerça sur le monde chrétien. Cette cour cessa d'être plébéienne, et, par une double erreur, elle s'attacha au pouvoir aristocratique lorsqu'il expirait. L'ère politique du christianisme déclinait.

Les états de Tours de 1506 vous montrent ces assemblées parvenues à leur dernier point de perfection, séparées de la magistrature parlementaire et du pouvoir exécutif. Louis XII les ouvre dans une séance royale, environné des princes du sang et de toute sa cour, ayant à sa droite le chancelier de France : c'est la forme même dans laquelle commencent aujourd'hui les sessions législatives, et ce qui montre que les grands de la cour ne faisaient point ou ne faisaient plus partie des états.

La ligue de Cambrai formée contre les Vénitiens se dissipe, comme toutes ces coalitions où des princes ennemis se réunissent dans un intérêt momentané.

Henri VII d'Angleterre meurt et est remplacé sur le trône par Henri VIII (1509 et 1510).

Jules II se ligue contre les Français en Italie avec Ferdinand, Henri VIII et les Suisses. Le dernier des chevaliers français, Bayard, digne de clore l'époque de la chevalerie, se signale à Saint-Félix et à la journée de la Bastide (1511). Concile général de Pise, où Jules II est cité par Louis XII. Concile de Latran en opposition au concile de Pise.

Bataille de Ravenne gagnée le jour de Pâques, 11 avril 1512, sur les confédérés, par le duc de Nemours, le chevalier Bayard, Louis d'Arce et Lautrec. Le duc de Nemours achète la victoire de sa vie; il est tué âgé seulement de vingt-trois ans. Ce jeune prince était Gaston de Foix, fils de Marie, sœur de Louis XII, pour lequel le comté de Nemours avait été érigé en duché-pairie (1507). Il ne le faut pas confondre avec Armagnac, duc de Nemours, le dernier des Mérovingiens dont on a parlé.

Le Milanais est perdu pour Louis XII, qui ne conserve en Italie que quelques places, avec le château de Milan. Le concile de Pise est transféré à Milan, ensuite à Lyon. Jules II frappe d'interdit le royaume de France et la ville de Lyon en particulier; méprise de temps; ces foudres, comme la féodalité, étaient épuisés; les vieilles mœurs n'étaient plus que des usages.

Ferdinand s'empare du royaume de Navarre. Maximilien Sforce reprend la soûveraineté du Milanais; les Médicis celle de Florence. L'empereur Maximilien Ier veut se faire pape. La reine, Anne de Bretagne, meurt. Jules II la suit dans la tombe. Léon X lui succède. Louis XII reprend le Milanais, et le perd enfin à la bataille de Novare. La France est attaquée par Maximilien, Henri VIII et les Suisses. Tout s'arrange au moyen de plusieurs mariages, les uns projetés, les autres accomplis. Louis XII épouse Marie, sœur de Henri VIII, dans les bras de laquelle il trouva la mort. Le comte d'Angoulême, qui devint François Ier, aima Marie, et s'en éloigna de peur de perdre une couronne. Ce calcul n'était guère de son âge et de son caractère : aussi ne céda-t-il qu'au conseil de Grignaux, ou de Gouffier, ou de Duprat (1512, 1513, 1514, 1515).

Louis XII décède le 1er janvier 1515 à l'hôtel des Tournelles à Paris. Il réduisit les impôts de plus de moitié; il avait une affection tendre pour ses sujets, qui la lui rendirent, malgré ses fautes dans la politique extérieure; il voulut toutes les franchises dont on pouvait jouir sous la monarchie d'alors. Il est convenable de remarquer qu'à cette époque, et jusqu'à celle où nous vivons, les peuples réglaient leur haine ou leur amour sur le plus ou le moins de taxes dont ils se trouvaient chargés. Aujourd'hui que l'espèce humaine a gagné en intelligence et en civilisation, les nations attachent moins leurs affections à ces intérêts tout matériels : elles accorderaient plus volontiers le nom de père au souverain qui accroîtrait leurs libertés, qu'à celui qui épargnerait leur argent.

FRANÇOIS Ier.

DE 1515 A 1547.

François Ier était arrière-petit-fils de Louis d'Orléans et de Valentine de Milan. Trois générations avaient déjà changé le monde; soixante ans de la découverte de la presse, quoique non libre, avaient produit un mouvement considérable dans les esprits. Les controverses de Luther prêt à paraître, ou ne se fussent pas propagées avec la même rapidité, ou auraient été étouffées, si la presse ne s'était trouvée là tout juste à point pour les répandre.

François Ier rentre en Italie (1515). Le 14 de septembre il livre aux Suisses, à Marignan, ce combat que Trivulce appela le *combat des géants :* ce fut la première grande victoire remportée par les Français depuis leurs défaites à Crécy, Poitiers et Azincourt. Cette bataille n'avait plus aucun des caractères de ces premières batailles ; elle était à celles-ci ce que les batailles de la révolution ont été à celle de Marignan. Le sénat de Venise déclara, par un décret, que François Ier et tous les princes de sa race seraient nobles vénitiens ; décret que Louis XVIII demanda à effacer de sa main, lorsqu'il reçut l'ordre de quitter Vérone. Commencement de la vénalité des charges, qui amène l'inamovibilité des juges.

Ferdinand, roi d'Aragon par lui-même, roi de Castille par sa femme Isabelle, roi de Grenade par conquête, roi de Navarre par usurpation, héritier de trois bâtards couronnés, meurt, et Charles-Quint monte sur le trône.

Le traité de Fribourg produit entre la France et les Suisses cette paix nommée perpétuelle, qui ne laissa plus à ceux-ci que l'honneur de verser leur sang pour les Français (1516).

Concordat entre Léon X et François Ier, auquel s'opposèrent le clergé, l'université et le parlement, comme attentatoire aux libertés de l'Église nationale. Luther, cette même année (1517), s'éleva contre les indulgences prêchées en Allemagne. Henri VIII était sur le trône ; il allait porter un autre coup à la foi catholique dont il se constitua d'abord le *défenseur*. En 1521, Ignace de Loyola fut blessé dans le château de Pampelune, que les Français tenaient assiégé : Loyola fut pour les réformés ce que saint Dominique avait été pour les Albigeois ; mais la Saint-Barthélemy ne détruisit point le protestantisme, et les croisés exterminèrent les Albigeois.

Charles-Quint est élu empereur après la mort de Maximilien : son concurrent était François Ier (1519). Alors la France se trouva enveloppée par les possessions de la maison d'Autriche : l'Espagne, conquérante en Amérique et dans les Indes, disait que le soleil ne se couchait pas sur ses États. La découverte de l'Amérique produisit une révolution dans le commerce, la propriété et les finances de l'ancien monde. L'introduction de l'or du Mexique et du Pérou baissa le prix des métaux, éleva celui des denrées et de la main-d'œuvre, fit changer de main la propriété foncière, créa une propriété inconnue jusqu'alors, celle des capitalistes, dont les Lombards et les Juifs avaient donné la première idée. Avec les capitalistes naquit la population industrielle et la constitution artificielle des fonds publics. Une fois entrée dans cette route, la société se renouvela sous le rapport des finances, comme elle s'était renouvelée sous les rapports moraux et politiques.

Aux aventures des croisades succédèrent des aventures d'outre-mer d'une tout autre importance ; le globe s'agrandit, le système des colonies modernes commença, la marine militaire et marchande s'accrut de toute l'étendue d'un océan sans rivages. La petite mer intérieure de l'ancien monde ne resta plus qu'un bassin de peu d'importance, depuis que les richesses des Indes arrivaient en Europe par le cap des Tempêtes. A trois années de distance l'heureux Charles-Quint triomphait de Montezume à Mexico, et de François Ier à Pavie.

Mais ce qui fit avancer les autres peuples vers l'indépendance et la civilisation enchaîna les nations soumises au sceptre de Philippe II ; les Amériques, l'Espagne et les Pays-Bas perdirent leurs libertés pour des siècles. Ces champs de la Flandre, où les communes avaient si longtemps combattu pour leur émancipation, ne furent plus ensanglantés que par des échafauds ou par les batailles que s'y livrèrent les maisons de France et d'Autriche.

L'entrevue de François I*er* et de Henri VIII, près de Guines, appelée le *camp du drap d'or*, fut une dernière parade des temps féodaux, un simulacre des tournois, des cours plénières, de ces anciennes mœurs déjà assez passées pour n'être plus que des spectacles (1520).

Le duc de Bouillon déclara la guerre à l'empereur : celui-ci crut que le duc était secrètement appuyé de la France : commencement des guerres entre Charles-Quint et François I*er*. Le Milanais est perdu de nouveau ; Léon X, qui a donné son nom à son siècle, meurt. Il écrivait à Raphaël : « Vous rendrez « mon pontificat à jamais célèbre. » Il prophétisait. Malheureusement la renaissance des arts tomba presque au moment de la réformation dont la rigidité proscrivait les arts. Si l'ardeur religieuse des siècles qui élevèrent les monuments gothiques avait encore existé au temps des Michel-Ange et des Raphaël, de combien d'autres chefs-d'œuvre Rome, déjà si riche, serait ornée ?

A Léon X succéda Adrien VII, qui laissa la tiare à Clément VII, autre Médicis (1521). Prise de Rhodes par Soliman II (1522).

Le connétable de Bourbon, que persécutait la duchesse d'Angoulême, passe au service de Charles-Quint. Le marquis de Villane, sollicité par l'empereur de prêter son palais au connétable, répondit : « Je ne puis rien refuser à Vostre « Majesté, mais si le duc de Bourbon loge dans ma maison, j'y mettrai le feu « aussitost qu'il en sera sorti, comme lieu infecté par la trahison, et ne pouvant « plus estre habité d'un homme d'honneur. » Seul traître que les Bourbons aient jamais compté dans leur race.

Le capitaine Bayard est tué dans la retraite de Rebecque (1524). « Il fut tiré « ung coup de hacquebouze, dont la pierre le vint frapper au travers des reins « et lui rompit tout le gros os de l'eschine. Quand il sentit le coup, se print « à crier Jesus ! Et puis dist : *Hélas ! mon Dieu, je suis mort !* Si print son es- « pée par la poignée et baisa la croisée, en signe de la croix, et en disant tout « hault : *Miserere mei, Deus, secundum misericordiam tuam ;* devint inconti- « nent tout blesme, comme failly des esperitz, et cuyda tumber : mais il eut « encore le cueur de prendre l'arson de la selle ; et demoura en cest estat jus- « ques à ce que ung jeune gentilhomme, son maistre d'hostel, lui ayda à des- « cendre, et le mit soubz ung arbre..... Ses povres serviteurs domestiques es- « toient tous trainssiz, entre lesquelz estoit son povre maistre d'hostel, qui ne « l'abandonna jamais ; et se confessa le bon chevalier à luy, par faulte de « prebstre. Le povre gentil homme fondoit en larmes, voyant son bon maistre « si mortellement navré, que nul remède en sa vie n'y avoit ; mais tant doul- « cement le reconfortoit icelluy bon chevalier, en luy disant : Jacques, mon « amy, laisse ton deuil ; c'est le vouloir de Dieu de m'oster de ce monde ; je y « ay la sienne grace longuement demouré, et y ay receu des biens et des « honneurs plus que à moi n'appartient : tout le regret que j'ay à mourir, c'est « que je n'y ay pas si bien fait mon devoir que je devoys. »

Le connétable de Bourbon, du parti des ennemis, se présenta pour consoler Bayard : « Monseigneur, lui dit le capitaine, ne faut avoir pitié de moi, mais « de vous, qui estes armé contre vostre roy, vostre pays et vostre foi. » Bourbon insista et parla de bons chirurgiens ; Bayard répliqua : « Je cognois que je « suis blessé à mort. Je prends la mort en gré et n'y ay aucune desplaisance. » Le connétable s'en alla les larmes aux yeux et s'écriant : « Bien heureux le « prince qui a ung tel serviteur, et ne sçait la France qu'elle a perdu aujour- « d'hui. »

Le marquis de Pescaire (Fernand-François d'Avaloz) dit : Plust à Dieu, gentil « seigneur de Bayard, qu'il m'eust cousté une quarte de mon sang, sans mort « recevoir, je ne deusse manger chair de deux ans, et je vous tiensisse en santé « mon prisonnier ! »

Bataille de Pavie, 14 février 1525. On ne retrouve plus l'original du fameux billet : *Tout est perdu fors l'honneur ;* mais la France, qui l'aurait écrit, le tient pour authentique. Jean, pris à Poitiers, fut servi à table par son vainqueur et traité à Londres comme un monarque triomphant : François Ier fut transféré rudement dans les prisons de Madrid : les chevaliers, que le monarque français voulait faire revivre, n'étaient plus. Au reste, les états de Bourgogne, en 1526, ne se crurent pas liés par le traité de Madrid, qui détachait, sans leur consentement, la Bourgogne de la France ; les états de Paris, en 1359, refusèrent de ratifier le traité négocié pour la délivrance du roi Jean : il n'y a de permanent que l'indépendance des peuples, toutes les fois qu'elle est appelée à parler seule.

L'année de la captivité de François Ier, prisonnier, vit Albert, margrave de Brandebourg, grand maître de l'ordre Teutonique, embrasser le luthéranisme et s'emparer des provinces de l'ordre. Les descendants d'Albert sont devenus rois de Prusse.

Le traité de Cambrai, en 1529, termina les guerres d'Italie entre François Ier et Charles-Quint. La Bretagne est réunie à la France par une ordonnance expresse. Avant l'édit du domaine de 1566, nos rois pouvaient librement disposer de leurs biens patrimoniaux ; ces biens ne devenaient inaliénables que par leur réunion au domaine ; d'où il faut distinguer deux choses dans l'ancien droit commun de la troisième race : la propriété particulière du prince, la propriété générale de la couronne. François Ier fonde l'infanterie française : elle remplaça les fantassins allemands à notre solde. Cette infanterie fut d'abord formée sur le modèle des légions romaines et divisée en corps de six mille hommes. On en revint à la division par bandes de cinq ou six cents hommes, origine de nos régiments. Henri, frère puîné de François, dauphin, épouse à Marseille Catherine de Médicis (1532, 1533).

Le schisme d'Angleterre éclate en 1534, à propos du divorce de Henri VIII, pour épouser Anne de Boulen. Cette année même, 1534, les doctrines de Calvin se glissaient en France sous la protection de Marguerite, reine de Navarre, sœur de François Ier ; et cette année encore Ignace de Loyola fonda la société de Jésus : quand les idées des peuples sont mûres pour un changement, il arrive que les princes se trouvent faits pour les développer.

Nouvelle guerre entre la France et l'Espagne, à propos de la décapitation, par François Sforce, de l'envoyé de France à Milan. Charles-Quint, revenu triomphant de son expédition d'Afrique, est battu en Provence et en Picardie.

Henri devient dauphin par la mort de François, son frère aîné, empoisonné. Les anabaptistes sont dispersés par le supplice de Jean de Leide, à Munster (1536). Charles-Quint est ajourné à la cour des pairs de France, comme vassal rebelle, ainsi que l'avait été le prince Noir ; ridicule résurrection des droits périmés de la monarchie féodale (1537).

Charles-Quint traverse la France (1539) pour aller apaiser des troubles survenus dans cette ville de Gand, berceau des tribuns et asile des rois.

L'ordonnance de Villers-Coterets (1536) commande l'abréviation des procès, le non-empiètement des tribunaux ecclésiastiques sur les justices ordinaires, et la rédaction en français des actes publics. On s'est étonné que cette ordonnance n'ait pas été rendue plus tôt : il fallait bien attendre la langue ; elle ne commença à être assez débrouillée pour être convenablement intelligible que sous le règne de François Ier. Si, dès l'an 1281, l'empereur Rodolphe obligea d'écrire les actes impériaux en langue vulgaire, c'est que l'allemand était une langue mère parlée de tout temps par un peuple qui l'entendait. La langue française n'était qu'un patois né principalement des langues romane et latine ; des siècles s'écoulèrent avant qu'elle devint une langue générale dans toute l'étendue de la monarchie. Édouard III put défendre l'usage du jargon normand dans les tribunaux d'Angleterre, parce qu'il trouva derrière ce jargon l'anglais, ou le bas allemand, conservé par les Saxons conquis.

La procédure criminelle, devenue presque publique, cesse de l'être sous le chancelier Poyet.

On commence à voir paraître les noms fameux dans les règnes suivants : le cardinal de Lorraine et son frère, le premier duc de Guise, le connétable Anne de Montmorency et Catherine de Médicis (1540).

François Ier établit de nouvelles relations extérieures ; il envoie des ambassadeurs à Soliman II, à Constantinople, et en reçoit de Gustave Wasa, roi de Suède. Ce prince, célèbre par son courage et ses aventures, rendit la Suède luthérienne et devint chef militaire des protestants (1542).

En 1544, bataille de Cérisoles, gagnée par les Français.

En 1545, premières exterminations des guerres de religion en France ; exécution des villes huguenotes de Cabrières et de Mérindol.

Les deux chefs du schisme, Luther et Henri VIII, meurent, le premier en 1546, et le second en 1547. François Ier, qui commença la persécution contre les huguenots, suivit deux mois après dans la tombe le tyran des libertés politiques et le fondateur des libertés religieuses de l'Angleterre (1er mars 1547).

Charles-Quint se traîna neuf ans sur la terre après son rival : il abdiqua en 1556, se retira au monastère de Saint-Just, dans l'Estramadure, et célébra vivant ses propres funérailles. Enveloppé d'un linceul, couché dans une bière, il chanta, du fond de son cercueil, l'office des morts, que les religieux célébraient autour de lui. « C'était l'homme pour lequel, dit Montesquieu, le « monde s'étendit, et l'on vit paraître un monde nouveau. » Ce monde nouveau donna la mort à François Ier. Toute la destinée de Charles-Quint pesa sur celle du monarque français. Importuné jusque dans ses derniers jours des rivalités de ses maîtresses et de celles des maîtresses de son fils, François Ier mourut en chrétien qui reconnaît sa fragilité; Charles-Quint s'en alla comme un ambitieux qui se revêt du froc et du cercueil, dépité de n'avoir pu se parer de la dépouille du monde. Les faiblesses du monarque espagnol ne furent pas apparentes comme celles du monarque français, dont la galanterie était aussi éclatante que la valeur. Un inceste mystérieux qui, dans les ombres d'un cloître, donna naissance à un héros, a été reproché à Charles-Quint : ses désordres avaient quelque chose de sérieux, de secret et de profond comme lui.

Il y a des époques où la société se renouvelle, où des catastrophes imprévues, des hasards heureux ou malheureux, des découvertes inattendues déterminent un changement préparé de longue main dans le gouvernement, les lois, les mœurs et les idées. Cette révolution, qui paraît subite, n'est que le travail continu de la civilisation croissante, que le résultat de la marche de cette civilisation vers le perfectionnement nécessaire, efficient, attaché à la nature humaine. Dans les révolutions, même en apparence rétrogrades, il y a un pas de fait, une lumière acquise pour aveindre quelque vérité. Les conséquences ne se font pas immédiatement remarquer en jaillissant du principe qui les produit ; ce n'est guère qu'après une cinquantaine d'années qu'on aperçoit les transformations opérées chez les peuples par des événements déjà vieux d'un demi-siècle.

Ainsi, lorsque François Ier monta sur le trône, la découverte de l'Amérique, la prise de Constantinople par les Turcs, l'invention de l'imprimerie; toutes ces choses, qui avaient précédé le règne de ce roi, commençaient à agir en étendant le domaine de l'homme physique et moral. Des mers inconnues à braver, de nouveaux mondes à explorer, offraient des objets dignes de leurs efforts à l'esprit chevaleresque et religieux qui régnait encore, aux lettres, aux sciences et aux arts, qui renaissaient; aux gouvernements et au commerce, qui cherchaient de nouvelles sources de puissance et de richesses. L'imprimerie semblait en même temps avoir été trouvée tout exprès pour multiplier et répandre les trésors que les Grecs, chassés de leur patrie, avaient apportés dans l'Occident. Les courses transalpines de Charles VIII et de Louis XII avaient fait passer dans les Gaules ce goût des élégances de la vie, perdu depuis longtemps. Milan, Florence, Sienne, virent reparaître ces noms, qu'ils avaient bien connus au temps de la conquête des Normands et de Charles d'Anjou : les La Palice, les Nemours, les Lautrec, les Vieilleville, ne trouvèrent plus, comme leurs pères, une terre demi-barbare, mais une terre classique, où le génie d'Auguste s'était réveillé, où, comme les vieux Romains, ils adoucirent leurs rudes vertus à la voix des arts accourus une seconde fois de la Grèce. Quand Bayard acquérait le haut renom de prouesse, c'était au milieu de l'Italie moderne, de l'Italie dans toute la fraîcheur de la civilisation renouvelée; c'était au milieu de ces palais bâtis par Bramante, Michel-Ange et Palladio, de ces palais dont les murs étaient couverts de tableaux récemment sortis des mains des plus grands maîtres; c'était à l'époque où l'on déterrait les statues et les monuments de l'antiquité, tandis que les Gonzalve de Cordoue, les Trivulce, les Pescaire, les Strozzi combattaient, que les artistes se faisaient justice de leurs rivaux à coups de poignard, que les aventures de Roméo et de Juliette se répétaient dans toutes les familles, que l'Arioste et le Tasse allaient chanter cette chevalerie dont Bayard était le dernier modèle.

Les guerres de François Ier, de Charles-Quint et de Henri VIII mêlèrent les peuples, et les idées se multiplièrent. Des armées régulières, connues en Europe depuis la fin du règne de Charles VII, firent disparaître le reste des milices féodales. Les braves de tous les pays se rencontrèrent dans ces troupes disciplinées : Bayard put combattre tels fils de Pizarre et de Fernand Cortès, qui avaient vu tomber les empires du Pérou et du Mexique. Ces infidèles, que les chevaliers allaient, avec saint Louis, chercher au fond de la Palestine, maîtres de Constantinople, et devenus nos alliés, intervenaient dans notre politique; leur prince envoyait le renégat grec Barberousse combattre pour le pape et le roi très-chrétien sur les côtes de la Provence.

Tout changea donc dans la France; les vêtements même s'altérèrent, il se fit des anciennes et des nouvelles mœurs un mélange unique. La langue naissante fut écrite avec esprit, finesse et naïveté par la sœur de François Ier, la reine de Navare; par François Ier lui-même, qui faisait des vers aussi bien que Marot; par Rabelais, Amyot, les deux Marot et les auteurs de Mémoires. L'étude des classiques, celle des lois romaines, l'érudition générale, furent poussées avec ardeur; les arts acquirent une perfection qu'ils n'ont jamais surpassée depuis en France. La peinture, éclatante en Italie, fut transplantée dans nos forêts et nos châteaux gothiques; ceux-ci virent leurs tourelles et leurs créneaux se couronner des ordres de la Grèce. Anne de Montmorency, qui disait ses patenôtres, ornait Écouen de chefs-d'œuvre; le Primatice embellissait Fontainebleau; François Ier, qui se faisait armer chevalier comme au temps de Richard Cœur de Lion, assistait à la mort de Léonard de Vinci, et recevait le dernier soupir de ce grand peintre; et, auprès de tout cela, le connétable de Bourbon, dont les soldats, comme ceux d'Alaric, se préparaient à saccager Rome; ce connétable, qui devait mourir d'un coup de canon tiré peut-être par le graveur Benvenuto Cellini, représentait dans ses terres de France la puissance, la vie et les mœurs d'un ancien grand vassal de la couronne.

François Ier, qui ne fut pas un grand homme, mais auquel le surnom de *grand roi* est néanmoins resté; ce père des lettres, qui voulut rompre toutes les presses dans son royaume, attira les femmes à la cour. Cette cour, lettrée, galante et militaire, mêlait les faits d'armes aux amours. Alors commença le règne de ces favorites qui furent une des calamités de l'ancienne monarchie. De toutes ces maîtresses, une seule, Agnès Sorel, a été utile au prince et à la patrie.

Une aventure, choisie entre mille, suffira pour faire connaître la haute société sous François Ier. Brantôme, qui, avec un autre genre de talent, imite souvent Froissart, est en cette matière le conteur parfait : « J'en ay ouy conter
« d'une autre du temps du roy François Ier, de ce beau escuyer Gruffy, qui
« estoit un escuyer de l'escurye dudit roy, et mourut à Naples au voyage
« de M. de Lautrec, et d'une très-grande dame de la cour, qui en devint
« très-amoureuse; aussi estoit-il très-beau, et ne l'appeloit-on ordinaire-

« ment que le beau Gruffy, dont j'en ay veu le pourtrait qui le monstre tel.
    « Elle attira un jour un sien valet de chambre en qui elle se fioit, pourtant
« inconnu, et non veu dans sa chambre, qui luy vint dire un jour, luy bien
« habillé, qui sentoit son gentilhomme, qu'une très-belle et honeste dame se
« recommandoit à luy, et qu'elle en estoit si amoureuse, qu'elle en desiroit fort
« l'accointance plus que d'homme de la cour ; mais par tel si, qu'elle ne vou-
« loit pour tout le bien du monde qu'il la vist et la connust; mais qu'à l'heure
« du coucher, et qu'un chacun de la cour seroit retiré, il le viendroit querir et
« prendre en un certain lieu qu'il luy diroit, et de là il le meneroit chez cette
« dame ; mais par tel pact aussi, qu'il luy vouloit boucher les yeux avec un
« beau mouchoir blanc, comme un trompette qu'on mene en ville ennemie, afin
« qu'il ne pust voir ny reconnoistre le lieu, ny la chambre, là où il le mene-
« roit, et le tiendroit tousjours par les mains, afin de ne deffaire ledit mou-
« choir ; car ainsi luy avoit commandé sa maistresse pour ne vouloir estre
« connue de luy jusques à quelque temps certain et prefix qu'il luy dit et pro-
« mit. . . . . Partant le messager se despartit d'avec Gruffy, qui fut en
« peine et en songe, luy ayant grand sujet de penser que ce fust quelque par-
« tie jouée de quelque ennemy de cour, pour lui donner quelque venue, ou
« de mort, ou de charité envers le roy. Songeoit aussi quelle dame ce pouvoit
« estre, ou grande, ou moyenne, ou petite, ou belle, ou laide, qui plus lui fas-
« choit (encore que tous chats sont gris la nuit). Par quoy après en avoir con-
« feré à un de ses compagnons des plus privez, il resolut de tenter la risque, et
« que, pour l'amour d'une grande, qu'il presumoit bien estre, il ne falloit rien
« craindre et apprehender : par quoy le lendemain que le roy, les reynes, les
« dames et tous et toutes celles de la cour se furent retirez pour se coucher,
« ne faillit de se trouver au lieu que le messager l'avoit assigné, qui ne faillit
« aussitost à l'y venir trouver avec un second, pour luy aider à faire le guest,
« si l'autre n'estoit point suivi de page, ny laquais, ny valet, ny gentilhomme.
« Aussitost qu'il le vid, luy dit seulement : *Allons, monsieur; madame vous*
« *attend.* Soudain il le banda et le mena par lieux estroits, obscurs, travers et
« inconnus; de sorte que l'autre luy dit franchement qu'il ne sçavoit là où il le
« menoit : puis il entra dans la chambre de la dame, qui estoit si sombre et si
« obscure, qu'il ne pouvoit rien voir ni connoistre, non plus que dans un four.
    « Bien la trouva-t-il très-bien parfumée, qui luy fit esperer quelque chose
« de bon ; . . . .
« . . . . . et après le mena par la main, luy ayant osté le mouchoir, au
« lit de la dame, qui l'attendoit; et se mit auprès d'elle. . . . .
« . . . . où il n'y trouva rien que très-exquis, tant à sa peau
« qu'à son lit et son linge, qu'il tastonnoit avec les mains ; et ainsi passa la
« nuict joyeusement avec cette belle dame, que j'ay bien ouy nommer. . .
« Mais rien ne lui faschoit, disoit-il, sinon que jamais n'en sceut tirer aucune
« parole.
    « Il n'avoit garde : car il parloit assez souvent à elle le jour, comme aux
« autres dames, et pour ce, l'eust connue aussitost. De folastreries, de mignar-
« dises, de caresses, elle n'y espargnoit aucune : tant il y a qu'il se trouva bien.

« Le lendemain matin, à la pointe du jour, le messager ne faillit de le venir
« esveiller, et le lever et habiller, le bander et le retourner au lieu où il l'avoit
« pris, et de luy dire adieu jusqu'au retour, qui seroit bien tost.

« Le beau Gruffy, après l'avoir remercié cent fois, luy dit adieu, et qu'il
« seroit toujours prest de retourner, ce qu'il fit : et la feste en dura un bon
« mois, au bout duquel fallut à Gruffy partir pour son voyage de Naples, qui
« prit congé de sa dame, et luy dit adieu à grand regret, sans en tirer d'elle
« aucun parler seulement de bouche, sinon soupirs et larmes, qu'il luy sen-
« toit couler des yeux. Tant il y a qu'il partit d'avec sans la connoistre nulle-
« ment, ny s'en appercevoir. »

Il faut maintenant trouver place pour la réformation au milieu de ces mœurs licencieuses et légères : elle avait la prétention de reproduire le premier christianisme chez les chrétiens vieillis, comme François Ier voulait ressusciter la chevalerie parmi les porteurs de mousquets et d'arquebuses.

La réformation est l'événement le plus important de cette époque; elle ouvre les siècles modernes, et les sépare du siècle indéterminé qui suivit la disparition du moyen âge.

Jusqu'alors on avait souvent vu des hérésies dans l'Église latine, mais peu durables, et elles n'avaient jamais altéré l'ordre politique. Le protestantisme devint, dès son origine, une affaire d'État, et divisa sans retour la cité. Les métamorphoses opérées dans les lois et dans les mœurs doivent nécessairement amener des changements dans la religion; il était impossible que l'extérieur de l'édifice changeât, sans que les bases mêmes de cet édifice ne fussent ébranlées.

La réformation réveilla les idées de l'antique égalité, porta l'homme à s'enquérir, à chercher, à apprendre. Ce fut, à proprement parler, la vérité philosophique qui, revêtue d'une forme chrétienne, attaqua la vérité religieuse. La réformation servit puissamment à transformer une société toute militaire en une société civile et industrielle; ce bien est immense, mais ce bien a été mêlé de beaucoup de mal, et l'impartialité historique ne permet pas de le taire.

Le christianisme commença chez les hommes par les classes plébéiennes, pauvres et ignorantes. Jésus-Christ appela les petits, et ils allèrent à leur maître. La foi monta peu à peu dans les hauts rangs, et s'assit enfin sur le trône impérial. Le christianisme était alors catholique ou universel; la religion dite catholique partit d'en bas pour arriver aux sommités sociales : nous avons vu que la papauté n'était que le tribunal des peuples, lorsque l'âge politique du christianisme fut arrivé.

Le protestantisme suivit une route opposée : il s'introduisit par la tête du corps politique, par les princes et les nobles, par les prêtres et les magistrats, par les savants et les gens de lettres, et il descendit lentement dans les conditions inférieures; les deux empreintes de ces deux origines sont restées distinctes dans les deux communions.

La communion réformée n'a jamais été aussi populaire que le culte catholique; de race princière et patricienne, elle ne sympathise pas avec la foule. Équitable et moral, le protestantisme est exact dans ses devoirs, mais sa bonté tient plus de la raison que de la tendresse; il vêtit celui qui est nu, mais il ne le réchauffe pas dans son sein ; il ouvre des asiles à la misère, mais il ne vit pas et ne pleure pas avec elle dans ses réduits les plus abjects ; il soulage l'infortune, mais il n'y compatit pas. Le moine et le curé sont les compagnons du pauvre : pauvres comme lui, ils ont pour compagnons les entrailles de Jésus-Christ ; les haillons, la paille, les plaies, les cachots, ne leur inspirent ni dégoûts, ni répugnance ; la charité en a parfumé l'indigence et le malheur. Le prêtre catholique est le successeur des douze hommes du peuple qui prêchèrent Jésus-Christ ressuscité ; il bénit le corps du mendiant expiré, comme la dépouille sacrée d'un être aimé de Dieu et ressuscité à l'éternelle vie. Le pasteur protestant abandonne le nécessiteux sur son lit de mort ; pour lui les tombeaux ne sont point une religion, car il ne croit pas à ces lieux expiatoires où les prières d'un ami vont délivrer une âme souffrante : dans ce monde, il ne se précipite point au milieu du feu, de la peste ; il garde, pour sa famille particulière, ces soins affectueux que le prêtre de Rome prodigue à la grande famille humaine.

Sous le rapport religieux, la réformation conduit insensiblement à l'indifférence ou à l'absence complète de foi : la raison en est que l'indépendance de l'esprit aboutit à deux abîmes, le doute ou l'incrédulité.

Et par une réaction naturelle la réformation, en se montrant au monde, ressuscita le fanatisme catholique qui s'éteignait : elle pourrait donc être accusée d'avoir été la cause indirecte des horreurs de la Saint-Barthélemy, des fureurs de la Ligue, de l'assassinat de Henri IV, des massacres d'Irlande, de la révocation de l'édit de Nantes et des dragonnades. Le protestantisme criait à l'intolérance de Rome, tout en égorgeant les catholiques en France, en jetant au vent les cendres des morts, en allumant les bûchers de Sirven à Genève, en se souillant des violences de Munster, en dictant les lois atroces qui ont accablé les Irlandais, à peine aujourd'hui délivrés après deux siècles d'oppression. Que prétendait la réformation relativement au dogme et à la discipline ? Elle pensait bien raisonner en niant quelques mystères de la foi catholique, en même temps qu'elle en retenait d'autres tout aussi difficiles à comprendre. Elle attaquait les abus de la cour de Rome ? Mais ces abus ne seraient-ils pas détruits par le progrès de la civilisation ? Ne s'élevait-on pas de toutes parts, et depuis longtemps, contre ces abus ? Érasme, Rabelais et tant d'autres, ne commençaient-ils pas à remarquer et à faire sentir, sans le secours de Luther, les vices que le pouvoir non contrôlé et la grossièreté du moyen âge avaient introduits dans l'Église ? Les rois n'avaient-ils pas secoué le joug des papes ? Le long schisme du quatorzième siècle n'avait-il pas attiré les yeux même de la foule sur l'ambition du gouvernement pontifical ? Les magistrats ne faisaient-ils pas lacérer et brûler les bulles ?

La réformation, pénétrée de l'esprit de son fondateur, moine envieux et barbare, se déclara ennemie des arts. En retranchant l'imagination des facultés de l'homme, elle coupa les ailes au génie et le mit à pied. Elle éclata au sujet de quelques aumônes destinées à élever au monde chrétien la basilique de Saint-Pierre : les Grecs auraient-ils refusé les secours demandés à leur piété pour bâtir un temple à Minerve ?

Si la réformation, à son origine, eût obtenu un plein succès, elle aurait établi, du moins pendant quelque temps, une autre espèce de barbarie : traitant de superstition la pompe des autels, d'idolâtrie les chefs-d'œuvre de la sculpture, de l'architecture et de la peinture, elle tendait à faire disparaître la haute éloquence et la grande poésie, à détériorer le goût par la répudiation des modèles, à introduire quelque chose de sec, de froid, de pointilleux, dans l'esprit, à substituer une société guindée et toute matérielle à une société aisée et tout intellectuelle, à mettre les machines et le mouvement d'une roue en place des mains et d'une opération mentale. Ces vérités se confirment par l'observation d'un fait. Dans les diverses branches de la religion réformée, cette communion s'est plus ou moins rapprochée du beau, selon qu'elle s'est plus ou moins éloignée de la religion catholique. En Angleterre, où la hiérarchie ecclésiastique s'est maintenue, les lettres ont eu leur siècle classique. Le luthéranisme conserve des étincelles d'imagination que cherche à éteindre le calvinisme, et ainsi de suite en descendant jusqu'au quaker, qui voudrait réduire la vie sociale à la grossièreté des manières et à la pratique des métiers.

Shakespeare, selon toutes les probabilités, était catholique; Milton a visiblement imité quelques parties des poëmes de Sainte-Avite et de Masenius; Klopstock a emprunté la plupart des croyances romaines. De nos jours, en Allemagne, la haute imagination ne s'est manifestée que quand l'esprit du protestantisme s'est affaibli et dénaturé : les Goëthe et les Schiller ont retrouvé leur génie en traitant des sujets catholiques; Rousseau et madame de Staël font une illustre exception à la règle; mais étaient ils protestants à la manière des premiers disciples de Calvin? C'est à Rome que les peintres, les architectes et les sculpteurs des cultes dissidents viennent aujourd'hui chercher des inspirations que la tolérance universelle leur permet de recueillir. L'Europe, que dis-je? le monde est couvert de monuments de la religion catholique. On lui doit cette architecture gothique qui rivalise par les détails et qui efface par la grandeur les monuments de la Grèce. Il y a trois siècles que le protestantisme est né; il est puissant en Angleterre, en Allemagne, en Amérique; il est pratiqué par des millions d'hommes : qu'a-t-il élevé? Il vous montrera les ruines qu'il a faites, parmi lesquelles il a planté quelques jardins, ou établi quelques manufactures. Rebelle à l'autorité des traditions, à l'expérience des âges, à l'antique sagesse des vieillards, le protestantisme se détacha du passé pour planter une société sans racines. Avouant pour père un moine allemand du seizième siècle, le réformé renonça à la magnifique généalogie qui fait remonter le catholique par une suite de saints et de grands hommes jusqu'à Jésus-Christ, de là jusqu'aux patriarches, et au berceau de l'univers. Le siècle protestant dénia à sa première heure toute parenté avec le siècle de ce Léon, protecteur du monde civilisé contre Attila, et avec le siècle de cet autre Léon qui, mettant fin au monde barbare, embellit la société lorsqu'il n'était plus nécessaire de la défendre.

Si la réformation rétrécissait le génie dans l'éloquence, la poésie et les arts, elle comprimait les grands cœurs à la guerre : l'héroïsme est l'imagination dans l'ordre militaire. Le catholicisme avait produit les chevaliers, le protestantisme fit des capitaines, braves et vertueux comme Lanoue, mais sans élan;

souvent cruels à froid, et austères moins de mœurs que d'esprit : les Châtillon furent toujours effacés par les Guise. Le seul guerrier de mouvement et de vie que les protestants comptassent parmi eux, Henri IV, leur échappa. La réformation ébaucha Gustave Adolphe, Charles XII et Frédéric; elle n'aurait pas fait Buonaparte, de même qu'elle avorta de Tillotson et du ministre Claude, et n'enfanta pas Fénelon et Bossuet, de même qu'elle éleva Inigo Jones et Webb, et ne créa point Raphaël et Michel-Ange.

On a dit que le protestantisme avait été favorable à la liberté politique, et avait émancipé les nations. Les faits parlent-ils comme les personnes?

Il est certain qu'à sa naissance la réformation fut républicaine, mais dans le sens aristocratique, parce que ses premiers disciples furent des gentilshommes. Les calvinistes rêvèrent pour la France une espèce de gouvernement à principautés fédérales, qui l'aurait fait ressembler à l'empire germanique : chose étrange! on aurait vu renaître la féodalité par le protestantisme. Les nobles se précipitèrent par instinct dans ce culte nouveau, et à travers lequel s'exhalait jusqu'à eux une sorte de réminiscence de leur pouvoir évanoui. Mais cette première ferveur passée, les peuples ne recueillirent du protestantisme aucune liberté politique.

Jetez les yeux sur le nord de l'Europe, dans les pays où la réformation est née, où elle s'est maintenue; vous verrez partout l'unique volonté d'un maître : la Suède, la Prusse, la Saxe, sont restées sous la monarchie absolue; le Danemark est devenu un despotisme légal. Le protestantisme échoua dans les pays républicains; il ne put envahir Gênes, et à peine obtint-il à Venise et à Ferrare une petite église secrète qui mourut : les arts et le beau soleil du Midi lui étaient mortels. En Suisse, il ne réussit que dans les cantons aristocratiques, analogues à sa nature, et encore avec une grande effusion de sang. Les cantons populaires ou démocratiques, Schwitz, Ury et Underwald, berceau de la liberté helvétique, le repoussèrent. En Angleterre il n'a point été le véhicule de la constitution, formée bien avant le seizième siècle dans le giron de la foi catholique. Quand la Grande-Bretagne se sépara de la cour de Rome, le parlement avait déjà jugé et déposé des rois; les trois pouvoirs étaient distincts; l'impôt et l'armée ne se levaient que du consentement des lords et des communes; la monarchie représentative était trouvée et marchait; le temps, la civilisation, les lumières croissantes, y auraient ajouté les ressorts qui lui manquaient encore, tout aussi bien sous l'influence du culte catholique que sous l'empire du culte protestant. Le peuple anglais fut si loin d'obtenir une extension de ses libertés par le renversement de la religion de ses pères, que jamais le sénat de Tibère ne fut plus vil que le parlement de Henri VIII : ce parlement alla jusqu'à décréter que la seule volonté du tyran fondateur de l'Église anglicane avait force de loi. L'Angleterre fut-elle plus libre sous le sceptre d'Élisabeth que sous celui de Marie? La vérité est que le protestantisme n'a rien changé aux institutions : là où il a trouvé une monarchie représentative ou des républiques aristocratiques, comme en Angleterre et en Suisse, il les a adoptées; là où il a rencontré des gouvernements militaires, comme dans le nord de l'Europe, il s'en est accommodé, et les a même rendus plus absolus.

Si les colonies anglaises ont formé la république plébéienne des États-Unis, elles n'ont point dû leur émancipation au protestantisme; ce ne sont point des guerres religieuses qui les ont délivrées; elles se sont révoltées contre l'oppression de la mère patrie, protestante comme elles. Le Maryland, état catholique et très-peuplé, fit cause commune avec les autres États, et aujourd'hui la plupart des États de l'Ouest sont catholiques; les progrès de cette communion dans ce pays de liberté passent toute croyance, parce qu'elle s'y est rajeunie dans son élément naturel populaire, tandis que les autres communions y meurent dans une indifférence profonde. Enfin, auprès de cette grande république des colonies anglaises protestantes, viennent de s'élever les grandes républiques des colonies espagnoles catholiques : certes, celles-ci, pour arriver à l'indépendance, ont eu bien d'autres obstacles à surmonter que les colonies anglo-américaines, nourries au gouvernement représentatif, avant d'avoir rompu le faible lien qui les attachait au sein maternel.

Une seule république s'est formée en Europe à l'aide du protestantisme, la république de la Hollande; mais il faut remarquer que la Hollande appartenait à ces communes industrielles des Pays-Bas qui, pendant plus de quatre siècles, luttèrent pour secouer le joug de leurs princes, et s'administrèrent en forme de républiques municipales, toutes zélées catholiques qu'elles étaient. Philippe II et les princes de la maison d'Autriche ne purent étouffer dans la Belgique cet esprit d'indépendance; et ce sont des prêtres catholiques qui viennent aujourd'hui même de la rendre à l'état républicain.

Il faut conclure de l'étroite investigation des faits que le protestantisme n'a point affranchi les peuples : il a apporté aux hommes la liberté philosophique, non la liberté politique; or la première liberté n'a conquis nulle part la seconde, si ce n'est en France, vraie patrie de la catholicité. Comment arrive-t-il que l'Allemagne, très-philosophique de sa nature et déjà armée du protestantisme, n'ait pas fait un pas vers la liberté politique dans le dix-huitième siècle, tandis que la France, très-peu philosophique de tempérament et sous le joug du catholicisme, a gagné dans le même siècle toutes ses libertés?

Descartes, fondateur du doute raisonné, auteur de la *Méthode* et des *Méditations*, destructeur du dogmatisme scolastique; Descartes, qui soutenait que pour atteindre à la vérité il fallait se défaire de toutes les opinions reçues; Descartes fut toléré à Rome, pensionné du cardinal de Mazarin, et persécuté par les théologiens de la Hollande.

L'homme de théorie méprise souverainement la pratique : de la hauteur de sa doctrine jugeant les choses et les peuples, méditant sur les lois générales de la société, portant la hardiesse de ses recherches jusque dans les mystères de la nature divine, il se sent et se croit indépendant, parce qu'il n'a que le corps d'enchaîné. Penser tout et ne faire rien, c'est à la fois le caractère et la vertu du génie philosophique : ce génie désire le bonheur du genre humain; le spectacle de la liberté le charme, mais peu lui importe de le voir par les fenêtres d'une prison. Comme Socrate, le protestantisme a été un accoucheur d'esprits; malheureusement les intelligences qu'il a mises au jour n'ont été jusqu'ici que de belles esclaves.

Au surplus, la plupart de ces réflexions sur la religion réformée ne se doivent appliquer qu'au passé : aujourd'hui les protestants, pas plus que les catholiques, ne sont ce qu'ils ont été; les premiers ont gagné en imagination, en poésie, en éloquence, en raison, en liberté, en vraie piété, ce que les seconds ont perdu. Les antipathies entre les diverses communions n'existent plus; les enfants du Christ, de quelque lignée qu'ils proviennent, se sont resserrés au pied du Calvaire, souche commune de la famille. Les désordres et l'ambition de la cour romaine ont cessé; il n'est plus resté au Vatican que la vertu des premiers évêques, la protection des arts et la majesté des souvenirs. Tout tend à recomposer l'unité catholique; avec quelques concessions de part et d'autre, l'accord serait bientôt fait. Je répéterai ce que j'ai déjà dit dans cet ouvrage : pour jeter un nouvel éclat, le christianisme n'attend qu'un génie supérieur venu à son heure et dans sa place. La religion chrétienne entre dans une ère nouvelle ; comme les institutions et les mœurs, elle subit la troisième transformation : elle cesse d'être politique; elle devient philosophique sans cesser d'être divine; son cercle flexible s'étend avec les lumières et les libertés, tandis que la croix marque à jamais son centre immobile.

HENRI II.

DE 1547 A 1559.

Les douze années du règne de Henri II ne furent que l'avant-scène de cette société nouvelle qui se forma sous les derniers Valois, et qui ne ressemble plus à la société commencée sous Louis XI et achevée sous François Ier. Comme événements, vous remarquerez : la bataille de Saint-Quentin, perdue par le maréchal de Saint-André; la levée du siége de Metz, défendu par le duc de Guise; la prise de Thionville et de Calais par ce même prince, ce qui mit fin aux conquêtes d'Édouard III, et constitua nos frontières militaires; la Ligue pour la défense de la liberté germanique entre Henri II, l'électeur de Saxe et le marquis de Brandebourg. La paix de Cateau-Cambrésis, ouvrage du connétable de Montmorency, fit perdre à Henri II les avantages qu'il commençait à reprendre sur les armes espagnoles.

Les autres événements sont : le mariage de Jeanne d'Albret, héritière de Navarre, avec Antoine de Bourbon, père de Henri IV; le mariage de Marie Stuart avec François, dauphin; l'avénement de Marie au trône d'Angleterre, laquelle rétablit un moment la religion catholique et laissa sa couronne à une autre femme, la fameuse Élisabeth; l'abdication et la mort de Charles-Quint.

Dans l'intérieur de la France, la persécution contre les réformés s'étendit et se régularisa par l'intervention de la loi; l'édit d'Écouen les punit de mort, avec défense d'amoindrir la peine. Henri II fit arrêter (1559) cinq conseillers du parlement de Paris, accusés d'être fauteurs d'hérésie : parmi ces conseillers se trouvaient Louis Faure et Anne Dubourg, qui osèrent reprocher à Henri ses adultères, attaquer les vices de la cour de Rome, et annoncer que la puissance des clefs penchait vers sa ruine. L'estrapade, ou les baptêmes de feu, consistait à suspendre un protestant au-dessus d'un bûcher, à le plonger à différentes reprises dans la flamme en abaissant et en relevant la corde : Henri II et Diane de Poitiers assistèrent au spectacle de ce supplice, comme passe-temps. L'amiral de Coligny paraissait; les trois factions des Montmorency, des Châtillon et des Guise s'organisaient. Alors que l'esprit humain avait un instrument pour multiplier la parole et répandre la pensée dans les masses; quand tout se pénétrait de lumière et d'intelligence, la monarchie, prête à vaincre les dernières libertés aristocratiques, se donnait par tous les abus et par tous les vices l'avant-goût du pouvoir absolu.

Henri II mourut d'une blessure à l'œil qu'il reçut de Montgomery dans une joute, et le règne de ce prince s'ouvrit par le duel de Jarnac et de La Châtaignéraie.

FRANÇOIS II.

DE 1559 A 1560.

Le règne de François II, de Charles IX, de Henri III, et une partie du règne de Henri IV, jusqu'à la reddition de Paris, ne forment qu'un seul drame dont les principales figures sont, pour les femmes : Catherine de Médicis, Marguerite de Valois, Marie Stuart, Jeanne d'Albret, la duchesse de Nemours, madame de Montpensier, madame d'Aumale, madame de Noirmoutiers, Gabrielle d'Estrées, et quelques autres ; pour les hommes, parmi les princes, les prélats et les guerriers : les deux premiers Guise, François de Guise et le cardinal de Lorraine ; la seconde génération des Guise, Henri dit le Balafré, le cardinal de Guise et le duc de Mayenne ; le duc de Nemours, le connétable Anne de Montmorency, l'amiral de Coligny et les Châtillon; les princes du sang, Antoine, roi de Navarre, son fils Henri de Béarn, et les deux princes de Condé ; pour les magistrats : L'Hospital, le premier Molé, Harlay, Brisson, de Thou.

Dans le second plan du tableau, les personnages sont : les filles d'honneur de Catherine de Médicis, les mignons de Henri III et de son frère le duc d'Alençon, les satellites des Guise, Maugiron, Saint-Mesgrin, Joyeuse, d'Espernon, Bussy ; les grands massacreurs de la Saint-Barthélemy, Maurevert, Besme, Coconas, Thomas, le parfumeur de Catherine de Médicis, sans oublier Poltrot, Jacques Clément, et enfin Ravaillac, qui ferma plus tard la liste de ces assassins.

Les gens de lettres et les savants ne doivent point être oubliés dans cette scène, parce que chacun d'eux y joue un rôle selon la religion qu'il professait : Jean du Bellay, cardinal ; Melanchthon, Beauvais, gouverneur de Henri IV; Jean Calvin, Charles Étienne, Étienne Jodelle, Charles Dumoulin, Henri d'Oysel, Pierre Ramus, du Tillet, Belleforest, Jean de Montluc, évêque de Valence; Pibrac, Ronsard, Saint-Gelais, Amyot, Bodin, Charron, Cujas, Fauchet, Garnier, du Haillant, Lipse, de Mesme, Miron, Montaigne, Nicot, d'Ossat, Passeras, Pilon, Scaliger, de Serres. Alors le Tasse racontait à l'Italie la gloire des anciens chevaliers, à laquelle Cervantes allait donner une espèce d'immortalité en Espagne ; le Camoëns chantait l'Orient retrouvé ; le génie du moyen âge, apparu sur la terre avec le Dante, descendait glorieux dans la tombe avec Shakespeare; Tycho-Brahé, tout en abandonnant le vrai système du monde dévoilé par Copernic, acquérait le titre de restaurateur de l'astronomie dans ces régions dont les Romains n'avaient entendu parler que comme la patrie inconnue des Barbares destructeurs de leur empire.

Sur les trônes étrangers, les personnages à remarquer sont, Sixte V, Élisabeth et Philippe II. Des quatre rois qui gouvernèrent la France dans ces troubles, François II, Charles IX, Henri III et Henri IV, le premier n'est célèbre que par la beauté et les malheurs de sa veuve, cette Marie Stuart qui transmit à son fils un nom funeste et un sang d'échafaud.

Le gouvernement, sous François II, tomba aux mains des oncles maternels de ce jeune monarque, François de Guise et le cardinal de Lorraine. Le cardinal avait des liaisons intimes avec Catherine de Médicis : « Ung de mes amis « non huguenot, dit l'Estoile, m'a conté qu'estant couché avec un valet de « chambre du cardinal dans une chambre qui entroit en celle de la reine « mere, il vit sur le minuit le dit cardinal avec une robe de nuit seulement sur « ses épaules, qui passoit pour aller voir la reine, et que son ami lui dit, que « s'il advenoit jamais de parler de ce qu'il avoit vu, il en perdroit la vie. »

Le connétable de Montmorency et la duchesse de Valentinois voient tomber leur crédit. Antoine de Bourbon et le cardinal son frère sont envoyés en Espagne sous le prétexte d'y conduire Élisabeth de France à Philippe II. La conspiration d'Amboise contre les Guise éclate; elle était dirigée secrètement par le prince de Condé.

Édit de Romorantin par lequel les évêques sont investis de la connaissance du crime d'hérésie. L'Hospital fut malheureusement l'auteur de cet édit; il ne le rédigea que pour empêcher l'établissement de l'inquisition.

Convocation des états à Orléans, où sont mandés le roi de Navarre et le prince de Condé; le prince de Condé est arrêté comme chef d'une conspiration nouvelle; il est jugé, condamné à perdre la tête, et délivré par la mort de François II (1559 1560).

CHARLES IX.

DE 1560 A 1574.

Les états d'Orléans de 1560 se voulurent séparer à la mort du roi, disant que leurs pouvoirs étaient expirés; ils furent retenus d'après le principe que le mort saisit le vif, et que l'autorité royale ne meurt point. Ils rendirent l'ordonnance sur les matières ecclésiastiques, le règlement de la justice, et les substitutions réduites à deux degrés. Les ordonnances ou décrets des états liaient si peu l'autorité royale, que Charles IX révoqua par sa déclaration de Chartres (1562) l'article 1er de l'ordonnance d'Orléans qui rétablissait la pragmatique.

Catherine de Médicis, sans être régente du royaume sous la minorité de Charles IX, jouit d'une autorité qui se prolongea pendant tout le règne de ce prince et celui de Henri III. On a tant de fois peint le caractère de cette femme, qu'il ne présente plus qu'un lieu commun usé : une seule remarque reste à faire : Catherine était Italienne, fille d'une famille marchande élevée à la principauté dans une république ; elle était accoutumée aux orages populaires, aux factions, aux intrigues, aux empoisonnements, aux coups de poignard ; elle n'avait et ne pouvait avoir aucun des préjugés de l'aristocratie et de la monarchie française, cette morgue des grands, ce mépris des petits, ces prétentions de droit divin, cet amour du pouvoir absolu en tant qu'il était le monopole d'une race ; elle ne connaissait pas nos lois et s'en souciait peu : elle voulait faire passer la couronne à sa fille. Elle était incrédule et superstitieuse, ainsi que les Italiens de son temps ; elle n'avait en sa qualité d'incrédule aucune aversion contre les protestants ; elle les fit massacrer par politique. Enfin, si on la suit dans toutes ses démarches, on s'aperçoit qu'elle ne vit jamais dans le vaste royaume dont elle était souveraine qu'une Florence agrandie, que les émeutes de sa petite république, que les soulèvements d'un quartier de sa ville natale contre un autre quartier, la querelle des Pazzi et des Médicis dans la lutte des Guise et des Châtillon.

Triumvirat du duc de Guise, du connétable de Montmorency et du maréchal de Saint-André. Le roi de Navarre fortifie ce triumvirat. Colloque de Poissy, où le cardinal de Lorraine plaida pour les catholiques, et Théodore de Bèze pour les huguenots. Le prince de Condé est absous, par arrêt du parlement, de la conjuration d'Amboise, au fond de laquelle il était pourtant. Marie Stuart retourne en Écosse. Elle eut un secret pressentiment de ses adversités.

« Icelle n'estant quasi, par manière de dire, que née, et estant aux mamelles
« tettant, les Anglois vindrent assaillir l'Escosse, et fallut que sa mere l'allast
« cacher par crainte de cette furie de terre en terre d'Escosse. . . . . . Et
« ce nonobstant la fallut mettre sur les vaisseaux et l'exposer aux vagues, orages
« et vents de la mer ; alla passer en France pour sa plus grande seureté. . . .
« La male fortune la laissa, et la bonne la prit par la main. » (Brantôme.)

Ce ne fut pas pour longtemps. Veuve de François II, il lui fallut retourner dans une contrée demi-sauvage, le cœur plein de l'image du jeune époux qu'elle avait perdu ; elle portait le deuil en blanc, chantait les élégies qu'elle composait elle-même, en s'accompagnant du luth :

> Si je suis en repos
> Sommeillant sur ma couche,
> J'oy qu'il me tient propos
> Je le sens qui me touche :
> En labeur, en recoy,
> Tousjours est près de moy.

Elle s'embarqua à Calais dans les premiers jours de septembre 1561, au commencement du printemps ; elle vit périr un vaisseau en sortant du port. Appuyée sur la poupe de sa galère, et les yeux attachés au rivage, elle fondit en larmes quand la terre s'éloigna ; elle demeura cinq heures entières dans cette attitude, répétant sans cesse : *Adieu, France! Adieu, France!* Lorsque la nuit fut venue : « *Adieu donc, ma chere France, que je perds de vue*, redisait-elle, « *je ne vous verrai jamais plus.* » Elle refusa de descendre dans la chambre de la galère ; on étendit un tapis sur le château de poupe ; elle s'y coucha sans prendre aucune nourriture. Elle commanda au timonier de l'éveiller au point du jour, si l'on apercevait encore les côtes de France. En effet, la terre restait visible au lever de l'aurore, et Marie Stuart la salua de ces derniers mots : *Adieu, la France! cela est fait; adieu, la France! je pense ne vous voir jamais plus.* (BRANTÔME.) Une autre exilée, plus malheureuse encore, a pu prononcer les mêmes paroles en allant demander un abri solitaire au palais de Marie Stuart.

Premier édit en faveur des huguenots; le parlement refuse d'abord de l'enregistrer. Première guerre civile à la suite du massacre de Vassy. Le prince de Condé, déclaré chef des protestants, s'empare de la ville d'Orléans. Rouen tombe au pouvoir des huguenots : Antoine, roi de Navarre, père de Henri IV, blessé devant cette place, le 16 octobre 1562, meurt, par intempérance, des suites de cette blessure; il avait été protestant et s'était fait catholique. Jeanne d'Albret, sa femme, de catholique qu'elle avait été, s'était changée en *huguenote très forte*, dit Brantôme.

Bataille de Dreux que perdent les huguenots. Les deux généraux des deux armées furent faits prisonniers, le prince de Condé, chef de l'armée protestante, et le connétable de Montmorency, chef de l'armée catholique. Le maréchal de Saint-André fut tué. Le duc de Guise décida la victoire, et le soir partagea son lit avec le prince de Condé, son prisonnier : le prince de Condé ne put dormir; le duc de Guise ne fit qu'un somme (1562).

Le duc de Guise est assassiné devant Orléans par Poltrot. Il est probable que l'amiral de Coligny connut les projets du meurtrier. Les dernières paroles de Guise à Poltrot, bien que connues de tous, ne doivent jamais être omises; il les faut redire en vers pour rappeler à la fois la mémoire de deux grands hommes :

> Des dieux que nous servons connais la différence :
> Le tien t'a commandé le meurtre et la vengeance ;
> Le mien, lorsque ton bras vient de m'assassiner,
> M'ordonne de te plaindre et de te pardonner.

François de Guise fut supérieur à son fils Henri, quoique non appelé à jouer un aussi grand rôle. Il faut remonter jusqu'aux Romains pour retrouver cette hérédité de gloire et de génie dans une même famille. C'est ici le point le plus élevé de la seconde aristocratie; elle jeta en expirant autant d'éclat que la première; elle était moins morale, mais plus civilisée et plus intelligente.

Le 19 mars 1563, première paix entre les catholiques et les huguenots. Ceux-ci donnent les premiers l'exemple d'appeler les étrangers à leur secours; ils livrent aux Anglais le Havre de Grâce, qui est repris par Charles IX. Clôture du concile de Trente : ses décrets de police et de réformation ne furent point reçus dans le royaume.

En 1564, l'ordonnance du château de Roussillon, en Dauphiné, fixa le commencement de l'année au 1er janvier. L'année s'ouvrait auparavant le samedi saint, après vêpres, ce qui, par la mobilité de ce jour, produisait des aberrations chronologiques. La société moderne étant née du christianisme, l'année en avait pris l'ère; elle renaissait avec le Christ.

L'histoire des monuments et des arts veut que l'on parle des premiers travaux de 1564, pour la construction du palais des Tuileries ; élégante architecture que gâtent les ouvrages lourds dont elle a été élargie et écrasée.

C'est en 1565 qu'eut lieu à Bayonne l'entrevue du roi et de Catherine de Médicis avec Isabelle de France, femme de Philippe II, et le duc d'Albe. On a dit que le massacre des chefs huguenots fut confirmé dans cette entrevue, après avoir été conçu au concile de Trente en 1563, par le cardinal Charles de Lorraine. La reine, en levant des troupes après le voyage de Bayonne, alarma les protestants régnicoles et étrangers, fit naître la deuxième guerre civile en France, et commencer les troubles des Pays-Bas.

On remarque à peine dans ces temps l'abandon du siége de Malte par les Turcs ; de même que, sous Louis XIV, on ne fait guère attention au siége de Candie que par la mort du héros de la Fronde. Pourtant les infidèles étaient plus formidables que jamais, mais l'esprit des croisades n'existait plus. D'Aubusson, l'Isle-Adam et La Vallette, représentants de la chevalerie, étaient comme ces rois sans États, non sans gloire, qui survivent à leur puissance.

Une première ordonnance de Moulins réunit et assimile les domaines possédés par le roi aux domaines de la couronne. Autre ordonnance de Moulins, pour la réformation de la justice : elle fait encore aujourd'hui le fond du droit commun dans le nouveau Code (1566).

L'association des *gueux*, pour s'opposer à l'établissement de l'inquisition, soulève les Pays-Bas. Le prince d'Orange fuit ; l'année d'après, le duc d'Albe fait trancher la tête au comte de Horn et au comte d'Aiguemont.

La bataille de Saint-Denis signala la seconde guerre civile. Le connétable Anne de Montmorency commandait l'armée royale ; l'armée protestante marchait sous la conduite du prince de Condé et de l'amiral de Coligny. Le connétable reçut huit blessures, et cassa du pommeau de son épée les dents de Jacques Stuart, qui lui tira le dernier coup de pistolet. Il avait vécu sous quatre rois, et était âgé de soixante-quatorze ans. C'est ce connétable, homme borné, grossier et rigide, qui fait en partie la gloire nationale des Montmorency. Cette maison était un débris de la première aristocratie, resté au milieu de la seconde (1567).

Voici une anecdote qui peint l'homme et les temps : le connétable, *grand rabroueur de personnes*, était à Bordeaux ; Strozzi lui demanda la permission de dépecer un vaisseau de trois cents tonneaux, *le Mont-Réal*, qu'il disait vieux, pour en chauffer les gardes du roi. Le connétable y consentit : les jurats de la ville et les conseillers de la cour réclamèrent, disant que le vaisseau était bon et pouvait encore servir.

« Et qui estes-vous, messieurs les sots, s'écria le connétable, qui me voulez
« controller et me remonstrer ? Vous estes d'habiles veaux d'estre si hardis
« d'en parler. Si je faisois bien, j'envoyerois tout à cette heure despecer vos
« maisons, au lieu du navire. »

Brantôme, dans un transport d'admiration, s'écrie : « Qui furent estonnez, ce
« furent ces galands qui tous rougirent de honte. Et le navire fut défait dans
« une après-disnée, qu'on ne vit jamais si grande diligence de soldats et de
« goujats. »

A qui appartenait le vaisseau ? A l'État ou à des particuliers ? Voilà les idées qu'on avait alors de la propriété publique ou privée, de l'autorité des lois et des magistrats. On sent, dans les paroles du connétable, le mélange des deux époques, l'insolence aristocratique et le despotisme monarchique.

Seconde paix de 1568, appelée *la petite paix*, suivie immédiatement de la troisième guerre civile. Aventure et mort tragique de don Carlos, et d'Élisabeth de France. La reine Élisabeth fait arrêter Marie Stuart, réfugiée en Angleterre. Le chancelier de l'Hospital se retire de la cour.

Bataille de Jarnac, gagnée le 13 mars 1569, par le duc d'Anjou, depuis Henri III, sur Louis I*er*, prince de Condé. tué après le combat par Montesquiou. L'amiral de Coligny et le prince de Béarn (Henri IV), déclarés chefs du parti, rassurent les huguenots.

Bataille de Moncontour, du 3 octobre de la même année, perdue par l'amiral de Coligny.

Troisième paix, conclue à Saint-Germain, au mois d'août 1570. En 1571, le mariage de Henri de Bourbon, prince de Béarn, est proposé avec Marguerite, sœur de Charles IX et de Henri III.

Ces batailles de nos guerres civiles religieuses, qui firent tant de bruit, disparaissent aujourd'hui entre les grandes batailles de l'aristocratie sous la féodalité, presque toutes perdues contre les étrangers, et les grandes batailles de la démocratie pendant la révolution, presque toutes gagnées sur les étrangers.

De l'époque des Valois, il ne reste qu'une seule bataille dont le souvenir soit européen ; c'est celui de la bataille de Lépante : là se retrouvèrent en présence les deux religions qui, depuis neuf siècles, n'avaient pu terminer leur querelle. La Grèce esclave vit du moins humilier ses tyrans ; elle put avoir un pressentiment du dernier combat naval qui lui devait rendre à Navarin la liberté qu'elle avait jadis conquise à Salamine.

L'année 1572, sortie des entrailles du temps toute sanglante, garda et n'essuya point le sang de l'enfantement maternel. Jeanne d'Albret, reine de Navarre, vient à Paris marier son fils Henri avec Marguerite de Valois. L'amiral de Coligny et les seigneurs protestants s'y rendent pour assister à ces noces et pour conférer de la guerre des Pays-Bas. La reine de Navarre meurt, peut-être empoisonnée : « Reine, n'ayant de femme que le sexe, l'âme entière aux choses « viriles, l'esprit puissant aux affaires, le cœur invincible aux adversités. » (D'Aubigné.)

« Le roi l'appeloit sa grand'tante, son tout, sa mieux aimée. . . . .
« Le soir, en se retirant, il dit à la reine sa mère, en riant : Et puis, madame, « que vous en semble ? joué-je pas bien mon rollet ? » (L'Estoile.)

Henri, roi de Navarre, épouse Marguerite de Valois. « Après que le roi eut « fait la Saint-Barthélemy, il disoit en riant et en jurant Dieu à sa manière « accoustumée, et avec des paroles que la pudeur oblige de taire, que sa grosse « *Margot*, en se mariant, avoit prins tous ces rebelles huguenots à la pipée. » (L'Estoile.)

Maurevert blesse l'amiral d'un coup d'arquebuse ; les huguenots sont massacrés le jour de la Saint-Barthélemy.

Coligny est tué le premier : « Besme, Haustefort, Hattain, trouvent l'admiral

« sur pied en l'apprehension de la mort ; les admoneste d'avoir pitié de sa vieil-
« lesse ; se sentant leurs espées glacées dans son corps, il prolonge sa vie, em-
« brasse la fenestre pour n'estre pas jeté en bas, où tombé il assouvit les
« yeux du fils dont il avoit fait tuer le père. » (TAVANNES.)

Le même historien ajoute : « Le roy de Navarre et le prince de Condé sont
« menés au roy. Il leur propose la messe ou la mort, menace le prince de Condé,
« qui ne se pouvoit feindre. La resolution de tuer seulement les chefs est en-
« freinte : plusieurs femmes et enfants tués à la furie populaire ; il demeure
« deux mille massacrés. »

Tavannes avait voulu que le massacre ne tombât que sur les chefs des huguenots, et que *l'on gagnast la bataille dans Paris*, soutenant « que ceste exe-
« cution devoit estre nette de toute reprehension ayant esté faite par contrainte,
« enfilée d'un accident à l'autre ; que les enfants, ces princes et mareschaux de
« France (le roi de Navarre, le prince de Condé, les mareschaux de Montmo-
« rency et de Damville), et povres personnes, et ne devoient pas pastir pour
« les coupables les jeunes princes innocents....... »

Le maréchal de Retz maintenait le contraire ; il disait : « Qu'il falloit tout tuer ;
« que ces jeunes princes, nourris en la religion, cruellement offensés de la
« mort de leur oncle et de leurs amis, s'en ressentiroient ; qu'il ne falloit point
« offenser à demi, qu'en ces des seins extraordinaires il falloit considerer pre-
« mierement s'il estoit necessaire, contraint ou juste ; les ayant jugez tels, il
« ne les falloit rien laisser qui peust causer la ruine du but de paix où l'ont en-
« doit ; que, s'il estoit juste en un chef, il l'estoit en tous ; puisque des parties
« joinctes dependoit l'effet principal de l'action, il les falloit couper, à ce que les
« racines ne restassent ; aussi, s'il n'estoit juste, il falloit s'en distraire du tout,
« et n'entreprendre rien ; au contraire que si on rompoit les lois, il falloit les
« violer entierement pour sa seureté, le peché estant aussi grand pour peu que
« pour beaucoup. L'opinion du sieur de Tavannes subsista pour estre plus juste,
« et que l'on croyoit celle du marechal de Retz ambitieuse des estats qu'il vou-
« loit faire à son proufit. »

Voilà la doctrine des assassinats nettement exposée ; elle ne date pas de nos
jours.

Depuis le massacre de la Saint-Barthélemy (1) Charles IX *parut tout changé,
et disoit-on qu'on ne lui voyoit plus au visage cette douceur qu'on avoit accoustumé de lui veoir.* (BRANTÔME.)

Cette exécrable journée ne fit que des martyrs ; elle donna aux idées philosophiques un avantage qu'elles ne perdirent plus sur les idées religieuses, et en

(1) Je ne donne presque aucun détail sur la Saint-Barthélemy ; en voici la raison : Buonaparte avait fait transporter à Paris les archives du Vatican ; immense et précieux trésor
qui, bien fouillé, pourrait changer en grande partie l'histoire moderne. Quoi qu'il en soit,
quelques recherches dans ce dépôt sur l'époque de la Saint-Barthélemy m'ont mis en possession des dépêches de Salviati, alors chargé d'affaires de la cour de Rome à Paris. Ces
dépêches, tantôt en *chair*, tantôt *chiffrées* avec la traduction interlinéaire, sont d'un grand
intérêt. Je les publierai peut-être un jour, en y joignant, par forme d'introduction, l'histoire complète de la Saint-Barthélemy.

rendant les catholiques odieux elle augmenta la force des protestants. En 1573, une quatrième guerre civile éclata par le soulèvement de la ville de Montauban. Le sénéchal de Périgord, André de Bourdeille, écrivait au duc d'Alençon, le 13 mars 1574 : « Si le roy, la reine et vous, ne pourvoyez aux trou-
« bles de l'Estat autrement que par le passé, je crains de vous voir aussi petits
« compaignons que moi. »

Le siége fut mis devant La Rochelle par le duc d'Anjou. Quatrième paix, avantageuse aux huguenots. Le duc d'Anjou (depuis Henri III) alla prendre la couronne de Pologne, et raconter dans les forêts de la Lithuanie, à son médecin Miron, les meurtres dont la pensée l'empêchait de dormir : « Je vous ai
« fait venir ici pour vous faire part de mes inquiétudes et agitations de cette
« nuit, qui ont troublé mon repos, en repensant à l'execution de la Saint-Bar-
« thelemy. » En quittant la France, le duc d'Anjou avait été moins poursuivi du souvenir de ses crimes que de celui de ses amours ; il écrivait avec son sang à Marie de Clèves, première femme de Henri Ier, prince de Condé.

Dans l'année 1574 se forma le parti des *politiques* ou des centres, qui l'emportèrent à la fin, comme dans toutes les révolutions, parce que c'est celui des hommes raisonnables, et que la raison est une des conditions de l'existence sociale. Les *politiques* avaient pour chefs le duc d'Alençon et les Montmorency : la faction la plus faible, celle des huguenots, s'attacha naturellement aux *politiques*. La Mole et Coconas furent décapités pour intrigues ; le premier était aimé de la reine Marguerite, le second, d'Henriette de Clèves, duchesse de Nevers.

Charles IX languissait depuis deux années ; il se félicitait de n'avoir point de fils, de crainte que ce fils n'eût été aussi malheureux que lui. Ayant appris un soulèvement des princes : « Au moins, dit-il, s'ils eussent attendu ma mort;
« c'est trop m'en vouloir. » Il mourut au château de Vincennes, le 30 mai 1574. Deux jours avant qu'il expirât, les médecins avaient fait retirer toutes les personnes de sa chambre, « hormis trois, savoir : La Tour, Saint-Pris et sa nour-
« rice, que Sa Majesté aimoit beaucoup, encore qu'elle fust huguenote.

« Comme elle se fut mise sur un coffre, elle commençoit à sommeiller ; ayant
« entendu le roi se plaindre, pleurer et souspirer, s'approche tout doucement
« du lict, et, tirant sa custode, le roy commença à lui dire, jetant un grand
« souspir et larmoyant si fort que les sanglots lui coupoient la parole : Ah! ma
« nourrice, ma mie, ma nourrice, que de sang et que de meurtres! Ah! que
« *j'ai suivi un meschant conseil! O mon Dieu! pardonne-les-moi, s'il te
« plaist... Que ferai-je? je suis perdu, je le vois bien.* Alors la nourrice lui dit :
« Sire, les meurtres soyent sur ceux qui vous les ont fait faire ! mais de vous,
« sire, vous n'en pouvez mais; et puisque vous n'y prestez pas consentement
« et en avez regret, croyez que Dieu ne vous les imputera jamais et les cou-
« vrira du manteau de la justice de son fils, auquel seul faut qu'ayez vostre
« recours; mais, pour l'honneur de Dieu, que Votre Majesté cesse de larmoyer.
« Et sur cela lui ayant esté querir un mouchoir pour ce que le sien estoit tout
« mouillé de larmes, après que Sa Majesté l'eut prins de sa main, lui fit signe
« qu'elle s'en allast et le laissast reposer. »

Ce roi, qui tirait par les fenêtres de son palais sur ses sujets huguenots ; ce monarque catholique, se reprochant ses meurtres, rendant l'âme au milieu des remords, en vomissant son sang, en poussant des sanglots, en versant des torrents de larmes, abandonné de tout le monde, seulement secouru et consolé par une nourrice huguenote ! N'y aura-t-il pas quelque pitié pour ce monarque de vingt-trois ans, né avec des talents heureux, le goût des lettres et des arts, un caractère naturellement généreux, qu'une exécrable mère s'était plu à dépraver par tous les abus de la débauche et de la puissance ? Charles IX avait dit à Ronsard, dans des vers dont Ronsard aurait dû imiter le naturel et l'élégance :

> Tous deux également nous portons des couronnes ;
> Mais, roi, je la reçois ; poëte, tu la donnes.

Heureux si ce prince n'avait jamais reçu une couronne doublement souillée de son propre sang et de celui des Français, ornement de tête incommode pour s'endormir sur l'oreiller de la mort !

Le corps de Charles IX fut porté sans pompe à Saint-Denis, accompagné par quelques archers de la garde, par quatre gentilshommes de la chambre et par Brantôme, raconteur cynique qui moulait les vices des grands comme on prend l'empreinte du visage des morts.

HENRI III.

DE 1574 A 1589.

Aussitôt que Henri III apprit le décès de son frère, il s'évade de la Pologne comme d'une prison, se dérobe à la couronne des Jagellons, qu'il trouvait trop légère, et vient se faire écraser sous celle de saint Louis. « Quand on lui mit la « couronne sur la tête (à son sacre à Reims, le 15 février 1574), il dit assez « haut qu'elle le blessoit, et lui coula pour deux fois, comme si elle eust voulu « tomber. » (L'Estoile.)

On avait conseillé à Henri III, à Vienne et à Venise, de conclure la paix avec les huguenots, il n'écouta point ce conseil ; il détestait, à l'égal des uns des autres, les protestants et les Guise : le règne des mignons commença (1574).

La première génération des Guise finit cette année même avec le cardinal de Lorraine (26 décembre 1574). « Le jour de sa mort et la nuit suivante, s'éleva « en Avignon, à Paris, et quasi par toute la France, un vent si impétueux, que « de memoire d'homme, il n'en avoit esté ouy un tel. Les catholiques lor« rains disoient que la vehemence de cest orage portoit indice du courroux « de Dieu sur la France, d'un si bon, si grand et si sage prelat ; et les hugue« nots, au contraire, que c'estoit le sabbat des diables qui s'assembloient pour « le venir querir ; qu'il faisoit bon mourir ce jour-là pour ce qu'ils estoient bien « empeschés. Ils disoient encore que, pendant sa maladie, quand on pensoit « lui parler de Dieu, il n'avoit en la bouche que des vilainies....... dont l'ar« chevesque de Reims, son neveu, le voyant tenir tel langage, avoit dit, en « scriant : Je ne vois rien en mon oncle pour en desesperer, et qu'il avoit en-

« core toutes ses paroles et actions naturelles. » (L'Estoile.) Catherine le crut voir après sa mort.

Le duc d'Alençon se met à la tête des mécontents, et Élisabeth lui envoie des secours. Lesdiguières conduit les protestants du Dauphiné, en place de Montbrun, pris et décapité. Ce partisan avait coutume de dire que le jeu et les armes rendent les hommes égaux (1575).

Henri, roi de Navarre, s'échappe de la cour, et devient le chef des huguenots, il abjure la religion catholique, qu'il avait embrassée de force. Cinquième paix ou cinquième édit de pacification, qui accorde aux protestants l'exercice public de leur religion. Il leur donnait, dans les huit parlements du royaume, des chambres mi-parties; il légitimait les enfants des prêtres et des moines mariés, et réhabilitait, par une confusion injurieuse, la mémoire de l'amiral, de La Mole et de Coconas. C'était une grande conquête des opinions nouvelles sur les anciennes opinions, et un étrange, mais naturel résultat de la Saint-Barthélemy; ce résultat ne fut pas durable, parce que la révolution n'était pas descendue dans les classes populaires. Le cinquième édit de pacification amena une réaction qui fut la *Ligue*.

L'idée de la Ligue avait été conçue par le génie des Guise; elle était venue au cardinal de Lorraine au concile de Trente; la mort de François de Guise l'avait fait abandonner; elle fut reprise par le Balafré. Les gentilshommes de Picardie et les magistrats de Péronne signèrent, en 1576, une confédération; c'est la première pièce officielle de la Ligue.

Les gentilshommes du Béarn, de la Guienne, du Poitou, du Dauphiné, de la Bourgogne, étant devenus les capitaines et l'armée des protestants, les gentilshommes de la Picardie et des autres provinces devinrent les capitaines et l'armée des catholiques. Henri III, inspiré par sa mère, qui prenait des révolutions pour des intrigues, crut déjouer les projets des Guise, en se déclarant le chef de la Ligue; il s'associait à une faction qui le détestait, et dont son nom légalisa les fureurs.

Sous la Ligue, le peuple ne marchait point à la tête de ses affaires; il était à la suite des grands; il n'avait point formé un gouvernement à part, il avait pris ce qui était; seulement il se faisait servir par le parlement, et avait transformé ses curés en tribuns. Quand Mayenne le jugeait à propos, il ordonnait de pendre qui de droit, parmi le peuple et les Seize, comité du salut public de ce temps.

Au surplus, la Ligue, quels que furent ses crimes, sauva la religion catholique en France, dans ce sens qu'elle donna des soldats et un chef à de vieux principes et de vieilles idées, qu'attaquaient des principes nouveaux et des idées nouvelles. La royauté se trouvait combattue et par la Ligue, qui voulait changer la dynastie, et par les protestants, qui tendaient à dénaturer la constitution de l'État. Ce double assaut, qui devait emporter la couronne, la sauva, lorsque Henri IV, abandonnant les protestants, dont il protégea le culte, se réunit aux catholiques, auxquels il donna un roi.

Sixième édit de pacification moins favorable que le cinquième (1577).

A cette année se rapporte l'expédition de dom Sébastien en Afrique. Ce prince, que quelques montagnards du Portugal attendent peut-être encore, périt dans un combat contre le roi de Maroc. Camoëns, étendu sur son lit de mort, à peine nourri des aumônes qu'un fidèle esclave javanais allait mendier pour lui dans les rues de Lisbonne, s'écria en apprenant le sort de son roi : « La patrie est perdue ; mais du moins je meurs avec elle ! » Et le Tasse, presque aussi infortuné que le Camoëns, félicitait dans de beaux vers Vasco de Gama d'avoir été chanté *par le noble génie dont le vol glorieux avait dépassé celui des vaisseaux qui retrouvèrent les régions de l'aurore.*

Combien auprès du grand navigateur, du grand roi portugais et des deux grands poëtes, semblent ignobles et petits ces mignons de la fortune, et ces princes si peu dignes de leur haut rang ! C'était alors que les duellistes Caylus, Maugiron et Livarot, se battaient contre d'Entragues, Riberac et Schomberg ; que Henri III faisait élever à Caylus, Maugiron et Saint-Mesgrin, des statues et des tombeaux que n'avaient pas dom Sébastien dans les déserts de l'Afrique ; Gama, sur les rives de l'Inde ; les chantres de la Jérusalem et des Lusiades, au bord du Tage et du Tibre.

« Or, pour celebrer la memoire de Caylus et Maugiron, à cause des rares et
« detestables paillardises et blasphesmes estant en eux, Henry de Valois les feit
« superbement eslever en marbre blanc, posez sur une base, à l'entour de la
« quelle estoient plusieurs descriptions comme de personnages genereux, dont
« ceux du siècle sçavoient bien le contraire; et les catholiques estoient fort fas-
« chez qu'il souillast un lieu sainct (qui estoit l'église de Sainct-Paul à Paris)
« des effigies de tels libertins et renieurs de Dieu. » (*Vie et mort de Henry de
« Valois.*)

Le duc d'Alençon, devenu duc d'Anjou, appelé par les catholiques des Pays-Bas, s'y montre indigne de la souveraineté qu'on lui voulait déférer : « *Prince,*
« disait le roi de Navarre, depuis Henri IV, *qui a si peu de courage, le cœur
« si double et si malin, le corps si mal basti.* » Marguerite de Valois, qui l'avait beaucoup aimé, déclarait que *si l'infidelité estoit bannie de la terre, il la pourroit repeupler* (1578).

L'ordre du Saint-Esprit, créé en 1579, ou plutôt renouvelé de l'ordre du *Saint-Esprit* ou du *Droit Désir* de Louis d'Anjou, fut d'abord assez mal accueilli. Henri III, élu roi de Pologne le jour de la Pentecôte, et parvenu à la couronne de France l'anniversaire du même jour, institua son ordre en mémoire de ce double avénement. On a dit que cet ordre avait une origine plus mystérieuse, indiquée dans l'entrelacement des chiffres. Ces chiffres, prétendait-on, désignaient les mignons du roi et sa maîtresse, Marguerite sa sœur. Selon Brantôme, l'ordre ne se devait pas soutenir, parce qu'*il estoit allé en cuisine,* ayant été donné à Combaut, premier maître d'hôtel du roi. Les réflexions que nous avons faites à propos de la chevalerie de la Jarretière, s'appliquent également à la chevalerie du Saint-Esprit. Les traces du sang de Louis XVI sont effacées sur le pavé de Paris, les cendres de Napoléon sont cachées sous le roc d'une île déserte, et le ruban de Henri III a reparu dans ce palais de Catherine de Médicis, devant lequel tomba la tête du roi martyr et où reposa celle du vainqueur de l'Europe ; enfin, il couvre encore dans le château des Stuarts, le sein de l'exilé, qui, en abdiquant la couronne (comme je l'ai déjà dit dans l'avant-propos des *Études*), a vraisemblablement fait abdiquer avec lui tous ces rois, grands vassaux du passé sous la suzeraineté des Capets.

Une ordonnance rétrograde, rendue en conséquence des cahiers présentés par les états de Blois de 1576, porte que les « roturiers et non nobles achetant fiefs « nobles, ne seront pour ce anoblis ni mis au degré des nobles. » La noblesse s'apercevait que ses rangs étaient envahis. Comme il arrive toujours à la veille des grandes révolutions, on voulait ressaisir par les actes du pouvoir ce que le temps avait enlevé.

Le Portugal tombe aux mains de Philippe II, après la mort du cardinal Henri, qui avait succédé à dom Sébastien. Élisabeth, reine d'Angleterre, flatte le duc d'Anjou de l'espoir de l'épouser. Les états de Hollande ôtent la souveraineté des Pays-Bays à Philippe II, et la confèrent au duc d'Anjou. Le comté de Joyeuse et la baronnie d'Espernon sont érigés en duchés-pairies pour les deux favoris de Henri III, qui dépensa douze cent mille écus aux noces du duc de Joyeuse, en lui en promettant quatre cent mille autres. Les tailles, élevées à trente-deux millions, dépassaient de vingt-trois millions celles du dernier règne (1580, 1581).

Le calendrier grégorien est réformé (1582).

Le duc d'Anjou, jaloux du prince d'Orange, se veut emparer d'Anvers : les Français sont repoussés par les bourgeois; quatre cents gentilshommes et douze cents soldats périrent dans cette échauffourée. Méprisé et abandonné, le prince français se retira à Termonde. « Deux jours après ce desastre, comme on dis-« couroit de la mort du comte de Saint-Aignan, brave officier et fort fidele à « son service, lequel s'estoit noyé en cette occasion : Je crois, dit-il, que qui « auroit pu prendre le loisir de contempler à ceste heure Saint-Aignan, on « lui auroit vu faire une plaisante grimace. Ce disoit-il, parce que le comte « avoit coutumed'en faire. » Ainsi étaient payés le sang et les services. Le duc d'Anjou mourut l'année suivante, à l'âge de trente ans. Par cette mort, le roi de Navarre devenait héritier de la couronne, Henri III n'ayant point d'enfants.

Le duc de Guise saisit cette occasion pour mettre en mouvement la Ligue, dont il est déclaré le chef; il s'agissait, selon lui, d'éloigner du trône un prince hérétique : Guise convoitait cette couronne, et ne l'osa prendre. Le prince d'Orange est assassiné à Delft, par Balthasar Gérard; les Pays-Bas se veulent donner à Henri III, qui les refuse ; la France, par une destinée constante, manque encore l'occasion de porter ses frontières aux rives du Rhin (1584).

Le cardinal de Bourbon, dans un manisfeste, prend le titre de premier prince du sang, et demande que la couronne soit maintenue dans la branche catholique : le pape et presque tous les princes de l'Europe appuient cette déclaration, qui venait à la suite d'un traité fait avec le roi d'Espagne pour le soutien de la Ligue Le roi reste passif au milieu de ces désordres ; la Ligue commence la guerre pour son propre compte contre les huguenots.

Sixte-Quint, qui rappelait les grands pontifes des temps passés; avait succédé à Grégoire XIII : il désapprouve la Ligue et excommunie néanmoins le roi de Navarre, qu'il déclare indigne de succéder à la couronne. Henri IV en appelle au parlement et au concile général, et fait afficher cet appel jusqu'aux portes du Vatican. Les Seize commencent à gouverner Paris. Guerre des trois Henris, Henri III, Henri, roi de Navarre, Henri, duc de Guise (1585, 1586).

Marie Stuart, après dix-neuf ans de captivité, a la tête tranchée au château de Fotheringay, le 18 février 1587. Les couronnes n'étaient pas inviolables. « La veille de sa mort, elle beut sur la fin du souper, à tous ses gens, leur « recommandant de la pleger. A quoy obeissants, ils se mirent à genoux, et « meslant leurs larmes avecques leur vin, beuvent à leur maistresse. Le jour « de la mort, elle commanda à l'une de ses filles de lui bander les yeux du « mouchoir qu'elle avoit expressement dedié pour cest effet. Bandée, elle « s'agenouille, s'accoudoyant sur un billot, estimant devoir estre executée « avecques une espée à la françoise ; mais le bourreau, assisté de ses satel- « lites, luy fit mestre la teste sur ce billot, et la luy coupa avec une do- « loire. » (Pasquier.) Quelles que fussent les années d'Élisabeth et de Marie, il est probable qu'une rivalité de femme et une supériorité de talent et de beauté coûtèrent la vie à la dernière.

Les Seize songent à s'emparer de la personne du roi et à le faire descendre du trône. La Sorbonne rend un arrêt dans lequel il était dit que l'on pouvait ôter le gouvernement au prince que l'on ne trouvait pas tel qu'il fallait, comme on ôte *l'administration au tuteur qu'on avait pour suspect.* Les doctrines des temps de l'ancienne monarchie respectaient-elles davantage la majesté des rois et le *droit divin* que les doctrines de la monarchie constitutionnelle ? Henri III se consolait en recevant l'ordre de la Jarretière et en établissant les Feuillants à Paris.

Henri de Navarre gagne la bataille de Coutras, où le duc de Joyeuse est tué de sang-froid, comme François de Guise devant Orléans, le prince de Condé à Jarnac, le maréchal de Saint-André à Dreux, le connétable de Montmorency à Saint-Denis. Le Béarnais, au lieu de profiter de sa victoire, retourne auprès de Corisandre. Maintes fois ce prince joua sa couronne contre ses amours, et ce sont peut-être ses faiblesses, unies à sa vaillance et à ses malheurs, qui l'ont rendu si populaire.

Henri Ier, prince de Condé, meurt empoisonné à Saint-Jean-d'Angély ; Charlotte de La Trémoille, sa femme, accusée de l'empoisonnement, fut déclarée innocente huit ans après, par arrêt du parlement, sur l'ordre exprès de Henri IV. La veuve de Condé, demeurée grosse, accoucha d'un fils qui fut Henri II du nom, et aïeul du grand Condé. Cette race héroïque était comme une flamme toujours prête à s'éteindre : elle s'est enfin évanouie.

An 1588 : journée des barricades.

Les Seize s'étant concertés avec le duc de Mayenne, en l'absence du duc de Guise, qui se tenait éloigné de Paris dans la crainte d'être surpris par le roi, avaient résolu de s'emparer de la Bastille après avoir tué, s'ils le pouvaient, le chevalier du guet, le premier président, le chancelier, le procureur général, MM. de Guesle et d'Espesses, et quelques autres. Ils comptaient se saisir de l'Arsenal, au moyen d'un fondeur gagné par leur parti, et qui leur en ouvrirait les portes. Des commissaires et des sergents, feignant de mener de nuit des prisonniers, étaient chargés d'occuper le grand et le petit Châtelet. Une autre bande de conjurés se tenait prête à se jeter dans le Temple, l'Hôtel-de-Ville et le Palais de Justice, à l'heure où l'on avait coutume d'en permettre l'entrée au public. Quant au Louvre, il devait être assiégé et bloqué à la fois par les rues y aboutissant : les gardes égorgés, on arrêterait le roi.

Dans le conseil secret où l'on dressait le plan de cette insurrection des ligueurs, un des conjurés représenta qu'il y avait à Paris beaucoup de voleurs, et six ou sept mille ouvriers à qui l'on ne pouvait faire part de l'entreprise ; que ceux-ci s'étant mis une fois à piller, et grossissant comme une boule de neige, feraient avorter le dessein. D'après cette observation qui parut juste, on s'arrêta à l'idée d'élever des barricades : elles consistaient à tendre des chaînes à l'entrée des rues, et à placer contre ces chaînes des tonneaux remplis de terre. Les barricades formées, on ne permettrait à personne de les franchir sans prononcer les mots d'ordre, et sans montrer une marque convenue. Quatre mille hommes seulement auraient l'entrée des retranchements, pour aller au Louvre attaquer les gardes du roi, et aux postes où se trouvaient les forces militaires. La noblesse logée en divers quartiers de la ville étant égorgée avec les *politiques* et les *suspects*, on crierait : *Vive la messe!* tous les bons catholiques prendraient les armes, et le même jour les villes de la Ligue imiteraient Paris. Aussitôt qu'on se serait rendu maître de Henri, on tuerait les membres du conseil ; on donnerait d'autres ministres au roi, en épargnant sa personne, à charge à lui de ne se mêler dorénavant d'aucune affaire.

Henri III, averti de ces menées, n'en voulut rien croire, trompé par Villequier, qui lui répétait que le peuple l'aimait trop pour rien entreprendre contre sa couronne. La Bruère, La Chapelle, Rolland, Le Clerc, Crucé, Compan, principaux chefs des Seize, se réunirent de nouveau dans la maison de Santeuil, auprès de Saint-Gervais. Nicolas Poulain, qui redisait tout au roi, s'y trouvait aussi ; on lut une lettre du duc de Guise qui promettait merveille. La Chapelle déploya une grande carte de gros papier, où Paris et ses faubourgs étaient figurés : les seize quartiers de la capitale furent réunis en cinq quartiers qui eurent chacun pour chefs un colonel et un capitaine. Le dénombrement fait, on trouva que l'on pouvait promettre au duc de Guise trente mille hommes bien armés.

Le Balafré envoya de son côté des capitaines expérimentés, qui se cachèrent dans Paris ; la porte Saint-Denis, dont il avait les clefs, devait être livrée à d'Aumale, qui s'introduirait dans la capitale la nuit du dimanche de Quasimodo, avec cinquante cavaliers ; le duc d'Espernon faisait pour le roi la ronde militaire, depuis dix heures du soir jusqu'à quatre heures du matin : deux de ses gens, vendus aux ligueurs, s'étaient chargés de le dépêcher.

Incrédule comme la faiblesse qui redoute d'agir, Henri aurait pu vingt fois faire arrêter Le Clerc et ses complices, dans les conciliabules que lui indiquai Nicolas Poulain ; mais il avait fini par soupçonner ce fidèle serviteur d'être attaché au parti des huguenots et intéressé à grossir le mal : la pusillanimité prend en haine celui qui lui montre le danger.

Le roi ne trouva rien de mieux à faire, au milieu de ces périls, que d'aller paisiblement à Saint-Germain conduire le duc d'Espernon, et de revenir huit jours après. Madame de Montpensier avertit les Seize que la mine était éventée, et qu'elle avait prié Henri III de recevoir le duc de Guise, son frère, qui viendrait seul se justifier auprès de Sa Majesté des projets dont on l'accusait *à tort.* Henri interdit au duc de Guise l'entrée de Paris; l'ordre fut mal donné ou mal exécuté, et l'on ne trouva pas quelques écus au trésor pour faire partir un courrier. A travers ces mille complots, madame de Montpensier avait remarqué que le roi s'allait promener presque sans escorte au bois de Vincennes; vite elle conçoit le projet de l'enlever, de mettre cet enlèvement sur le compte des huguenots, et de procéder au massacre des *politiques.* Le coup manqua, toujours par les révélations de Poulain. Le duc de Guise vint à Paris malgré la défense du roi, rassuré qu'il était par Catherine de Médicis, qui lui promettait d'arranger tout à son avantage. La reine-mère, négligée de son fils, voulait reprendre son empire en brouillant les affaires et les intérêts.

L'entrée du Balafré à Paris fut un triomphe; la foule se précipita sur ses pas, criant: *Vive Guise! vive le pilier de l'Église!* baisant ses habits, et lui faisant toucher des chapelets comme un saint. De toutes les fenêtres les femmes lui jetaient des feuillages et des fleurs. Louise de L'Hospital Vitry, montée sur une boutique dans la rue Saint-Honoré, baissa son masque et s'écria : « Bon prince, « puisque tu es ici, nous sommes tous sauvés. » Le chef de la Ligue alla descendre à l'hôtel de Soissons, chez la reine-mère. Catherine fut troublée; mais, bientôt raffermie, elle conduisit son hôte chez le roi. Elle était portée dans sa chaise, et le duc marchait à pied auprès d'elle : arrivés au Louvre, ils trouvèrent la garde doublée, les Suisses rangés en haie, les archers dans les salles, les gentilshommes dans les chambres. Dans ce moment même Henri III délibérait s'il ne ferait pas tuer son ennemi à ses pieds : Alphonse, Corse, dit Ornano, avait été mandé, et se proposait pour exécuteur des hautes œuvres du roi. Le duc de Guise entre avec Catherine dans le cabinet du monarque, qui lui reproche d'avoir violé ses ordres. Le duc balbutie quelques excuses, profite d'un moment d'hésitation de Henri, et se retire sans être arrêté. Une seconde entrevue eut lieu à l'hôtel de Soissons; mais alors Guise était gardé par le peuple.

Cependant le roi fait entrer, le jeudi 4 mai, quatre mille Suisses dans Paris. Le peuple les vit défiler en silence, et paraissait assez tranquille, lorsqu'un *rodomont de cour*, c'est l'expression de Pasquier, se croyant assuré de la victoire, dit tout haut : qu'*il n'y avoit femme de bien qui ne passât par la discretion d'un Suisse.* Ce mot prononcé sur le pont Saint-Michel produisit l'explosion, comme l'étincelle qui tombe sur de la poudre : dans un moment les rues sont dépavées, les pierres portées aux fenêtres, les chaînes tendues, renforcées de meubles, de planches, de solives, de tonneaux pleins de terre; le tocsin sonne, les troupes royales laissées sans ordre, sont renfermées dans les retranchements, et les dernières barricades poussées jusqu'aux guichets du Louvre.

Le duc de Guise ne parut point dans les premières heures : retiré dans son hôtel, il se ménageait des moyens de retraite. Lorsqu'il apprit le plein succès de l'insurrection, il se montra; on cria: Vive Guise! et *lui, baissant son grand chapeau*, disait : *Mes amis, c'est assez; messieurs, c'est trop! criez vive le roi!*

Le poste des Suisses au Marché-Neuf, attaqué à coups de pierres et d'arquebuses, eut une trentaine d'hommes tués et blessés. Ces étrangers, dont le sort était de jouer un si triste rôle dans nos troubles domestiques, ne se défendirent point ; ils tendaient les mains à la foule, montraient leurs chapelets, et criaient : *Bons catholiques,* comme ils auraient crié aux dernières barricades : *Bons libéraux !* Le duc de Guise les délivra ; il permit aux soldats du roi de se retirer, faisant ouvrir les barrières qui se refermaient derrière eux. Des négociations entamées par Catherine n'aboutirent à rien. Les prédicateurs déclarèrent qu'il *fallait aller prendre frère* ***Henri de Valois*** *dans son Louvre.* Sept ou huit cents écoliers et trois ou quatre cents moines se proposaient d'assaillir le palais du côté de Paris, tandis qu'une quinzaine de mille hommes menaçaient de l'investir du côté de la campagne. Le roi, n'ayant pas un moment à perdre, sortit à pied tenant une baguette à la main. Arrivé aux Tuileries où étaient les écuries, *il monta à cheval avec ceux de sa suite qui eurent moyen d'y monter ; Duhalde le botta, et lui mettant son esperon à l'envers :* « *C'est tout un,* dit le « roi, *je ne vais pas voir ma maistresse* . . . . »
Estant à cheval, il se retourna vers la ville, et jura de n'y rentrer que par la brèche. Il ne vit plus Paris que des hauteurs de Saint-Cloud, et n'y rentra jamais.

Un gardeur de troupeaux, devenu pape, faisait alors réparer Saint-Jean de Latran, et relevait le grand obélisque des Pharaons : ses courriers lui annoncent que le duc de Guise est entré presque seul dans Paris ; il s'écrie : *O l'imprudent !* Bientôt il apprend que Henri a laissé échapper sa proie, et il s'écrie : *O le pauvre homme !* Henri séjourna à Chartres ; il y reçut en députation une procession de pénitents. « A la teste paroissoit un homme à grande barbe sale
« et crasseuse, couvert d'un cilice, et par-dessus un large baudrier, d'où
« pendoit un sabre recourbé. D'une vieille trompette rouillée il tiroit par inter-
« valles des sons aigres et discordants. . . . .
« . . . . Après
« eux venait frère Ange de Joyeuse. . . . .
« Il representoit le Sauveur montant au Calvaire. Il s'estoit laissé lier et peindre
« sur la figure des gouttes de sang qui sembloient decouler de sa teste couronnée
« d'epines. Il paroissoit ne traisner qu'avec peine une longue croix de carton
« peinte, et se laissoit tomber par intervalles, poussant des gémissements
« lamentables. »

L'histoire vivante a rapetissé ces faits de l'histoire morte, si fameux autrefois. Qu'est-ce en effet que la journée des barricades, que la Saint-Barthélemy même, auprès de ces grandes insurrections du 7 octobre 1789, du 10 août 1792, des massacres du 2, du 3 et du 4 septembre de la même année, de l'assassinat de Louis XVI, de sa sœur et de sa femme, et, enfin, de tout le règne de la Terreur ? Et, comme je m'occupais de ces barricades qui chassèrent un roi de Paris, d'autres barricades faisaient disparaître en quelques heures trois générations de rois. L'histoire n'attend plus l'historien ; il trace une ligne, elle emporte un monde.

La journée des barricades ne produisit rien, parce qu'elle ne fut point le mouvement d'un peuple cherchant à conquérir sa liberté ; l'indépendance politique n'était point encore un besoin commun. Le duc de Guise n'essayait point une subversion pour le bien de tous, il convoitait seulement une couronne ; il méprisait les Parisiens tout en les caressant, et n'osait trop s'y fier. Il agissait si peu dans un cercle d'idées nouvelles, que sa famille avait répandu des pamphlets qui le faisaient descendre de Lother, duc de Lorraine ; il en résultait que la race des Capets n'avait d'autre droit que l'usurpation ; que les Lorrains étaient les légitimes héritiers du trône, comme derniers rejetons de la lignée carlovingienne. Cette fable venait un peu tard. Les Guise représentaient le passé ; ils luttaient dans un intérêt personnel contre les huguenots révolutionnaires de l'époque, qui représentaient l'avenir : or, on ne fait point de révolution avec le passé.

Les peuples, de leur côté, ne regardaient le duc de Guise que comme le chef d'une sainte ligue, accouru pour les débarrasser des édits des mignons et des réformés ; ils n'étendaient pas leur vue plus loin : le duc de Guise leur paraissait d'une nature supérieure à la leur, un homme fait pour être leur maître en place et lieu de leur tyran. Si la Sorbonne, si les curés, si les moines prêchaient la désobéissance à Henri III et les principes du tyrannicide, c'est que l'Église romaine n'avait jamais admis le pouvoir absolu des rois ; elle avait toujours soutenu qu'on les pouvait déposer en certain cas et pour certaine prévarication. Ainsi tout s'opérait sans une de ces grandes convictions de doctrine politique, sans cette foi à l'indépendance, qui renversent tout ; il y avait matière à trouble ; il n'y avait pas matière à transformation, parce que rien n'était assez édifié, rien assez détruit. L'instinct de liberté ne s'était pas encore changé en raison ; les éléments d'un ordre social fermentaient encore dans les ténèbres du chaos ; la création commençait, mais la lumière n'était pas faite.

Même insuffisance dans les hommes ; ils n'étaient assez complets ni en défauts, ni en qualités, ni en vices, ni en vertus, pour produire un changement radical dans l'État. A la journée des barricades, Henri de Valois et Henri de Guise restèrent au-dessous de leur position ; l'un faillit de cœur, l'autre de crime. La partie fut remise aux états de Blois.

Profondément dissimulé comme les esprits de peu d'étendue, le Balafré se servait, avec le pape, avec le roi d'Espagne, avec le duc de Lorraine, avec le cardinal de Bourbon, d'un langage différent approprié à chacun ; il cachait bien ses desseins, et, quand tout était mûr pour agir, il temporisait, et ne se pouvait résoudre à faire le dernier pas. Plus d'orgueil que d'audace, plus de présomption que de génie, plus de mépris pour le roi que d'ardeur pour la royauté ; voilà ce qui apparaît dans la conduite du duc de Guise. Il intriguait à cheval comme Catherine dans son lit. Libertin sans amour, ainsi que la plupart des hommes de son temps, il ne rapportait du commerce des femmes qu'un corps affaibli et des passions rapetissées ; il avait toute une religion et toute une nation derrière lui, et des coups de poignard firent le dénoûment d'une tragédie qui semblait devoir finir par des batailles, la chute d'un trône et le changement d'une race.

La journée des barricades, si infructueuse, lui resta cependant à grand honneur dans son parti. « Mais quels miracles avons-nous veu depuis dix-huit
« mois qu'il a faits à l'aide de Dieu ! Qui est-ce qui peut parler de la journée

« des barricades sans grande admiration, voyant un grand peuple, qui jamais
« n'a sorty des portes de sa ville pour porter armes, ayant veu à l'ouverture de
« sa boutique les escadrons royaux, tous armez, dressez par toutes les grandes et
« fortes places de la ville, se barricader en si grande diligence, qu'il rembarra
« tous ces escadrons jusque dans le Louvre sans grande effusion de sang? »
(*Oraison funèbre des duc et cardinal de Guise.*)

La ressemblance des éloges et des mots avec ce que nous lisons tous les jours donne seule quelque prix à ce passage oublié dans un pamphlet de la Ligue.

Catherine qui, sans égard à la loi salique, voulait faire tomber la couronne à sa fille, mariée au duc de Lorraine, hâta, à Rouen (11 juillet 1588) l'édit d'union. Cet édit rétablissait la paix, en accordant d'immenses avantages à la Ligue, en entassant les honneurs et les charges sur le duc de Guise, et en excluant tout prince non catholique de la couronne : le roi le signa en pleurant. Alors Philippe II d'Espagne perdait son invincible *armada*, comme Henri III de France perdait son honneur. Mais ce qui advint fit voir que, de la part de Henri, il entrait dans cet abandon de toute dignité moins de lâcheté que de vengeance. Les états se devaient assembler à Blois au mois d'octobre, pour sanctionner l'édit d'union. Guise et Henri méditaient, chacun dans leur cœur, d'y terminer leur querelle.

Le roi se mit d'abord en mesure d'agir, en congédiant ses ministres Bellièvre, Cheverny, Villeroi, Pinart et Brulart ; il nomma à leur place Montholon, Ruzé et Revol. On fit peu d'attention à ce changement, qui ne laissait pourtant dans le conseil aucun homme capable, par sa position ou son expérience, de s'opposer au dessein du maître. La reine-mère arriva malade au château de Blois, avec son fils. Les états s'ouvrirent le 16 d'octobre (1588). « *Les deputés estant entrés et la porte fermée, le duc de Guise, assis en sa chaire, habillé d'un habit de satin blanc, la cape retroussée à la bigearre, perçant de ses yeux toute l'espaisseur de l'assemblée, pour reconnoistre et distinguer ses serviteurs, et d'un seul elancement de sa veue les fortifier en l'esperance de l'avancement de ses desseins, de sa fortune et de sa grandeur, et leur dire sans parler,* JE VOUS VOIS, *se leva, et après avoir fait une reverence, suivi de deux cents gentilshommes et capitaines des gardes, alla querir le roi, lequel entra plein de majesté, portant son grand ordre au col.* » (MATTHIEU.)

« *La harangue du roi, prononcée avec une grande eloquence et majesté, ne fut guere agreable à ceux de la Ligue ; le duc de Guise en changea de couleur et perdit contenance, et le cardinal encore plus, qui suscita le clergé à en aller faire grande plainte à Sa Majesté.* » (L'ESTOILE.) Le roi fut obligé de faire des changements à son discours, avant de le livrer au public. Lorsqu'il le corrigeait, survint un orage noir qui obligea de recourir à des flambeaux : sur quoi « on
« dit que Henri venait de faire son testament et celui de la France, et qu'on
« avait allumé des torches funebres pour voir rendre au roi son dernier soupir. »

Les députés des trois ordres étaient presque tous du parti Guise. Henri, dans les lettres qu'il adressa aux souverains étrangers, pour se justifier du meurtre des deux frères, assure : « Qu'en l'assemblée des trois estats, ils n'ont espar-
« gné aucuns moyens par le ministere de plusieurs auxquels ils auroient pra-

« tiqué par les provinces de faire tomber les élections, pour oster toute autorité
« et obéissance à Sa Majesté, et la rendre odieuse à ses sujets. »

Voici quel était le plan du duc de Guise : offrir au roi sa démission de lieutenant général du royaume, demander à se retirer afin d'obtenir des états l'épée de connétable ; alors, devenu maître de toutes les forces du royaume, déposer Valois et l'enfermer dans un couvent. Le cardinal de Guise jurait qu'il ne voulait pas mourir *avant d'avoir mis et tenu la teste de ce tyran entre ses jambes pour lui faire la couronne avec la pointe d'un poignard.* C'était un propos de famille : madame de Montpensier portait, suspendus à son côté, des ciseaux d'or *pour faire,* disait-elle, *la couronne monacale à Henri, quand il seroit confiné dans un cloistre.* Cette femme ne pardonna jamais à Henri III ou des faveurs offertes et dédaignées, ou quelques paroles échappées à ce monarque sur des infirmités secrètes. Ces petits détails seraient peu dignes de la gravité des fastes de l'espèce humaine, si en France l'histoire de l'amour-propre n'était trop souvent liée à celle des crimes (1).

Toutes les batteries étaient dressées pour briser le sceptre dans les mains de Henri de Navarre, héritier légitime, mais protestant. Le duc de Guise faisait très-peu de cas du Béarnais, par un souvenir de jeunesse et de l'humble condition où il l'avait vu. « La veille de la Toussaints (1572), dit l'Estoile, le roi
« de Navarre jouoit avec le duc de Guise à la paume, où le peu de compte
« qu'on faisoit de ce petit prisonnier de roitelet, qu'on galopoit à tous propos
« de paroles et brocards, comme on eust fait un simple page ou laquais de cour,
« faisoit bien mal au cœur à beaucoup d'honnestes hommes, qui les regardoient
« jouer. »

Reste à savoir si les états auraient adjugé la couronne au duc de Guise ; la reine-mère la voulait faire passer à la branche aînée de Lorraine ; le vieux cardinal de Bourbon revendiquait de prétendus droits, et Philippe II mêlait ses intrigues et ses armes à toutes ces prétentions et à toutes ces discordes.

Quoi qu'il en soit, Henri III, poussé à bout, se réveille pour la vengeance : il se conduisit avec une profondeur de dissimulation qui ne semblait plus possible dans une âme aussi énervée et un homme aussi avili.

Il commença par habituer le cardinal de Guise à venir fréquemment au château, sous le prétexte de lui parler du maréchal de Matignon. Le roi voulait maintenir ce maréchal en sa charge de lieutenant général en Guienne ; le cardinal de Guise, qui désirait obtenir cette charge pour lui-même, poussait les états à demander le rappel de Matignon. Le roi flattait doublement les passions du cardinal, en s'adressant à lui pour modérer les états, et en lui laissant l'espérance d'obtenir la place qu'il ambitionnait.

Henri feignit ensuite un redoublement de ferveur ; il fit construire au-dessus

(1) Les moqueries de Henri III pouvaient avoir aussi pour objet quelque imperfection visible. Lorsque madame de Montpensier apprit l'assassinat de ce prince, elle dit à ses femmes : « Hé bien ! que vous en semble ? *ma teste ne tient-elle pas bien à ceste heure ? Il m'est advis qu'elle ne branle plus comme elle branloit auparavant.* » Ne pourrait-on pas conclure de ces paroles de madame de Montpensier qu'elle avait un hochement de tête, qu'elle faisait allusion à quelque raillerie de Henri III ?

de sa chambre de petites cellules, afin d'y loger des capucins, résolu qu'il était, disait-il, de quitter le monde et de se livrer à la solitude. *En un temps où il s'agissoit de sa vie et de sa couronne, il paroissoit à vue presque privé de mouvement et de sentiment.* Il écrivit de sa propre main un mémoire *pour faire depescher des parements d'autel et autres ornements d'eglise aux capucins.* Le duc de Guise fut tellement trompé à ces marques d'une imbécile faiblesse, qu'il ne voulait croire à aucun projet du roi : *Il est trop poltron,* disait-il à la princesse de Lorraine ; *il n'oseroit,* disait-il à la reine-mère, qui semblait l'avertir, en conseillant peut-être sa mort.

Henri régla d'avance tout ce qu'il ferait dans la semaine de Noël, semaine qu'il avait fixée pour la catastrophe, y compris le vendredi, jour auquel il annonçait un pèlerinage à Notre-Dame de Cléry. Les plus zélés serviteurs de ce prince, le voyant se livrer à ces soins et le croyant sincère, désespéraient de sa sûreté. De même que le duc de Guise recevait de continuels renseignements des desseins du roi, Henri ne cessait d'être averti des machinations du duc de Guise : le duc d'Espernon lui en mandait les détails dans ses lettres, et, ce qu'il y a de plus étrange, le duc de Mayenne et le duc d'Aumale étaient au nombre des dénonciateurs : l'un dépêcha à Blois un gentilhomme, et le second, sa femme, pour instruire le roi de tout. On ne saurait douter de ce fait, puisque Henri III le relate dans sa déclaration publique du mois de février 1589 contre le duc de Mayenne : il affirme que ce duc lui avait fait dire que, s'il ne venait pas lui-même révéler le crime projeté de son frère, c'est qu'étant à Lyon il craignait de ne pouvoir arriver assez tôt ; ce fait est encore confirmé par le duc de Nevers dans son *Traité de la prise des armes*. Et pourtant, malgré la déclaration de Henri III, la Ligue, faute de mieux, mit Mayenne à sa tête. Ce même Mayenne avait refusé d'entrer dans les complots contre la vie du roi, notamment dans celui qui devait être exécuté le jour du service funèbre de la reine d'Écosse, et il avait voulu une fois se battre contre son frère, duc de Guise.

Quant à la duchesse d'Aumale, elle s'était engagée, dès la naissance de la Ligue, à avertir le roi de tout ce qui se tramerait contre lui ; malheureusement Villequier, qui trahissait Henri III, avait souvent reçu les confidences de cette femme. Le 10 de novembre 1588, elle écrivit à la reine-mère ; Catherine envoya chercher son fils, qui lui dépêcha Miron, son médecin pour prendre ses ordres. « Dites au roi, répondit-elle, que je le prie de descendre dans mon cabinet, pour « ce que j'ai chose à lui dire qui importe à sa vie, à son honneur et à son Estat. » Le roi descendit accompagné d'un de ses familiers et de Miron. Catherine et son fils se retirèrent dans l'embrasure d'une fenêtre. Quand le roi sortit, les deux témoins, qui se tenaient à l'écart à l'autre bout du cabinet, entendirent la reine-mère prononcer distinctement ces paroles : « Monsieur mon fils, il s'en « faut depescher ; c'est trop longtemps attendre ; mais donnez si bon ordre que « vous ne soyez plus trompé comme vous le fustes aux barricades de Paris. » D'autres ont cru que Catherine ignora le projet de Henri, et qu'elle s'y serait opposée par ce système de contre-poids qu'elle employait pour conserver son autorité, au milieu des factions ; mais il faut préférer à cette version le récit d'un témoin auriculaire (Miron).

On remarqua que le duc, qui avait eu connaissance de la conférence, se promena plus de deux heures à pas agités, en donnant des marques d'impatience, au milieu des *pages* et des *laquais*, sur la terrasse du donjon du château, appelée *la Perche au Breton*.

Ce château de Blois était joint à la ville par un chemin pratiqué dans le roc, vaste édifice où était empreinte la main de divers siècles, depuis les bâtisses féodales des Châtillon et la tour du Château Renaud, jusqu'aux ouvrages demi-grecs et demi-gothiques de Louis XII, de François Ier et de ses successeurs : c'est là qu'eut lieu une des catastrophes les plus tragiques de l'histoire.

Trois jours avant, le Balafré avait invité à souper le cardinal son frère, l'archevêque de Lyon, le président de Neuilly, la Chapelle-Marteau, prévôt des marchands de Paris, et Mendreville, tous de sa faction. Le duc, par un de ces pressentiments vagues qui avertissent du péril, avait quelque intention de faire un voyage à Orléans ; il dit à ses convives qu'on l'avertissait d'une entreprise du roi sur sa personne, et il leur demanda conseil.

L'archevêque de Lyon s'éleva avec force contre tout projet de retraite ; c'était selon lui, manquer une occasion qui ne se retrouverait jamais, après avoir eu le bonheur d'avoir fait convoquer les états, et d'y avoir réuni tant de membres de la Sainte-Union ; il soutint que le duc de Guise disposait du tiers état, du clergé et de plus du tiers des membres de la noblesse. Le président de Neuilly était tout alarmé ; La Chapelle-Marteau prétendait qu'il n'y avait rien à craindre ; mais Mendreville déclara, en jurant, que l'archevêque de Lyon parlait du roi comme d'un prince sensé et bien conseillé, mais que le roi était un fou, qu'il agirait en fou ; qu'il n'aurait ni appréhension ni prévoyance ; que s'il avait conçu un dessein, il l'exécuterait mal ou bien. Qu'ainsi il se fallait lever en force devant lui, ou qu'autrement il n'y avait nulle sûreté.

Le duc de Guise trouva que Mendreville avait plus raison qu'eux tous ; mais il ajouta : « Mes affaires sont réduites en tels termes que, quand je verrois en« trer la mort par la fenestre, je ne voudrois pas sortir par la porte pour la fuir. »

Le roi, de son côté, avait assemblé son conseil, composé des seigneurs de Rieux, d'Alphonse Ornano et des secrétaires d'État. « Il y a longtemps, leur dit-il, que je suis sous la tutelle de messieurs de Guise. J'ai eu dix mille argu« ments de me mesfier d'eux, mais je n'en ai jamais eu tant que depuis l'ou« verture des états. Je suis résolu d'en tirer raison, mais non par la voie ordi« naire de justice ; car M. de Guise a tant de pouvoir dans ce lieu, que si je « lui faisois faire son procès, lui-mesme le feroit à ses juges. Je suis resolu de « le faire tuer presentement dans ma chambre ; il est temps que je sois seul « roi : qui a compagnon a maistre. » (Pasquier.)

Le roi ayant cessé de parler, un ou deux membres du conseil proposèrent l'emprisonnement légal et le procès en forme ; tous les autres furent d'une opinion contraire, soutenant qu'en matière de crime de lèse-majesté la punition devait précéder le jugement.

Le roi confirma cette opinion : « Mettre le *Guisard* en prison, dit-il, ce se« roit mettre dans les filets le sanglier qui seroit plus puissant que nos cordes. » (L'Estoile.)

On délibéra sur le jour où le coup serait frappé; le roi déclara qu'il ferait tuer le duc de Guise au souper que l'archevêque de Lyon lui devait donner, le dimanche avant la Saint-Thomas. Ensuite l'exécution fut retardée jusqu'au mercredi suivant, jour même de la Saint-Thomas, et enfin renvoyée au 23, avant-veille de Noël.

Le 22, le duc de Guise, se mettant à table pour dîner, trouva sous sa serviette un billet ainsi conçu : « *Donnez-vous de garde, on est sur le point de vous* « *jouer un mauvais tour.* » Il écrivit au bas au crayon : *on n'oseroit;* et il jeta le billet sous la table. Le même jour, le duc d'Elbeuf lui dit qu'on attenterait le lendemain à sa vie. « *Je vois bien, mon cousin*, répondit le Balafré, *que vous* « *avez regardé vostre almanach, car tous les almanachs de ceste année sont far-* « *cis de telles menaces.* » (L'Estoile.)

Le roi avait annoncé qu'il irait le lendemain 23 à la Noue, maison de campagne au bout d'une longue allée sur le bord de la forêt de Blois, afin de passer la veille de Noël en prières. Rassuré par le projet de ce prétendu voyage, le cardinal de Guise pressa son frère de partir pour Orléans, disant qu'il était assez fort, lui cardinal, pour enlever Henri et le conduire à Paris. Une fois remis aux mains des Parisiens, les états l'auraient déposé comme incapable de régner, puis confiné dans un château avec une pension de deux cent mille écus; le duc de Guise eût été proclamé roi à sa place : c'était le dernier plan, car les plans variaient. Catherine avait elle-même songé à priver son fils de la couronne, mais en lui donnant dans sa retraite des femmes au lieu d'or, comme chaînes plus sûres; elle eût alors demandé le trône pour le duc de Lorraine, son petit-fils par sa fille. Deux grands conspirateurs cherchaient donc à se devancer pour s'arracher mutuellement le pouvoir et la vie; leurs complots respectifs étaient connus de l'un et de l'autre : le plus dissimulé l'emporta sur le plus vain.

Le 22, le roi, après avoir soupé, se retira dans sa chambre vers les sept heures; il donna l'ordre à Liancourt, premier écuyer, de faire avancer un carrosse à la porte de la galerie des Cerfs, le lendemain matin, 23 décembre, à quatre heures, toujours sous prétexte d'aller à la Noue. En même temps il envoya le sieur de Marle inviter le cardinal de Guise à se rendre au château à six heures, parce qu'il désirait lui parler avant de partir. Le maréchal d'Aumont, les sieurs de Rambouillet, de Maintenon, d'O, le colonel Alphonse Ornano, quelques autres seigneurs et gens du conseil, les quarante-cinq gentilshommes ordinaires, furent requis de se trouver à la même heure dans la chambre du roi.

A neuf heures du soir le roi mande Larchant, capitaine des gardes du corps; il lui enjoint de se tenir le lendemain, à sept heures du matin, avec quelques-uns des gardes, sur le passage du duc de Guise, quand celui-ci viendrait au conseil; Larchant et les siens présenteraient à ce prince une supplique tendante à les faire payer de leurs appointements. Aussitôt que le duc serait entré dans la chambre du conseil qui formait l'antichambre de la chambre du roi, Larchant se saisirait de l'escalier et de la porte, ne laisserait ni entrer, ni sortir, ni passer personne. Vingt autres gardes seraient placés par lui, Larchant, à l'escalier du vieux cabinet, d'où l'on descendait à la galerie des Cerfs.

Tout étant disposé de la sorte, Henri rentra dans son cabinet avec de Termes; c'était Roger de Saint-Lary de Bellegarde, si connu depuis. A minuit Valois lui dit : « Mon fils, allez vous coucher, et dites à Duhalde qu'il ne faille de « m'esveiller à quatre heures, et vous trouverez ici à pareille heure. Le roi « prend son bougeoir et s'en va dormir avec la reine. » (Miron.)

Le duc de Guise veillait alors auprès de Charlotte de Beaune, petite-fille de Semblançai, mariée d'abord au seigneur de Sauve, et en secondes noces à François de La Trémoille, marquis de Noirmoutiers. Aussi belle que volage, elle allait, selon l'expression libre du laboureur, coucher d'un parti chez l'autre. Liée jadis avec le duc d'Alençon et le roi de Navarre, les secrets qu'elle dérobait au plaisir, elle les redisait à Catherine de Médicis et au duc de Guise : cette fois elle essaya de l'éclairer sur les dangers qu'il courait, elle le conjura de fuir; mais il crut moins à ses conseils qu'à ses caresses, et il resta : il ne rentra chez lui qu'à quatre heures du matin; on lui remit cinq billets qui tous l'admonestaient de se précautionner contre le roi. Le duc mit ces billets sous son chevet. Le Jeune, son chirurgien, et beaucoup d'autres clients qui l'environnaient, le suppliaient de tenir compte de cet avis : « Ce ne serait jamais fini, répondit-il; « dormons, et vous, allez coucher. » (Miron.)

Le 23, à quatre heures du matin, Duhalde vint heurter à la porte de la chambre de la reine; la dame de Piolant, première femme de chambre, accourt au bruit : « Qui est là? » dit-elle. C'est Duhalde, répond celui-ci; dites « au roi qu'il est quatre heures. — Il dort, et la reine aussi, » répliqua la dame « de Piolant. « Éveillez-le, dit Duhalde, ou je heurterai si fort que je les réveil- « lerai tous deux. »

Le roi ne dormait point, ses inquiétudes étaient trop vives. Ayant appris la venue de Duhalde, il demande ses bottines, sa robe de chambre et son bougeoir; il se lève, et, laissant la reine tout émue, se rend dans son cabinet, où l'attendaient déjà de Termes et Duhalde. Il prend les clefs des cellules destinées aux capucins; il monte éclairé par de Termes, qui portait le bougeoir devant lui : il ouvre une cellule, et y enferme Duhalde effrayé; il redescend, et à mesure que les quarante-cinq gentilshommes de sa garde se présentent, il les conduit aux cellules, dans lesquelles il les incarcère un à un comme Duhalde. Les personnages convoqués au conseil commençaient d'arriver au cabinet du roi; on y pénétrait à travers un passage étroit et oblique que Henri avait fait pratiquer exprès dans un coin de sa chambre à coucher, laquelle précédait ce cabinet. La porte ordinaire de la chambre avait été bouchée. Lorsque les ministres et les seigneurs sont entrés, le roi va mettre en liberté ses prisonniers, les ramène en silence dans sa chambre, leur recommandant de ne faire aucun bruit, à cause de la reine-mère qui était malade et logée au-dessous.

Ces précautions prises, le roi revient au conseil, et redit aux assistants ce qu'il leur avait déjà dit sur la nécessité où il se trouvait réduit de prévenir les complots du duc de Guise. Le maréchal d'Aumont hésitait, parce que le roi avait promis et juré le 4 décembre, sur le saint sacrement de l'autel, parfaite réconciliation et amitié avec le duc de Guise : « Mon cousin, lui avait-il dit,

« croyez-vous que j'aye l'ame si meschante que de vous vouloir mal ? Au con-
« traire, je declare qu'il n'y a personne en mon royaume que j'ayme mieux
« que vous, et à qui je sois plus tenu, comme je le feray paroistre par bons effects
« d'icy à peu de temps. . . . .
« Cet atheiste Henri de Valois cacheta sa trahison avec une cire du corps de
« Nostre-Seigneur Jésus-Christ. » (*Vie et mort de Henry de Valois*.)

On calma les scrupules du maréchal d'Aumont en s'efforçant de lui prouver que le duc de Guise avait le premier manqué à sa parole.

Le roi passa du cabinet du conseil dans la chambre où étaient assemblés les gentilshommes, et il leur parla de la sorte :

« Il n'y a aucun de vous qui ne soit obligé de reconnoistre combien est grand
« l'honneur qu'il a reçu de moi, ayant fait choix de vos personnes sur toute la
« noblesse de mon royaume, pour confier la mienne à leur valeur, vigilance
« et fidelité. Vous avez esté mes obligés, maintenant je veux estre le vostre en
« une urgente occasion, où il y va de mon honneur, de mon Estat et de ma vie.
« Vous savez toutes les insultes que j'ai reçues du duc de Guise, lesquelles j'ai
« souffertes, jusqu'à faire douter de ma puissance et de mon courage, pensant par
« ma douceur allentir ou arrester le cours de cette violente et furieuse ambition.
« Il est résolu de faire son dernier effort sur ma personne, pour disposer après
« de ma couronne et de ma vie. J'en suis réduit à telle extrémité, qu'il faut
« que je meure ou qu'il meure, et que ce soit ce matin. Ne voulez-vous pas me
« servir et me venger ? »

Tous ensemble s'écrièrent qu'ils étaient prêts à tuer le rebelle ; et Sariac, gentilhomme gascon, frappant de sa main la poitrine du roi, lui dit : *Cap de Diou, sire, iou lou bous rendis mort !*

Henri les pria de modérer les témoignages de leur zèle, de peur d'éveiller la reine-mère. « Voyons, dit-il ensuite, qui de vous a des poignards ? » Huit d'entre eux en avaient : le poignard de Sariac était d'Écosse. Ces huit gentilshommes, pourvus de l'arme des assassins, furent particulièrement choisis pour demeurer dans la chambre et porter les premiers coups ; le roi leur adjoignit un autre garde nommé Loignac, qui n'avait qu'une épée. Douze autres des quarante-cinq furent placés dans le vieux cabinet où le roi devait demander le duc ; ils reçurent l'ordre de le tuer ou de l'achever de tuer à coups d'épée lorsqu'il lèverait la portière de velours pour entrer dans le cabinet. Le reste des gardes prit poste à la montée qui communiquait du cabinet à la galerie des Cerfs. Nambu, huissier de la chambre, ne devait laisser entrer ni sortir personne que par le commandement exprès du roi. Le maréchal d'Aumont s'assit au conseil pour s'assurer du cardinal de Guise et de l'archevêque de Lyon, après la mort du duc.

Le roi se retira dans un appartement qui avait vue sur les jardins, ayant tout ordonné avec le sang-froid d'un général qui va donner une bataille décisive : il ne s'agissait que d'un assassinat et de la mort d'un homme ; mais cet homme était le duc de Guise. Henri, demeuré seul, ne garda pas cette tranquillité ; il allait, venait, ne pouvait demeurer en place, se présentait à la porte de son cabinet. Plein d'intérêt et de pitié pour les meurtriers, il les invitait à bien se prémunir contre le courage et la force de cet autre Henri qu'ils étaient chargés d'immoler. « Il est grand et puissant, leur disait-il ; s'il vous endommageoit « j'en serois marry. » On lui vint apprendre que le cardinal de Guise était entré au conseil ; mais son frère n'arrivait pas, et le roi était cruellement travaillé de ce retard.

Le duc dormait; il cherchait dans le sommeil le renouvellement de ses forces épuisées aux voluptés de cette même nuit qui vit préparer sa mort : il allait entrer dans une nuit plus longue où il aurait le temps de se reposer, prêt à tomber qu'il était des bras d'une femme entre les mains de Dieu. Ses valets de chambre ne l'éveillèrent qu'à huit heures, en lui disant que le roi était près de partir. Il se lève à la hâte, revêt un pourpoint de satin gris, et sort pour se rendre au conseil.

Arrivé sur la terrasse du château, il est accosté par un gentilhomme d'Auvergne nommé La Salle, qui le supplie de ne passer outre : « Mon bon ami, lui « répond-il, il y a longtemps que je suis gueri d'apprehensions. » Quatre ou cinq pas plus loin, il rencontre un Picard appelé d'Aubencourt, qui cherche à le retenir ; il le traite de sot. Ce matin même il avait reçu neuf billets qui lui annonçaient son sort, et il avait dit, en mettant le dernier dans sa poche : « Voilà le neuvième. » Au pied de l'escalier du château, le capitaine Larchant lui présenta, comme il en était convenu avec le roi, une requête, afin d'obtenir le paiement des gardes ; et c'étaient ces mêmes gardes qui allaient assassiner celui dont ils imploraient la bonté : on profitait du généreux caractère du duc pour lui ôter les soupçons qu'il eût pu concevoir à la vue des soldats.

Arrivé dans la chambre du conseil, il parut cependant étonné de la présence du maréchal d'Aumont : car on ne devait traiter que de matières de finances. Il s'assit, et dit un moment après : « J'ai froid, le cœur me fait mal, qu'on fasse « du feu. » Quelques gouttes de sang lui churent du nez, et quelques larmes des yeux, affaiblissement qu'on attribua plutôt à une débauche qu'à un pressentiment. S'étant établi devant le feu, il laissa tomber son mouchoir, et mit le pied dessus comme par mégarde. Fontenai ou Mortefontaine, trésorier de l'épargne, le releva ; sur quoi le duc de Guise pria Fontenai de le porter à Péricart, son secrétaire ; pour en avoir un autre, et de dire en même temps à ce secrétaire de le venir promptement trouver. « C'estoit, comme plusieurs ont cru, dit Pasquier, « afin d'avertir ses amis du danger où il pensoit estre. » Saint-Prix, premier valet de chambre du roi, présenta au duc quelques fruits secs qu'il avait demandés au moment de sa défaillance.

Henri, ayant appris l'arrivée du duc de Guise, envoya Révol l'inviter à lui venir parler dans le vieux cabinet. L'huissier de la chambre, Nambu, refusa, d'après sa consigne, le passage à Révol ; celui-ci revint vers son maître avec un visage effaré : « Mon Dieu ! qu'avez-vous, dit le roi ; qu'y a-t-il ? Que vous estes « pasle ! Vous me gasterez tout. Frottez vos joues : frottez vos joues, Révol. » La cause du retour de Révol expliquée, Henri ouvre la porte du cabinet, et ordonne à Nambu de laisser passer Révol.

Marillac, maître des requêtes, rapportait une affaire des gabelles, quand Révol parut dans la salle du conseil. « Monsieur, dit-il au duc de Guise, le roy vous

« demande; il est en son vieux cabinet; » et Révol se retire. Le duc de Guise se lève, enferme quelques fruits secs dans son drageoir, répand le reste sur le tapis en disant : « Qui en veut? » Il jette sur ses épaules son manteau, qu'il tourne, comme en belle humeur, tantôt d'un côté, tantôt de l'autre; il le retrousse sous son bras gauche, met ses gants, tenant son drageoir de la main du bras qui relevait son manteau. « Adieu, messieurs, » dit-il aux membres du conseil; et il heurte aux huis de la chambre du roi. Nambu les lui ouvre, sort incontinent, tire et ferme la porte après lui.

Guise salue les gardes qui étaient dans la chambre; les gardes se lèvent, s'inclinent, et accompagnent le duc comme par respect. Un d'eux lui marcha sur le pied : était-ce le dernier avertissement d'un ami?

Guise traverse la chambre : comme il entrait dans le corridor étroit et oblique qui menait à la porte du vieux cabinet, il prend sa barbe de la main droite, se retourne à demi pour regarder les gentilshommes qui le suivaient. Montléry, l'aîné, qui était près de la cheminée, crut que le duc voulait reculer pour se mettre sur la défensive : il s'élance, le saisit par le bras, et lui enfonçant le poignard dans le sein s'écrie :

« Traistre, tu en mourras! »

Effranats se jette à ses jambes, Sainte-Malines lui porte un autre grand coup de poignard de la gorge dans la poitrine; Loignac lui enfonce l'épée dans les reins.

Le duc, à tous ces coups, disait : « *Eh! mes amis! Eh! mes amis!* » Frappé du stylet de Sariac par derrière, il s'écrie à haute voix: « *Miséricorde!* » « Et « bien qu'il eust son épée engagée dans son manteau et les jambes saisies, « il ne laisse pourtant de les entraisner, tant il estoit puissant, d'un bout de la « chambre à l'autre. » Il marchait les bras tendus, les yeux éteints, la bouche ouverte, comme déjà mort. Un des assassins ne fit que le toucher, et il tomba sur le lit du roi : jamais lit plus honteux ne vit mourir tant de gloire. Le cardinal de Guise, assis au conseil avec l'archevêque de Lyon, entendit la voix de son frère qui criait merci à Dieu : « Ah! dit-il, on tue mon frère! » Il recule sa chaise pour se lever; mais le maréchal d'Aumont, la main sur son épée : « *Ne « bougez pas morbleu, monsieur! le roi a affaire de vous.* » L'archevêque de Lyon, joignant les mains, s'écria : « Notre vie est entre les mains de Dieu et du « Roy. » Le cardinal et l'archevêque furent d'abord enfermés dans les cellules des capucins, et de là transférés à la tour de Moulins.

Henri, informé que la chose était faite, sortit de son cabinet pour voir la victime : il lui donna un coup de pied au visage, comme le duc de Guise en avait donné un à l'amiral de Coligny, lors du massacre de la Saint-Barthélemy. Il contempla un moment le Lorrain, et dit : « Mon Dieu qu'il est grand! il « paroist encore plus grand mort que vivant. » (L'Estoile.) Derechef, il le poussa du pied, et parlant à Loignac : « Te semble-t-il qu'il soit mort, Loignac? » Alors Loignac, le prenant par la teste, répondit à Henri de Valois : « Je croy « qu'ouy; car il a la couleur de mort, sire. » «Ainsi, Henri de Valois, traistre, couard et poltron, fait mourir ce magnanime prince. . . . . Et croy que si M. de Guise eust seulement respiré, lorsqu'il le poussa du pied, il fust tombé de frayeur auprès de luy. » (*Vie et mort de Henry III.*)

Les courtisans abondaient en moqueries, insultant à l'homme qu'ils avaient flatté; ils l'appelaient *le beau roi de Paris*, nom que lui avait donné Henry.

L'un des secrétaires d'État, Beaulieu, eut ordre de fouiller le duc : il lui trouva autour du bras une petite clef attachée à des chaînons d'or; dans les poches de son haut-de-chausses, une bourse qui contenait douze écus d'or, et un billet sur lequel étaient écrits ces mots de la main du duc : « *Pour entretenir la guerre en France, il faut sept cent mille livres tous les mois.* » Un cœur de diamants fut pris par d'Entragues à son doigt. (Miron.) « Les quarante-cinq lui « ostèrent son espée, ses pendants d'oreilles et anneaux fort précieux qu'il « avoit aux doigts. » (*Vie et mort de Henry III.*) Beaulieu ayant achevé sa recherche, et s'apercevant que l'illustre massacré respirait encore : « Monsieur, « lui dit-il, cependant qu'il vous reste un peu de vie, demandez pardon à Dieu « et au roy. » C'était le roi qui aurait dû demander pardon à Dieu et au duc de Guise; l'homme le lui eût accordé. « Alors le prince de Lorraine, sans pouvoir « parler, jetant un grand et profond soupir comme d'une voix enrouée, il « rendit l'ame, fut couvert d'un manteau gris, et au-dessus mis une croix de « paille. » (Miron.)

On trouve dans un pamphlet du temps une anecdote peu connue. Il est dit que le roi ayant fait arrêter les principaux seigneurs catholiques, commanda de les amener en sa présence, leur montra le corps du duc de Guise, et leur dit : « Messieurs, « voilà vostre roy de Paris habillé comme il le merite. . . . « Cela faict, l'on ameine le jeune prince de Giuville (Joinville), auquel sem- « blablement le roi monstre le corps mort estendu sur la place, dudict sieur « Guise : laquelle veüe saisit tellement le cœur du jeune prince, qu'il cuida « tomber pasmé sur le corps de son père, quand le roy le retint; et à l'instant le « jeune prince, ne pouvant baiser son père pour lui dire le dernier adieu, « commence à vomir une infinité de paroles injurieuses contre les massacreurs « de son père : occasion que le roy commanda que l'on le mist à mort, ce qui « eust esté exécuté si Charles Monsieur, present, qui ayme naturellement ledict « prince de Giuville, ne se fust jeté à genoux devant le roy, le priant de lui vou- « loir donner en garde ledict prince, à la charge de le representer quand il en « seroit requis. » (*Les cruautés sanguinaires exercées envers feu monseigneur le cardinal de Guise*, etc.)

Deux heures après, le corps du duc de Guise fut livré à Richelieu, prévôt de France, aïeul de ce cardinal, qui n'épargna pas les grands, mais qui les fit mourir par la main du bourreau.

Le lendemain, le cardinal de Guise fut tué dans la tour de Moulins à coups de hallebarde. Il se mit à genoux, se couvrit la tête, et dit aux meurtriers : « Faistes vostre *commission*. » Ils étaient quatre, au salaire de cent écus chaque. Les *bons* des Septembriseurs étaient de cinq francs : le prix de main-d'œuvre avait baissé. Le cardinal de Guise était plus méchant, avait plus de résolution et autant de courage et d'ambition, que le duc; mais il l'avait mise au service de son aîné. Quinze jours auparavant, la duchesse de Guise était allée à Paris pour y faire ses couches; elle y avait été suivie de madame de Montpensier.

Richelieu, accompagné de ses archers, se transporta dans la salle du tiers état, se saisit du président de Neuilly, de Marteau, prévôt des marchands, de Compans et de Cotteblanche, échevins de Paris; mais il n'avait point reçu l'ordre de faire sauter l'assemblée par les fenêtres.

Henri avait épuisé ce qui lui restait de vigueur dans l'assassinat des deux frères : il n'appela point son armée de Poitou pour marcher immédiatement sur Paris, et ne se saisit point d'Orléans. Quand il alla voir sa mère après le meurtre, et qu'il lui dit : « Madame, je suis maintenant seul roi, je n'ai plus de compa-
« gnon, » elle lui répondit : « Que pensez-vous avoir fait? Avez-vous donné
« ordre à l'assurance des villes? C'est bien coupé, mon fils, mais il faut cou-
« dre. » Catherine était mourante; elle expira le 5 janvier 1589, « à Blois, où
« elle estoit adorée et reverée comme la Junon de la cour. Elle n'eut pas
« plus tost rendu le dernier soupir, qu'on n'en fit pas plus de compte que d'une
« chèvre morte. » (L'Estoile.)

Le jour et le lendemain de la mort des Guise, Henri III fit arrêter le cardinal de Bourbon, la duchesse de Nemours, le duc de Nemours son fils, le prince de Joinville, le duc d'Elbeuf, et l'archevêque de Lyon; les autres seigneurs de la Ligue qui se trouvaient à Blois se sauvèrent de vitesse. Toutes les boutiques furent fermées; il tomba des torrents de pluie. Les corps du duc et du cardinal de Guise, transportés dans une des salles basses du château, furent découpés par le maître des hautes œuvres, puis brûlés en lambeaux pendant la nuit, et leurs cendres enfin jetées dans le fleuve. Un roi de France couchait au-dessus de cette boucherie; il pouvait entendre les coups de hache qui dépeçaient les corps de ses grands sujets, et sentir l'odeur de la chair des victimes. Selon une autre version beaucoup moins authentique que celle de Miron et de l'Estoile, les corps des deux frères auraient été mis dans de la chaux vive. Madame de Montpensier attendait à Paris le moine qui devait sortir de ses bras pour aller planter son couteau dans le ventre de Henri III, comme le duc de Guise était sorti des bras de madame de Noirmoutiers pour tomber sous le poignard des gardes de ce monarque.

En 1807, revenant de la Terre-Sainte, je passai à Blois, et visitai le château, il était rempli de prisonniers de guerre. Ce fut un soldat polonais qui me montra les salles des états, la chambre où le duc de Guise avait été assassiné, et sur le pavé de laquelle on avait cru voir longtemps des traces de sang. Qu'était devenu Henri III, roi de Pologne? Où était alors la race des monarques français? Où est aujourd'hui celui qui avait poussé ses soldats au delà de la Vistule, celui qui, changeant la face de l'Europe, avait fait oublier les plus grandes époques de notre histoire? La Loire a roulé les cendres du duc de Guise à cet Océan qui emprisonne celles de Napoléon de l'autre côté de la terre. Ainsi les siècles se vont effaçant les uns les autres. Il ne reste que Dieu pour rendre compte de toutes ces vanités des sociétés humaines.

Lorsque la nouvelle de la mort des deux frères parvint dans la capitale, le premier moment fut de la stupeur et de l'effroi; mais bientôt les ligueurs se soulèvent; le duc d'Aumale, créé gouverneur de Paris, fait fouiller les maisons des *royaux* et des *politiques*, et emprisonner les suspects. Le prédicateur Lincestre déclare que le *vilain Hérode* (anagramme du nom Henri de Valois) n'était plus roi des Français. Il oblige ses auditeurs à jurer de répandre jusqu'à la dernière goutte de leur sang, d'employer jusqu'à la dernière obole de leur bourse pour venger la mort des princes. Le premier président de Harlay était assis devant la chaire; Lincestre l'apostrophant, lui crie : « Levez la main, « monsieur le président, levez-la bien haut; encore plus haut; afin que le « peuple la voye. »

Le peuple arracha partout les armoiries du roi, les brisa, les foula aux pieds, les jeta dans le ruisseau, et détruisit les beaux monuments élevés dans l'église de Saint-Paul, à Saint-Mesgrin, Caylus et Maugiron. Le parlement presque tout entier fut mis à la Bastille et à la Conciergerie par Bussy le Clerc. On obligea le président Brisson à tenir audience; Édouard Molé, conseiller en la cour, à remplir les fonctions de procureur général; Jean Lemaître et Louis d'Orléans, à accepter la place d'avocats du roi. Brisson déposa, le 21 janvier, devant deux notaires, une protestation secrète contre tout ce qu'il pourrait être obligé de faire ou de dire contre les intérêts du roi, précaution et pressentiment d'un homme faible qui ne se sentait pas capable de remplir tous ses devoirs, et qui cependant se sentait le courage de mourir.

Un héraut, dépêché par Henri aux Parisiens, fut renvoyé sans réponse et avec ignominie. La faculté de théologie (c'est-à-dire, selon le sieur de L'Estoile, huit ou dix soupiers et marmitons) déclara les sujets déliés du serment de fidélité et d'obéissance à Henri de Valois, naguère roi.

Primum quod populus hujus regni solutus est et liberatus a sacramento fidelitatis et obedientiæ præfato Henrico regi præstito. Deinde, etc.

Sur la requête de la duchesse douairière de Guise, le parlement rendit un arrêt dans la forme suivante :

Arrests de la court souveraine des Pairs de France, donnez contre les meurtriers et assassinateurs de messieurs les cardinal et duc de Guyse.

« Veu par la court, toutes les chambres assemblées, la requeste à elle pre-
« sentée par dame Catherine de Clèves, duchesse douairiere de Guyse, tant
« en son nom que comme tutrice naturelle de ses enfants mineurs : contenant
« que le feu seigneur, duc de Guyse, pair et grand maistre de France, son mary
« estoit fils d'un prince qui a remply toute la terre du renom de ses vertus,
« si utiles à la France, que l'ayant estendue du costé d'Allemaigne, par la con-
« servation de Metz, il l'a rejointe, du costé de l'Angleterre, à la grande mer,
« son ancienne borne, par la prise de Calais, et d'un autre endroit, il l'a deli-
« vrée de la terreur d'une place par avant reputée inexpugnable, par la ruine
« de Thionville. Puis ayant heureusement travaillé à purger ce royaume du
« venin contagieux de l'heresie, qui l'avoit quasi tout infecté, et se voyant
« prest d'en venir à bout, il fut proditoirement meurtry et assassiné par les
« ennemys de Dieu et de son Eglise, delaissant trois enfants qui se sont tous-
« jours monstrés vrais heritiers des vertus de leur père, mesme de son zele ar-
« dent en la religion catholique, apostolique et romaine . . . .
« . . . .
« . . . . Ceux qui veulent tousjours continuer la dissolution de
« leur premiere vie et preparer le chemin à la domination des heretiques, n'en

« peuvent imaginer un plus propre moyen que le massacre des princes qui
« s'estoient tousjours montrez les plus affectionnez au soulagement du peuple
« et à la conservation de la pure religion catholique. Pour l'execution duquel
« desseing ayant rejuré l'edict d'union, et renouvelé les autres promesses
« d'assurance tant par serments solemnels que par toutes autres simulations
« de bienveillance, voires jusques à se devouer par imprecations pleines d'hor-
« reur, après avoir prins la sainte Eucharistie. Enfin, le vingt-troisieme de-
« cembre, le duc de Guyse, qui estoit assis au conseil, ayant esté mandé de
« la part du roy et s'estant levé et acheminé pour y aller seul, nud et sans
« autres armes que l'espée née avec sa qualité, comme celui qui ne se fust ja-
« mais defié d'une si indigne perfidie, est cruellement massacré par plusieurs
« meurtriers expressement disposés à cet effect. . . . . . La suppliante de-
« sireroit en reformer de l'ordonnance d'icelle, requeroit à cette cause com-
« mission de la dicte court luy estre octroyée pour informer des faicts sus-
« dits, circonstances et dependances, et ce, par tels des conseillers de la dicte
« court qu'il lui plairoit commettre pour l'information venue et rapporté estre
« decretée contre ceux qui se trouveroient chargez et coupables, et autrement
« proceder comme de raison. Oy sur ce le procureur general, qui l'auroit re-
« quis. Et tout considéré la dicte court toutes les chambres assemblées, a or-
« donné et ordonne commission d'icelle estre delivrée à la dicte suppliante. »

Cet arrêt fait revivre le pouvoir souverain de la *cour des pairs* même sur un roi, et ce roi est le roi *légitime*, le roi de France ; l'information doit être faite *contre ceux qui se trouveront chargés et coupables ;* ces coupables sont les assassins, et *leur chef, Henri de Valois* : enfin le parlement se prétend la cour des pairs : voilà l'aristocratie entière ressuscitée, appuyée de la fougue populaire et recommençant sa vie d'un moment par le JUGEMENT d'un roi : qu'a fait de plus la démocratie de 1793 ?

D'un autre côté, Henri III, en faisant mourir les deux Guise, avait agi selon les principes de la monarchie d'alors : toute justice émanait du roi ; le roi était le souverain juge ; il était aussi le pouvoir constituant ; il était aussi le pouvoir exécutif ; il faisait la loi et l'appliquait ; il portait le glaive et la main de justice ; il avait droit de prononcer l'arrêt et de frapper ; un meurtre de sa part pouvait être inique, mais il était légal. Le despotisme est fondé sur les mêmes principes que la démocratie : les spoliations et les massacres sont légaux par le peuple souverain ; les confiscations et les assassinats sont également légaux par le monarque absolu.

Vous voyez ici face à face l'ancienne aristocratie et l'ancienne monarchie avec tous leurs principes et tous leurs inconvénients.

Un service solennel fut fait à Notre-Dame pour le duc et le cardinal de Guise. On exposait partout leurs portraits ou leurs images en cire, percés de grands poignards. Passaient et repassaient des processions où hommes et femmes, garçons et filles, marchaient pêle-mêle et demi-nus d'église en église. « Ce bon religieux de chevalier d'Aumale s'y trouvoit ordinairement, jetant
« au travers d'une sarbacane des dragées musquées aux demoiselles auxquelles
« il donnoit des collations, auxquelles la sainte Beuve n'estoit oubliée, qui,

« seulement couverte d'une fine toile et d'un point coupé à la gorge, se laissa
« une fois mener par dessous le bras au travers de l'église de Saint-Jean, et
« muguetter au scandale de plusieurs. » (L'Estoile.)

Mais rien ne fut plus remarquable qu'une procession générale de petits enfants des deux sexes, au nombre de cent mille, portant des cierges ardents qu'ils éteignaient sous leurs pieds, en disant : « Dieu permette qu'en bref la « race des Valois soit entierement éteinte ! »

Les prédicateurs redoublaient d'invectives contre le roi. « Ce teigneux, di-
« sait le docteur Boucher, est tousjours coiffé à la turque, d'un turban, lequel
« on ne lui a jamais vu oster, mesme en communiant, pour faire honneur à
« Jesus-Christ ; et quand ce malheureux hypocrite sembloit d'aller contre les
« reistres, il avoit un habit d'Allemand fourré et des crochets d'argent qui
« signifioient la bonne intelligence et accord qui estoient entre lui et ces diables
« noirs empistoletés ; bref, c'est un Turc par la teste, un Allemand par le
« corps, une harpie par les mains, un Anglais par la jarretière, un Polonais par
« les pieds, et un vrai diable en l'âme. »

Lincestre, curé de Saint-Gervais, déclara, le mercredi des Cendres, qu'il ne prêcherait point l'Évangile, mais qu'il prêcherait « la vie, gestes et faicts
« abominables de ce perfide tyran Henri de Valois. . . . . . . Il tira de sa
« poche un des chandeliers du roi que les Seize avaient dérobé aux capucins,
« et auquel il y avoit des satyres engravés, lesquels il affirmoit estre les de-
« mons du roi, et que ce tyran adoroit pour ses dieux. » L'Estoile.)

Henri III avait été un des massacreurs de la Saint-Barthélemy ; il était religieux jusqu'à la superstition : il aimait les moines ; il en avait établi d'une nouvelle sorte à Paris, les Feuillants ; il passait une partie de sa vie à visiter les églises, à faire des processions et des pèlerinages pieds nus, en habit de pénitent. Il était grand ennemi des réformés ; il avait gagné contre eux, avec beaucoup de vaillance, les deux batailles de Jarnac et de Moncontour ; enfin, il s'était déclaré le chef de la Ligue ; rien de tout cela ne lui valut, parce qu'il avait contre lui la haine des prêtres, qui lui préféraient les Guise. La manière dont ils parvinrent à lui enlever l'opinion populaire est un chef-d'œuvre d'industrie et de calomnie : prédications, libelles, gravures, tout fut employé. Dans une oraison funèbre du duc de Guise, Muldrac de Senlis compare Henri de Valois au mauvais riche, « lequel Henry, dit-il, nous avons vu non-seule-
« ment estre habillé de pourpre et d'escarlate, mais avec ses mignons, habillés
« de mesme, et encore plus richement que lui, mener une vie dissolue, danser
« tout nud avec une *femme* (1) publique qu'il a fait exprès venir de loing pays. »

« Il n'estoit plus question, » dit un autre écrit, parlant du roi et du duc d'Espernon ; « il n'estoit plus question que de vivre selon la sensualité ; chas-
« sant la vertu bien arriere d'eux, aujourd'hui (en secret néanmoins) ils
« usoient d'une sorte de libertinage (2), et demain d'une autre : ores se fai-
« sant servir à table dans le cabinet par des femmes toutes nues, et par après
« faisant un nouveau mesnage. »

---

(1) Je change le mot du texte. — (2) Je change encore le mot du texte.

De méchantes gravures représentaient la Loire roulant des noyés, avec cette explication : *Figure des cruautés que Henry de Valois avoit executées contre les gens de bien qui ne trouvoient bons ses mauvais desportements.* Dans une autre gravure, on voyait une grande main marquée de trois fleurs de lis, saisissant par les cheveux, avec des doigts crochus, une religieuse à genoux devant un crucifix. L'inscription portait : *Figure de la Vierge religieuse, violée à Poissy par Henry de Valois.*

Une autre main, se glissant à travers les barreaux, s'étendait sur une croix enrichie de diamants et couchée sur un coussin de velours ; on lisait au-dessous de l'image *Pourtraict du sacrilege faict par Henry de Valois en la Sainte-Chapelle à Paris.* Ce prince était accusé d'avoir dit, en regardant la couronne d'épines de la Sainte-Chapelle : « Jesus-Christ avoit la teste bien grosse. »

Le duc de Mayenne, pressé par sa sœur la duchesse de Montpensier, était arrivé à Paris : le conseil de l'union le déclara lieutenant général de l'État royal et couronne de France. Paris, bien différent alors de ce qu'il était sous le roi Jean aux temps féodaux, commençait à prendre sur la France compacte et nationalisée cet ascendant qu'il a conservé : le reste du royaume catholique l'imita, et se révolta contre l'autorité de Henri III.

Ce prince avait fait à Blois la clôture des états le 16 janvier 1589 ; de là, après avoir manqué Orléans, il s'était retiré à Tours presque sans troupes. Il appela auprès de lui les membres fugitifs du parlement de Paris, de la chambre des comptes et de la cour des aides, et il entama des négociations avec le roi de Navarre.

Le Béarnais, pendant la tenue des états de Blois, avait présidé l'assemblée des églises réformées à La Rochelle ; il faisait la guerre en Poitou et dans la Saintonge, ayant en tête le duc de Nevers, qui commandait les troupes royales : par le conseil de Mornay, il publia un manifeste qui tendait à le rapprocher de Henri III et de la nation ; on y trouve ses sentiments, son caractère et son style. « Plust à Dieu que je n'eusse jamais esté capitaine, puisque mon appren-
« tissage devoit se faire aux despens de la France ! Je suis prest à demander
« au roi, mon seigneur, la paix, le repos de son royaume et le mien. . . . .
« . . . . . . On m'a souvent sommé de changer de religion ; mais comment ?
« la dague à la gorge . . . . Si vous desirez simplement mon salut, je
« vous remercie ; si vous ne desirez ma conversion que par la crainte que
« vous avez qu'un jour je vous contraigne, vous avez tort. »

Le roi de France craignait de se joindre au roi de Navarre : sa répugnance aurait été fondée en politique, s'il eût été le chef de l'opinion catholique ; mais c'était le duc de Mayenne qui était alors à la tête de cette opinion, comme frère et successeur du duc de Guise. Néanmoins l'accord fut fait entre les deux rois par l'entremise de Diane, légitimée de France, sœur naturelle de Henri III. On stipula une trêve d'un an, avec clause de déclarer conjointement la guerre au duc de Mayenne. Le duc se présenta avec une armée, et fut sur le point d'enlever Henri dans la ville qui lui servait d'asile. L'entrevue de Henri III et du Béarnais eut lieu au Plessis les Tours, le dernier jour du mois d'avril 1589. Le roi de France attendait le roi de Navarre dans les jardins du château de

Louis XI. Il n'y avait alors ni chausse-trappes, ni broches, ni grilles de fer, ni gibets, mais une grande foule de capitaines et de soldats curieux de ce spectacle d'union au milieu des haines si vives qui divisaient la France.

Le Béarnais arriva : « De sa troupe, nul n'avoit de manteau et de panache
« que lui ; tous avoient l'echarpe, et lui vestu en soldat, le pourpoint usé sur
« les epaules et aux costés de porter la cuirasse. Le haut-de-chausse de velours
« feuille morte, le manteau d'ecarlate, le chapeau gris, avec un grand panache
« blanc. »

Les deux Henri se virent longtemps sans se pouvoir approcher, à cause de la foule. Enfin, le premier Bourbon se jeta aux pieds du dernier Valois, qui le releva et l'embrassa en l'appelant son frère.

Henri de Navarre écrivit à Mornay : « La glace a esté rompue, non sans
« nombre d'avertissements, que, si j'y allois, j'estois mort : j'ai passé l'eau en
« me recommandant à Dieu. » C'était à peu près la position du duc de Guise à Blois ; mais la confiance du Balafré vint du mépris et du désespoir, et celle du Béarnais d'une conscience sans reproche.

Les rois s'avancèrent vers Paris. La réunion de l'armée protestante et de l'armée catholique, sous le même étendard, changea la nature des événements. Jusque-là il avait été possible que ces guerres civiles religieuses devinssent une véritable révolution. Tant que les réformés eurent un drapeau à part, leur marche vers l'avenir, et l'indépendance de leurs principes, pouvaient amener un changement dans la constitution de l'État ; mais aussitôt que les catholiques et les huguenots se rangèrent sous un commun chef, l'esprit aristocratique républicain se perdit ; la monarchie triompha ; les troubles de la France ne furent plus qu'une vulgaire question de personnes et de malheurs stériles.

Divers petits combats eurent lieu. Les soldats de l'armée de Mayenne forçaient les prêtres de baptiser les veaux, les moutons, les cochons, et de leur donner les noms de carpes, de brochets et de barbots.

Henri, excommunié par le pape, reçut la nouvelle de cette excommunication à Étampes. « Le remede à cela, lui dit le Béarnois, c'est de vaincre, et vous serez
« absous. » Un gentilhomme, envoyé de la part du roi à madame de Montpensier, lui déclara, de la part de son maître, qu'elle entretenait le feu de la sédition, et que, si elle tombait jamais entre les mains du roi, il la ferait brûler vive. Elle répondit : « Le feu est pour les sodomites comme lui. » Les rois vinrent asseoir leurs camps devant Paris ; leurs armées réunies, en y comprenant les dix mille Suisses amenés par Sancy, s'élevaient à plus de quarante mille hommes. Henri III prit son logement à Saint-Cloud, dans la maison de Gondy. Contemplant la capitale de la France du haut des collines, il disait : « Paris, teste trop grosse
« pour le corps, tu as besoin d'une saignée pour te guerir. » (Davila.) Jacques Clément mit fin à ses menaces et à ses espérances ; il tua le roi d'un coup de couteau à Saint-Cloud, le 1er août 1589. « Vous pouvez juger, monsieur, écrit
« un témoin oculaire, quel estoit ce piteux et miserable spectacle de voir d'un
« costé le roi ensanglanté, tenant ses boyaux entre ses mains, de l'autre ses
« bons serviteurs qui arrivoient à la file, pleurant, criant, se deconfortant. »
(Lettre de La Guesle.)

Charles de Valois, fils naturel de Charles IX et de Marie Touchet, comte d'Auvergne et duc d'Angoulême, avait rencontré Jacques Clément en allant chez le roi. « Je trouvai ce monstre de moine, dit-il dans ses trop courts Mé-
« moires, que la nature avoit fait de si mauvaise mine, que c'estoit un visage
« de demon plustot que de forme humaine. »

La sœur du duc de Guise, la fière Montpensier n'avait pas craint de se livrer à ce démon pour lui mettre le poignard à la main.

Henri fit dresser un autel vis-à-vis de son lit; son chapelain y dit la messe; au moment des élévations Henri prononça ces paroles : « Seigneur Dieu, si tu
« connois que ma vie soit utile et profitable à mon peuple et à mon Estat,
« conserve-moi et me prolonge mes jours, sinon prends mon corps et sauve
« mon ame; ta volonté soit faite! » (*Certificats de plusieurs seigneurs*.)

Le roi de Navarre arriva; Henri III lui tendit la main : « Mon frère, lui dit-
« il, vous voyez comme vos ennemis et les miens m'ont traité; *il faut que
« vous preniez garde qu'ils ne vous en fassent autant.* » Henri déclara que le roi de Navarre était son légitime successeur; il invita les seigneurs présents à le reconnaître.

« Je ne regrette point d'avoir peu vescu, puisque je meurs en Dieu; je sais
« que la derniere heure de ma vie sera la première de mes felicités; mais je
« plains ceux qui me survivent, mes bons et fidèles serviteurs. . . . . . .
« . . . .
« Je vous conjure tous, par l'inviolable fidelité que vous devez à vostre pa-
« trie, et par les cendres de vos pères, que vous demeuriez fermes et con-
« stants defenseurs de la liberté commune, et que vous ne posiez les armes que
« vous n'ayez entierement nettoyé le royaume des perturbateurs du repos pu-
« blic; et d'autant que la division seule sape les fondements de cette monarchie,
« avisez d'estre unis et conjoints en une mesme volonté. Je sais, et j'en puis
« repondre, que le roy de Navarre, mon beau-frère, legitime successeur de
« cette couronne, est assez instruit ès lois de bien regner, pour bien savoir
« commander choses raisonnables, et je me promets que vous n'ignorez pas
« la juste obeissance que vous lui devez. Remettez les differends de la reli-
« gion à la convocation des estats du royaume, et apprenez de moi que la piété
« est un devoir de l'homme envers Dieu, sur lequel le bras de la chair n'a point
« de puissance. Adieu, mes amis; convertissez vos pleurs en oraisons, et priez
« pour moi. » (*Histoire des derniers troubles*, livre v.) Henri III expira le mercredi 2 août, deux heures après minuit, ayant pardonné à ceux *qui avoient pourchassé sa blessure*. (Certificat des seigneurs.)

S'il y avait douleur à Saint-Cloud, il y avait joie à Paris : maudit ici, béni là; admiré dans un parti, ravalé dans l'autre; grand ou petit personnage en deçà ou au delà d'une limite et d'un jour, traîné du mausolée à l'égout, ou transporté de l'égout au mausolée : tel est le sort de tout homme qui s'est fait un nom dans les temps de factions. Les véritables paroles de Henri III, sur son lit de mort, furent graves et courageuses; les ligueurs lui prêtèrent d'autres discours; ainsi les révolutionnaires falsifièrent les *Mémoires* de Cléry, et mirent dans la bouche de Louis XVI à l'échafaud des expressions ignobles. On vendait

ATALA N'OFFRAIT PLUS QU'UNE FAIBLE RÉSISTANCE.

dans les rues de Paris, en 1589, *les propos lamentables de Henri de Valois :*
« O Satan ! tu m'as versé au commencement de bon vin....... Déjà ma sen-
« tence est prononcée, mon sepulchre et tombeau jà prest et appareillé aux te-
« nebres pour me recevoir à cause de mes pechés. Où est maintenant la gran-
« deur de mes richesses ? la multitude de mes barons et gentilshommes ? Où
« sont mes gendarmes et l'ordre de mes armées ? Où est l'appareil de mes
« delices? Où sont mes chiens de chasse? Où sont mes chevau-légers? Où
« sont mes oiseaux si bien chantants? Où sont mes grandes salles, si riche-
« ment peintes et tapissées ?......... O mes pechés et delices, me rendez-
« vous ce que vous m'aviez promis ?........... Oh ! qui sera mon
« loyal ami, mon feable secours à ce mien dernier besoin, à ceste estroite
« heure de ma despartie !........ Je suis tourmenté très-asprement par
« la vehemente chaleur du feu, par la très-furieuse rigueur du froid, par les
« tenebres, fumée, grand'faim, grand'soif, puantise, par horrible vision des
« diables, et leurs cris perpetuels et espouvantables, et par lever de ma mes-
« chante et malheureuse conscience..... Mes mains mollettes, qui, pour
« chasser le froid et l'ardeur du soleil, estoient jadis couvertes de gants, et mes
« bras, beaux et jolis, ornés de bracelets, mes pieds semblablement, en
« somme tout mon corps endure tourment. Je suis laid, vilain, passible, pe-
« sant, obscur; choses tristes, desconfortées, me sont exhibées et represen-
« tées......... En tourments demeurerai et en privation eternelle de
« la vision de Dieu. »

Les ligueurs faisaient de Henri III un ennemi de Dieu ; et les révolutionnaires faisaient de Louis XVI un ennemi de la liberté.

L'effet de la mort de Henri, dans le camp des deux rois, était représenté aux
Parisiens avec un mélange d'exaltation, de raillerie et de vérité propre à agir
sur la foule. « Les nouvelles de cette prompte mort furent incontinent semées
« par tout le camp, et d'Espernon de se contrister et pleurer comme un veau,
« et messieurs de la garde de se regarder l'un et l'autre les bras croisés, et les
« politiques qui avoient fait saler leurs estats pour les mieux conserver, de de-
« meurer estonnés, et les Suisses de boire, et ceux qui pensent de succeder à
« la couronne, de rire en cœur, et faire bonne mine et mauvais jeu, maudis-
« sant les ligueurs et encore plus le pauvre jacobin, qui, tout mort, est tiré à
« quatre chevaux et bruslé par après. Je vous laisse à penser le mal qu'il endu-
« roit, estant traité ainsi après sa mort. Son ame cependant ne laisse de monter
« au ciel avec les bienheureux ; de celle de Henri de Valois, je m'en rapporte
« à ce qui en est. » (*Dis. veritable de l'estrange et subite mort de Henri de Valois.*)

Lorsque madame de Montpensier reçut la première nouvelle de l'assassinat, elle sauta au cou du messager : « Ah ! mon ami, soyez le bien venu !
« Mais est-il vrai au moins? ce meschant, ce perfide, ce tyran est-il mort?
« Dieu, que vous me faites aise ! Je ne suis marrye que d'une chose, c'est
« qu'il n'ait pas su, avant de mourir, que c'est moi qui l'ai fait faire. » Elle
courut chez madame de Nemours, sa mère, monta avec elle en carrosse et s'en
alla de rue en rue, distribuant des écharpes vertes, couleur d'une espèce de
deuil dérisoire consacré aux fous ; « Bonne nouvelle ! mes amis ! s'escrioit-

« elle, bonne nouvelle! le tyran est mort; il n'y a plus de Henri de Valois en
« France ! » (L'Estoile.)

Madame de Nemours, du haut des degrés du grand hôtel des Cordeliers, harangua le peuple. On fit des feux de joie; les prédicateurs canonisèrent Jacques Clément; on publia les actes du *Martyre de frère Jacques Clément, de l'ordre de saint Dominique*. On vendait à la foule le portrait du moine, avec des vers dignes du héros :

> Un jacobin, nommé Jacques Clément,
> Dans le bourg de Saint-Cloud une lettre présente
> A Henri de Valois, et vertueusement
> Un couteau fort pointu dans l'estomach lui plante.

Sixte-Quint, en plein consistoire, déclara que le régicide Jacques Clément était comparable, pour le salut du monde, à l'Incarnation et à la Résurrection, et que le courage du religieux jacobin surpassait celui d'Éléazar et de Judith. Ce pape avait trop peu de conviction politique et trop de génie pour être sincère dans ces comparaisons sacriléges; mais il lui importait d'encourager des fanatiques prêts à tuer des rois au nom du pouvoir papal. Le parlement de Toulouse ordonna qu'une procession solennelle aurait lieu tous les ans, le jour de l'assassinat du roi. (Dupleix.)

Au reste, jamais coup de poignard n'a produit plus grand effet et révolution plus subite; il dispersa une armée formidable qui assiégeait Paris; il coupa une branche sur l'arbre de saint Louis, et fit pousser un autre rameau royal : une couronne catholique tomba sur la tête d'un prince huguenot, lequel prince, abandonnant le protestantisme, priva les religionnaires de leur chef, et anéantit cette espèce d'avenir qui pouvait naître de la réformation. Coligny, le connétable de Montmorency, le maréchal de Saint-André, François de Guise, et le premier cardinal de Guise, les deux Condé, Henri de Guise, et le cardinal son frère, Catherine de Médicis, n'étaient plus; ainsi les personnages les plus remarquables sous les règnes de Henri II, de François II, de Charles IX, de Henri III, disparaissent avant et avec le dernier prince de cette race. Le règne des Valois finit à Saint-Cloud, le 2 août 1589; celui des Bourbons y commença le même jour, pour y finir le 31 juillet 1830.

Maintenant il est essentiel de dérouler de suite le tableau des mœurs depuis Henri II jusqu'à Henri IV, parce qu'il offre des choses qu'on n'avait point encore vues en France, et qu'on ne reverra jamais. Les orgies sanglantes de la république révolutionnaire ne reparaîtront pas davantage : les mœurs, aux deux époques, étaient symptomatiques de faits épuisés.

La débauche et la cruauté sont les deux caractères distinctifs de l'ère des Valois.

A la Saint-Barthélemy, sans parler du meurtre général, un nommé Thomas se vantait d'avoir massacré quatre-vingts huguenots dans un seul jour. Coconas épouvanta Charles IX lui-même par son récit : il avait racheté trente huguenots des mains du peuple et les avait tués à petits coups de stylet, après leur avoir fait abjurer leur foi sous promesse de la vie. Le parfumeur de Cathe-

rine de Médicis, « homme confit en toutes sortes de cruautés et de meschan-
« cetés, alloit aux prisons poignarder les huguenots, et ne vivoit que de
« meurtres, brigandages et empoisonnements. »

On entretenait des assassins à gages comme des domestiques : les Guise en
avaient, les Châtillon en avaient, les rois en avaient; tous ceux qui les pouvaient
payer en avaient, et ces assassins connus n'étaient point, ou étaient rarement
punis. Charles IX, son frère, roi de Pologne (et depuis Henri III), Henri, roi
de Navarre, et le bâtard d'Angoulême, étant allés dîner chez Nantouillet, prévôt de Paris, lui volèrent sa vaisselle d'argent. Ce jour-là même Nantouillet
avait caché chez lui quatre coupe-jarrets pour commettre un meurtre qu'ils
exécutèrent. Ces quatre hommes entendant le fracas que faisaient les rois, et
se croyant découverts, furent au moment de sortir de leur repaire le pistolet à
la main.

Marguerite de Valois fit poignarder dans son lit du Guast, favori de Henri III.

Outre les assassins à gages, on s'attachait des braves qui se provoquaient
entre eux, et qui ressuscitèrent les gladiateurs gaulois. Ces jeunes gentilshommes,
qui s'attachaient à des maîtres, passaient les jours, dans les salles basses du
Louvre, à tirer des armes, ou dans la campagne à franchir des fossés, à ma-
nier le pistolet et la dague. Les amis se liaient par des serments terribles : quand
un ami faisait une absence, l'ami présent prenait le deuil, laissait croître sa
barbe, se refusait à tous plaisirs et paraissait plongé dans une mélancolie profonde. Les femmes entraient dans ces associations romanesques : au signal de
sa maîtresse, il se fallait précipiter dans une rivière sans savoir nager, se livrer
aux bêtes féroces, ou se déchiqueter avec un poignard.

On jouait avec la mort : Henri III portait un long chapelet, dont les grains
étaient des têtes de mort, et qu'il appelait *le fouet de ses grandes haquenées.* Il
avait encore de petites têtes de mort peintes sur les rubans de ses souliers. Si
on l'eût cru, on aurait transformé le bois de Boulogne en un cimetière, qui
serait devenu ce qu'est aujourd'hui le cimetière de l'Est. Marguerite de Valois
et la duchesse de Nevers se firent apporter les têtes de Coconas et de La Mole,
leurs amants décapités; elles les baisèrent, les embaumèrent et les baignèrent
de leurs larmes. Villequier tue sa femme parce qu'elle ne se voulait pas pros-
tituer à Henri III. Simiers tue son frère, chevalier de Malte, que sa femme
aimait. Baleins condamne à mort dans son château un jeune homme qui avait
séduit sa sœur; la sentence est rédigée par un prétendu greffier, dans une
moquerie de cour de justice; Baleins prononce l'arrêt et l'exécute. Le soldat
corse San-Pietro étrangle Vanina sa femme; menacé d'un jugement, il vient
à la cour et dit : *Qu'importe au roi, qu'importe à la France, la bonne ou la
mauvaise intelligence de Pierre avec sa femme?* Pierre reste estimé et impuni.

Tous les jours il y avait des rencontres de cent contre cent, de deux cents
contre deux cents, comme au moyen âge de l'Italie ; à tout propos des duels d'un
contre un, de deux contre deux, de quatre contre quatre : ceux de Caylus,
de Maugiron, d'Entragues, de Ribérac, de Schomberg et de Livarot sont entre
les plus connus.

Bussy d'Amboise avait aimé Marguerite de Valois, qui ne s'en cache pas dans ses Mémoires. Attaché au duc d'Anjou, Bussy insultait incessamment les mignons du roi. « Entrant dans la chambre du roi avec cette belle façon qui lui « estoit naturelle, le roi lui dit qu'il vouloit qu'il s'accordast avec Caylus..... » Bussy lui répond : « Sire, s'il vous plaist que je le baise, j'y suis tout disposé. « Et accommodant les gestes avec la parole, lui fit une embrassade à la panta- « lone. » (MARGUERITE DE VALOIS.)

Bussy avait une intrigue avec la femme de Charles de Chambres, comte de Montsoreau, grand veneur du duc d'Anjou ; il en parlait dans une lettre qu'il écrivait à ce prince, lui disant qu'il tenait dans ses *filets la biche du grand veneur*. Le duc d'Anjou montra cette lettre à Henri III, qui, haïssant Bussy, la communiqua au mari offensé. Montsoreau contraignit sa femme de donner un rendez-vous à Bussy au château de Constancières, et l'y fit assassiner. Bussy, gouverneur d'Anjou, était abbé de Bourgueil, et son *messager d'amour* était le lieutenant criminel de Saumur. « Telle fut la fin du capitaine Bussy, d'un cou- « rage invincible, haut à la main, fier et audacieux ; aussi vaillant que son « espée.......... mais vicieux et peu craignant Dieu ; ce qui causa son malheur, « n'estant parvenu à la moitié de ses jours, comme il advient aux hommes de « sang tels que lui. » Bussy, grand massacreur à la Saint-Barthélemy, égorgea ce jour-là Antoine de Clermont, son parent, avec lequel il avait un procès. « Tous ces spadassins, dit L'Estoile, ne croyaient en Dieu que sous bénéfice « d'inventaire. »

Le vicomte de Turenne, qui fut depuis le maréchal de Bouillon, ayant pour second Jean de Gontaut, baron de Salignac, se battit, sur la grève d'Agen, contre Jean de Durfort de Duras-Rauzan, et Jacques de Duras, son frère. Le vicomte de Turenne reçut traîtreusement dix-sept blessures. Rauzan fut accusé d'avoir porté une cotte de mailles sous ses vêtements, ou d'avoir aposté dix ou douze hommes qui assaillirent, pendant le combat, le vicomte de Turenne.

Comme dans les proscriptions romaines, on tuait pour confisquer les biens, sans jugement et sans qu'il y eût des vaincus et des vainqueurs. « En ce temps, « la bonne dame Catherine, en faveur de son mignon de Reitz, qui vouloit avoir « la terre de Versailles, fit estrangler aux prisons Loménie, secrétaire du roi, « auquel cette terre appartenoit, et fit mourir encore quelques autres pour « recompenser ses serviteurs de confiscations. » (L'ESTOILE.)

Cette cruauté des mœurs privées se retrouvait à la guerre : Alphonse Ornano, fils du corse San-Pietro, exécutait lui-même les sentences de mort qu'il exécutait contre ses soldats. Un de ses neveux, ayant manqué à quelque devoir militaire, vint pour dîner avec son oncle : Alphonse se lève, le poignarde, demande à laver ses mains et se remet à table.

Montluc, du parti catholique, dit dans ses Mémoires : « Je recouvrai deux « bourreaux, lesquels on appela depuis mes laquais, parce qu'ils estoient sou- « vent avec moi. On pouvoit connoistre par où j'avois passé, car, par les arbres « sur les chemins, on trouvoit les enseignes..... Il apprenoit à ses enfants à « estre tels que lui, et à se baigner dans le sang dont l'aisné ne s'espargna pas « à la Saint-Barthelemy. » Cet homme farouche fut blessé à l'assaut de Rabasteins d'une arquebusade qui lui perça les deux joues et lui enleva une partie du nez; il cacha sous un masque, le reste de sa vie, ces traits déchirés à la guise de ses victimes. Il eut l'intention de finir ses jours dans un ermitage au haut des Pyrénées, comme les ours.

Son rival de férocité chez les calvinistes était le baron des Adrets : « Au « regard farouche, au nez aquilin, au visage maigre et descharné, et marqué « de taches de sang noir. » (De Thou.) A Montbrison, il s'amusait à faire sauter du haut d'une tour les prisonniers qu'il avait faits. Un d'entre eux hésite; il prend deux fois son élan; des Adrets s'écrie : « *C'est trop de deux fois.* « — Je vous le donne en dix,* » répond le prisonnier. On reconnaît le soldat français.

La ville de Niort est surprise par les réformés. « Passant toute barbarie et « cruauté, après avoir prins tous les prestres de la ville, et voyant que l'un « d'iceux, pour quelque tourment qu'ils lui fissent, ne vouloit se divertir de sa « religion, le prindrent, et, après l'avoir lié comme bourreaux, l'ouvrirent tout « vif par le ventre, en la présence des autres prestres, et lui firent tirer par « leurs goujats les parties nobles, desquelles ils en battoient la face des autres, « afin de les intimider et de leur faire renier Dieu................

« Ils exercerent la plus grande cruauté qu'on sauroit excogiter en la personne « d'une femme qui mesprisoit leurs cruautez, laquelle ayant veu tuer son « mary, qui combattoit pour la foy catholique, et les voulant reprendre des « cruautez qu'ils commettoient, ils la prindrent et lierent, et l'ayant menacée « de la faire mourir, si elle ne vouloit renier la messe............

« Ces bourreaux, voyant sa constance, excogiterent une mort de laquelle les « diables mesmes ne sçauroient adviser, qui est qu'ils luy emplirent par la « nature le ventre de poudre à canon et y mirent le feu, la faisant, par ce « moyen, crever et jaillir les boyaux, la laissant mourir en un tel martyre. »

Le connétable de Montmorency rendait le mal pour le mal : « On disoit aux « armées qu'il se falloit garder des patenostres de monsieur le connestable, car « en les disant ou murmurant, il disoit : Allez-moy pendre un tel; attachez « celui-là à un arbre, faites passer celui-là par les picques tout à cette heure, « ou le harquebusez tous devant moy; taillez-moy en pieces tous ces marauts « qui ont voulu tenir ce clocher contre le roy; bruslez-moy ce village; boutez-« moi le feu partout à un quart de lieue à la ronde. »

Les mœurs de Henri III et de sa cour ne ressemblent en rien à ce que nous avons vu jusqu'ici dans l'histoire de France; on retrouve avec étonnement, au milieu de la société moderne, une espèce d'Élagabale chrétien. Les petits chiens, les perroquets, les habillements de femmes, les mignons, les processions de pénitents, remplissent, avec les duels, les assassinats et les faits d'armes, les pages de ce règne d'un monarque, si loin des rois féodaux.

« Henri III *faisoit joustes, ballets et tournois, et force mascarades, où il se trouvoit ordinairement habillé en femme, ouvroit son pourpoint et decouvroit sa gorge, y portoit un collier de perles et trois collets de toile, deux à fraise et un renversé, ainsi que lors les portoient les dames de la cour.* »

Dans un festin somptueux, les femmes, vêtues en habits d'hommes, firent le service; et dans un autre festin les *plus belles et honnestes de la cour, estant à moitié nues, et ayant leurs cheveux espars comme espousées, furent employées à faire le service.*

« Nonobstant toutes les affaires de la guerre et de la rebellion que le roi avoit « sur les bras, il alloit ordinairement en coche avec la reine, son espouse, « par les rues et les maisons de Paris, prendre les petits chiens qui leur plai- « soient ; alloient aussi par tous les monasteres des femmes, aux environs de « Paris, faire pareilles questes de petits chiens, au grand regret des dames « qui les avoient ; se faisoient lire la grammaire et apprendre à decliner »

« Le nom de Mignon, dit L'Estoile, commença alors à trotter sur la bouche « du peuple (1576), à qui ils estoient fort odieux, tant pour leurs façons de « faire badines et hautaines, que par leurs accoustrements effeminés et les dons « immenses qu'ils recevoient du roy : ces beaux mignons portoient les cheveux « longuets, frisés et refrisés, remontants par dessus leurs petits bonnets de « velours, comme font les femmes, et leurs fraises de chemises de toile « d'atour empesées et longues de demi-pied, de façon que voir leurs testes « dessus leurs fraises, il sembloit que ce fust le chef de saint Jean en un plat. »

Thomas Arthus nous représente Henri III couché dans un lit large et spacieux, se plaignant qu'on le réveille trop tôt à midi, ayant un linge et un masque sur le visage, des gants dans les mains, prenant un bouillon et se replongeant dans son lit. Dans une chambre voisine, Caylus, Saint-Mesgrin et Maugiron se font friser, et achèvent la toilette la plus correcte : on leur arrache le poil des sourcils, on leur met des dents, on leur peint le visage, on passe un temps énorme à les habiller et à les parfumer. Ils partent pour se rendre dans la chambre de Henri III, « branlant tellement le corps, la teste et les « jambes, que je croyois à tout propos qu'ils dussent tomber de leur long..... « Ils trouvoient cette façon-là de marcher plus belle que pas une autre. »

Henri embrassait ses favoris devant tout le monde ; il leur mettait des colliers et des pendants d'oreilles : il passait les jours avec eux dans des appartements secrets ; la nuit il couchait avec eux dans une vaste salle, autour de laquelle étaient des lits séparés par une petite cloison, comme dans un dortoir ; le favori du jour partageait la couche de son roi. Ce fut dans cette chambre commune que Saint-Luc essaya de réveiller les remords dans l'âme de son maître, en lui parlant dans le tuyau d'une sarbacane.

Les femmes jouaient un rôle principal dans toutes ces intrigues : Catherine de Médicis avait entretenu un commerce intime avec le premier cardinal de Guise, *comme nièce de deux papes* (Léon X et Clément VII), disaient les huguenots. Elle fut accusée d'avoir corrompu à dessein son fils Charles IX : « Au lieu « de teindre cette royale jeunesse en toute vertu...... elle laisse approcher de « sa personne des maistres de juremens et de blasphesmes, des moqueurs de « toute religion ; elle le fait solliciter par des pourvoyeurs, qu'elle pose comme « en sentinelle à l'entour de lui-mesme ; perd tellement toute honte, qu'elle « lui sert de pourvoyeuse (1). » (*Discours merveilleux.*) On prétendit qu'elle avait essayé d'empoisonner l'armée du prince de Condé tout entière.

(1) Je change le mot du texte.

ANALYSE RAISONNÉE DE L'HISTOIRE DE FRANCE. 243

Madame de La Bourdaisière, aïeule de Gabrielle, remplissait la cour de ses aventures : « Aussi belle en ses vieux jours, dit Brantôme, que l'on eust dit « qu'elle eust été en ses jeunes ans, si bien que ses cinq filles, qui ont esté des « belles, ne l'effaçoient en rien. »

La jeune duchesse de Nevers ne conserva pas longtemps le souvenir de la fin tragique de Coconas ; elle fut surprise dans d'autres rendez-vous, ce qui donna lieu au titre d'un des prétendus ouvrages de l'ingénieuse satire intitulée : *Bibliothèque de madame de Montpensier*. Ce titre était : *La maniere d'arpenter les prés brievement, par madame de Nevers*.

J'ai déjà parlé de la belle de Sauve, femme en secondes noces de François de La Trémoille, marquis de Noirmoutiers.

Anne d'Estrées, marquise de Cœuvres, fille de madame de La Bourdaisière et mère de Gabrielle, avait quitté son mari pour s'attacher au marquis d'Allègre. Elle fut massacrée dans Issoire, lorsque cette ville fut prise d'assaut par les catholiques, le 28 mai 1677 ; son corps dépouillé apprit une singulière parure de ces temps de libertinage.

De plus hautes dames, telles que la duchesse de Guise, entretenaient des liaisons qui se terminaient presque toujours par des meurtres. Saint-Mesgrin fut assassiné à onze heures du soir, en sortant du Louvre, par une trentaine d'hommes, à la tête desquels on crut reconnaître le duc de Mayenne. La nouvelle en étant parvenue en Gascogne au roi de Navarre, il dit : « Je sais bon « gré au duc de Guise, mon cousin, de n'avoir pu souffrir qu'un mignon de « couchette le deshonorast ; c'est ainsi qu'il faudroit accoustrer tous ces petits « galants de la cour, qui se meslent d'approcher les princesses pour les « mugueter. » (L'ESTOILE.)

Marguerite de Valois se consolait à Usson de la perte de ses grandeurs et des malheurs du royaume *par la seule vue de l'ivoire de son bras*. Selon le père La Coste, elle avait triomphé du marquis de Canillac qui la gardait dans ce château. Elle faisait semblant d'aimer la femme de Canillac. « Le bon du jeu, dit « d'Aubigné, fut qu'aussitost que son mari (Canillac) eut le dos tourné pour al- « ler à Paris, Marguerite la despouilla de ses beaux joyaux, la renvoya comme « une peteuse avec tous ses gardes, et se rendit dame et maistresse de la place. « Le marquis se trouva beste, et servit de risée au roi de Navarre. »

Marguerite pleurait les objets de son attachement lorsqu'elle les avait perdus, faisait des vers à leur mémoire, et déclarait qu'elle leur serait toujours fidèle :

> Alys, de qui la perte attriste mes années ;
> Alys, digne des vœux de tant d'âmes bien nées,
> Que j'avais élevé pour montrer aux humains
> Une œuvre de mes mains !
> . . . .
> Si je cesse d'aimer, qu'on cesse de prétendre.
> Je ne veux désormais être prise, ni prendre.

Et dès le soir même Marguerite était prise, et mentait à son amour et à la muse. La Mole ayant été décapité, elle soupira ses regrets *au beau Hyacinthe*.

« Le pauvre diable d'Aubiac, en allant à la potence, au lieu de se souvenir
« de son ame et de son salut, baisoit un manchon de velours raz bleu qui lui
« restoit des bienfaits de sa dame. » Aubiac, en voyant Marguerite pour la
première fois, avait dit : « Je voudrois *avoir esté aimé d'elle* (1), à peine
« d'être pendu quelque temps après. » Martigues portait aux combats et aux
assauts un petit chien que lui avait donné Marguerite. D'Aubigné prétend que
Marguerite avait fait faire à Usson les lits de ses dames extrêmement hauts,
« afin de ne plus s'escorcher, comme souloit, les espaules en s'y fourrant à
« quatre pieds pour y chercher Pominy, » fils d'un chaudronnier d'Auvergne,
et qui, d'enfant de chœur qu'il était, devint secrétaire de Marguerite. Le même
historien la prostitue dès l'âge de onze ans à d'Antragues et à Charin; il la
livre à ses deux frères, François, duc d'Alençon, et Henri III. Mais il ne faut
pas croire entièrement d'Aubigné, huguenot hargneux, ambitieux mécontent,
d'un esprit caustique : Pibrac et Brantôme ne parlent pas comme lui.

Marguerite n'aimait point Henri IV, qu'elle trouvait sale. « Elle recevoit
« Champvallon dans un lit éclairé avec des flambeaux, entre deux linceuls
« de taffetas noir... Elle avoit escouté M. de Mayenne, bon compagnon, gros et
« et gras, et voluptueux comme elle, et ce grand desgousté de vicomte de Tu-
« renne, et ce vieux rufian de Pibrac, dont elle montroit les lettres pour rire à
« Henri IV; et ce petit chicon de valet de Provence, Date, qu'avec six aulnes
« d'étoffe elle avoit anobli dans Usson; et ce bec-jaune de Bajaumon, » dernier amant de la longue liste qu'avait commencée d'Antragues, et qu'avaient
continuée, avec les favoris déjà cités, le duc de Guise, Saint-Luc et Bussy.

Au milieu de ces débordements, il faut donner place à la rigide façon d'être
des réformés et à la vie austère de ces magistrats catholiques qui ressemblaient
à des Romains du temps de Cincinnatus, transportés à la cour d'Élagabale.
Duplessis-Mornay était l'exemple du parti protestant. Sa vertu lui conférait le
droit d'avertir Henri IV de ses faiblesses : sur le champ de bataille de Coutras,
au moment où l'action allait commencer, il représente au jeune roi de Navarre qu'il a porté le trouble dans une honnête famille par une liaison criminelle;
qu'il doit à son armée la réparation publique de ce scandale, et à Dieu, devant
lequel il va peut-être paraître, l'humble aveu de sa faute. Henri se confesse au
ministre Chandieu, et dit aux seigneurs de sa cour qui l'en veulent détourner :
« On ne peut trop s'humilier devant Dieu, ni trop braver les hommes. » Il
tombe ensuite à genoux avec ses soldats protestants; le pasteur prononce la
prière. Joyeuse, à la tête de l'armée catholique, les voit, et s'écrie : « Le roi de
« Navarre a peur! — Ne le prenez pas là, répond Lavardin; ils ne prient ja-
« mais sans qu'ils soient resolus de vaincre ou de mourir. » Joyeuse perdit la
bataille et la vie.

Mornay, comme Sully, resta fidèle à sa religion lorsque Henri IV l'abjura :
outragé par un jeune gentilhomme, il en demanda justice à Henri IV, qui lui
répondit : « Monsieur Duplessis, j'ai un extresme desplaisir de l'injure que vous
« avez reçue, à laquelle je participe comme roi et comme votre ami. Pour le

(1) Le texte est plus franc.

« premier, je vous en ferai justice et à moi aussi ; si je ne portois que le se-
« cond titre, vous n'en avez nul de qui l'espée fust plus preste à degaisner, ni
« qui y portast sa vie plus gaiement que moi. » Sous Louis XIII, Mornay,
toujours considéré, mais tombé dans la disgrâce et obligé de renoncer à son
gouvernement de Saumur, voulait quitter la France : « On gravera sur mon
« tombeau, disoit-il, en terre estrangere : « *Ci-gist qui, aagé de soixante-treize*
« *ans, après en avoir employé sans reproche quarante-six au service de deux*
« *grands rois, fut contraint de chercher son sepulchre hors de sa patrie.* »

Les magistrats catholiques offraient encore des mœurs plus graves et plus
saintes. Pendant plusieurs siècles ils ne reçurent ni présents, ni visites, ni lettres,
ni messages relativement aux procès. Il leur était défendu de boire et de manger avec les plaideurs ; on ne leur pouvait parler qu'à l'audience ; le commerce
leur était interdit ; ils ne paraissaient jamais à la cour que par ordre du roi.
La justice fut d'abord gratuite ; les conseillers au parlement recevaient cinq
sous *parisis* par jour, le premier président mille livres par an, les trois autres
présidents cinq cents livres ; on y ajoutait un manteau d'hiver et un manteau
d'été. Il fallait trente ans d'exercice pour obtenir, à titre de pension, la continuation d'un si modique traitement. Lorsque ces magistrats n'étaient point de
service, ils n'étaient point payés, et retournaient enseigner le droit dans leurs
écoles. Sous Charles VI, le parlement était si pauvre, que le greffier ne put
dresser le procès-verbal de quelques fêtes données à Paris, parce qu'il n'avait
pas de parchemin, et que sa cour n'avait pas d'argent pour en acheter. Toutes
les dépenses du parlement de Paris, vers le quatorzième siècle, s'élevaient à la
somme de onze mille livres, monnaie de ce temps.

Quant à la science, ces anciens magistrats la considéraient comme une partie
de leurs devoirs, et depuis l'enfance jusqu'à la vieillesse, leur vie n'était qu'une
longue étude. « L'an 1545, dit Henri de Mesmes, fils du premier président de
« Mesmes, je fus envoyé à Toulouse pour estudier en lois avec mon precepteur
« et mon frere, sous la conduite d'un vieux gentilhomme tout blanc, qui avoit
« voyagé longtemps par le monde. Nous estions debout à quatre heures, et,
« ayant prié Dieu, allions à cinq heures aux estudes, nos gros livres sous le
« bras, nos ecritoires et nos chandeliers à la main. »

De Thou rencontra Charles de Lamoignon à Valence, où Cujas expliquait Pa-
pinien ; il accompagna en Italie Paul de Foix et Arnauld d'Ossat. De Foix se
faisait lire en soupant à l'auberge, et pour se délasser, quelques pages d'Aristote et de Cicéron dans leur langue originale, ou les sommaires de Cujas sur le
Digeste : de Thou était l'auditoire, et de Chœsne, qui devint président à Chartres, le lecteur. Le chancelier d'Aguesseau raconte à peu près la même chose
de l'éducation que lui donna son père : « Mon père nous menait presque tou-
« jours avec lui dans ses fréquents voyages ; son carrosse devenait une espèce
« de classe où nous avions le bonheur de travailler sous un aussi grand maître.
« Après la prière des voyageurs, par laquelle ma mère commençait toujours
« sa marche, nous expliquions les auteurs grecs et latins. . . . .
« . . . . . . La règle ordinaire de mon père et de ma mère était de réserver,
« pour l'exercice continuel de leur charité, la dîme de tout ce qu'ils recevaient.

« Ils regardaient les pauvres comme leurs enfants ; de sorte que, s'ils avaient
« dix mille francs à placer, ils n'en plaçaient que huit, et en donnaient deux
« aux pauvres, qu'ils regardaient comme leur propre sang, par une adoption
« sainte et glorieuse pour eux, qui mettait Jésus-Christ même au nombre de
« leurs enfants. Mais les calamités publiques et particulières augmentaient pres-
« que toujours la part des pauvres bien au delà de cette proportion. »

A la mort d'un des ancêtres de de Thou, le parlement déclara que non-seulement il assisterait aux obsèques de son président, mais qu'il en pleurerait la perte aussi longtemps que la justice régnerait dans les tribunaux, déclaration qui fut inscrite sur les registres. En 1588, les litières et les carrosses commençaient à être en usage à la cour ; la présidente de Thou n'allait jamais par la ville qu'en croupe derrière un domestique, pour servir de règle et d'exemple aux autres femmes.

On remarque, sous le règne des Valois, un Chrestien de Lamoignon : il en est de certaines familles comme de certains hommes ; elles sont longtemps à chercher leur génie, et restent inconnues jusqu'à ce qu'elles l'aient trouvé. Les Lamoignon, de braves et obscurs chevaliers qu'ils étaient, devinrent des magistrats illustres ; mais ils semblèrent retenir quelque chose de leur première destinée : la robe ne fut que leur cotte d'armes : la Providence réserva à Malesherbes un champ de bataille, un combat glorieux, et la mort par le glaive. Le Chrestien de Lamoignon du seizième siècle avait étudié sous Cujas, comme son père Charles sous Alciat ; il vécut au milieu des guerres civiles. Entre autres aventures, il revint de Bourges à Paris, déguisé en mendiant ; il entra dans sa maison comme Ulysse, en demandant l'aumône ; il y fut reçu avec des larmes de joie par ses frères et ses sœurs. Bâville n'était d'abord qu'une petite gentilhommière contenant à peine deux ou trois chambres à donner aux étrangers : dans la plus grande, on mettait quatre lits. Dans la suite, Bâville devint un château où se rassemblait la meilleure et la plus illustre société : madame de Sévigné y rencontrait, dans une bibliothèque célèbre, « le père
« Rapin, et Bourdaloue dont l'esprit était charmant et d'une facilité fort ai-
« mable. »

Une anecdote fait connaître la simplicité des mœurs de ces anciens magistrats : « Claude de Bullion, dit le président de Lamoignon dans ses Mémoires,
« avait été nourri avec feu mon père. Il aimait à me conter comment on les
« portait tous deux sur un même âne, dans des paniers, l'un d'un côté, l'autre
« de l'autre, et qu'on mettait un pain du côté de mon père, parce qu'il était
« plus léger que lui, pour faire le contre-poids. »

Le premier président Le Maître stipulait dans les baux de ses fermiers :
« Qu'aux veilles des quatre bonnes fêtes de l'année et au temps des ven-
« danges, ils seraient tenus de lui amener une charrette couverte, avec de
« bonne paille fraîche dedans, pour y asseoir Marie Sapi, sa femme, et sa
« fille Geneviève, comme aussi de lui amener un ânon et une ânesse pour
« monture de leur chambrière, pendant que lui, premier président, marche-
« rait devant, sur sa mule, accompagné de son clerc, qui irait à ses côtés. »

Ces hommes si simples, si doctes, si intègres, qui s'avançaient au milieu des générations nouvelles comme les oracles du passé, étaient encore des juges intrépides : non-seulement ils étaient les gardiens des lois, mais ils en étaient les soldats, et savaient mourir pour elles.

Brantôme, parlant du chancelier de l'Hospital : « C'estoit un autre censeur
« Caton, celui-là, et qui savoit très-bien censurer et corriger le monde cor-
« rompu. Il en avoit du moins toute l'apparence avec sa grande barbe blanche,
« son visage pasle, sa façon grave, qu'on eust dit à le voir que c'estoit un vrai
« portrait de saint Jerosme.

« Il ne falloit pas se jouer avec ce grand juge et rude magistrat ; si estoit-il
« pourtant doux quelquefois, là où il voyoit de la raison . . . . . Ces belles
« lettres humaines lui rabattoient beaucoup de sa rigueur de justice. Il estoit
« grand orateur et fort disert, grand historien, et surtout très-divin poëte latin,
« comme plusieurs de ses œuvres l'ont manisfesté tel. »

L'Hospital, peu aimé de la cour et disgracié, se retira pauvre dans une petite maison de campagne auprès d'Étampes. On l'accusait de modération en religion et en politique : des assassins lui furent dépêchés lors du massacre de la Saint-Barthélemy. Ses domestiques s'empressaient de fermer les portes de sa maison : « Non, non, dit-il, si la petite porte n'est bastante pour les faire en-
« trer, ouvrez la grande. »

La veuve du duc de Guise sauva la fille du chancelier, en la cachant dans sa maison ; il dut lui-même son salut aux prières de la duchesse de Savoie. Nous avons son testament en latin : Brantôme le donne en français.

« Ceux, dit l'Hospital, qui m'avoient chassé, prenoient une couverture de
« religion, et eux-mesmes estoient sans piété et sans religion ; mais je vous
« puis assurer qu'il n'y avoit rien qui les emust davantage que ce qu'ils pen-
« soient, que tant que je serois en charge, il ne leur seroit permis de rompre
« les edits du roi, ni de piller ses finances et celles de ses sujets.

« Au reste, il y a près de cinq ans que je mène ici la vie de Laërte. . . .
« . . . . et ne veux point rafraischir la memoire des choses que j'ai
« souffertes en ce departement de la cour. »

Les murs de sa maison tombaient ; il avait de la peine à nourrir ses vieux serviteurs et sa nombreuse famille ; il se consolait, comme Cicéron, avec les muses. Mais il avait désiré voir les peuples rétablis dans leur liberté, et il mourut lorsque les cadavres des victimes du fanatisme n'avaient pas encore été mangés des vers, ou dévorés par les poissons et les corbeaux.

Après la journée des barricades, le duc de Guise alla avec sa suite visiter le premier président Achille de Harlay : « Il se pourmenoit dans son jardin, lequel
« s'estonna si peu de leur venue, qu'il ne daigna pas seulement tourner la
« teste, ni discontinuer sa pourmenade commencée, laquelle achevée qu'elle
« fut et estant au bout de son allée, il retourna, et en tournant il vit le duc
« de Guise qui venoit à lui ; alors ce grand magistrat levant la voix, lui dit :
« C'est grand pitié quand le valet chasse le maistre. Au reste, mon ame est à
« Dieu, mon cœur est à mon roi, et mon corps est entre les mains des mes-
« chants : qu'on en fasse ce que l'on voudra. » Le mépris de la vertu écrasait l'orgueil de l'ambition.

Mathieu Molé, pendant les troubles de la Fronde, répondait à des menaces : « Six pieds de terre feront toujours raison du plus grand homme du monde. »

Ici se termine la peinture des mœurs du seizième siècle ; avec celle des siècles féodaux, elle compose toute la galerie des tableaux de notre ancien édifice monarchique.

Au surplus l'histoire, qui dit le bien comme le mal, doit reconnaître aujourd'hui que les Valois n'ont point été traités avec impartialité. C'est de leur règne qu'il faut dater le perfectionnement des lois administratives, civiles et criminelles ; on en compte quarante-six sous le règne si court de François II, cent quatre-vingt-huit sous le règne de Charles IX, et trois cent trente sous celui de Henri III : les plus remarquables furent l'ouvrage du chancelier de l'Hospital.

Le siècle des arts en France est celui de François Ier en descendant jusqu'à Louis XIII, nullement le siècle de Louis XIV : le *petit palais* des Tuileries, le vieux Louvre, une partie de Fontainebleau et d'Anet, la chapelle des Valois à Saint-Denis, le palais du Luxembourg, sont ou étaient pour le goût fort au-dessus des ouvrages du grand roi.

La race des Valois fut une race lettrée, spirituelle, protectrice des arts, qu'elle sentait bien. Nous lui devons nos plus beaux monuments ; jamais, dans aucun pays et à aucune époque, l'application de la statuaire à l'architectonique n'a été poussée plus loin qu'en France au seizième siècle : Athènes n'offre rien de supérieur aux cariatides du Louvre. Louis XIV regardait les artistes comme des ouvriers ; François Ier, comme des amis. Louis XIV, plus véritable souverain que les Valois, leur fut inférieur en intelligence et en courage. Autour de François II, de Charles IX, de Henri III, on aperçoit encore les restes indépendants de l'aristocratie ; autour de Louis le Grand, les descendants des fiers seigneurs de la Ligue ne sont plus que des courtisans, troquant l'orgueil de leur indépendance contre la vanité de leurs noms, mettant leur honneur à servir, ne tirant plus l'épée que dans la cause d'un maître. Henri IV lui-même a quelque chose de moins royal et de moins noble que les princes dont il reçut la couronne ; tous ensemble sont effacés par les Guise, véritables rois de ces temps.

La vérité religieuse, sous le règne des derniers Valois, lutta corps à corps avec la vérité philosophique et la terrassa ; il y eut choc entre le passé et l'avenir : le passé triompha, parce qu'il mit les Guise à sa tête.

HENRI IV.

DE 1589 A 1610.

Henri III étant mort, l'armée se divisa. Une partie des catholiques resta attachée à Henri IV ; une autre, sous la conduite de Vitry et d'Espernon, l'abandonna. Henri IV, obligé de lever le siège de Paris, se retira à Dieppe pour recevoir des secours qu'il attendait d'Élisabeth. Il était alors dans cet état de dénûment qu'il peint à Sully : « Mes chemises sont toutes déchirées, mon pour-« point troué au coude, et depuis deux jours je soupe et dine chez les uns et « chez les autres. »

Les membres de son conseil étaient d'avis qu'il s'embarquât pour l'Angleterre; Biron s'y opposa : « Sortir de France, s'écria- t-il en colère, seulement « pour vingt-quatre heures, c'est s'en bannir pour jamais! » Mézeray lui prête un rude et éloquent discours.

Combat d'Arques et du faubourg de Dieppe. Henri IV y reçut maint coup d'épée, et en rendit autant; il disait en frappant ce que disaient les rois très-chrétiens en touchant les écrouelles : « Le roi te touche, Dieu te guérisse. » Le champ de bataille inspirait le Béarnais; sa vaillance était son génie. A la terrible prise de Cahors, où il se battit cinq jours entiers dans les rues, blessé en divers endroits, conjuré par ses soldats de se retirer : « Ma retraite hors « de cette ville, leur répondit-il, sans l'avoir assurée à mon parti, sera la re-« traite de ma vie hors de mon corps. »

A Coutras, il dit aux officiers qui se trouvaient devant lui au moment de la charge : « A quartier, ne m'offusquez pas, je veux paroistre. » Il dit encore au prince de Condé et au comte de Soissons : « Vous estes du sang de Bourbon; « vive Dieu! je vous ferai voir que je suis votre aisné. »

Attaqué à la fois par le baron de Frinct et par Château-Renauld, Frontenac abattit le premier d'un coup de sabre, et Henri, saisissant le second au corps lui crie : « Rends-toi, Philistin! »

Dans une chaude affaire qu'il eut près d'Yvetot avec les ducs de Parme et de Mayenne, il leur tua trois mille hommes. Tout couvert de sang et de sueur, après le combat, il disait aux capitaines qui l'environnaient : « Vive Dieu! si « je perds le royaume de France, je suis en possession de celui d'Yvetot. »

A Ivry, le grand fait d'armes de sa vie, ses mots prirent le caractère élevé de sa gloire. On lui parlait de se ménager une retraite : « Point d'autre retraite, « répondit-il brusquement, que le champ de bataille. »

Schomberg lui demanda le paiement de ses troupes : « Jamais homme de « cœur, s'écrie Henri, n'a demandé de l'argent la veille d'une bataille. » Le lendemain, se repentant de ce mot dur : « Monsieur de Schomberg, cette « journée sera peut-être la dernière de ma vie; je ne veux emporter l'honneur « d'un brave; je déclare donc que je vous reconnais pour homme de bien, et in-« capable de faire aucune lâcheté : embrassez-moi. — Sire, repartit Schomberg, « Votre Majesté me blessa l'autre jour, aujourd'hui elle me tue. » Schomberg se fit tuer auprès du roi. Au moment d'aller à la charge, le Béarnais se tournant vers les siens : « Gardez bien vos rangs; si vous perdez vos enseignes, « cornettes ou guidons, ce panache blanc que vous voyez en mon armet vous « en servira tant que j'aurai goutte de sang; suivez-le; vous le trouverez tou-« jours au chemin de l'honneur et de la gloire. »

L'officier qui portait l'étendard royal ayant reçu un coup de feu dans l'œil, se retire de la mêlée; les troupes royales commencent à fuir. Henri les arrête et leur crie : « Tournez visage, sinon pour combattre, du moins pour me voir « mourir. »

Quand il fut paisible maître de la couronne, il montra un jour au maréchal d'Estrées un des gardes qui marchait à la portière de son carrosse : « Voilà, « lui dit-il, le soldat qui m'a blessé à la journée d'Aumale. »

Le vieux cardinal de Bourbon, que l'on appelait Charles X, mourut dans sa prison de Fontenay en Poitou; il n'aimait pas les ligueurs, dont il était alors le prétendu roi; il disait : « Le roi de Navarre, mon neveu, fera sa fortune, « et tandis que je suis avec eux, c'est toujours un Bourbon qu'ils recon-
« naissent. »

Henri IV, vainqueur de tous ses ennemis, s'approcha de Paris dont il ferma les avenues. Ce siége est fameux par les dernières folies de la Sainte-Union, par une effroyable famine, et par la générosité du Béarnais. La *Satire Ménippée* a décrit la grande procession, qu'elle place à l'ouverture de la Ligue, mais qui est de l'année 1590. Les ingénieux auteurs ont seulement ajouté aux moines et au clergé les principaux personnages de ce drame tragi-comique.

« La procession fut telle. Ledit docteur Roze, quittant sa capeluche rectorale,
« prit sa robe de maistre ès-arts avec le camail et le rochet, et un hausse-col
« dessus, la barbe et la teste rasées tout de frais, l'espée au costé et une per-
« tuisane sur l'espaule. Les curés Hamilton, Boucher et Lincestre, un petit plus
« bizarrement armés, faisoient le premier rang, et devant eux marchoient trois
« moynetons et novices, leurs robes troussées, ayant chacun le casque en teste
« dessoubs leur capuchon, une rondache pendue au col, où estoient peintes les
« armoiries et devises desdits seigneurs. Maistre Julian Pelletier, curé de Saint-
« Jacques, marchoit à costé, tantost devant, tantost derriere, habillé de violet,
« en gendarme scholastique, la couronne et la barbe faites de frais, une bri-
« gandine sur le dos, avec l'espée et le poignard, et une hallebarde sur l'espaule
« gauche, en forme de sergent de bande, qui suoit, poussoit et haletoit pour
« mettre chacun en rang et ordonnance. Puis suivoient de trois en trois cin-
« quante ou soixante religieux, tant cordeliers que jacobins, carmes, capucins,
« minimes, bons-hommes, feuillants et autres, tous couverts avec leurs capu-
« chons et habits agrafés, armés à l'antique catholique, sur le modèle des epistres
« de sainct Paul; entre autres il y avoit six capucins, ayant chacun un morion
« en teste, et au-dessus une plume de coq, revestus de cottes de mailles, l'espée
« ceinte au costé par-dessus leurs habits; l'un portant une lance, l'autre une
« croix, l'un un épieu, l'autre une harquebuse, et l'autre une arbaleste, le tout
« rouillé par humilité catholique, les autres, presque tous, avoient des picques
« qu'ils branloient souvent, par faute de meilleur passe-temps, hormis un
« feuillant boiteux, qui, armé tout à crud, se faisoit faire place avec une espée
« à deux mains et une hache d'armes à sa ceinture, son breviaire pendu par
« derriere; et le faisoit bon voir sur un pied faisant le moulinet devant les
« dames. A la queue il y avoit trois minimes, tous d'une parure, sçavoir est,
« ayant sur leurs habits chacun un plastron à corroyes et le derriere decouvert,
« la salade en teste, l'espée et pistolets à la ceinture, et chacun une harquebuse
« à croc sans fourchette; derriere estoit le prieur des jacobins, en fort bon
« point, traisnant une hallebarde gauchere, et armé à la legere en morte-paye;
« je n'y vis ni chartreux, ni celestins qui s'estoient excusés sur le commerce.
« Mais tout cela marchoit en moult belle ordonnance catholique, apostolique et
« romaine, et sembloient les anciens cranequiniers de France. Ils voulurent, en
« passant, faire une salve ou escoupeterie, mais le legat leur defendit, de peur

« qu'il ne lui mesadvint, ou à quelqu'un des siens, comme au cardinal Cajetan.
« Après ces beaux peres marchoient les quatre mendiants, qui avoient multiplié
« en plusieurs ordres, tant ecclesiastiques que seculiers; puis les Seize quatre à
« quatre, reduits au nombre des apostres et habillés de mesme comme on les
« joue à la Feste-Dieu. Après eux marchoient les prevosts des marchands et eche-
« vins, bigarrés de diverses couleurs; puis la cour de parlement, telle quelle;
« les gardes italiennes, espagnoles et wallonnes de M. le lieutenant : puis les
« cent gentilshommes de frais gradués par la Sainte-Union, et après eux
« quelques veterinaires de la confrerie de saint Eloy. Suivoient après M. de
« Lyon, tout doucement; le cardinal de Pellevé, tout bassement; et après
« eux M. le legat, vrai miroir de parfaite beauté, et devant lui marchoit le doyen
« de Sorbonne, avec la croix, où pendoient les bulles du pouvoir. *Item* venoit
« madame de Nemours, representant la reine mère, ou grande-mère (*in dubio*)
« du roi futur; et lui portoit la queue mademoiselle de La Rue, fille de noble
« et discrete personne M. de La Rue, ci-devant tailleur d'habits sur le pont
« Saint-Michel, et maintenant un des cent gentilshommes et conseillers d'Estat
« de l'Union ; et la suivoient madame la douairiere de Montpensier, avec son
« echarpe verte, fort sale d'usage, et madame la lieutenante de l'Estat et cou-
« ronne de France, suivie de mesdames de Blin et de Bussy le Clerc. Alors
« s'avançoit et faisoit voir M. le lieutenant, et devant lui deux massiers fourrés
« d'hermines, et à ses flancs deux Wallons portant hoquetons noirs, tout par-
« semés de croix de Lorraine rouges. »

Ces burlesques misères aidèrent quelque temps le peuple à supporter la faim, qui bientôt se fit sentir dans toute son horreur. Après s'être nourri de tous les animaux, chats, chiens et autres, et des peaux de ces animaux; après avoir dévoré des enfants, on en vint à moudre des os de morts dont on fit de la poussière et non de la farine : ce pain conservait sa vertu; quiconque en mangeait mourait. Madame de Montpensier refusa d'échanger avec des joyaux de la valeur de plus de deux mille écus, un petit chien qu'elle se réservait comme sa dernière ressource. Trente mille personnes succombèrent; les rues étaient jonchées de cadavres; les demi-vivants se traînaient parmi. Des prostitutions impuissantes, payées de quelques aliments vils à des mains décharnées, avaient lieu dans ces cimetières sans fosses. La vie de l'homme rampait à peine ainsi, avec des couleuvres, sur les corps gisants.

« M. de Nemours, sortant de sa maison pour aller visiter quelques postes vers
« les murailles de la ville, rencontra un homme qui, d'un air effaré, lui dit :
« Où allez-vous, monsieur le gouverneur? n'allez plus outre dans cette rue ;
« j'en viens, et j'ai trouvé une femme demi-morte, ayant à son cou un serpent
« entortillé, et autour d'elle plusieurs bestes envenimées. » (L'Estoile.)

Pendant ce temps, Henri IV laissait ses soldats monter au bout de leurs piques des vivres aux Parisiens; il faisait relâcher des villageois qui avaient amené des charrettes de pain à une poterne; il leur distribuait quelque argent, et leur disait : « Allez en paix ; le Béarnois est pauvre ; s'il avoit davantage, il « vous le donneroit. » Et le Béarnais négociait, attendait le duc de Parme, oubliait ses soucis avec l'abbesse de Montmartre, commençait une passion nouvelle avec Gabrielle d'Estrées, se déguisait en paysan pour l'aller voir à Cœuvres, au milieu de tous les périls.

Le duc de Parme oblige Henri IV d'abandonner le blocus de Paris. Sixte-Quint meurt fatigué de la Ligue. Grégoire XIV, qui le remplace, publie des lettres monitoriales contre Henri. Le chevalier d'Aumale est tué dans Saint-Denis, qu'il avait voulu surprendre. Lanoue est tué pareillement devant le château de Lamballe, en combattant pour le roi : « Grand homme de guerre, « disait Henri, et plus grand homme de bien. » Le duc de Mercœur faisait la guerre en Bretagne pour son propre compte, et d'accord avec Philippe II. Le jeune duc de Guise, fils du Balafré, s'échappe de sa prison : les Seize lui veulent faire épouser l'infante d'Espagne, et lui livrer la couronne. Brisson, Larcher et Tardif sont pendus par les ligueurs. Le duc de Mayenne revient à Paris, et fait pendre à son tour quatre des Seize. Là finit l'autorité de ce comité de sûreté de la Ligue : il n'avait été ni sans audace ni sans génie ; mais la multitude des puissances supérieures à la sienne l'empêcha d'agir. Les membres de ce comité, au lieu d'accomplir leurs projets ouvertement, tel qu'un pouvoir reconnu, furent obligés d'agir en secret comme des conspirateurs, ce qui les rapetissa. Ils ne tendaient point à la liberté ; ils visaient au changement de dynastie ; ils ne furent plus rien après les supplices de leurs compagnons : la potence les déshonora.

Le duc de Parme rentre en France pour faire lever le siége de Rouen, et il réussit. Le vieux maréchal de Biron est tué à la bataille d'Épernay. Le duc de Parme meurt dans les Pays-Bas : grand capitaine, qui fixa l'art moderne de la guerre. Le duc d'Espernon, sentant que les affaires du Béarnais s'amélioraient, revient à la cour ou plutôt au camp ; car alors le Louvre de Henri IV était une tente (1590, 1591, 1592).

États de la Ligue convoqués à Paris, ruinés par le ridicule et par les prétentions de divers candidats à la couronne. Les Espagnols demandaient l'abolition de la loi salique, afin de faire tomber le sceptre à leur infante. Le parlement rend un arrêt en faveur de la loi salique, et remporte la victoire sur les états. Le duc de Mayenne, mécontent des Espagnols, ouvre des conférences à Surène avec les catholiques. Henri abjure dans l'église de Saint-Denis, le 25 juillet 1593, et se fait ensuite sacrer à Chartres, on y rapiéceta son pourpoint pour une somme de quelques deniers, dont le reçu existe encore : ces lambeaux-là n'allaient pas mal au manteau royal tout neuf du Béarnais.

Henri IV se trouva, dès sa naissance, et par les hasards de sa vie, à la tête de la réformation et des idées nouvelles ; mais la réformation était en minorité contre l'ancien culte et les vieilles idées. Les Français catholiques rejetaient un roi protestant, malgré son titre héréditaire ; ils en avaient le droit, comme les Anglais protestants eurent le droit de repousser un roi catholique. La Ligue, coupable envers le dernier des Valois, était innocente envers le premier des Bourbons, à moins de soutenir que les nations ne sont aptes à maintenir le culte qu'elles ont choisi et les institutions qui leur conviennent. Le péril était imminent : les états, illégalement convoqués sans doute, mais redoutables, car tout corps politique, dans un moment de crise, a une force prodigieuse ; l'Espagne, appuyée de la cour de Rome, et des préjugés populaires, étaient prêts, en s'alliant au prince lorrain, à disposer du trône. L'héritier légitime ne se pouvait défendre qu'avec des soldats étrangers, triste ressource pour un roi national ; les protestants qui l'appuyaient étaient en petit nombre, et plutôt inclinés à l'aristocratie qu'à la monarchie ; les catholiques attachés à sa personne ne le suivaient que parce qu'il avait promis de se faire instruire dans leur religion. Il ne restait donc évidemment à Henri IV qu'un seul parti à prendre, celui d'abjurer : ce fut une affaire entre lui et sa conscience ; s'il vit la vérité du côté où il voyait la couronne, il eut raison de changer d'autel. Il est fâcheux seulement qu'il écrive à Gabrielle, à propos de son abjuration : « C'est dimanche « que je ferai le saut périlleux. »

Une fois réuni au clergé et aux grandes masses populaires, il n'eut plus qu'à marchander un à un les capitaines qui commandaient dans les villes. Les gentilshommes s'étaient emparés des forteresses et des cités, ainsi qu'au commencement de la race capétienne ; on aurait vu renaître les seigneuries, si les mœurs avaient été les mêmes, et si le temps n'eût marché. Henri IV reprit plusieurs châteaux, comme Louis le Gros, et acheta les autres. L'esprit aristocratique expirait. Paris ouvrit ses portes à Bourbon le 22 mars 1594. Le pouvoir absolu qui commençait supprima tous les écrits du temps, et en défendit, sous peine de la vie, l'impression et la vente. François Ier avait senti le premier instinct contre la liberté de la presse ; Henri IV en conçut la première raison.

En 1594, Jean Châtel blesse Henri IV d'un coup de couteau à la lèvre, et les jésuites sont bannis de France. En 1595, rencontre de Fontaine-Française, une des plus furieuses qui fut jamais. Henri combattit tête nue, avec toute la verve d'un jeune soldat. Il écrivit à sa sœur : « Peu s'en faut que vous n'ayez « été mon héritière. »

Le roi est absous par le pape. Le duc de Mayenne se soumet (1596.) Lorsque Henri entra dans Paris, la seule vengeance qu'il exerça contre madame de Montpensier fut de jouer aux cartes avec elle ; la seule vengeance qu'il tira de son frère le duc de Mayenne, replet et lourd, fut de le faire marcher vite dans un jardin.

Édit de Nantes. Traité de Vervins (1598.) Mariage de Henri avec Marie de Médicis, la première année du dix-septième siècle. Comment n'était-on pas las des Médicis ?

Conspiration du maréchal de Biron. Mort d'Élisabeth, reine d'Angleterre. Le premier Stuart, Jacques Ier, arrive à la couronne de la Grande-Bretagne à l'époque où le premier Bourbon venait de s'asseoir sur le trône de France. Établissement des manufactures de soie, de tapisserie, de faïence, de verrerie. Colonisation du Canada. On ne croyait faire que du commerce, et l'on faisait de la politique ; la propriété industrielle vit de liberté, et, en accroissant l'aisance, elle accroît les lumières. Henri IV, qui tentait partout des passions, qui ne fut écouté ni de madame de Guercheville, ni de Catherine de Rohan, ni de la duchesse de Mantoue, ni de Marguerite de Montmorency, vit le prince de Condé, mari de la dernière, se retirer avec elle à Bruxelles. Ce prince de Condé était-il fils de Henri IV, par Charlotte de La Trémoille, accusée d'avoir empoisonné son mari pour cacher une grossesse ? On prétend que Marguerite de Mont-

morency, pressée par Henri IV, lui avait dit : « Méchant, vous voulez sé-
« duire (1) la femme de votre fils, car vous savez bien que vous m'avez dit
« qu'il l'étoit. » (*Mémoires pour servir à l'histoire de France.*)

Henri IV, ou dans le dessein de poursuivre l'objet de sa nouvelle passion, ou pour réaliser un projet de république chrétienne, allait porter la guerre dans les Pays-Bas, sous le prétexte de la succession de Clèves et de Juliers, lorsqu'il fut arrêté par un de ces envoyés secrets de la mort qui mettent la main sur les rois (14 mai 1610). Ces hommes surgissent soudainement et s'abîment aussitôt dans les supplices; rien ne les précède, rien ne les suit : isolés de tout, ils ne sont suspendus dans ce monde que par leur poignard; ils ont l'existence même et la propriété d'un glaive ; on ne les entrevoit un moment qu'à la lueur du coup qu'ils frappent. Ravaillac était bien près de Jacques Clément : c'est un fait unique dans l'histoire, que le dernier roi d'une race et le premier d'une autre aient été assassinés de la même façon, chacun d'eux par un seul homme, au milieu de leurs gardes et de leur cour, dans l'espace de moins de vingt et un ans. Le même fanatisme anima les deux assassins; mais l'un immola un prince catholique, l'autre un prince qu'il croyait protestant. Clément fut l'instrument d'une ambition personnelle ; Ravaillac, comme Louvel, l'aveugle mandataire d'une opinion.

J'ai fait observer plusieurs fois que la seconde aristocratie vint finir à Arques, à Ivry, à Fontaine-Française, comme la première à Crécy, à Poitiers et à Azincourt. Elle disparut de fait et de droit, car Henri IV publia un édit, en vertu duquel la profession militaire n'anoblissait plus. Tout homme d'armes, sous Louis XII, était gentilhomme, ainsi que tout bourgeois qui avait acquis un fief noble et le desservait militairement. Le 258ᵉ article de l'ordonnance de Blois, de 1579, avait détruit la noblesse résultante du fief. Louis XV, en 1750, rétablit la noblesse acquise au prix du sang; mais le coup était porté. Henri IV, ce soldat, avait voulu que les armes restassent en roture: l'armée, devenue plébéienne, laissa à la gloire le soin de l'ennoblir.

On s'est fait une fausse idée de la manière dont les Bourbons parvinrent au trône. D'un côté, on n'a vu que les massacres de la Saint-Barthélemy, que les fureurs de la Ligue, que les intrigues de Catherine de Médicis, que les débauches de Henri III, que l'ambition des princes de Lorraine; de l'autre côté, on n'a aperçu que la bravoure, l'esprit et la loyauté de Henri IV; on a cru que tous les partis avaient été fidèles à leurs doctrines, qu'ils avaient constamment suivi leurs drapeaux respectifs, que les services avaient été récompensés, les injures, punies; qu'enfin chacun avait été rétribué selon ses œuvres : telle n'est point la vérité historique. Tout se passa comme de nos jours; on céda à des nécessités, à des intérêts créés par le temps; le vainqueur d'Ivry ne monta point sur le trône, botté et éperonné, en sortant de la bataille : il capitula avec ses ennemis, et ses amis n'eurent souvent pour toute récompense que l'honneur d'avoir partagé sa mauvaise fortune.

Brissac, La Châtre et Bois-Dauphin, maréchaux de la Ligue, furent confir-

---

(1) Ce n'est pas la franchise du texte.

més dans leur dignité ; ils avaient tous vendu quelque chose. Lavardin, Villars, Balagni, Villeroi, jouirent de la faveur de Henri IV. Par l'article 10 de l'édit de Folembray, les dettes même du duc de Mayenne sont payées et déclarées dettes de la couronne. Le Béarnais était ingrat et gascon, oubliant beaucoup et tenant peu. « Montez, dit la duchesse de Rohan, dans son ingénieuse satire
« apologétique, montez les degrés, entrez jusque dans son antichambre : vous
« oyez les gentilshommes qui diront : J'ai mis ma vie tant de fois pour son
« service, je l'ai tant de temps suivi, j'ai été blessé, j'ai été prisonnier ; j'y ai
« perdu mon fils, mon frère ou mon parent ; au partir de là il ne me connoît
« plus ; il me rabroue si je lui demande la moindre récompense . . . .
« Ses effets parlent et disent en bon langage : Mes amis, offensez-moi, je vous
« aimerai ; servez-moi, je vous haïrai. »

Henri laissa mourir de faim le fidèle bourgeois qui avait favorisé sa fuite, lorsque lui, Henri, était à Paris prisonnier de Charles IX. A la mort de Henri III, Henri IV avait dit à Armand de Gontaud, baron de Biron : *C'est à cette heure qu'il faut que vous mettiez la main droite à ma couronne ; venez-moi servir de père et d'ami contre ces gens qui n'aiment ni vous ni moi.* Henri aurait dû garder la mémoire de ces paroles ; il aurait dû se souvenir que Charles de Gontaud, fils d'Armand, avait été son compagnon d'armes ; que la tête de celui qui avait mis *la main droite à sa couronne* avait été emportée d'un boulet de canon : ce n'était pas au Béarnais à joindre la tête du fils avec celle du père. Le grand maître des échafauds, Richelieu, désapprouvait celui de Biron comme inutile.

Mais la bravoure de Henri IV, son esprit, ses mots heureux et quelquefois magnanimes, son talent oratoire, ses lettres pleines d'originalité, de vivacité et de feu ; ses malheurs, ses aventures, ses amours, le feront éternellement vivre. Sa fin tragique n'a pas peu contribué à sa renommée : disparaître à propos de la vie est une condition de la gloire. Henri IV était encore un fort bon administrateur ; il montra son habileté à faire vivre en paix des hommes qui se détestaient, particulièrement ses ministres, hommes de capacité, mais antipathiques les uns aux autres, et sortis de partis divers. Les Bourbons n'ont compté que cinq rois dans leur courte monarchie absolue ; sur ces cinq rois, ils ont deux grands princes et un martyr. Ce sang n'était pas stérile.

Au surplus, tout le siècle de Louis XIV se tut sur l'aïeul des Bourbons. Le grand roi ne permettait d'autre bruit que le sien. A peine retrouve-t-on le nom de Henri IV dans un pamphlet de la Fronde, qui établit un dialogue entre *le roi de Bronze et la Samaritaine ;* l'ouvrage de Péréfixe était oublié. Un poëte qui a tant fait de renommées avec la sienne, Voltaire, a ressuscité le vainqueur d'Ivry : le génie a le beau privilége de distribuer la gloire.

Depuis le commencement de la troisième race jusqu'aux Valois, il n'y avait point eu en France de guerre civile proprement dite. Les guerres féodales étaient des guerres de souverain à souverain, car les seigneurs étaient de véritables princes indépendants. Si la moitié de la France prit les armes contre l'autre sous Charles V, Charles VI et Charles VII, c'est que la France était partagée entre deux souverains, le roi de France et le roi d'Angleterre. Une guerre civile s'alluma sous Louis XI et sous Charles VIII, mais ne dura qu'un moment. Malheureusement ce fut la religion qui donna naissance aux longues guerres civiles de la Ligue. Toutefois ces espèces de guerres qui causent de grands maux à l'espèce sont favorables à l'individu; elles mettent en valeur les qualités personnelles; jamais il n'apparaît à la fois autant d'hommes remarquables que pendant les discordes intestines des peuples. Presque toujours les temps qui suivent ces discordes sont des temps d'éclat, de prospérité, de progrès, comme de riches moissons s'élèvent sur des champs engraissés.

Quelques faits principaux constituent la révolution de l'époque que nous venons de parcourir.

La seconde aristocratie perd le reste de sa puissance; les gentilshommes ne vont plus être que les officiers de l'armée démocratique prête à se former sous Louis XIII et Louis XIV.

La monarchie des états finit avec les Valois : elle ne se montre un moment sous Louis XIII que pour rendre le dernier soupir.

La monarchie parlementaire atteint le plus haut degré de son pouvoir, et vient expirer, par abus de sa force, dans les démêlés de la Fronde.

La monarchie absolue monte donc en effet sur le trône avec le premier Bourbon; il ne restait plus à cette monarchie qu'à renverser quelques obstacles que balaya Richelieu.

Les états, pendant les guerres civiles, ne répondirent point à ce qu'on devait attendre d'un aussi grand corps, soit qu'il repoussât, soit qu'il adoptât les nouvelles opinions; ce qui prouve qu'ils n'étaient point entrés dans les mœurs ou dans les libertés du pays. Ces états firent des actes remarquables de législation civile et administrative, mais ils ne montrèrent aucun génie politique; ils furent maîtrisés par les caractères individuels. Quand l'ordre reparut, sous Henri IV, l'esprit humain, après avoir remué tant d'idées, après avoir passé à travers tant de crimes, s'était agrandi; mais le gouvernement s'était resserré. Le parlement, rival victorieux de la représentation nationale, rendait des arrêts politiques, disposait de la régence, refusait ou ordonnait l'impôt; il y avait deux pouvoirs législatifs. Les savants, les gens de lettres, les écrivains attachés de préférence à la robe, faisaient opposition à l'autorité des trois ordres; les états de la Ligue achevèrent de déconsidérer des assemblées qui, luttant sans cesse contre les abus de la féodalité, de la couronne, du parlement et du peuple, n'avaient jamais pu contenir le despotisme royal, réfréner les injustices aristocratiques, arrêter les empiétements de la magistrature, enchaîner les violences populaires.

L'édit de Nantes constitua l'état civil et religieux des protestants; ils obtinrent un culte public, des consistoires, des écoles, des revenus, et jusqu'à des forces militaires pour protéger leurs établissements. Les quatre-vingt-douze articles généraux de l'édit, et les cinquante-six articles particuliers, reproduisaient à peu près les dispositions de l'édit de Poitiers et des conventions de Flex et de Bergerac. Un codicille secret permettait aux calvinistes de garder quelques places de sûreté pendant huit ans.

Les concessions n'étaient malheureusement qu'*octroyées;* Henri IV les respecta, mais Richelieu et Louis XIV pensèrent que ce qui était accordé se pouvait reprendre. Les protestants soutinrent trois guerres contre Louis XIII. Le duc de Rohan, leur chef, appela les Anglais à leur secours; ils furent battus; La Rochelle tomba, et Louis XIV, après une longue série de séductions et de persécutions, révoqua l'édit de Nantes en 1668.

A compter depuis la conjuration d'Amboise, 1560, jusqu'à la publication de l'édit de Nantes, en 1599, s'écoulèrent trente-neuf années de massacres, de guerres civiles et étrangères, entremêlées de quelques moments de paix; c'est à peu près la période qu'a parcourue notre dernière révolution. Ce temps de la Saint-Barthélemy et de la Ligue est le temps de la terreur religieuse, d'où sortit la monarchie absolue, comme le despotisme militaire sortit de la terreur politique de 1793. Il ne coula guère moins de sang français dans les guerres et les massacres du seizième siècle que dans les massacres et les guerres de la révolution. « Durant ces guerres (de la Ligue), sont morts prématurément et « avant le temps, plus de deux millions de personnes, tant de mort violente que « de nécessité et pauvreté, par famine et autrement. » (*La vie et déportements de Henri le Béarnais.*)

Un capital immense fut dissipé; les dettes de l'État se trouvèrent monter, sous Henri IV, à trois cent trente millions de la monnaie de ce temps, sans parler de toutes les autres sommes absorbées et non constituées en dettes publiques, comme on le va voir par les autorités suivantes : « Le pauvre peuple « avait été tellement pillé, vexé, saccagé, rançonné et subsidié, sans aucune « relâche ni moyen de respirer, qu'il ne lui restait plus aucune facilité de « vivre, étant comme désespéré et résolu de quitter le pays de sa naissance « pour aller vivre en terre étrangère; car, depuis ledit temps, la ville de Paris « et pays circonvoisins avaient fourni trente-six millions de livres, outre autre « somme de soixante millions de livres ou environ, qui avaient été fournis par « le clergé de France, sans les dons, emprunts et subsides levés extraordinai- « rement, tant sur ladite ville que sur les autres pays et provinces du royaume : « somme suffisante non-seulement pour conserver l'état de la France, mais « aussi, avec la terreur de l'ancien nom des Français, en rendre le nom for- « midable à tous les autres princes, potentats et nations. » (*Vie et mort de Henri de Valois.*)

Dans les pays qu'ils occupaient, les huguenots détruisirent les monuments catholiques et s'emparèrent des biens du clergé. Beaucoup de prêtres se marièrent et restèrent néanmoins catholiques; leurs mariages furent sanctionnés par la cour de Rome et leurs enfants légitimés. La cour, de son côté, ne se fit faute des biens ecclésiastiques.

« Son règne (de Charles IX) a aussi esté taché d'avoir esté soubs lui les ec- « clesiastiques fort vexez, tant de lui que des huguenots : les huguenots les « avoient persecutez de meurtres, massacres et expolié leurs eglises de leurs « sainctes reliques; et lui avoit exigé de grandes decimes, et aliené et vendu le « fonds et temporel de l'Église, de laquelle vendition il tira grand argent. » (BRANTÔME.)

Les députés du clergé de France, assemblés à Melun, représentèrent à

Henri III! « qu'en plusieurs archevêchés et évêchés il n'y avoit aucun pasteur;
« et quant aux autres abbayes et aux autres grands bénéfices étant aussi sans
« pasteurs, le nombre en étoit quasi infini, mêmement que de cent trente-
« cinq diocèses qu'il y a en Languedoc et en Guienne, par non-résidence d'é-
« vêques et par maladie des autres, et principalement par faute d'évêques
« pourvus en titre, on avoit été quelques années sans y faire le Saint-Chrême,
« tellement qu'il étoit tous les jours besoin de l'aller mendier de là les monts en
« Espagne. Au surplus, nul roi avant lui (Henri III) n'avoit été cause de tant
« d'œconomats, constitutions de pensions pour les femmes (voire la plus grande
« partie *courtisanes*), et autres personnes laïques sur les biens de l'Eglise, et,
« qui pis est, il souffroit traquer des bénéfices, vendre, engager et hypothé-
« quer le domaine de Dieu. Faisant autoriser et justifier ces choses par juge-
« ment et lois publiques en son grand conseil, où de l'argent provenu de la
« vente d'un évêché ont été acquittées les dettes du vendeur, et en son conseil
« même une abbaye y auroit été adjugée à une dame, comme lui ayant été
« baillée en don, avec déclaration qu'après son décès, ses héritiers en joui-
« roient par égale portion. » (*Vie et mort de Henri de Valois*.)

Ces choses, que les catholiques reprochaient amèrement à Henri III, il les approuvaient dans Charles IX.

La vente, saisie et jouissance des biens de l'Église par des laïques, étaient accompagnées de la saisie, jouissance et vente des biens des particuliers, comme dans la révolution. Plusieurs édits et déclarations ordonnent la confiscation des biens des huguenots. Le parlement, en 1589, rendit un arrêt *pour faire procéder à la vente des biens de ceux de la nouvelle opinion*. . . . . . . *afin qu'on ne soit pas privé du fruit et secours espéré des saisies et ventes des biens et héritages de ceux de la nouvelle opinion.*

Un règlement du duc de Mayenne, de la même année, exige le serment à l'union catholique par le clergé, la noblesse, le tiers état, les habitants des villes et des campagnes, etc. Ce serment doit être prêté dans la quinzaine du jour de la publication du règlement. L'article 9 porte : « Après ladite quinzaine
« passée, sera *procédé à la saisie des biens meubles et immeubles de tous ceux*
« *qui se trouveront refusant ou délaiant faire ledit serment*, soit ecclésiastique,
« noble, ou du tiers état; et si, dans un mois après ladite saisie, ils ne le vou-
« droient faire, ou n'auroient proposé excuse valable de leur absence et légitime
« empeschement, seront tenus et réputés pour ennemis de Dieu et de l'État,
« et *passé outre à la vente desdits meubles*, etc. »

On voit que les massacres, les injustices, les spoliations, ne sont pas, comme on l'a cru, particuliers à nos temps révolutionnaires. Les terroristes de la Saint-Barthélemy et de la Ligue étaient des aristocrates nobles, des rois, des princes, des gentilshommes, Charles IX, Henri III, le duc de Guise, Tavannes, Clermont, Coconas, La Mole, Bussy d'Amboise, Saint-Mesgrin, et tant d'autres : non-seulement ils lâchèrent les bourgeois de Paris sur les huguenots, mais ils trempèrent eux-mêmes leurs mains dans le sang. Les septembriseurs et les terroristes de 1792 et de 1793 étaient des démocrates plébéiens : au delà des meurtres individuels qu'ils commirent, ils inventèrent le meurtre légal, effroyable crime qui fit désespérer de Dieu ; car si la justice de la terre peut jamais être armée du fer de l'assassin, où est la justice du ciel ? Que reste-t-il aux hommes ?

La terreur de la Saint-Barthélemy et de la Ligue fut approuvée par la grande majorité de la nation. On regarda aussi cette terreur comme *nécessaire*. On ne trouva pas contre Charles IX, qui nous fait tant d'horreur aujourd'hui, un seul écrit de ses contemporains catholiques ; il est loué au contraire, de presque tous les hommes de mérite de cette époque, du Tillet, Brantôme, Ronsard, tandis que Henri III est accablé d'outrages.

J'ai souvent cité les pamphlets de la Ligue, parce qu'on y suit mieux le mouvement des opinions. C'est la première fois que la presse a joué un rôle important dans les troubles politiques ; par son moyen la pensée était devenue, ainsi que de nos jours, un élément social, un fait qui se mêlait aux autres faits, et leur donnait une nouvelle vie. La plume était aussi active que l'épée. Comme chacun avait la liberté entière dans son parti, et n'était proscrit que dans l'autre, il y avait réellement liberté de la presse. Les imaginations audacieuses des Rabelais, le *Traité de la servitude volontaire* de La Boétie, les *Essais* de Montaigne, la *Sagesse* de Charron, la *République* de Bodin, les écrits polémiques, le *Traité* où Mariana va jusqu'à défendre le régicide, prouvent qu'on osa tout examiner. Comme la succession à la couronne était contestée, les catholiques, en se divisant à ce sujet, examinèrent hardiment les principes de la monarchie, et les protestants rêvèrent la république aristocratique. La liberté politique et la liberté religieuse eurent un moment pleine licence, en s'appuyant à la liberté de la presse, leur compagne, ou plutôt leur mère. Mais cet horizon, qui s'ouvrit un moment dans l'esprit humain, se referma tout à coup. La réaction qui suit l'action, quand l'action n'est pas consommée, précipita la France sous le joug.

En résumé, les guerres civiles religieuses du seizième siècle, qui ont duré trente-neuf ans, ont engendré les massacres de la Saint-Barthélemy, ont versé le sang de plus de deux millions de Français, ont dévoré près de trois milliards de notre monnaie actuelle, ont produit la saisie et la vente des biens de l'Église et des particuliers, ont fait périr deux rois de mort violente, Henri III et Henri IV, et commencé le procès criminel du premier de ces rois. La vérité religieuse, quand elle est faussée, ne se livre pas à moins d'excès que la vérité politique lorsqu'elle a dépassé le but.

Maintenant je vais cesser de raconter les faits et les mœurs qui n'ont plus rien de caractéristique et de pittoresque. Les mœurs du dix-septième siècle, non les opinions, étaient à peu près celles qui précédèrent immédiatement l'époque révolutionnaire. Les Français qui parlèrent la langue de Louis XIII, de Louis XIV et de Louis XV, sont si près de nous, qu'il semble que nous les ayons vus vivants. Il n'y a pas longtemps que sont morts des vieillards qui avaient connu Fontenelle. Fontenelle était né en 1657, et d'Espernon était mort en 1642. La veuve du duc d'Angoulême, fils naturel de Charles IX, ne trépassa que le 10 août 1715. Quelques réflexions générales sur les quatre règnes de la monarchie absolue termineront cette *analyse raisonnée* de notre histoire.

LOUIS XIII, LOUIS XIV, LOUIS XV ET LOUIS XVI.

DE 1610 A 1793.

Le parlement conféra la régence et la tutelle de Louis XIII à Marie de Médicis. Sully (1611) se retire de la cour : il avait payé deux cents millions de dettes sur trente-cinq millions de revenu, et il laissa trente millions dans la Bastille. On ne sait pas que ce rigide et fastueux protestant, ministre habile d'ailleurs, qui vivait dans sa retraite comme un dernier grand baron de l'aristocratie, déridait ses graves loisirs en écrivant sur l'ancienne cour des Mémoires aussi orduriers que ceux de Brantôme.

Le duc de Mayenne meurt : il n'entra jamais bien dans la Ligue et dans les complots de son frère ; mais il avait plus de bon sens que le Balafré, et cet esprit commun qui convient aux affaires.

Concini, marquis d'Ancre, et sa femme, gouvernent Marie de Médicis. Brouilleries de cour ; retraite des princes ; petites guerres civiles mêlées de protestantisme (1614). Derniers états généraux du 17 octobre 1614. Le premier vote des communes de France, lorsqu'elles furent appelées aux états par Philippe le Bel, pour s'opposer aux empiétements de Boniface VII, fut ainsi conçu :
« Qu'il plaise au seigneur roi de garder la souveraine franchise de son royaume,
« qui est telle que, dans le temporel, le roi ne reconnoît souverain en terre,
« fors que Dieu. » Le dernier vote des communes aux états de 1614 fut celui-ci :

« Le roi est supplié d'ordonner que les seigneurs soient tenus d'affranchir
« dans leurs fiefs tous les serfs. »

Le premier vote du tiers état sortant de la longue servitude de la monarchie féodale, est une réclamation pour la liberté du roi ; son dernier vote, au moment où il rentre dans l'esclavage de la monarchie absolue, est une réclamation en faveur de la liberté du peuple : c'est bien naître et bien mourir. J'ai dit pourquo la monarchie des états ne se put établir en France.

Richelieu, dont le génie (heureusement pour lui) n'était deviné de personne, est fait secrétaire d'État par la protection du maréchal d'Ancre.

Ce maréchal (1617) est arrêté par Vitry, et massacré par le peuple. Sa femme, qui eut la tête tranchée, dit le mot fameux que Voltaire a un peu arrangé. Les biens du maréchal d'Ancre sont donnés à Luynes, favori de Louis XIII. Luynes avait fait son chemin auprès du roi en élevant des pies-grièches. Mésintelligence entre Louis XIII et sa mère.

(1621). Guerre religieuse renouvelée par Rohan et Soubise. Les idées politiques s'étaient débrouillées dans la tête des protestants ; ils voulaient faire de la France une république divisée en huit cercles.

Richelieu, devenu cardinal, entre au conseil (1624). Le maréchal de Luynes l'avait protégé après le maréchal d'Ancre. Sa souplesse fit sa fortune, son orgueil, sa gloire. Henriette de France, sœur de Louis XIII, épouse Charles Ier, roi d'Angleterre (1625).

L'an 1626 voit commencer les cabales contre le cardinal de Richelieu, encouragées par Gaston, frère du roi, qui perdait ses amis, et fuyait toujours.

Richelieu abaisse à la fois les grands, les huguenots et la maison d'Autriche. Tragique histoire du duc de Montmorency et de Cinq-Mars.

Toutes les libertés meurent à la fois, la liberté politique dans les états congédiés, la liberté religieuse par la prise de La Rochelle ; car la force huguenote demeura anéantie, et l'édit de Nantes ne fut que la conséquence de la disparition du pouvoir matériel des protestants. La liberté littéraire périt à son tour : on avait passé de l'école naïve, simple, originale d'Amyot, de Rabelais, de Marot, de Montaigne, à l'école artificielle et boursouflée de Ronsard. Malherbe rentra dans la première route : les sujets étrangers à nos croyances furent choisis de préférence. Alors s'éleva l'Académie française, haute cour du classique, qui fit comparaître devant elle, comme premier accusé, le génie de Corneille. Racine vint ensuite imposer aux lettres le despotisme de ses chefs-d'œuvre, comme Louis XIV le joug de sa grandeur à la politique. Sous l'oppression de l'admiration, Chapelain, Coras, Leclerc, Saint-Amand, maintenaient en vain, dans leurs ouvrages persécutés, l'indépendance de la langue et de la pensée : ils expiraient pour la liberté de mal dire sous les vers de Boileau, en appelant de la servitude de leur siècle à la postérité délivrée. Ils eurent raison de réclamer contre la règle étroite et la proscription des sujets nationaux ; ils eurent tort d'être de méchants poëtes.

Le premier ministre mourut détesté et admiré, la même année que la veuve de Henri IV mourut à Cologne dans la dernière misère. Pendant le règne du cardinal de Richelieu, on voit se traîner quelques hommes du passé et s'avancer quelques hommes de l'avenir : Guise et d'Espernon, Turenne, le jeune Villars et le jeune Condé, d'Espernon est le seul favori qui soit jamais devenu un personnage par une imperturbable morgue de médiocrité. A force de vivre et d'insulter, ce bourgeois avait fini par faire croire qu'il était un grand seigneur. Il ne paraît pas tout à fait innocent de l'assassinat de Henri IV. Les sujets, comme le chef suprême, inclinaient au despotisme ; on arrivait peu à peu à l'admiration du pouvoir.

Louis XIII, mort en 1643, fut placé entre Henri IV et Louis XIV, comme Louis le Jeune entre Philippe-Auguste et saint Louis. Il fut aussi intrépide que son père, et n'eut rien de la grandeur de son fils. Il n'y a qu'une seule chose et qu'un seul homme dans le règne de Louis XIII, Richelieu. Il apparaît comme la monarchie absolue personnifiée, venant mettre à mort la vieille monarchie aristocratique. Ce génie du despotisme s'évanouit et laisse en sa place Louis XIV, chargé de ses pleins-pouvoirs.

Le parlement de Paris donna la régence et la tutelle à Anne d'Autriche, comme il l'avait donnée à Marie de Médicis en 1610 : il achevait son usurpation législative.

La monarchie parlementaire, survivant à la monarchie des états, atteignit, sous la minorité de Louis XIV, le faîte de sa puissance : elle démena ses guerres ; on se battit en son honneur : ses arrêts servaient de bourre à ses canons. Dans son règne d'un moment, elle eut pour magistrat Matthieu Molé ; pour prélat, le cardinal de Retz ; pour héroïne, la duchesse de Longueville ; pour héros populaire, le fils d'un bâtard de Henri IV ; et pour généraux, Condé et Turenne.

Mais cette monarchie neutre, qui n'était ni la monarchie absolue ni la monarchie tempérée des états; cette monarchie qui paraissait entre l'une et l'autre, qui ne voulait ni la servitude ni la liberté, qui n'aspirait qu'au renversement d'un ministre fin et habile; cette monarchie, à la suite de quelques princes brouillons et factieux, passa vite. Louis XIV, devenu majeur, entra au parlement avec un fouet, sceptre et symbole de la monarchie absolue, et les Français furent mis à l'attache pour cent cinquante ans.

Auprès de la comédie de Mazarin se jouait la tragédie de Charles I*er*, et Mazarin reconnut humblement le Protecteur. La monarchie des états avait commencé en France et en Angleterre presque au même moment dans les siècles barbares; elle aboutit presque au même moment dans le dix-septième siècle, en Angleterre, à la monarchie représentative; en France, à la monarchie absolue. La réforme religieuse que tenta Henri VIII réussit, et la réforme religieuse qu'essayèrent les huguenots avorta : de cette différence de fortune dans la vérité religieuse naquit peut-être la différence de position dans la vérité politique. Les guerres parlementaires de la Grande-Bretagne furent les dernières convulsions de l'arbitraire anglais expirant; les guerres de la Fronde, les derniers efforts de l'indépendance française mourante : l'Angleterre passa à la liberté avec un front sévère, la France, au despotisme en riant.

Le traité des Pyrénées met fin à la guerre entre la France et l'Espagne, et stipule le mariage de Louis XIV et de l'infante Marie-Thérèse (1659). Restauration de Charles II, en 1660. Mariage de Louis XIV dans la même année. Mort de Mazarin, en 1661 : homme habile, patient, insensible à l'injure, et qui regretta la vie. Arrestation de Fouquet. Commencement de l'élévation de Colbert. Louis XIV sort de l'ombre à la mort de Mazarin. Conquête de la Flandre. Louvois était ministre de la guerre; Turenne, Condé, Créqui, Grammont, Luxembourg, étaient généraux et capitaines (1667).

Conquête de la Franche-Comté. Triple alliance entre l'Angleterre, la Suède et la Hollande. Paix entre la France et l'Espagne.

La France garde les conquêtes de la Flandre et rend la Franche-Comté. Conversion de Turenne, qui cède à l'*Exposition de la foi* de Bossuet; grands noms (1668).

Suppression des chambres mi-parties dans les parlements établies par l'édit de Nantes. Troubles au sujet de l'affaire de Jansénius. Prise de Candie par les Turcs. Le duc de Beaufort, roi des halles ou de la Fronde, est tué dans une sortie. Édit qui permet le commerce à la noblesse (1669).

Mort de madame Henriette, immortalisée par Bossuet. La France s'allie secrètement à l'Angleterre. Louis XIV se voulait venger des Hollandais, qui avaient interrompu ses succès contre les Espagnols. Il était, en outre, choqué de la liberté des gazetiers républicains, acharnés contre son gouvernement et sa personne. Il entre en Hollande et en fait la conquête. Guillaume III devient stathouder, et commence à balancer la fortune du grand roi.

Les guerres continuèrent pendant tout le règne de Louis XIV, et la dernière, celle de 1701, la plus juste dans son principe et la plus malheureuse dans ses résultats, laissa pourtant à la maison de France la succession de la maison d'Espagne : le royaume y gagna de n'avoir plus besoin de se défendre du côté des Pyrénées, et de pouvoir porter toutes ses forces sur les frontières de l'est et du nord.

Louis XIV a rendu fameux le premier règne de la monarchie absolue, par sa protection des lettres et des arts, par ses conquêtes, son administration, ses fêtes, ses galanteries; car, dans l'histoire du despotisme, la magnificence et les faiblesses du prince deviennent des affaires d'État.

Voltaire n'a rien laissé à dire à la gloire du siècle de Louis XIV. Un auteur moderne, sévère sur tout le reste, a rendu justice à l'administration de Louis le Grand : seulement il reproche à ce roi ce qu'il fallait reprocher à tous les rois ses prédécesseurs, et ce qui découlait de la législation romaine. Nous n'entendons plus aujourd'hui l'esclavage, nous ne concevons plus comment un homme pouvait être la propriété d'un autre homme ; et néanmoins les sages, les philosophes, les hommes les plus libres et les plus éclairés de l'antiquité, le concevaient et le trouvaient juste. Nous ne comprenons plus comment un juge pouvait accepter les biens de l'accusé qu'il avait jugé et condamné ; et pourtant, sous Louis XIV, les magistrats les plus intègres le comprenaient et le trouvaient naturel.

Aujourd'hui même en Angleterre, où la confiscation existe, les biens confisqués pour crime de haute trahison seraient encore distribués entre les délateurs et les favoris de la cour. Nous nous demandons comment un prince pouvait avoir une maîtresse en titre que venaient idolâtrer l'honneur, le génie et la vertu : on entrait dans cette idée au dix-septième siècle ; Bossuet se chargeait de réconcilier Louis XIV et madame de Montespan. Le grand roi, dans la démence de son orgueil, osa imposer en pensée à la France, comme monarques légitimes, ses bâtards adultérins légitimés. Sous certains rapports généraux nous valons mieux, hommes de notre siècle, ou plutôt notre temps vaut mieux que les hommes et le temps qui nous ont précédés, et cela tout naturellement par le progrès de la raison et de la civilisation; mais nous sommes injustes quand nous jugeons nos devanciers par des lumières qu'ils ne pouvaient avoir, et par des idées qui n'étaient pas encore nées.

Tout devint individuel sous Louis XIV. Le peuple disparut comme aux temps féodaux : on eût dit d'une nouvelle conquête, d'une nouvelle irruption des Barbares, et ce n'était que l'invasion d'un seul homme. Observons néanmoins une différence : le nom du peuple ne se rencontre nulle part dans la monarchie de Hugues Capet, parce que le peuple n'existait pas; il n'y avait que des serfs ; la nation, militaire et religieuse, consistait dans la noblesse et le clergé. Sous Louis XIV le peuple était créé ; il se perdait seulement dans l'arbitraire, ce qui fait qu'il se retrouva au moment où ses chaînes se rompirent.

Quand la lutte de l'aristocratie avec la couronne finit, la lutte de la démocratie avec cette même couronne commença. La royauté, qui avait favorisé le peuple afin de se débarrasser des grands, s'aperçut qu'elle avait élevé un autre rival moins tracassier, mais plus formidable. Le combat s'établit sur le terrain de l'égalité. Il y eut monarchie absolue sous Louis XIV, parce que la liberté aristocratique était morte, et que l'égalité démocratique vivait à peine :

dans l'absence de la liberté et de l'égalité, l'une moissonnée, l'autre encore en germe, il y eut despotisme, et il ne pouvait y avoir que cela.

La monarchie absolue naquit le jour où l'hérédité royale dans la famille capétienne s'établit ; cette monarchie mit sept siècles à croître au travers des transformations sociales : comme toute institution qui ne tombe pas fortuitement dans sa marche, elle monta, degré à degré, à son apogée. Le despotisme de Louis XIV fut un fait progressif naturel, venu à point, dans son temps, dans son lieu, un résultat inévitable des opinions et des mœurs à cette époque, un anneau de la chaîne qui servait à joindre le principe répudié de la liberté au principe non encore adopté de l'égalité. Il fallait enfin que la royauté s'usât comme l'aristocratie ; que l'on sentît les abus du gouvernement d'un seul comme on avait senti l'oppression du gouvernement de plusieurs. Du moins ce fut une chance heureuse pour la France d'avoir produit, dans ce moment même, un roi capable de remplir avec éclat cette période obligée d'asservissement : l'héritier de Richelieu et l'élève de Mazarin fut en rapport de caractère avec l'autorité absolue qui lui échéait ; l'homme et le temps se corroborèrent. Le siècle de Louis XIV fut le superbe catafalque de nos libertés, éclairé par mille flambeaux de la gloire, que tenait à l'entour un cortège de grands hommes.

Les troubles de la minorité de Louis XIV, mêlés à des victoires sur l'étranger, achevèrent de former des généraux et de créer une armée régulière, élément indispensable du despotisme civilisé : ainsi les troubles, les victoires et les habiles capitaines de la république préparèrent tout pour la domination de Buonaparte. Aux deux époques on était las de révolution, et l'on avait des moyens de conquêtes Louis XIV, comme Napoléon, chacun avec la différence de son temps et de son génie, substituèrent l'ordre à la liberté.

L'homme d'une époque ou d'un siècle eut pourtant un avantage sur l'homme fantastique ou de tous les siècles.

La féodalité ou la monarchie militaire noble perdit ses principales batailles ; mais les étrangers ne purent garder les provinces qu'ils avaient occupées dans notre patrie, et ils en furent successivement chassés : l'empire ou la monarchie plébéienne militaire fit des conquêtes immenses, mais elle fut forcée de les abandonner, et nos soldats, en se retirant, entraînèrent deux fois avec eux les étrangers à Paris : la monarchie royale absolue n'alla pas loin chercher ses combats, mais le fruit de ses victoires nous est resté ; notre indépendance vit encore à l'abri dans le cercle de remparts qu'elle a tracés autour de nous. A quoi cela a-t-il tenu ? à l'esprit positif du grand roi et à la longueur du règne de ce prince. Louis chercha à donner à notre territoire ses bornes naturelles ; on a trouvé dans les papiers de son administration des projets pour reculer la frontière de la France jusqu'au Rhin, et pour s'emparer de l'Égypte ; on a même un mémoire de Leibnitz à ce sujet. Si Louis XIV eût complétement réussi, il ne nous resterait plus aujourd'hui aucune cause de guerre étrangère.

Mais si les conquêtes de la monarchie militaire plébéienne n'ont point été annexées à notre sol comme les conquêtes de la monarchie royale absolue, elles ont eu un effet moral que n'ont pas eu les profits tout matériels des envablissements de Louis XIV. Nos armées, comme celles d'Alexandre, ont semé les lumières chez les peuples où notre drapeau s'est promené : l'Europe est devenue française sous les pas de Napoléon, comme l'Asie devint grecque dans la course d'Alexandre.

Louis XIV eut quelque chose de Dioclétien, sans en avoir les mœurs et la philosophie ; il établit comme lui le faste de l'Orient à sa cour, éleva comme lui des monuments, et fut comme lui grand administrateur. L'attention qu'il donnait à l'agriculture s'étendait sur les autres parties de l'État : il chercha jusque dans les pays étrangers les hommes qui pouvaient faire fleurir le commerce et les manufactures. Magnifiquement occupé de ses plaisirs, il travaillait néanmoins avec ses ministres ; laborieux, il entrait jusque dans les moindres détails. Le plus petit bourgeois lui pouvait soumettre des plans et obtenir audience de lui : de la même main dont il protégeait les arts et faisait céder l'Europe à nos armes, il corrigeait les lois, et introduisait l'unité dans les coutumes. La monarchie absolue n'était pas un état de privilége pour les individus : on se figure que la classe mitoyenne était éloignée de tout, que les emplois n'appartenaient qu'aux nobles ; rien de plus faux que cette idée. Toutes les carrières étaient ouvertes aux Français : l'Église, la magistrature et le commerce étaient presque exclusivement le partage des plébéiens. La plus haute dignité civile, celle du chancelier, était roturière. Les bourgeois parvenaient aux premières places militaires et administratives. Louis XIV surtout ne fit aucune distinction dans ses choix : Fabert, Gassion, Vauban même et Catinat, furent maréchaux de France ; Colbert et Louvois étaient ce que plus tard on appela impertinemment *des hommes de peu*. En général, dans toute l'ancienne monarchie, les familles nobles ne fournissaient pas les ministres. « Le chance-
« lier Voisin, dit Saint-Simon, avait essentiellement la plus parfaite qualité
« sans laquelle nul ne pouvait entrer et n'est jamais entré dans le conseil de
« *Louis XIV*, en tout son règne, *qui est la pleine et parfaite roture*, si l'on
« en excepte le seul duc de Beauvilliers. » Les ambassadeurs du grand roi n'étaient pas tous choisis parmi les grands seigneurs. La plupart des évêques (et quels évêques, Bossuet et Massillon !) sortaient des rangs médiocres ou tout à fait populaires.

Mais cette jalousie de la bourgeoisie contre la noblesse, qui a éclaté avec tant de violence au moment de la révolution, ne venait pas de l'inégalité des emplois ; elle venait de l'inégalité de la considération. Il n'y avait si mince hobereau qui n'eût le privilége d'insulte ou de mépris envers le bourgeois, jusqu'à ce point de lui refuser de croiser l'épée : ce nom de gentilhomme dominait tout. Il était impossible qu'à mesure que les lumières descendaient dans les classes mitoyennes on ne se révoltât pas contre des prétentions d'une supériorité devenue sans droits. Ce ne sont point les nobles que l'on a persécutés dans la révolution, ce ne sont point leurs immunités d'eux-mêmes abandonnées, que l'on a voulu détruire en eux : c'est une opinion que l'on a immolée dans leur personne ; opinion contre laquelle la France entière se soulèverait encore, si l'on essayait de la faire renaître.

Louis XIV révéla à la France le secret de sa force ; il prouva qu'elle se pouvait rire des ligues de l'Europe jalouse. Ce prince eut une fois huit cent mille hommes sous les armes, onze mille soldats de marine, cent soixante mille matelots, mille élèves de marine, cent quatre-vingt-dix-huit vaisseaux de soixante canons et trente galères armées. Les étrangers qui cherchaient à rabaisser notre gloire, devaient ce qu'ils étaient à notre génie. En Angleterre, en Allemagne, en Italie, en Espagne, partout on reconnaît qu'on a suivi les édits de Louis XIV pour la justice, ses règlements pour la marine et le commerce, ses ordonnances pour l'armée, ses institutions pour la police des chemins et des villes; tout, jusqu'à nos mœurs et à nos habits, fut servilement copié. Tel pays qui se vantait de ses établissements publics, en avait emprunté l'idée à notre nation ; on ne pouvait faire un pas chez les étrangers sans retrouver la France mutilée.

A ce beau côté de Louis XIV, il y a un vilain revers. Ce prince, qui fit notre patrie pour l'administration, la force extérieure, les lettres et les arts, à peu près ce qu'elle est demeurée, écrasa le reste des libertés publiques, viola les priviléges des provinces et des cités, posa sa volonté pour règle, enrichit ses courtisans de confiscations odieuses. Il ne lui vint pas même en pensée que la liberté, la propriété, la vie d'un de ses sujets, ne fussent pas à lui.

Dans les idées du temps, ou plutôt dans les idées formées par Louis XIV, cela ne choquait point. Les esprits les plus frondeurs, comme Saint-Simon qui n'aimait pas son maître et qui met à nu ses faiblesses, ne songeaient guère plus au peuple que le souverain.

Mais ce que l'on ne sentait point alors, les générations suivantes le sentirent ; l'impression du despotisme resta, et quand Louis XIV eut cessé de vivre, on en voulut à ce roi d'avoir usurpé à son profit la dignité de la nation.

Ce prince fit encore un mal irréparable à sa famille : l'éducation orientale qu'il établit pour ses enfants, cette séparation complète de l'enfant du trône des enfants de la patrie, rendirent étranger à l'esprit du siècle, aux peuples sur lesquels il devait régner, l'héritier de la couronne. Henri IV courait pieds nus et tête nue avec les petits paysans sur les montagnes du Béarn. Le gouverneur qui montrait au jeune Louis XV la foule assemblée sous les fenêtres de son palais, lui disait : « Sire, tout ce peuple est à vous. » Cela explique les temps, les hommes et les destinées.

Cependant comme la pensée sociale ne rétrograde point, bien que les faits rebroussent souvent vers le passé, un contre-poids s'était formé par les lumières de l'intelligence, aux principes de l'absolu de Louis XIV. Au moment où l'ancien droit politique intérieur de la France s'anéantit le droit public extérieur des nations se fonda : les publicistes parurent, Grotius à leur tête. Le cardinal de Richelieu, en abaissant la maison d'Autriche, donna naissance au système de la balance européenne, système maintenu par Mazarin. Les relations diplomatiques se régularisèrent, et des traités confirmèrent l'existence des gouvernements populaires qui s'étaient affranchis les armes à la main. Locke et Descartes avaient appris à raisonner ; Corneille avait exhumé les vertus républicaines.

Pascal osa écrire : « Ce chien *est à moi*, disaient ces pauvres enfants; c'est « ma place au soleil : voilà le commencement et l'image de l'usurpation de « toute la terre. »

Pascal avait dit encore : « Trois degrés d'élévation du pôle renversent « toute la jurisprudence. Un méridien décide de la vérité ou du peu d'années « de possession. Les lois fondamentales changent, le droit a ses époques; plai- « sante justice qu'une rivière ou une montagne borne ; vérité au deçà des Pyré- « nées, erreur au delà ! »

Ajoutez à ces incursions de la pensée dans des régions encore inconnues, les effets de la révolution de l'Angleterre et de l'émancipation de la Hollande, qui avaient mis en circulation des idées directement opposées aux principes du gouvernement de Louis XIV.

Enfin l'esprit même de l'administration et l'instinct de grandeur de ce prince favorisaient la marche progressive de l'esprit humain. Il fut question d'établir l'uniformité des poids et mesures, d'abolir les coutumes provinciales, de réformer le Code civil et criminel, d'arriver à l'égale répartition de l'impôt. Tous les projets pour les embellissements de Paris avaient été discutés ; on voulait achever le Louvre, faire venir des eaux, découvrir les quais de la Cité, etc. La liberté de la chaire, alors la seule inviolable, avait donné un asile à la liberté politique, et même, sous un certain rapport, à l'indépendance religieuse. Massillon dit tout sur la souveraineté du peuple ; dans le *Télémaque* les leçons ne manquent pas; Bossuet s'était occupé sérieusement de la réunion de l'Église protestante à l'Église romaine : il n'était pas éloigné de consentir au mariage des prêtres, ce qui eût amené un changement obligé dans la confession auriculaire et la communion fréquente : tant la société s'avance vers son but, la liberté, à l'insu même et contre les desseins des hommes qui composent cette société !

Les souvenirs des fureurs de la Ligue et les brouilleries de la Fronde avaient favorisé l'établissement de la monarchie absolue; les souvenirs du despotisme de Louis XIV, quand ce grand prince s'alla reposer à Saint-Denis, rendirent plus amers les regrets de l'indépendance nationale. La vieille monarchie avait traversé six siècles et demi avec ses libertés féodales et aristocratiques, pour venir tomber aux pieds du trentième fils de Hugues Capet. Combien l'État formé par Louis XIV a-t-il duré? cent quarante années. Après le tombeau de ce monarque, on n'aperçoit plus que deux monuments de la monarchie absolue : l'oreiller des débauches de Louis XV et le billot de Louis XVI.

Le siècle de Louis XV, précédé des grandeurs et des désastres du siècle de Louis XIV, et suivi des destructions et de la gloire du siècle de la révolution, disparaît écrasé entre ses pères et ses fils. Le peuple n'eut pas plutôt chanté un *Te Deum* pour la mort de Louis, et insulté le cercueil de ce prince immortel, que le régent, Philippe d'Orléans, prit les rênes de l'empire. Le cardinal Dubois fut son digne ministre : la corruption du règne de Henri III reparut.

A cette vieille corruption de mœurs se mêla cette corruption nouvelle qui s'opère par les révolutions subites des fortunes, et que nous devons au moderne système de finances. La dette de l'État était de deux milliards soixante-deux millions, quatre milliards et plus de notre monnaie actuelle. Le duc de Saint-Simon proposa la banqueroute sanctionnée par les états généraux, lesquels seraient appelés à la sanction de ce vol : le régent ne voulut ni de la banqueroute, ni du retour des états. On refondit les monnaies, on raya trois cent trente-sept millions de créances vicieuses : Law se chargea d'éteindre le reste de la dette au moyen de sa banque, qui ne fut composée d'abord que de douze cents actions de trois mille francs chacune. Law est parmi nous le fondateur du crédit public et de la ruine publique. Son système ingénieux et savant n'offrait, en dernier résultat, comme tout capital fictif, qu'un jeu où l'on venait perdre son or et sa terre contre du papier (1).

Voltaire et Montesquieu étaient nés et publiaient leurs premiers ouvrages ; ainsi tout était préparé pour le changement des mœurs, de la religion et des lois. La bigoterie des dernières années de Louis XIV, la fatigue des querelles théologiques, l'ennui de la vieille cour de Saint-Cyr, enfin cette lassitude du passé et cette avidité de l'avenir, naturelles aux nations légères, précipitèrent les Français dans un ordre de choses tout différent de celui qui finissait. Louis XV respira dans son berceau l'air infecté de la régence ; il se trouva chargé, avec un caractère indécis et la plus insurmontable des passions, de l'énorme poids d'une monarchie absolue : son esprit ne lui servait qu'à voir ses fautes et ses vices, comme un flambeau dans un abîme.

Le parlement avait cassé le testament de Louis XIV, et l'édit de **1717** ôta aux princes légitimés la qualité de princes du sang.

Après la mort du régent, le duc de Bourbon, premier ministre, marie Louis XV à la fille de Stanislas Lekzinski, roi détrôné de Pologne, espèce d'augure pour la postérité de cette reine. L'abbé Fleury, précepteur du roi, devient premier ministre après le duc de Bourbon, et reçoit le chapeau de cardinal : ce vieux prêtre rendit des forces à la France épuisée en la laissant se rétablir d'elle-même à l'aide de son tempérament robuste : chose que tout le monde a dite.

Deux guerres avec l'Autriche ; le vainqueur de Denain reparut sur les champs de bataille à l'âge de quatre-vingt-trois ans. En apprenant la mort du maréchal de Berwick, tué d'un coup de canon, il s'écria avec humeur : « Cet homme « a toujours été heureux ! » Frédéric et Marie-Thérèse paraissent sur la scène.

Le cardinal de Fleury meurt, et le roi gouverne par lui-même. Il tombe malade à Metz ; s'il fût mort, il eût été pleuré : la France le surnommait le Bien-Aimé. Bataille de Fontenoy ; le prétendant descend en Écosse, remporte deux victoires et ne marche pas sur Londres : le temps des Stuarts était accompli. Tandis que la France courait à sa ruine, l'Angleterre parvenait au plus haut point de sa puissance. Paix d'Aix-la-Chapelle. Querelles parlementaires et jansénistes.

Billets de confession. Conflit de l'archevêque de Paris, Beaumont, et des administrateurs de l'Hôtel-Dieu. Damiens attente à la vie du roi.

La guerre recommence entre la France et l'Angleterre au sujet des limites du Canada. Pour la première fois on lit le nom de Washington dans le récit d'un obscur combat donné dans les forêts, vers le fort Duquesne, entre quelques Sauvages, quelques Français et quelques Anglais (1754). Quel est le commis à

---

(1) Voyez, sur le système de Law, une excellente brochure de M. Thiers.

Versailles et le pourvoyeur du *Parc aux Cerfs;* quel est surtout l'homme de cour ou d'académie qui aurait voulu changer à cette époque son nom contre celui de ce planteur américain? A cette même époque, l'enfant qui devait un jour tendre sa main secourable à Washington venait de naître. Que d'espérances attachées à ce berceau! C'était celui de Louis XVI. Le duc de Choiseul fut chargé du département des affaires étrangères, en remplacement de l'abbé de Bernis, né de ses chansons et fils de ses vers si profondément oubliés. Homme habile, courtisan adroit, quoique hautain et léger, le duc de Choiseul obtint son avancement politique de madame de Pompadour, qui nommait les ministres, les évêques et les généraux. Cette femme, que Marie-Thérèse affola, en l'appelant *son amie*, précipita la France dans la guerre honteuse et fatale de 1757.

Le duc de Choiseul est l'auteur du *Pacte de famille*, on lui doit la création des corps de l'artillerie et du génie : l'expulsion des jésuites de toute la chrétienté catholique fut en partie son ouvrage. Quand on chassa les jésuites, leur existence n'était plus dangereuse à l'État ; on punit le passé dans le présent; cela arrive souvent parmi les hommes ; les *Lettres provinciales* avaient ôté à la Compagnie de Jésus sa force morale. Et pourtant Pascal n'est qu'un calomniateur de génie : il nous a laissé un mensonge immortel.

Après la mort de madame de Pompadour, le duc de Choiseul ne voulut point accepter la protection de madame Dubarry ; il était entretenu dans ce scrupule par la duchesse de Grammont, sa sœur, et par madame de Beauvau. Les grandes dames de la cour, qui avaient accepté un tabouret chez madame de Pompadour, se scandalisaient de la même faveur offerte chez madame Dubarry. Louis XV leur semblait manquer à ce qu'il devait à leur naissance, en leur faisant l'injure de ne pas choisir dans leurs rangs ses courtisanes ; la nouvelle maîtresse du prince parut un outrage aux droits d'un noble sang, précisément parce qu'elle était à sa place. Le chancelier de France Maupeou, le duc d'Aiguillon et l'abbé Terray se servirent de madame Dubarry pour faire renvoyer le duc de Choiseul. Cette femme dégradée n'était pas méchante ; elle avait la bonté du vice banal ; sans ambition et sans intrigue, elle eût volontiers servi le premier ministre, si celui-ci n'avait guindé son orgueil. Maupeou venait d'attaquer la monarchie parlementaire qui s'avisait de vouloir revivre ; le duc de Choiseul fut enveloppé dans la disgrâce des magistrats; relégué à Chanteloup (1770), il y languit dans un exil insolent qui accusait la faiblesse et la rapide décadence de la monarchie absolue. La duchesse de Choiseul, la duchesse de Grammont et la comtesse Dubarry ont vécu assez, la première pour réclamer son illustre ami, l'abbé Barthélemy, dans les temps révolutionnaires ; la seconde pour monter intrépidement à l'échafaud ; la troisième pour porter au même échafaud la faiblesse de sa vie, et lutter avec le bourreau en face des *Tricoteuses* : Parques ivres et basses que pouvait allécher le sang de Marie-Antoinette, mais qui auraient dû respecter celui de mademoiselle Lange.

Le règne de Louis XV finit par l'exil des parlements, le procès de La Chalotais, la mort du grand Dauphin, le mariage de son fils aîné et de l'archiduchesse d'Autriche, et le partage de la Pologne ; différentes espèces de calamités.

Louis XV trépassa le 10 mai 1774, dans la soixante-cinquième année de son âge.

Le règne de ce prince est l'époque la plus déplorable de notre histoire : quand on en cherche les personnages, on est réduit à fouiller les antichambres du duc de Choiseul, les garde-robes des Pompadour et des Dubarry, noms qu'on ne sait comment élever à la dignité de l'histoire. La société entière se décomposa : les hommes d'État devinrent des hommes de lettres ; les gens de lettres, des hommes d'État ; les grands seigneurs, des banquiers ; les fermiers généraux, de grands seigneurs. Les modes étaient aussi ridicules que les arts étaient de mauvais goût ; on peignait des bergères en paniers dans les salons où les colonels brodaient. Tout était dérangé dans les esprits et dans les mœurs, signe certain d'une révolution prochaine. Les magistrats rougissaient de porter la robe, et tournaient en moquerie la gravité de leurs pères ; les prêtres en chaire évitaient le nom de Jésus-Christ, et ne parlaient plus que du *législateur des chrétiens;* les ministres tombaient les uns sur les autres ; le pouvoir glissait de toutes les mains ; le suprême *bon ton* était d'être Anglais à la cour, Prussien à l'armée, tout enfin, excepté Français. Ce que l'on disait, ce que l'on faisait, n'était qu'une suite d'inconséquences : on prétendait garder des abbés commendataires, et l'on ne voulait plus de religion ; nul ne pouvait être officier s'il n'était gentilhomme, et l'on déblatérait contre la noblesse ; on introduisait l'égalité dans les salons et les coups de bâton dans les camps.

La société avait quelque chose de puéril comme la société romaine au moment de l'invasion des Barbares : au lieu de faire des vers dans un cloître, on en faisait dans les *boudoirs ;* avec un quatrain on était illustre. L'intrigue élevait et renversait chaque jour les ministres : ces créatures éphémères, qui apportaient dans le gouvernement leur ineptie apportaient encore un esprit antipathique à celles qui les avaient précédées, de là ce changement continuel de systèmes, de projets, de vues. Ces nains politiques étaient suivis d'une nuée de commis, de laquais, de flatteurs, de comédiens, de maîtresses. Tous ces êtres d'un moment se hâtaient de sucer le sang du misérable, et s'abîmaient bientôt devant une autre génération d'insectes, aussi fugitive et dévorante que la première.

Tandis que le peuple perdait à la fois ses mœurs et son ignorance, sourde au bruit d'une vaste monarchie qui roulait en bas, la cour se plongeait plus que jamais dans un despotisme qu'elle n'avait plus la force d'exercer. Au lieu d'élargir ses plans, d'élever ses pensées en progression relative à l'accroissement des lumières, elle rétrécissait ses préjugés, ne savait ni se soumettre au mouvement des choses, ni s'y opposer avec vigueur. Cette misérable politique, qui fait qu'un gouvernement se resserre quand l'esprit public s'étend, est remarquable en toutes révolutions : c'est vouloir inscrire un grand cercle dans une petite circonférence ; le résultat est certain. La tolérance s'accroît, et les prêtres font juger et exécuter un jeune homme qui, dans une orgie, avait insulté un crucifix ; le peuple se montre incliné à la résistance, et tantôt on lui cède mal à propos, tantôt on le contraint imprudemment ; l'esprit de liberté paraît, et on multiplie les lettres de cachet. A voir le monarque endormi dans la volupté, des courtisans corrompus, des ministres méchants ou imbéciles ; des philosophes, les uns sapant la religion, les autres l'État ; des nobles, ou ignorants, ou atteints des vices du jour ; des ecclésiastiques, à Paris, la honte de leur ordre, dans les provinces, pleins de préjugés ; on eût dit une foule de manœuvres empressés à démolir un grand édifice.

Comme pourtant ce peuple français ne peut jamais être tout à fait obscur, il gagnait encore la bataille de Fontenoy. Pour empêcher la prescription contre la gloire, d'Assas, aux champs de Clostercamp, s'écriait : « A moi, Auvergne, « c'est l'ennemi ! » Pour maintenir nos droits au génie, Montesquieu, Voltaire, Buffon et les deux Rousseau écrivaient. Et c'est d'ici qu'il faut prendre la grande vue du dix-huitième siècle, tout pitoyable qu'il paraît au premier coup d'œil. Les diverses classes de la société étaient également corrompues ; la cour et la ville, les gens de lettres, les économistes et les encyclopédistes, les grands seigneurs et les gentilshommes, les financiers et les bourgeois se ressemblaient, témoin les Mémoires qu'ils nous ont laissés. Mais ce serait assigner de trop petites causes à la révolution, que de les chercher dans cette vie d'hommes à bonnes fortunes, dans cette vie de théâtres, d'intrigues galantes et littéraires, unie aux coups d'État sur le parlement et aux colères d'un despotisme en décrépitude.

Cet abâtardissement de la nation contribua sans doute à diminuer les obstacles que devait rencontrer la révolution ; mais il n'était point la cause efficiente de cette révolution, et il n'en était que la cause auxiliaire.

La civilisation avait marché depuis six siècles ; une foule de préjugés étaient détruits, mille institutions oppressives battues en ruine. La France avait successivement recueilli quelque chose des libertés aristocratiques féodales, du mouvement communal, de l'impulsion des croisades, de l'établissement des états, de la lutte des juridictions ecclésiastiques et seigneuriales, du long schisme, des découvertes du seizième siècle, de la réformation, de l'indépendance de la pensée pendant les troubles de la Ligue et les brouilleries de la Fronde, des écrits de quelques génies hardis, de l'émancipation des Pays-Bas et de la révolution d'Angleterre. La presse, bien qu'enchaînée, conserva le dépôt de ces souvenirs sous la monarchie absolue de Louis XIV ; la liberté dormit, mais elle ne dérogea pas, et cette antique liberté, comme l'antique noblesse, a repris ses droits en reprenant son épée. Les générations du corps et celles de l'esprit conservent le caractère de leurs origines respectives. Tout ce que produit le corps meurt comme lui : tout ce que produit l'esprit est impérissable comme l'esprit même. Toutes les idées ne sont pas encore engendrées ; mais quand elles naissent, c'est pour vivre sans fin, et elles deviennent le trésor commun de la race humaine.

On touchait à l'époque où l'on allait voir paraître cette liberté nouvelle, fille de la raison, qui devait remplacer l'ancienne liberté, fille des mœurs. Il arriva que la corruption même de la régence et du siècle de Louis XV ne détruisit point les principes de la liberté que nous avons recueillie, parce que cette liberté n'a point sa source dans l'innocence du cœur, mais dans les lumières de l'esprit.

Au dix-huitième siècle, les affaires firent silence pour laisser le champ de bataille aux idées. Soixante ans d'un ignoble repos donnèrent à la pensée le loisir de se développer, de monter et de descendre dans les diverses classes de la société, depuis l'homme du palais jusqu'à l'habitant de la chaumière. Les mœurs affaiblies se trouvèrent ainsi calculées (comme je viens de le remarquer) pour ne plus offrir de résistance à l'esprit, ce qu'elles font souvent quand elles sont jeunes et vigoureuses.

Montesquieu, Rousseau, Raynal même et Diderot, à travers leurs déclamations, fixaient l'attention de la foule sur les droits de la liberté politique. On commençait à mieux connaître l'Angleterre, et l'on comparait les deux gouvernements. Voltaire accomplissait une révolution dans les idées religieuses. Si l'irréligion était poussée jusqu'à l'outrage, si elle prenait un caractère sophistique et étroit, elle menait néanmoins à ce dégagement des préjugés qui devait faire revenir au véritable christianisme. La grande existence de ce siècle est celle de Voltaire. Tous les souverains écrivaient à cet homme illustre, et étaient flattés de recevoir un mot de sa main : Ferney était la cour européenne. Cet hommage universel, rendu au génie qui sapait à coups redoublés les fondements de la société alors existante, était caractéristique de la transformation prochaine de cette société. Et pourtant il est vrai que si Louis XV eût fait la moindre caresse au flatteur de madame de Pompadour, que s'il l'eût traité comme Louis XIV traitait Racine, Voltaire eût abdiqué le sceptre, il eût troqué sa puissance contre une distinction d'antichambre, de même que Cromwell fut au moment d'échanger ce qu'il est aujourd'hui dans l'histoire, pour la jarretière d'Alix de Salisbury : ce sont là les mystères des vanités humaines.

Tel fut l'œuvre inaperçu de soixante années, tel fut un résultat en apparence si dissemblable à sa cause, qu'au moment où la révolution éclata, on fut étonné que tant de faiblesse, d'asservissement, de folie, eût déposé tant de force, de liberté et de raison dans les cahiers des trois états ; c'est qu'on voyait là le travail des lumières de l'esprit, et non celui de la corruption des mœurs. Catilina, et les jeunes patriciens ses complices, méditèrent au milieu de leurs débauches le renversement de la liberté romaine ; les jeunes nobles de France sortirent des bras des courtisanes de haute ou basse compagnie, pour parler à notre tribune à peine ouverte le langage des hommes libres.

Louis XVI avait commencé l'application des théories inventées, sous le règne de son aïeul, par les économistes et les encyclopédistes. Ce prince honnête homme rétablit les parlements, supprima les corvées, améliora le sort des protestants ; enfin le secours qu'il prêta à la révolution d'Amérique (secours injuste selon le droit privé des nations, mais utile à l'espèce humaine en général), acheva de développer en France les principes de la liberté. La monarchie parlementaire, réveillée à la fin de la monarchie absolue, rappelle la monarchie des états ; et la monarchie des états remet à son tour à la monarchie constitutionnelle les pouvoirs qu'elle avait reçus héréditairement des états de 1355 et 1356. Alors le roi-martyr quitte le monde.

C'est entre les fonts baptismaux de Clovis et l'échafaud de Louis XVI qu'il faut placer le grand empire chrétien des Français. La même religion était debout aux deux barrières qui marquent les deux extrémités de cette longue arène. « Fier Sicambre, incline le col, adore ce que tu as brûlé, brûle ce que « tu as adoré, » dit le prêtre qui administrait à Clovis le baptême d'eau. « Fils « de saint Louis, montez au ciel, » dit le prêtre qui assistait Louis XVI au baptême de sang.

Le vieux monde fut submergé. Quand les flots de l'anarchie se retirèrent, Napoléon parut à l'entrée d'un nouvel univers, comme ces géants que l'histoire profane et sacrée nous peint au berceau de la société et qui se montrèrent à la terre après le déluge.

TABLEAU

DES LANGUES TEUTONIQUE, CELTIQUE, etc

Teutonique. — Ulphilas.

MARK. CAP. I.
MARC. CAP. I.
AIWAGGELIO THAIRH MARKU ANASTODEITH.
EVANGELIUM PER MARCUM INCIPIT.

1. Anastodeins aiwaggeljons Jesuis Christaus sunaus Goths.
Initium evangelii Jesu Christi filii Dei.
2. Swe gamelith ist in Esaün praufetau. Sai ik insandja aggilu meinana faura thus
Sicut scriptum est in Esaia propheta. Ecce ego mitto angelum meum præ tibi.
Saei gamanweith wig theinana faura thus.
Qui parat viam tuam præ tibi.

Teutonique du serment des peuples de Charles et Louis. — An 842.

Oba Karl theu eid then er sine no bruodher Ludhuwige gesuor geleistit, ind Ludhuwig min herro then er imo gesuor forbrih chit : obi hina nes iou ven denne mag, noh ih, noh thero, noh hein thenihes, irrwenden mag vuidhar Karle imo ce folus tine vuirdhit.

Si Charles garde le serment que son frère Louis a juré, et si monseigneur Louis, de son côté, ne le tient, si je ne puis l'en détourner (Louis), et que moi et nul autre ne le puisse, je ne lui donnerai aucune aide contre Charles.

Teutonique de la chanson en l'honneur de Louis, fils de Louis le Bègue. — An 881.

Elnen kuning weiz ich,	*Regem novi*
Heisset herr Ludwig,	*Vocatur dominus Ludovicus,*
Der gerne Gott dienet,	*Qui lubens Deo servit,*
Weil er ihms lohnet.	*Quippe qui eum præmiis afficit.*

Teutonique saxon du commencement du huitième siècle.

ORAISON DOMINICALE.

Urin fader thic arth in heofnas;
Sic gehalgud thin noma;
To cymeth thin ryc;
Sic thin willa sue is in heofnas and in eortho;
Urin hlaf offirwistlio sel us to daig;
And forgese us scylda urna, sue we forgefan scyldgum urum,
And no inlead usig in custnung,
Ah gefrig usig from ifle.

TABLEAU DES LANGUES TEUTONIQUE, etc.

Teutonique saxe du dixième siècle.

ORAISON DOMINICALE.

Thu vre Fader the eart on heofinum,
Cum thin ric;
Si thin willa on eorthan swa swa on heofinum;
Syle us to daeg urn daegthanlican hlaf;
And forgif us ere giltat, swa swa we forgifath tham the with us ugyltath.

Suève ou scandinave de la plus ancienne Edda.

ODINN.	ODINUS
Rap pv men nv Frigg.	*Da mihi consilium*, **Frigga**
Àllz mic fara tipir	*Si quidem cupio*
At vitia **Vafprupnis**.	*Invisere* Vasthrudnem :
Forvitni micla	*Aviditatem magnam*
Qvep ec mer a fornom starfom	*Profiteor esse mihi contendendi de antiquis litteris (mysteriis)*
Vip pann inn alsvinna iotunn.	*Cum omniscio isto gigante.*

Celtique.

ORAISON DOMINICALE.

Eyen taad rhuvn wytyn y neofoedodd
Santeiddier yr henwu tan :
De vedy drynas daw :
Gueler dy wollys arryddayar megis agyn y nefi
Eyn-bara beunydda vul dyro iniheddivu :
Ammadew ynny eyn deledion ; megis agi maddevu in deledwir ninaw ;
Agna thowys ni in brofedigaeth :
Namyn gvvaredni ragh drug. Amen.

Langue erse.

ORAISON DOMINICALE.

Ar nathairne ata ar neamh.
Goma beannuigte hainmsa.
Gu deig do Rioghachdsa.
Dentar do Tholsi air dtalmhuin mar ata air neamh.
Tabhair dhuinn ar bhfcacha, amhuil mhathmuid dar bhfeicheamhnuibh.
Agas na leig ambuadhread sinn.
Achd saor sinn o olc.
Oir is leatta an Rioghachd an cumhachd agas an gloir gu scorraidh. Amen.

FIN DE L'ANALYSE RAISONNEE DE L'HISTOIRE DE FRANCE.

PENSÉES, RÉFLEXIONS ET MAXIMES

La misère de l'homme ne consiste pas seulement dans la faiblesse de sa raison, l'inquiétude de son esprit, le trouble de son cœur; elle se voit encore dans un certain fond ridicule des affaires humaines. Les révolutions surtout découvrent cette insuffisance de notre nature : si vous les considérez dans l'ensemble, elles sont imposantes; si vous pénétrez dans le détail, vous apercevez tant d'ineptie et de bassesse, tant d'hommes renommés qui n'étaient rien, tant de choses dites l'œuvre du génie qui furent l'œuvre du hasard, que vous êtes également étonné et de la grandeur des conséquences, et de la petitesse des causes.

Lorsqu'on est placé à distance des faits, qu'on n'a pas vécu au milieu des factions et des factieux, on n'est guère frappé que du côté grave et douloureux des événements; il n'en est pas ainsi quand on a été soi-même acteur, ou spectateur compromis, dans des scènes sanglantes. Tacite, que la nature avait formé poëte, eût peut-être crayonné la satire de Pétrone, s'il eût siégé au sénat de Néron : il peignit la tyrannie de ce prince, parce qu'il vécut après lui : Butler, doué d'un génie observateur, eût peut-être écrit l'histoire de Charles Ier, s'il fût né sous la reine Anne ; il se contenta de rimer *Hudibras*, parce qu'il avait vu les personnages de la révolution de Cromwell; il les avait vus, toujours parlant de vertu, de sainteté, d'indépendance, présenter leurs mains à toutes les chaînes, et, après avoir immolé le père, se courber sous le joug méprisable du fils.

Il y a des iniquités politiques qui ne peuvent plus être impunément commises, à cause de la civilisation avancée des peuples. Que l'on ne croie pas que ces peuples puissent dire, sans résultat, à leurs gouvernements : « Tel crime, « tel malheur est arrivé par votre faute. » Les bases du pouvoir même sont ébranlées par ces reproches; le respect des nations venant à manquer au pouvoir, ce pouvoir est en péril.

Chez une nation qui conserve encore l'innocence primitive, le vice apporté par des étrangers fait des progrès plus rapides que dans une société déjà corrompue, comme un homme sain meurt de l'air pestiféré où vit un homme habitué à cet air.

On peut arriver à la liberté par deux chemins : par les mœurs et par les lumières. Mais quand les mœurs et les lumières manquent à la fois, quand on ne peut être ni un républicain à la manière de Sparte, ni un républicain à la manière des États-Unis, on peut encore conquérir la liberté, on ne la peut garder.

La postérité se souvient des hommes qui ont changé les empires, très-peu de ceux qui les ont rétablis, à moins que ce rétablissement n'ait été durable. On admire ce qui crée, on estime à peine ce qui conserve : une grande gloire couvre de ténèbres tout ce qui la suit.

Tourmentez-vous pour rétablir la vertu chez un peuple qui l'a perdue, vous n'y réussirez pas. Il y a un principe de destruction en tout. A quelle fin Dieu l'a-t-il établi ? C'est son secret.

On s'étonne du succès de la médiocrité ; on a tort. La médiocrité n'est pas forte parce qu'elle est en elle-même, mais par les médiocrités qu'elle représente, et dans ce sens sa puissance est formidable. Plus l'homme en pouvoir est petit, plus il convient à toutes les petitesses. Chacun en se comparant à lui se dit : « Pourquoi n'arriverai-je pas à mon tour ? » Il n'excite aucune jalousie : les courtisans le préfèrent, parce qu'ils peuvent le mépriser ; les rois le gardent comme une manifestation de leur toute-puissance. Non-seulement la médiocrité a tous ces avantages pour rester en place, mais elle a encore un bien plus grand mérite : elle exclut du pouvoir la capacité. Le député des sots et des imbéciles au ministère caresse deux passions du cœur humain : l'ambition et l'envie.

La médiocrité est assez souvent secondée par des circonstances qui donnent à ses desseins un air de profondeur. Ces hommes impuissants qui, pour la foule, paraissent diriger la fortune, sont tout simplement conduits par elle : comme ils lui donnent la main, on croit qu'ils la mènent.

Les hommes de génie sont ordinairement enfants de leur siècle ; ils en sont comme l'abrégé ; ils en représentent les lumières, les opinions et l'esprit ; mais quelquefois aussi ils naissent ou trop tôt ou trop tard. S'ils naissent trop tôt, *avant* leur *siècle naturel*, ils passent ignorés ; leur gloire ne commence qu'après eux, lorsque le siècle auquel ils doivent appartenir est éclos ; s'ils naissent trop tard, *après* leur *siècle naturel*, ils ne peuvent rien, et ils n'arrivent point à une renommée durable. On les regarde un moment par curiosité, comme on regarderait les vieillards se promenant sur les places publiques avec les habits de leur temps. Des hommes de génie qui arrivent *trop tard* sont donc méconnus comme les hommes de génie qui arrivent *trop tôt ;* mais ils n'ont pas comme ces derniers un avenir, une postérité, des descendants pour établir leur gloire : ils ne pourraient être admirés que du passé, que de leurs devanciers, que des morts, public silencieux.

Après des temps de malheur et de gloire, un peuple est enclin au repos ; et pour peu qu'il soit régi par des institutions tolérables, il se laisse facilement conduire par les plus petits ministres du monde ; cela le délasse et l'amuse . il compare ces pygmées aux géants qu'il a vus, et il rit. Il y a des exemples de lions attachés à un char et menés par des enfants ; mais ils ont toujours fini par dévorer leurs conducteurs.

Pour les véritables saints et les hommes supérieurs, la religion est un admoniteur sévère qui leur apprend à s'humilier et leur enseigne la vraie vertu ; pour les hommes passionnés et vulgaires, ses leçons ne servent qu'à nourrir l'orgueil humain et à donner des apparences de vertu. « Je marche sur la tête « de mes amis et de mes ennemis : qui peut dire cependant que je manque « d'humilité? ne me suis-je pas mis à genoux? »

Écoutez cet homme qu'on appelle monseigneur : il vous dira qu'il n'est qu'un vilain, qu'il veut rester un vilain ; qu'il n'est pas fait pour occuper la place qu'il occupe ; que la révolution ne sera finie que quand un vilain comme lui cessera d'être un des premiers personnages de l'État. Monseigneur a cependant porté le bonnet rouge pour cesser d'être un vilain, comme il porte un habit brodé et un titre pour sortir de la classe des vilains. Fiez-vous à l'humilité de monseigneur, et croyez au paysan du Danube.

Les mendiants vivent de leurs plaies : il y a des hommes qui profitent de tout, même du mépris.

Point de politique sentimentale, disent les ministres. Bon Dieu, qu'ils se tranquillisent! il n'y a aucun péril de ce côté : je ne sache pas beaucoup d'hommes qui aient conservé leur vieille passion. Vous ne voulez pas qu'on vous aime : eh ! que vous avez raison! Mais puisque vous préférez la politique du fait à celle du droit, acceptez-en toutes les conséquences. Le fait nous donnera le droit d'examiner si vous autres ministres êtes bons à quelque chose, et s'il n'y a pas un autre fait qui vaille mieux que le vôtre.

Si l'on vous donne un soufflet, rendez-en quatre, n'importe la joue.

Il est bon de se prosterner dans la poussière quand on a commis une faute, mais il n'est pas bon d'y rester.

Voyez cet homme; son ressentiment est extrême. « Comment, Théodule se « plaint d'avoir été offensé par moi? quelle insolence! » Mais, homme puissant, si Théodule a aussi sa puissance ; s'il ne croit à personne le droit de l'outrager, qu'avez-vous à répliquer? Le temps où un courtisan faisait trembler n'est plus ; il n'y a plus de faveur possible, excepté pour les valets de chambre; tout est réduit à la valeur personnelle. Celui qui peut dire : « Vous avez eu besoin « de moi, je n'ai pas besoin de vous, » est aujourd'hui le véritable supérieur. C'était peut-être mieux autrefois : mais c'est comme cela maintenant. Ce que l'*homme* a perdu en pouvoir, les *hommes* l'ont gagné.

Le vice, le bonheur, l'infortune, tiennent à un souffle. Vous mourez : deux heures après on ne pense plus à vous. Vous vivez, on n'y pense pas davantage. Qu'importent vos joies, vos peines, votre existence, non-seulement à votre voisin qui ne vous a jamais vu, mais encore à cette tourbe qu'on appelle vos amis! Pourquoi donc se faire une affaire de la vie? elle ne mérite pas la moindre attention.

Quelquefois on oublie un moment ses douleurs, puis on les reprend comme un fardeau qu'on aurait déposé un moment pour se délasser.

On finit par transformer en réalité les craintes de la tendresse : une mère voit sur le visage de son fils des marques d'une maladie qui n'y sont pas. Les autres chimères de la vie, au moral et au physique, produisent les mêmes illusions pour la peine ou le plaisir.

On se réconcilie avec un ennemi qui nous est inférieur pour les qualités du cœur ou de l'esprit; on ne pardonne jamais à celui qui nous surpasse par l'âme et le génie.

Votre ami vient de partir; vous vous croyez fort contre l'absence : allez visiter la demeure de votre ami, elle vous apprendra ce que vous avez perdu et ce qui vous manque.

Celui qui commet le crime, dans le danger qu'il y court et dans le tumulte de ses passions, n'a pas le temps d'écouter le remords; mais celui qui n'est que le complice et le confident du crime, sans y avoir une part active, celui-là entend la voix vengeresse de la conscience. Il compte dans sa retraite les minutes qui s'écoulent. « A présent il se passe telle chose; à présent on frappe ! » Oui, malheureux, on frappe ! et c'est la main de Dieu qui s'appesantit sur toi.

Le ver de la tombe commence à ronger la conscience du méchant avant de lui dévorer le cœur.

La cause la plus juste pourrait-elle, par des circonstances fatales, paraître la plus injuste? Se peut-il présenter un cas où l'innocence ne se puisse prouver, et où la victime qui périt et le juge qui prononce soient également innocents? Que serait-ce alors que la justice humaine?

Si l'on a le droit de tuer un tyran, ce tyran peut être votre père; le parricide est donc autorisé dans certains cas? Qui pourrait soutenir une pareille proposition?

Un charme est au fond des souffrances comme une douleur au fond des plaisirs : la nature de l'homme est la misère.

Celui qui souffre pour Dieu a l'avantage d'être toujours préparé à sa dernière heure, avantage qui n'est pas donné à tous les infortunés.

Les grandes afflictions semblent raccourcir les heures, comme les grandes joies : tout ce qui préoccupe fortement l'âme empêche de compter les instants.

Il faut avoir le cœur placé haut pour verser certaines larmes : la source des grands fleuves se trouve sur le sommet des monts qui avoisinent le ciel.

L'âme de l'homme est transparente comme l'eau de la fontaine, tant que les chagrins qui sont au fond n'ont point été remués.

La simplicité vient du cœur, la naïveté, de l'esprit. Un homme simple est presque toujours un bon homme; un homme naïf peut être un fripon; et pourtant la naïveté est toujours naturelle, tandis que la simplicité peut être l'effet de l'art.

Il y a des hommes qui ne sont point éloquents, parce que leur cœur parle trop haut, et les empêche d'entendre ce qu'ils disent.

Redemande au repentir la robe de l'innocence : c'est lui qui l'a trouvée, et qui la rend à ceux qui l'ont perdue.

Caresser la vertu sans être capable de l'aimer, c'est presser les deux belles mains d'une jeune femme dans les mains ridées de la vieillesse.

Aussitôt qu'une pensée vraie est entrée dans notre esprit, elle jette une lumière qui nous fait voir une foule d'autres objets que nous n'apercevions pas auparavant.

Les sentiments d'un certain ordre s'accroissent en proportion des malheurs de l'objet aimé : c'est la flamme qui se propage plus rapidement au souffle de la tempête.

La vertu est quelquefois oubliée dans son passage ici-bas, mais elle revit tôt ou tard; on la retire des tombeaux comme on retire du sein de la terre une statue antique qui fait l'admiration des hommes.

Souvent les gens de bien pleurent à la même heure où les pervers se réjouissent : le même moment voit s'accomplir une action honnête et une action coupable. Le vice et la vertu sont frère et sœur; ils ont été engendrés par l'homme : Abel et Caïn étaient enfants du même père.

Il y a des hommes pour lesquels la vertu n'est point la vertu reconnue par les autres hommes; ils n'appellent point de ce nom toutes les choses régulières, mais inférieures, de l'existence, cette honnêteté vulgaire qui remplit exactement ses devoirs : la vertu pour eux est un élan de l'âme qui nous porte vers le bien aux dépens de notre bonheur et de notre vie, ou une force qui nous fait dompter nos passions les plus fougueuses. Ces hommes-là s'élèvent au-dessus des autres hommes; mais à quoi sont-ils bons dans la société? Comme les montagnes dans la nature, comme les monuments gigantesques dans les arts, ils sortent des proportions communes : on les regarde, et on en a peur.

Les caractères exaltés dans les gens vulgaires sont insupportables; unis à une grande âme ou à un beau génie, ils entraînent tout. Ces caractères ne veulent pas séduire, et ils séduisent; ils ignorent eux-mêmes leur force, et sont tout étonnés d'avoir fait tant d'heureux ou tant de victimes.

Le malheur agit sur nous selon notre caractère. Un homme pourrait se sauver en s'expliquant, et il ne le veut pas; un autre croit réparer tout en parlant, et il se perd.

Il serait étrange que l'homme prétendît à une constance inaltérable, lorsque toute la nature change autour de lui : l'arbre perd ses feuilles; l'oiseau, ses plumes; le cerf, ses rameaux. L'homme seul dirait : « Mon âme est inébran-« lable; telle elle est aujourd'hui, telle elle sera demain; » l'homme, dont les sentiments sont plus inconstants que les nuages! l'homme, qui veut et ne veut plus! l'homme, qui se dégoûte même de ses plaisirs, comme l'enfant de ses jouets!

Souvent des personnes qui s'aiment se jurent, au commencement de leur bonheur, de quitter ensemble la vie; mais il arrive qu'elles ne marchent pas avec la même vitesse, et quand l'une est prête à atteindre le but, l'autre ne l'est pas, ou ne l'est plus.

La méchanceté est de tous les esprits le plus facile. Rien n'est si aisé que d'apercevoir un ridicule ou un vice, et de s'en moquer! il faut des qualités supérieures pour comprendre le génie et la vertu.

Quand on parle des vices d'un homme, si on vous dit : « Tout le monde le dit, » ne le croyez pas; si l'on parle de ses vertus en vous disant encore : « Tout le monde le dit » croyez-le.

Avez-vous des chagrins, attachez vos yeux sur un enfant qui dort, qu'aucun songe n'alarme · vous emprunterez quelque chose de cette innocence; vous vous sentirez tout apaisé.

Deux amis qui souffrent sont quelquefois des heures entières sans se parler. Quelle conversation vaudrait ce commerce de la pensée dans la langue muette du malheur?

Les autres nous semblent toujours plus heureux que nous; et pourtant ce qu'il y a d'étrange, c'est que l'homme qui changerait volontiers sa position ne consentirait presque jamais à changer sa personne. Il voudrait bien peut-être se rajeunir un peu, pas trop encore, et marcher droit s'il était boiteux; mais il se conserverait tout l'ensemble de sa personne, dans laquelle il trouve mille agréments et un je ne sais quoi qui le charme. Quant à son esprit, il n'en altérerait pas la moindre parcelle : nous nous habituons à nous-mêmes, et nous tenons à notre vieille société.

Revoyez au jour de l'infortune le lieu que vous habitiez au temps du bonheur : il s'en exhale quelque chose de triste, formé du souvenir des joies passées et du sentiment des maux présents. N'est-ce pas là qu'à telle époque vous aviez été si heureux? et maintenant! Ces lieux sont pourtant les mêmes : qu'y a-t-il donc de changé? l'homme.

Ceux qui ont jamais eu quelque chose d'important à communiquer à un ami savent la peine qu'on éprouve lorsqu'en arrivant le cœur ému, on ne trouve point cet ami; que personne ne peut vous dire où il est. Si c'est la mort qui l'a emmené?

Il faut des secrets pour réparer la beauté du corps : il n'en faut point pour maintenir celle de l'âme.

Chaque homme a un lieu particulier dans le monde, où il peut dire qu'il a joui de la plus grande somme de bonheur : le calcul est bientôt fait.

Une passion dominante éteint les autres dans notre âme, comme le soleil fait disparaître les astres dans l'éclat de ses rayons.

Tels hommes voyagent ensemble, et se parlent peu ou point sur la route. Quoique du même pays, ils ne s'entendent point et ne sont point de la même nature : les uns sont nés blancs, et les autres noirs.

La conversation des esprits supérieurs est inintelligible aux esprits médiocres, parce qu'il y a une grande partie du sujet sous-entendue et devinée.

Une certaine étendue d'esprit fait qu'on s'accoutume sur-le-champ aux usages étrangers, et qu'on a l'air de les avoir pratiqués toute sa vie, à un embarras près, qui n'est pas sans grâce ou sans noblesse.

La célébrité peut-elle faire illusion au point d'inspirer une passion pour ce que la nature a rendu désagréable? je ne le crois pas : la gloire est pour un vieil homme ce que sont les diamants pour une vieille femme : ils la parent, et ne peuvent l'embellir.

Les plaisirs de notre jeunesse, reproduits par notre mémoire, ressemblent à des ruines vues au flambeau.

Il est un âge où quelques mois ajoutés à la vie suffisent pour développer des facultés jusqu'alors ensevelies dans un cœur à demi fermé : on se couche enfant, on se réveille homme.

Si quelques heures font une grande différence dans le cœur de l'homme, faut-il s'en étonner? il n'y a qu'une minute de la vie à la mort.

Les peines sont dans l'ordre des destinées : ceux qui, cherchant à les oublier, s'occupent de l'avenir, ne songent pas qu'ils ne verront point cet avenir. Chacun en mourant, remet le poids de la vie à un autre; à chaque sépulture, il y a un homme qui reçoit le fardeau de la main de l'homme qui se va reposer : le nouveau messager porte à son tour ce fardeau jusqu'à la tombe prochaine.

Tous les hommes se flattent; nous avons tous à la bouche cette phrase banale : Il y a bien loin d'aujourd'hui à telle époque. — Bien loin! et la vie, combien dure-t-elle?

L'arbre tombe feuille à feuille : si les hommes contemplaient chaque matin ce qu'ils ont perdu la veille, ils s'apercevraient bien de leur pauvreté.

L'homme n'a au fond de l'âme aucune aversion contre la mort; il y a même du plaisir à mourir. La lampe qui s'éteint ne souffre pas.

La Mort, selon les Sauvages, est une grande femme fort belle, à laquelle il ne manque que le cœur.

La cendre d'un mort, quel que fût de son vivant le décédé, est sacrée. La poussière des tyrans donne d'aussi grandes leçons que celle des bons rois.

Il y a deux points de vue d'où la mort se montre bien différente. De l'un de ces points vous apercevez la mort au bout de la vie, comme un fantôme à l'extrémité d'une longue avenue : elle vous semble petite dans l'éloignement; mais à mesure que vous en approchez elle grandit; le spectre démesuré finit par étendre sur vous ses mains froides et par vous étouffer.

De l'autre point de vue la mort paraît énorme au fond de la vie; mais à mesure que vous marchez sur elle, elle diminue, et quand vous êtes au moment de la toucher, elle s'évanouit. L'insensé et le sage, le poltron et le brave, l'esprit impie et l'esprit religieux, l'homme de plaisir et l'homme de vertu, voient ainsi différemment la mort dans la perspective.

La voix de l'homme ne se ranime pas comme celle de l'écho : l'écho peut dormir dix siècles au fond d'un désert, et répondre ensuite au voyageur qui l'interroge; la tombe ne répond jamais.

Toi qui donnas ta vie et ta mort aux hommes, toi qui aimes ceux qui pleurent, exauce la prière de l'infortuné qui souffre à ton exemple! soutiens le fardeau qui l'écrase! sois pour lui le Cyrénéen qui t'aida à porter la croix sur le Golgotha.

FIN DES PENSÉES, RÉFLEXIONS ET MAXIMES.

TABLE DES MATIERES

CONTENUES DANS CE VOLUME.

ANALYSE RAISONNÉE DE L'HISTOIRE DE FRANCE.

	Pages.
Première race.	1
Seconde race.	15
Troisième race. — Hugues Capet.	33
— Robert.	36
— Henri Ier.	36
— Philippe Ier.	36
— Louis VI.	39
— Louis VII.	41
— Philippe II.	41
— Louis VIII.	44
— Louis IX.	44
— Philippe III.	45
— Philippe IV.	46
— Louis X.	52
— Philippe V.	56
— Charles IV.	58

HISTOIRE DE FRANCE.

Philippe VI, dit de Valois.	100
Fragments. — Vœu du héron.	101
— Perte des Français au combat naval de l'Ecluse. — Godemar du Fay. — Causes des méprises dans ces guerres du quatorzième siècle.	103
— Guerre de Bretagne. — Les Bretons.	105
— Siége de Hennebon. — Jeanne, comtesse de Montfort. — Aventure de Gauthier de Mauny et de La Cerda.	106
— Amours d'Édouard III et de la comtesse de Salisbury.	110
— Chute d'Artevelle.	114
— Invasion de la France par Édouard.	117
— Reddition de Calais.	138
— Mort du roi.	143

TABLE DES MATIÈRES.

Pages.

Jean II	143
FRAGMENTS. — Du roi de Navarre	144
— Les trois états	145
— Bataille de Poitiers	148

ANALYSE RAISONNÉE DE L'HISTOIRE DE FRANCE.

Jean II	160
Charles V	168
Charles VI	170
Charles VII	176
Louis XI	180
Charles VIII	186
Louis XII	187
François Ier	189
Henri II	202
François II	203
Charles IX	204
Henri III	211
Henri IV	248
Louis XIII, Louis XIV, Louis XV, Louis XVI	260
Pensées, Réflexions et Maximes	277

FIN DE LA TABLE.

LAGNY. — Imprimerie de VIALAT et Cie.

En vente chez les mêmes éditeurs.

Louis XIV et son siècle, par A. Dumas, 60 gravures, 240 vignettes, 2 vol. grand in-8°.
Monte-Cristo, par A. Dumas, 2 vol. grand in-8°, 30 gravures sur acier.
Les Mousquetaires, par A. Dumas, 1 vol. grand in-8°, 33 gravures.
Vingt ans après, par le même, 1 vol., 37 gravures.
La Régence et Louis XV, par A. Dumas, 15 gravures et 60 vignettes.
Œuvres littéraires de M. A. de Lamartine, 6 vol. grand in-8°, 34 gravures.
Histoire de France, 6 beaux vol., 34 gravures.
Histoire de la Révolution, du Consulat et de l'Empire, par Dulaure, 1 vol. grand in-8°, 8 gravures.
Histoire de la Restauration, du règne de Louis-Philippe et de la Révolution de 1848 jusqu'à la nomination du Président de la République, par Paul Lacroix (Bibliophile Jacob), 1 vol. grand in-8°, 8 gravures.
La Collection de l'Écho des Feuilletons, 12 vol., 144 gravures sur acier, et 350 gravures sur bois.
Le Vicomte de Bragelonne par A. Dumas, 2 très-beaux vol. grand in-8°, 60 gravures.
Histoire maritime de France, par M. Léon Guérin, historien titulaire de la marine, 6 vol. grand in-8°, 40 gravures sur acier ou plans.
Les deux derniers volumes, qui comprennent les événements maritimes depuis 1789 jusqu'en 1850, se vendent à part.
Histoire de Louis XVI et de la Révolution, par A. Dumas, 3 vol., 40 gravures.
Histoire de la vie de Louis-Philippe, par M. A. Dumas, 2 vol. grand in-8°, avec 20 gravures sur acier.

EN VENTE

Histoire de S. M. Napoléon III et de la Dynastie napoléonienne, par Paul Lacroix (Bibliophile Jacob), 4 vol. illustrés de 40 gravures inédites sur acier. 100 livraisons à 50 c.; 12 fr. 50 c. le volume. Les 10,000 premiers souscripteurs recevront en prime les bustes argentés et poinçonnés de LL. MM. l'Empereur et l'Impératrice.

LAGNY. — Typographie de VIALAT et Cie.

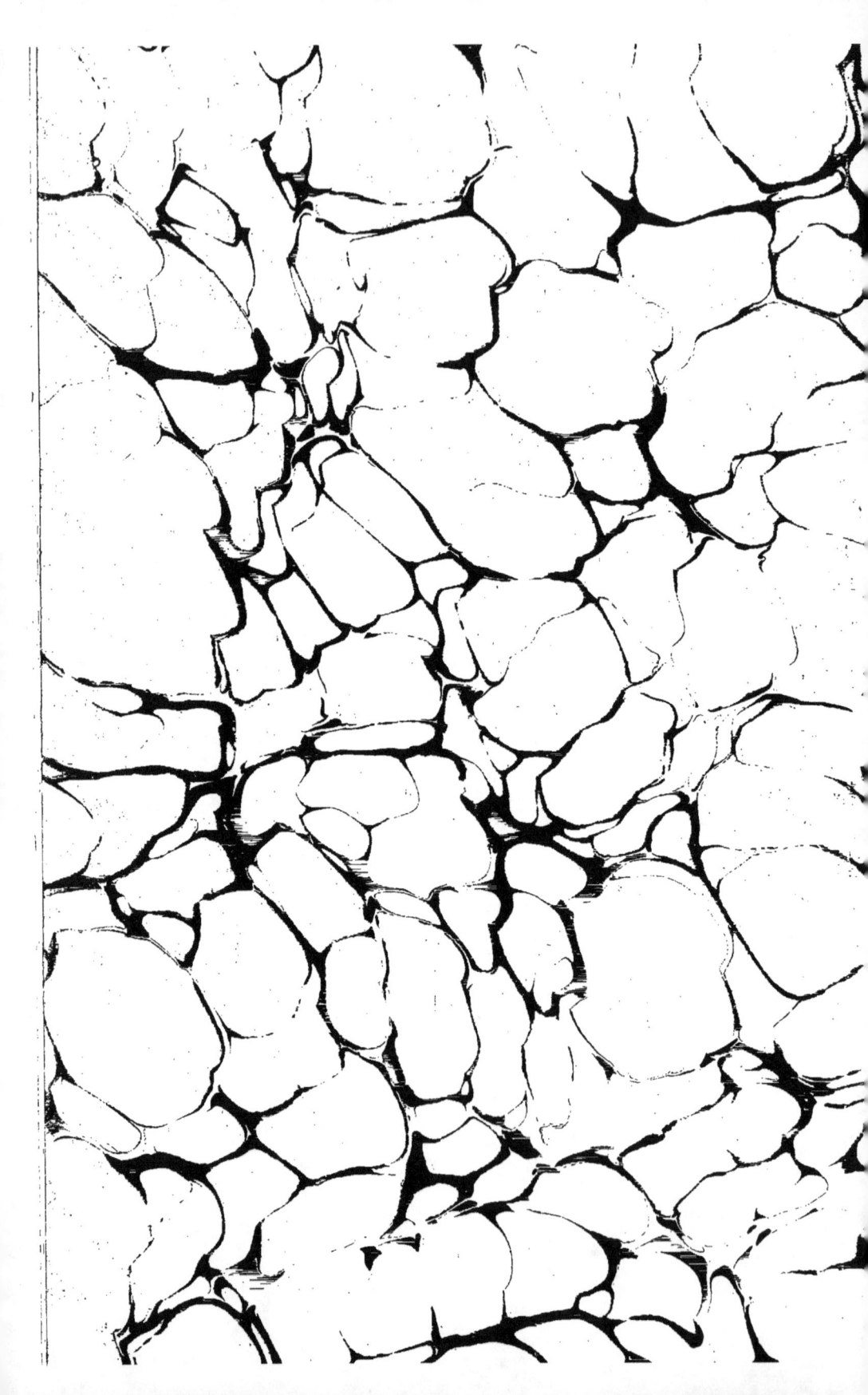

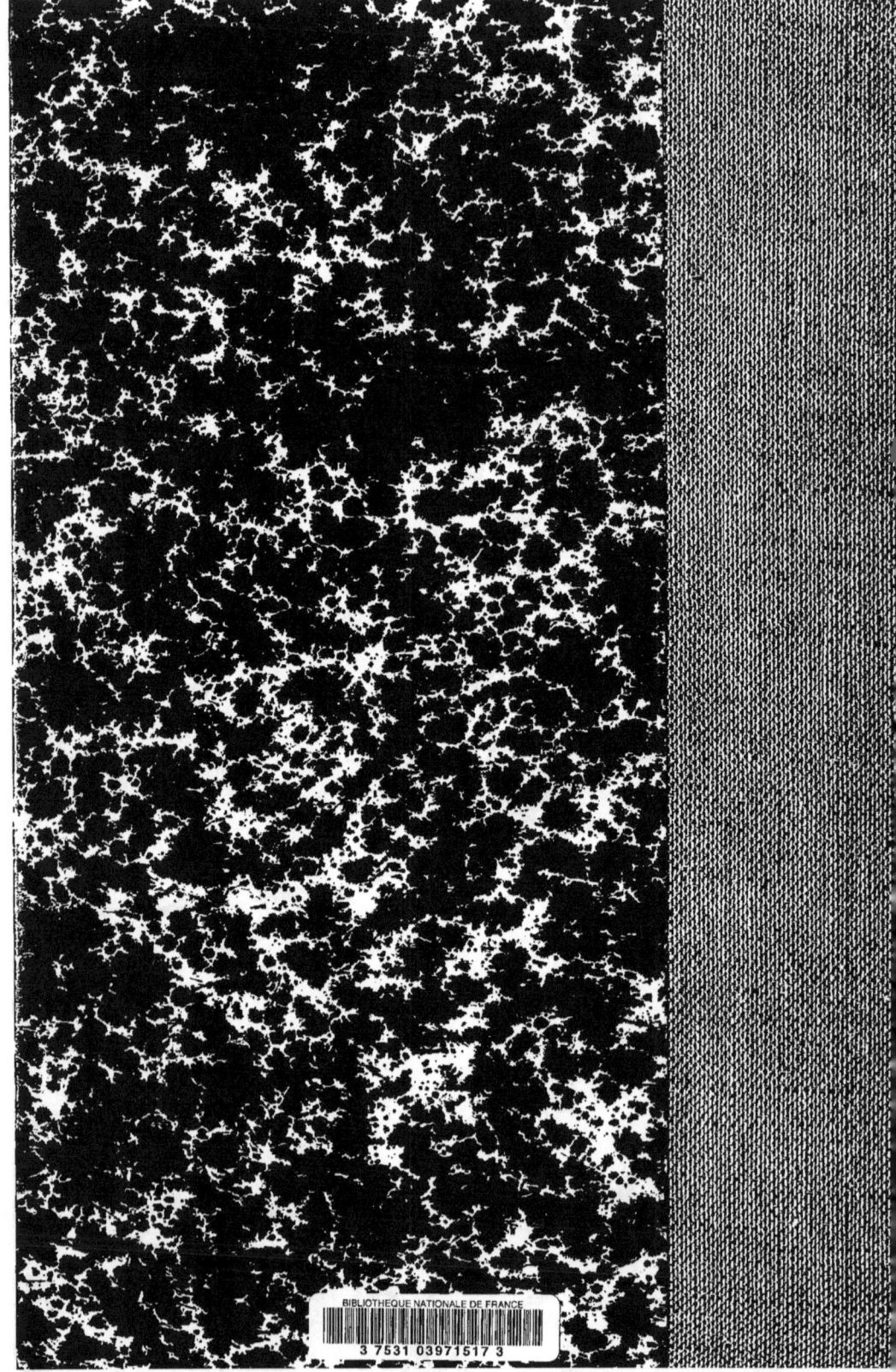

www.ingramcontent.com/pod-product-compliance
Lightning Source LLC
Chambersburg PA
CBHW071256160426
43196CB00009B/1317